ТЫСЯЧА РЕЦЕПТОВ БУТЕРБРОДОВ И ПИЦЦЫ

САНКТ-ПЕТЕРБУРГ
ДИАМАНТ
Золотой век
1997

ББК 84.Р7
Т93

Составитель *В. М. Рошаль*

Т93   **Тысяча рецептов бутербродов и пиццы**. Составитель В. М. Рошаль / Оформл. «Диамант». — СПб.: ТОО «Диамант», ООО «Золотой век», 1997. — 608 с.

Бутерброды и пицца прочно вошли в нашу жизнь. Их любят все. Они вкусны, питательны, не требуют больших затрат времени на изготовление.

В настоящей книге каждая хозяйка найдет какой-то новый для себя рецепт, который внесет разнообразие в устоявшийся домашний рацион. Приятного аппетита!

ISBN 5-88155-192-3

Часть I

МАСЛЯНЫЕ СМЕСИ И СЛОЖНЫЙ ГАРНИР (НАЧИНКИ) ДЛЯ БУТЕРБРОДОВ

ПРИГОТОВЛЕНИЕ И ОФОРМЛЕНИЕ БУТЕРБРОДОВ

Особенности приготовления бутербродов

Хорошо приготовленные бутерброды нравятся всем, и потому они получили самое широкое распространение.

Бутерброды вносят разнообразие в меню, позволяют красиво и аппетитно сервировать различные продукты. Бутерброды можно подавать как самостоятельное блюдо, как закуску перед обедом или ужином, к супу, к чаю или кофе, в виде закуски-украшения к холодному столу, их удобно брать с собой на пикники, в походы и т. д. Можно приготовить бутерброды и когда неожиданно приходят гости.

Вкусны бутерброды лишь тогда, когда хлеб нарезан тонкими ломтями ($1/2-1$ см), а продуктами они покрыты обильно.

В зависимости от количества и выбора имеющихся дома продуктов можно приготовить крупные калорийные бутерброды, совсем маленькие закусочные или горячие бутерброды.

Для бутербродов можно использовать и оставшиеся продукты, которых не хватает для оформления отдельного блюда. Чтобы сделать красивые и вкусные бутерброды, нужно лишь продумать, каким образом можно добиться наилучших комбинаций.

Сочные, красиво подобранные бутерброды соблазняют и радуют гостей. Даже дети охотно съедают бутерброды с теми продуктами, которые они не очень любят. Для детей очень важна красиво оформленная еда, поэтому и

1*

бутерброды для них должны быть особенно яркими и привлекательными.

Возможности приготовления бутербродов практически неограничены. Они могут быть очень питательными и пригодны для усиленного питания, если намазать на них масло, а сверху положить продукты, богатые жирами: салаты с майонезом и сметаной, жирные рыбные изделия, жаркое, жареные котлеты и т. д.

С нежирным мясом, рыбными изделиями, яйцами и творогом можно приготовить бутерброды, богатые белками.

Если требуются малокалорийные бутерброды, на хлеб не следует мазать масло, их покрывают лишь такими нежирными продуктами, как салаты из сырых овощей, свежий зеленый салат или шпинат, помидоры, огурцы, обезжиренный творог и сыр, маринованные овощи, фрукты и т. д. Здесь основное внимание нужно обратить на хорошие вкусовые качества и сочность бутербродов.

Бутерброды можно приготовить и из сухого нежирного печенья. Мягкий черный или белый хлеб можно обжарить с обеих сторон так, чтобы он снаружи был хрустящим, а изнутри мягким. Жареные кусочки хлеба (гренки) очень вкусны, и их можно есть без масла.

Продукты для приготовления бутербродов подбираются в соответствии с временем года. На один и тот же бутерброд можно класть несколько подходящих по вкусу продуктов.

Можно приготовить несколько видов разных бутербродов. Они могут отличаться по размеру и способу приготовления.

Приготовление бутербродов необходимо организовать так, чтобы эта работа не заняла много времени. Заранее следует продумать, какие сделать бутерброды, как подать их на стол.

На стол подают только свежие бутерброды, приготовленные, по возможности, непосредственно перед сервировкой. Большое количество бутербродов хранят на холоде и накрывают, чтобы они не высохли. При отсутствии холодного помещения поднос или дощечку для бутербродов накрывают смоченным в холодной воде полотенцем, сверху кладут несколько слоев пергамента или целлофана и на них бутерброды, накрытые, в свою очередь, тонкой бумагой или тканью.

Для приготовления бутербродов требуются блюда для готовых бутербродов, острый нож или пилочка, доска для резки хлеба, нож с круглым концом для намазывания масла, вилка для накладывания мягких продуктов. Ветчину, жаркое и колбасы режут специальным острым ножом. Тонкие ломти хлеба можно получить из хлеба предыдущего дня. Свежий хлеб нужно несколько часов держать в холодном месте, тогда он скорее черствеет.

Продукты для приготовления бутербродов подготавливаются перед резкой хлеба. Масло рекомендуется несколько часов держать в теплом помещении или взбить. Сыр, ветчину, мясо, колбасу нарезают тонкими ломтиками или размельчают. Готовую рыбу следует очистить и размельчить, салаты, смеси, паштеты приготовляют заранее.

Бутерброды можно украсить продуктами, которые по вкусу и цвету к ним подходят и улучшают их вкусовые качества.

Яйца, помидоры, редис, огурцы нарезают ломтиками или размельчают, отдельно кладут продукты одного цвета.

Зеленый салат, укроп и листья петрушки держат в холодной воде не менее часа, осторожно подсушивают сухим полотенцем, это поможет сохранить их свежими.

На стол следует подавать по возможности больше различных бутербродов. Их выбор зависит от того, что еще будет подано на стол.

Бутерброды готовят из расчета 75—100 г черного или белого хлеба (а также и печенья) на одного человека. Если, кроме бутербродов, ничего не подают, то готовить надо из расчета 100—150 г хлеба на человека.

Хлебные изделия для бутербродов

Бутерброды готовят чаще всего на хлебе, сделанном из муки грубого помола, из непросеянной пшеничной муки, на белом хлебе или хрустящих хлебцах, а также на печенье, баранках или бубликах. Эти виды хлеба хорошо сочетаются со многими продуктами, благодаря чему бутерброды можно гарнировать самыми различными продуктами и смесями. Реже используется печенье.

Хлеб из обойной муки содержит много витаминов группы В, минеральные вещества и клейковину, поэтому он особенно полезен. Противопоказания имеются лишь при расстройстве органов пищеварения, так как клейковина раздражает стенки желудка и кишок.

В продаже имеются формовой и подовый хлеб из обойной муки.

Деревенский хлеб изготовляется особым способом, с добавлением солода и тмина. Это придает ему вкус и запах домашнего хлеба.

Пшенично-ржаной хлеб сделан из смеси различных видов обойной муки.

Зерновой хлеб изготовляется из необдирных зерен. Благодаря содержанию витаминов, минеральных веществ и обусловленной этим структуре он рекомендуется в случае диеты.

Хлеб из обдирной муки содержит значительно меньше витаминов и минеральных веществ, но он вкуснее, так как в нем меньше побочных веществ и клейковины.

Из обдирной муки пекут формовой и подовый хлеб.

Хрустящие хлебцы изготовляются из обдирной ржаной и смеси ржаной и пшеничной муки. Тонкий слой раскатанного теста печется в специальной печи и разрезается сразу после выпечки на прямоугольные куски. Хрустящие хлебцы содержат значительно меньше воды, чем обыкновенный хлеб, и способствуют пищеварению.

Белый хлеб бывает разных сортов. Для приготовления бутербродов лучше брать простой белый хлеб без начинки и особых приправ. Кроме белого хлеба, изготовляемого по общесоюзным рецептам (формовой, горчичный, плетеный, городской, молочный, сайки, нарезной и чайный батон, красносельский, славянский, ярославский и др.), для бутербродов используют белый хлеб, богатый белками. Его пищевая ценность особенно высока благодаря добавлению сыворотки, пахты, обезжиренного молочного порошка и других молочных изделий. Богатый качественными белками белый хлеб содержит больше кальция и витамина B$_2$. Молочные продукты придают хлебу приятный вкус и запах, сохраняют его свежим.

Для приготовления соленых бутербродов больше всего подходит с о л е н о е п е ч е н ь е, например сырное, тминное, а для сладких — в с е с о р т а с л а д к о г о п е ч е н ь я. Более сухое печенье рекомендуется покрывать сочными продуктами (помидоры, фрукты, ягоды) или смесями и салатами. На жирное печенье лучше класть продукты, богатые водой: тертую морковь, фруктовое пюре, свежие или консервированные ягоды.

Для приготовления бутербродов можно использовать и п е ч е н ь е с о б с т в е н н о г о и з г о т о в л е н и я. Лучше всего сухое печенье из обойной муки, пшеничной муки 1-го сорта, а также из песочного или слоеного теста.

Украшение бутербродов

Почти все бутерброды можно украсить зеленью, овощами и фруктами. Из овощей для украшения больше всего подходят красный редис, огурцы, помидоры, морковь, лук и др. Хорошо для этой цели использовать также яйца и сыр. Часто украшением служат фунтики, рулетики, брусочки, соломка из мяса, ветчины. Сандвичи обычно не украшают.

Раскладывать бутерброды надо так, чтобы рядом оказались различные по цвету, но хорошо гармонирующие друг с другом: например, рядом с бутербродами с яйцом можно поместить бутерброды с помидорами, в следующем ряду — бутерброды с зеленым огурцом, затем — с морковью, ветчиной и т. д.

Надо следить, чтобы бутерброды были красивыми, привлекали внимание и одновременно вызывали аппетит.

Один вид бутербродов украшается одинаковыми продуктами. Бутерброды для праздничного стола делают небольшими, уделяя особое внимание их украшению.

При нарезке мягких сыров нож время от времени опускают в горячую воду.

Чтобы оболочка сухой колбасы снималась легче, надо подержать еще не нарезанную колбасу под струей холодной воды.

Чтобы кожица с помидора легко снималась, следует опустить его на несколько секунд в кипяток, а затем сразу же в холодную воду. Кожицу надо снимать со стороны, противоположной плодоножке.

Бутерброды можно оформлять майонезом, смешанным с различными продуктами (зеленым луком, грибами, перцем, томатом).

Особенности подготовки некоторых продуктов для бутербродов

ЯЙЦА

На бутерброды обычно кладут сваренные вкрутую яйца, реже — омлеты или яичницы. Варить следует только совершенно свежие яйца. Если яйца долго стояли, добавляют в воду немного уксуса или прокалывают тупой конец яйца булавкой. Это предупреждает растрескивание скорлупы. Крутые яйца можно нарезать или изрубить. Яйца не следует варить более 10 мин, иначе вокруг желтка образуется темная полоса. Сваренные яйца нужно сразу обдать холодной водой. Нарезают их ножом или специальной яйцерезкой на ломти или дольки. Из одного яйца получают 5—8 ломтиков.

Яйца можно варить и без скорлупы. Такие яйца можно использовать для приготовления горячих бутербродов. Добавляют на 1 л воды по 1 ст. ложке соли и уксуса. Скорлупу разбивают и яйцо осторожно выпускают в слегка кипящую воду так, чтобы белок сохранился вокруг желтка. Варить надо на слабом огне 5—6 мин (желток получится, как у яйца всмятку), затем вынуть и обдать холодной водой. На бутерброд такое яйцо кладут целиком.

Для приготовления омлета к яйцам добавляют соль и другие приправы, на каждое яйцо добавляют по $1-1^{1}/_2$ ст. ложки молока или сметаны. Полученную смесь выливают в кипящее масло и жарят на сковороде или запекают в духовке. Для получения пышного омлета белок взбивают отдельно, а желток с молоком и приправами добавляют непосредственно перед приготовлением. На бутерброд омлет кладут кусками.

Для приготовления яичницы к яйцу добавляют соль, $1^{1}/_2-2$ ст. ложки молока. На каждое яйцо выливают кипящее масло и дают сгуститься, слегка переворачивая готовые куски. Яичница не должна быть румяной, а лишь светло-желтой. На бутерброд кладут остывшие куски яичницы.

ОВОЩИ И САЛАТЫ ИЗ НИХ

Бутерброды готовят и с сырыми овощами: помидорами, свежими и солеными огурцами, редисом, салатом, морковью, луком, зеленью укропа, петрушки и сельдерея, зеленым луком, резанцем и др. Вареными на бутерброды кладут нарезанные ломтиками картофель, морковь и свеклу.

Овощи должны быть свежими, их нужно тщательно вымыть и очистить от земли.

Помидоры можно нарезать ломтиками или дольками. Мелкие плоды кладут целыми или половинками. Консервированные помидоры также должны быть твердыми, чтобы их можно было резать. Мягкие помидоры не годятся для приготовления бутербродов.

Огурцы лучше класть вместе с кожурой, зеленый цвет эффектно отличается от основной массы. Чистить нужно только огурцы с очень твердой кожурой или горькие. На бутерброды кладут целые ломти — четвертушки или половинки.

Отбирают более курчавые листья зеленого салата. Их кладут целыми или измельченными. Толстые черенки, поблекшие и потерявшие цвет листья использовать для бутербродов не нужно.

Редис кладут на бутерброды целиком, ломтями, дольками или рубленым. Для образования цветка кожуру редиса разрезают листообразно и отделяют от мякоти. Можно весь редис разрезать наподобие цветка.

Сырую морковь натирают на терке.

Лук нарезают кольцами или полосками, кольца кладут на бутерброды целиком или отдельными кругами.

Укроп, небольшие листья петрушки и сельдерея кладут мелкими веточками. Более крупные листья и черенки мелко рубят.

Зеленый лук и резанец рубят или нарезают остроконечными кусочками, которые втыкают в бутерброды.

Овощи отваривают с кожурой. Кожуру снимают с остывших овощей непосредственно перед употреблением. Картофель и морковь можно класть прямо на бутерброд, под ломтик свеклы нужно положить лист салата.

На бутерброды можно класть салаты из сырых овощей, а также смешанные салаты.

На 30—40 г хлеба (1 ломтик) обычно приходится около 20—30 г салата из сырых овощей.

МЯСНЫЕ ИЗДЕЛИЯ

Мясные изделия очень хорошо подходят для приготовления бутербродов. Вместе с мясом можно использовать целый ряд других продуктов. Свежее мясо можно класть на бутерброды в вареном, тушеном или жареном виде.

Остывшее мясо острым ножом нарезают поперек волокон тонкими ломтиками. Жареные котлеты можно просто разрезать на более тонкие ломти. Вместе с мясом следует использовать и вкусную коричневую корочку с застывшим соусом.

Блюда из мясного фарша можно класть на бутерброды по-разному: фрикадельки — целиком, котлеты, рулеты и т. п.— разрезанными пополам или на кусочки.

Колбасу перед употреблением очищают от пленки. Толщина ломтиков зависит от вида и формы колбасы. «Мясной хлеб», вареную и ливерную колбасу режут на ломти толщиной 3—5 мм, причем толстую колбасу нарезают прямо, а тонкую — наискосок. Полукопченую и копченую колбасу нарезают тонкими ломтиками.

С копченого мяса нужно снять кожу и вынуть кости, затем нарезать поперек волокон. Жирную ветчину рекомендуется изрубить, и смешать нежирную часть со шпиком. На бутерброд с таким мясом рекомендуется класть много овощей, яиц или салата.

Мясные консервы вынимают из банки по возможности целиком, затем нарезают острым ножом поперек волокон. Так как консервы при изготовлении проходят тепловую обработку при высокой температуре, то консервированное мясо часто распадается, поэтому нужно стараться, чтобы ломти остались целыми. Хорошо, когда рулеты и деликатесные колбасы на бутерброде сохраняют свой узор.

РЫБНЫЕ ИЗДЕЛИЯ

Рыба легко переваривается, у нее нежное мясо, поэтому бутерброды с рыбными продуктами ценятся высоко. К нежному вкусу рыбы хорошо подходят приправы, например лук (зеленый и репчатый), хрен, соусы и др.

Свежую рыбу рекомендуется использовать для бутербродов в основном в жареном виде. Вареную или тушеную рыбу лучше употреблять с майонезом, томатным соусом, укропом или зеленым луком. Остывшую рыбу разделывают на тонкие кусочки в зависимости от ее размеров, на бутерброды можно класть и небольшие куски рыбного филе целиком.

Соленую рыбу вымачивают в смеси молока и воды. Рыбу очищают от внутренностей и костей, удаляют голову. С крупной рыбы снимают и кожу. Соленую лососину и балык нарезают тонкими ломтиками, которые кладут на бутерброды, иногда их сворачивают в трубочку. Филе сельди разделывают или на мелкие кусочки, густо покрывая ими бутерброды, или на более крупные куски по 3—5 см, тогда для бутерброда достаточно одного куска. Филе кильки или салаки можно класть на бутерброды трубочкой, плоским куском или волнообразно. Обычно рыбу кладут на бутерброд кожей кверху. Неаппетитную кожу нужно снять.

Копченую рыбу сначала чистят, удаляют внутренности, кости и голову, а затем нарезают острым ножом. Если копченую рыбу не удается нарезать аккуратными ломтиками, то кусочки рыбы лучше смешать с майонезом.

Рыбные консервы вынимают из банки, дают стечь маслу или соусу. Крупные куски нужно измельчить и удалить кости. Рыбные консервы в желе накладывают на бутерброд вместе с желе.

Икру кладут на бутерброд нержавеющим или пластмассовым ножом. Железо и серебро темнеют от соприкосновения с икрой, а икре они придают неприятный привкус.

МАСЛЯНЫЕ СМЕСИ, СОУСЫ, РАЗЛИЧНЫЕ ЗАПРАВКИ ДЛЯ БУТЕРБРОДОВ

Масло и маргарин — обязательные компоненты при изготовлении бутербродов. Жиры придают бутерброду вкус и сочность.

Масло должно быть свежим. С солеными продуктами (килька, сельдь, копчености) рекомендуется несоленое масло, а с овощами (огурцы, помидоры, салаты) можно употреблять и соленое.

Маргарин подходит к горячим бутербродам (лучше всего сливочный), используют его и для приготовления заправочных смесей.

Для приготовления бутербродов масло и маргарин должны быть мягкими, тогда весь бутерброд можно покрыть равномерным слоем. Перед употреблением масло или маргарин держат несколько часов при комнатной температуре, затем растирают деревянной ложкой в глиняной, эмалированной или фаянсовой миске и слегка взбивают. Твердое масло (маргарин) нужно сперва размять ложкой на дне миски, а затем взбить.

Соусы и различные заправки повышают калорийность бутербродов, делают их более аппетитными и способствуют лучшему усвоению продуктов.

Масляные смеси

Масляные смеси не только являются дополнительным источником витаминов, но и подчеркивают вкус основного продукта. Кроме того, они могут служить и элементом украшения бутерброда.

Масляные смеси приготовляют, добавляя в размягченное масло измельченные или протертые продукты.

Масло с зеленью петрушки

200 г сливочного масла, 2 пучка зелени петрушки, 1/2 лимона.

Очень тонко нашинковать или нарубить зелень петрушки. Слегка размять сливочное масло (заранее выньте его из холодильника), тщательно перемешать с подготовленной зеленью, заправить лимонным соком. Для остроты можно добавить красный острый перец. Оформить в виде колбаски. Хранить до использования на холоде.

При подаче к столу нарезать кружочками толщиной около 5 мм. Перед нарезанием нож опустить в теплую воду.

Масло с зеленью петрушки и укропа

100 г сливочного масла, 30 г зелени петрушки и укропа.

Зелень мелко порубить и соединить с размягченным маслом. Тщательно растереть до получения однородной смеси. Завернуть в пергамент в виде колбаски и охладить.

Масло с зеленью петрушки и сельдерея

100 г сливочного масла, 20 г мелко нарезанной зелени петрушки и сельдерея, лимонный сок по вкусу.

Размягченное сливочное масло растереть добела, прибавить мелко нарезанную зелень петрушки, сельдерея, лимонный сок, все растереть. Равномерно размешанную массу завернуть в пергамент в виде колбаски и охладить в холодильнике.

Перед подачей к столу масло развернуть и нарезать ломтиками.

Масло с зеленой смесью

100 г сливочного масла, 3 ст. ложки измельченной зелени, 1 маленькая луковица, $^1/_2$ ч. ложки сока лимона, красный молотый перец и соль по вкусу.

Порубить или мелко нарезать лук и зелень: петрушку, укроп, кинзу, базилик, эстрагон. Масло размягчить и взбить, добавить измельченную зелень, соль и лимонный сок, все тщательно растереть. Охладить.

Масло с хреном

100 г сливочного масла, 50 г тертого (или готового) хрена, соль по вкусу.

Растереть размягченное масло, добавить хрен и соль, тщательно перемешать.

Масло с зеленым луком

220 г сливочного масла, 30 г зеленого лука, соль по вкусу.

Лук очистить, мелко нарезать и вмешать во взбитое масло. Посолить по вкусу.

Мятное масло

100 г сливочного масла (маргарина), 30 г зелени свежей мяты и укропа.

Мяту и укроп мелко нарезать, взбить с размягченным маслом.

Витаминное масло

100 г сливочного масла, 80 г моркови, 50 г сельдерея, лимонный сок, соль по вкусу.

Овощи очистить и мелко натереть. Масло растереть в пену, добавить тертые овощи, перемешать, посолить по вкусу и приправить лимонным соком.

Масло с пюре из сырых овощей

250 г сливочного масла, 150 г помидоров, 80 г моркови, зелень сельдерея и петрушки, сок $^1/_2$ лимона.

Овощи протереть до пюреобразной консистенции, выжать в них сок лимона и тщательно перемешать со взбитым маслом.

Томатный крем

100 г сливочного маргарина, 2 ст. ложки сметаны, 3 ст. ложки острого томатного соуса, 1 ч. ложка хрена в уксусе, $^1/_2$ ч. ложки столовой горчицы, сахар и соль по вкусу.

Растереть маргарин. Все компоненты смешать и взбить.

Масло с томатом-пюре

100 г сливочного масла, 1 ст. ложка томата-пюре, соль по вкусу.

Растереть добела сливочное масло, добавить томат-пюре, соль, хорошо смешать до получения однородной массы.

Томатное масло с творогом

100 г сливочного масла или маргарина, 2 ст. ложки густого томатного пюре, 1 ст. ложка сухого творога, красный стручковый перец, соль по вкусу.

Ко взбитому маслу добавить томатное пюре и растертый деревянной ложкой творог. Взбить, посолить. Можно добавить немного мякоти красного стручкового перца.

Масло с горчицей

450 г сливочного масла, 50 г столовой горчицы.

В кастрюлю положить размягченное масло, добавить столовую горчицу и хорошо размешать лопаткой.
Используется для бутербродов, сандвичей, канапе и т. п., можно подавать к рису, макаронным изделиям.

Горчичное масло

200 г сливочного масла, 40 г горчицы, лимонный сок, соль по вкусу.

В растертое присоленное масло добавить постепенно горчицу и приправить лимонным соком.

Масло с хреном

200 г сливочного масла, 50 г тертого хрена, соль.

Масло растереть в густую пену, добавить тертый хрен и посолить.

Чесночное масло

250 г сливочного масла, 200 г чеснока.

Чеснок очистить, обварить кипятком, хорошо обсушить, растолочь в ступке и, добавляя масло, протереть через сито.

Масло с чесноком

200 г сливочного масла, 30 г репчатого лука, 10 г зелени петрушки, 3 дольки чеснока, соль по вкусу.

Чеснок растереть с солью. Лук и зелень петрушки мелко нарезать, все размешать со взбитым маслом.

Чесночно-сырное масло

250 г сливочного масла, 1 головка чеснока, 50 г сыра, 15 г базилика, соль по вкусу.

Чеснок очистить, обдать кипятком, обсушить, измельчить вместе с базиликом, перемешать со сливочным маслом, тертым сыром и солью.

Можно использовать как приправу к макаронным изделиям, рису, отварному картофелю.

Чесночная паста с перцем по-арзатински

Чеснок растереть с солью и красным стручковым перцем. Добавить оливковое или подсолнечное масло, перемешать.

Масло с красным стручковым перцем

100 г сливочного масла или маргарина, 30 г красного стручкового перца (консервированного), немного лука, соль по вкусу.

К растертому маслу добавить протертый через сито стручковый перец, рубленый лук, заправить.

Грибное масло с сушеными грибами

100 г сливочного масла или маргарина, 3—4 ст. ложки рубленых грибов, 1 небольшая луковица, перец, томатное пюре, лимонный сок, соль по вкусу.

Ко взбитому маслу добавить мелко изрубленные готовые грибы, заправить солью и перцем, можно добавить и томатное пюре, лимонный сок или лимонную кислоту.

Грибное масло с маринованными или солеными грибами

Измельченные маринованные или соленые грибы смешать с маслом, добавить натертый на мелкой терке репчатый лук, посолить, поперчить. Можно добавить немного уксуса или лимонного сока.

Масло с трюфелями

200 г сливочного масла, 100 г припущенных трюфелей.

Припущенные трюфели растереть в ступке, соединить с маслом (комнатной температуры), заправить пряностями по вкусу, тщательно размять.

Яичное масло

100 г сливочного масла или маргарина, 1 сваренное вкрутую яйцо, 1 ч. ложка рубленого зеленого лука или укропа, красный перец, хрен или горчица, соль по вкусу.

Масло взбить вместе с измельченным желтком, добавить мелко нарубленный белок и рубленую зелень, посолить. Для получения более острого вкуса можно добавить перец, горчицу или тертый хрен.

Сырное масло (вариант 1)

300 г сливочного масла, 100 г сыра.

Масло положить в миску и размять. Добавить тертый сыр «Рокфор» или зеленый и хорошо взбить лопаткой.

Сырное масло (вариант 2)

100 г сливочного масла, 60 г тертого сыра (советского, швейцарского, голландского или другого твердого сыра).

Сливочное масло тщательно растереть с тертым сыром, придать массе красивую форму пирамиды или шариков и охладить.

Сырное масло с перцем

100 г сливочного масла (маргарина), 50—100 г тертого (твердого) сыра любого сорта, немного рокфора или тертого зеленого сыра, красный или черный перец.

Готовить, как указано в предыдущем рецепте.

Сырное масло со шпинатом

100 г сливочного масла, 30 г сыра (советского и т. п.), 75 г вареного шпината.

Размягченное сливочное масло смешать до однородного состояния с тертым сыром и вареным протертым шпинатом. Полученную массу положить на тарелку, придав ей форму опрокинутой чашки, и охладить.

Масло с сыром и томатом-пюре

100 г голландского сыра, 50 г сливочного масла, 1 ст. ложка томата-пюре.

Тертый сыр растереть со сливочным маслом, после чего добавить густое томат-пюре и смешать до однообразного состояния.

Масло с сыром и томатом-пюре можно использовать не только для бутербродов, но и как гарнир к закускам.

Масло со сметаной и сыром

250 г сливочного масла, 100 г голландского или другого твердого сыра, $^1/_2$ стакана сметаны.

Сыр натереть, смешать со сметаной, добавить растертое сливочное масло и перемешать до образования густой массы.

Колбасное масло

100 г сливочного масла или маргарина, 50 г мягкой колбасы (любой), 1 небольшое яблоко, $^1/_4$ луковицы, перец, соль по вкусу.

Ко взбитому маслу добавить мелко нарубленную колбасу, натертое яблоко, натертый сырой или жареный лук. Заправить солью и перцем.

Ветчинное масло

100 г сливочного масла или маргарина, 40 г нежирной ветчины, горчица или сметана.

Ко взбитому маслу добавить пропущенную через мясорубку ветчину, заправить по вкусу горчицей или сметаной.

Селедочное масло с горчицей

150 г сливочного масла, 50 г филе сельди или 100 г соленой сельди, 6 г столовой горчицы.

Филе сельди замочить в молоке или чае. Через 6—8 часов вымоченное филе мелко порубить и протереть через сито. Вместо филе можно взять соленую сельдь, снять мякоть с костей, удалить кожу и также протереть через сито.

Протертую сельдь смешать с размягченным сливочным маслом, готовой горчицей и тщательно взбить.

Масло с молоками сельди

150 г сливочного масла, 50 г молок сельди, 6 г столовой горчицы.

Молоки протереть через сито, добавить горчицу, соединить с размягченным сливочным маслом и тщательно взбить.

Селедочное масло с сыром

100 г сливочного масла, 30 г сельди (очищенной от кожи и.костей), 25 г твердого сыра.

Протереть через сито сельдь (слабой соли), соединить с размягченным сливочным маслом, добавить натертый на мелкой терке твердый сыр (лучше зеленый) и хорошо перемешать. Охладить.

Масляная смесь с зеленым луком для канапе

Филе сельди пропустить через мясорубку, соединить с размягченным маслом, добавить мелко нашинкованный зеленый лук, горчицу и соль по вкусу.

Килечное масло

150 г сливочного масла, 50 г очищенных от костей и кожицы килек.

Филе килек протереть через сито. В размягченное сливочное масло положить протертые кильки и хорошо перемешать. Хранить в холодном месте.

Килечное масло с лимонным соком

100 г сливочного масла или маргарина, 5—6 килек, лимонный сок или лимонная кислота.

Кильки очистить от хребетиков, филе протереть через сито, соединить с размягченным маслом, заправить лимонным соком.

Масло с рыбными консервами

100 г сливочного масла, 200 г рыбных консервов (в томатном соусе или масле), 100 г сваренного яблока, сахар и соль по вкусу.

Рыбные консервы, сваренное яблоко протереть через сито. Полученную массу положить в растертое добела сливочное масло, добавить соль и сахар по вкусу и все растереть до образования пышной массы.

Шпротное масло

100 г сливочного масла или маргарина, 10—12 шпрот, соль по вкусу.

Ко взбитому маслу добавить размельченные вилкой шпроты, взбить еще раз, заправить солью.

Сардинное масло

150 г сливочного масла, 30 г сардин, 20 г репчатого лука, 20 г очищенных яблок, немного (около 1/2 г) мускатного ореха, соль по вкусу.

Очищенный репчатый лук нашинковать, спассеровать на сливочном масле, охладить. Пассерованный лук, сардины (консервы) протереть через сито. Смесь положить в кастрюлю, добавить размягченное сливочное масло, натертые сырые очищенные яблоки (лучше всего антоновку), мускатный орех, соль, хорошо перемешать.

Анчоусное масло

200 г сливочного масла, 50 г анчоусов или анчоусной пасты.

Во взбитое масло добавить растертые анчоусы или анчоусную пасту и хорошенько размешать.

Анчоусное масло с каперсами и корнишонами

150 г сливочного масла, 30 г анчоусов, по 10 г каперсов и корнишонов, 1 сваренный вкрутую желток, $1/2$ ст. ложки 3%-ного уксуса, красный острый перец и соль по вкусу.

Мелко изрубить каперсы и корнишоны. Анчоусы, желток истолочь в ступке и протереть через сито. Положить в миску размягченное сливочное масло, добавить анчоусную смесь и тщательно выбить лопаткой. Затем добавить уксус, красный острый перец, соль и снова хорошо выбить.

Рыбное масло с сыром

200 г сливочного масла, 250 г рыбы, 100 г сыра, черный молотый перец и соль по вкусу.

Размолоть отварного судака, треску или рыбу-капитана, очищенных от костей и кожи, добавить тертый сыр, посолить, чуть-чуть поперчить и тщательно перемешать со свежим сливочным маслом.

Масло с копченой рыбой

100 г сливочного масла или маргарина, 30 г копченой рыбы, хрен, 1 ч. ложка майонеза.

Ко взбитому маслу добавить хорошо размельченную копченую рыбу и майонез, заправить хреном.

Масло с красной рыбой

100 г сливочного масла, 50—80 г семги или лососины, 10 г мелко нарубленной зелени петрушки.

Размягченное сливочное масло смешать до однородного состояния с протертой через сито или пропущенной через мясорубку семгой или лососиной и мелко нарубленной зеленью петрушки. Полученную массу охладить.

Масло с черной икрой и лимонным соком

150 г сливочного масла, 80 г черной икры, лимонный сок, соль.

Масло взбить в густую пену, постепенно вмешать в него икру и приправить лимонным соком.

Масло с паюсной икрой

150 г сливочного масла, 50 г паюсной икры.

В ступке растереть паюсную икру, добавить сливочное масло и протереть через сито.

Креветочное масло

100 г сливочного масла, 100 г пасты «Океан».

Размороженную пасту «Океан» соединить с размягченным маслом, добавить соль и дважды пропустить через мясорубку. Массу тщательно перемешать, придать ей форму рулетика или прямоугольника, охладить.

Креветочное масло острое

100 г сливочного масла, 100 г пасты «Океан», 100 г плавленого сыра.

Размороженную пасту «Океан» соединить с измельченным на терке плавленым сыром, добавить размягченное масло, придать массе желаемую форму, охладить.

Раковое масло

250 г сливочного масла, 125 г панцирей (10—12 раков), 25 г томата-пюре.

Для приготовления ракового масла панцири вареных раков слегка подсушить, добавить сливочное масло и небольшое количество томата-пюре для улучшения цвета, после чего растолочь в ступке.

Полученную пасту положить в сотейник и поджарить на плите при температуре 100—105° С пока жир не окрасится в красновато-желтый цвет, затем налить горячую воду, дать массе закипеть, после чего отставить ее на край плиты на 25—30 мин и процедить. Когда всплывший на поверхность жир хорошо застынет, осторожно снять его и зачистить ножом нижнюю сторону слоя.

Миндальное масло

200 г сливочного масла, 100 г очищенного миндаля, ¹/₂ ст. ложки холодной кипяченой воды.

Выдержать масло при комнатной температуре. Истолочь в ступке миндаль, постепенно добавляя воду. Соединить масло с истолченным миндалем, тщательно размять вилкой и протереть через сито.

Так же можно приготовить масло с другими орехами, особенно вкусным получается масло с фисташками.

Бутербродно-овощная масса (вариант 1)

100 г сливочного масла, 500 г цветной капусты, 1 яблоко (100—150 г), сок ¹/₂ лимона, 1 ч. ложка сахара, 1 ч. ложка соли (по вкусу).

Капусту разобрать на соцветия, отварить до готовности в подсоленной воде, размять. Яблоко очистить и натереть на мелкой терке. Масло взбить, добавить капусту, яблоко, лимонный сок, сахар. Смесь перемешать и охладить.

Бутербродно-овощная масса (вариант 2)

250 г сливочного масла, 160 г моркови, 120 г сладкой свеклы, сок $1/2$ лимона, 1 ч. ложка соли (по вкусу).

Отварить в кожуре свеклу и морковь. Охладить, пропустить через мясорубку и смешать со взбитым маслом. Заправить лимонным соком и солью. Тщательно перемешать и охладить.

Паста из кислицы

100 г кислицы, 200 г сливочного масла, 20 г столовой горчицы, соль по вкусу.

Кислицу промыть, обсушить, измельчить на мясорубке. Добавить сливочное масло, горчицу и соль. Все перемешать.

Паста из исландского мха

200 г исландского мха, 100 г сливочного масла, 30 г столовой горчицы, соль и перец по вкусу.

Мох промыть и отварить (несколько минут) в небольшом количестве воды. Мох вынуть из воды, охладить, пропустить через мясорубку с мелкими отверстиями. Добавить сливочное масло, горчицу, соль. Все тщательно перемешать и охладить.

Майонезы

Многие даже самые простые и привычные блюда, в том числе и бутерброды, можно разнообразить за счет соусов, они придадут более аппетитный вид, обогатят вкус. К таким соусам относятся и майонезы.

Майонез лучше подходит к овощным и рыбным продуктам. Можно пользоваться обычным, красным (с томатной пастой) и зеленым (с рубленой зеленью) майонезом. Майонез ровным слоем накладывают на хлеб ножом или чайной ложкой, чтобы он не стекал по краям. Сухие продукты можно перемешать с майонезом, в таком случае слой майонеза должен быть толще.

Вместо заправленного приправами майонеза можно взять обыкновенный майонез и заправить его по вкусу, добавив одну или несколько приправ.

Домашний майонез

375 г рафинированного подсолнечного масла, 3 яичных желтка, 12 г столовой горчицы, 10 г сахара, 75 мл 3%-ного уксуса, соль по вкусу.

Рекомендуется готовить только при отсутствии майонеза промышленного изготовления.

Столовую горчицу, сырые яичные желтки, соль растереть в однородную массу, затем, непрерывно помешивая, тонкой струей вливать растительное масло — сначала по 1 ст. ложке, затем по 2 ст. ложки. Каждую последующую порцию вливать только тогда, когда предыдущая хорошо соединится с массой, образуя стойкую однородную эмульсию, после чего добавить в смесь 3%-ный столовый уксус и сахар и хорошо размешать.

Уксус можно заменить соком лимона.

Майонез будет более легким, если его смешать с кислым молоком (простоквашей), предварительно удалив сыворотку: на 2 части майонеза — 1 часть простокваши.

Майонез можно приготовить не только из одних сырых желтков. К ним можно добавить сваренный вкрутую и растертый желток.

Сливочный майонез

125 мл сливок, 1 желток, 20 г пшеничной муки, 20 г сливочного масла, 1 ст. ложка растительного масла, лимонный сок, сахарная пудра, черный молотый перец, соль по вкусу.

В кастрюлю выложить муку, постепенно (чтобы не образовались комки), добавить сливки, посолить, посыпать перцем, добавить желток, масло и поставить на водяную баню. Перемешивать до тех пор, пока майонез не начнет загустевать. Проварить около 2 мин.

В охлажденную массу добавить лимонный сок, растительное масло, посолить по вкусу, добавить сахар и перец.

Майонез из свежих желтков

200 г растительного масла, 2 сырых желтка, сахар, сок лимона, соль по вкусу.

Отделить желтки от белков. Желтки выложить в фарфоровую миску, добавить соль и взбить. При постоянном перемешивании добавить масло — сначала каплями, каждую каплю хорошо растереть. Когда майонез начнет загустевать, масло добавлять тонкой струей. В конце приготовления добавить сахар, растворенный в соке лимона.

Майонез с крутым яйцом

2 кофейные чашечки подсолнечного масла, 2 желтка, 2 крутых яйца, мелко нарубленных, 1 ч. ложка горчицы, 2 ч. ложки мелко нарезанной петрушки.

Все продукты хорошо размешать.
Заправлять бутерброды с вареными яйцами, рыбой.

Майонез «Тартар»

2 кофейные чашечки рафинированного подсолнечного масла, 2 сырых желтка, 1 соленый огурец (около 150 г), 1 небольшая луковица, 5—6 маслин, 1 ч. ложка зелени петрушки.

Смешать майонез, приготовленный из желтков и подсолнечного масла, с мелко нарезанным соленым огурцом, репчатым луком, маслинами и зеленью петрушки. Лук, маслины и петрушку предварительно мелко нарезать. Заправить горчицей, черным перцем и хорошо размешать.

Заправлять бутерброды с рыбой, вареным языком и различными сортами колбасы.

Майонез со сметаной

110 г подсолнечного масла, 70 г сметаны, 1 сырой желток, 5 г столовой горчицы, 3 г сахара, $^1/_5$ г черного молотого перца.

Приготовить майонез, как описано выше, затем добавить в него густую сметану, сахар, соль, перец и хорошо перемешать.

Соус хорошо сочетается с холодными блюдами из мяса, рыбы, используется для заправки салатов и т. п.

Майонез с белым соусом

375 г майонеза, 125 г белого соуса.

Приготовить соус майонез, затем соединить его с охлажденным белым соусом, приготовленным на мясном или рыбном бульоне. Готовый соус хорошо размешать.

Назначение соуса то же, что и майонеза со сметаной (см. предыдущий рецепт).

Майонез с желе (вариант 1)

350 мл мясного, куриного или рыбного бульона, 150 г подсолнечного масла, 10—12 г желатина, 25 мл 3%-ного уксуса.

В горячий мясной, куриный или рыбный бульон ввести желатин, размоченный в холодной воде. Когда желатин растворится, процедить бульон. В охлажденный, но не застывший бульон добавить подсолнечное масло и взбивать веничком до тех пор, пока не образуется густая однородная белая масса (25—30 мин). Если при взбивании масса очень быстро сделается густой, то ее следует слегка подогреть, а затем снова взбивать. Во время взбивания в соус надо добавлять уксус или лимонную кислоту.

Процесс взбивания соуса должен быть непрерывным.

Этим майонезом заправляют бутерброды с холодной рыбой, филе домашней и дикой птицы.

Майонез с желе (вариант 2)

150 г майонеза, 350 г желе-бульона.

В незастывшее желе-бульон (см. вариант 1) добавить майонез и тщательно взбить веничком.

Майонез с желе (вариант 3)

150 г майонеза, 225 г желе-бульона, 125 г белого соуса, 25 мл 3%-ного уксуса.

Незастывшее желе-бульон смешать с охлажденным белым соусом, майонезом, уксусом и тщательно взбить веничком.

Майонез с зеленью

375 г подсолнечного масла, 3 сырых желтка, 60 мл 3%-ного уксуса, 20 г соуса «Южный», 50 г пюре шпината, 15 г эстрагона, 7—8 г зелени петрушки, 5 г зелени укропа, 10 г столовой горчицы, 8 г сахара.

Шпинат, зелень петрушки, укроп и эстрагон припустить в закрытой посуде при сильном кипении. Готовую зелень охладить, протереть через сито, соединить с майонезом, добавить соус «Южный», горчицу, соль, после чего все хорошо перемешать.

Этим майонезом заправляют бутерброды с холодными мясными и рыбными продуктами, а также с горячими рыбными продуктами.

Майонез с петрушкой

Смешать 1 $^1/_2$ стакана майонеза с мелко нарезанной зеленью петрушки (1 пучок). Майонез можно окрасить соком петрушки, отжав сок нарезанной петрушки через кусок марли.

Майонез «Пестрый»

Смешать майонез с мелко нарезанным сладким красным стручковым перцем, мелко нарезанной зеленью петрушки и 1 ч. ложкой горчицы.

Заправлять холодные бутерброды с мясом, птицей, языком, рыбой.

Зеленый майонез с луком

Острым ножом мелко изрубить укроп, зелень сельдерея, петрушки и зеленый лук, добавить к майонезу и перемешать.

Острый майонез

К майонезу добавить острый соус («Московский», «Охотничий» и т. п.), перец, по желанию и другие приправы: мускатный орех, имбирь, горчицу, хрен и др.

Майонез с горчицей

1 стакан растительного масла, 1 ч. ложка столовой горчицы, $^1/_4$ ч. ложки сахара, уксус и соль по вкусу.

Сырые желтки хорошо растереть в миске с готовой горчицей, сахаром и солью. Затем по каплям добавить рафинированное подсолнечное масло и продолжать растирать. Новые порции масла нужно добавлять лишь тогда, когда предыдущие полностью соединятся с желтками. Густую желтую массу нужно развести по вкусу с уксусом — она сразу при этом побелеет.

Майонез с соленым огурцом

Соленые огурцы мелко нарезать. Если кожура толстая, ее предварительно снять. Кусочки огурца смешать с майонезом.

Майонез с корнишонами

150 г майонеза, 10 г соуса «Южный», 50 г корнишонов.

Корнишоны мелко нарубить, положить в приготовленный майонез, добавить соус «Южный» и хорошо перемешать до получения однородной массы.

Корнишоны можно полностью или частично заменить соответствующим количеством пикулей или каперсов.

Этот соус приготовляют также с майонезом на белом соусе или со сметаной.

Этим соусом заправляют бутерброды с холодными мясными и рыбными продуктами, а также с горячими рыбными продуктами.

Вареный майонез

3 ст. ложки рафинированного подсолнечного масла, 4 свежих яйца, 3 ст. ложки воды, 1 ст. ложка уксуса, 2—3 ст. ложки домашней простокваши (сыворотку удалить), зелень петрушки, укропа или соленый огурец.

Влить в небольшую кастрюлю взбитые яйца, воду, уксус и подсолнечное масло. Смесь взбивать на водяной бане до сгущения, затем снять с огня и продолжать взбивать до полного охлаждения. Прибавить взбитое кислое молоко (простоквашу), мелко нарезанную зелень петрушки, укропа или мелко нарезанный соленый огурец.

Если соус отмаслится, влить в отдельную посуду 1 ст. ложку холодной воды и прибавлять понемногу отмаслившийся соус, не прекращая взбивания.

Майонез с огурцами и цветками одуванчиков

4 ст. ложки майонеза, 1 ст. ложка цветков одуванчиков, 1 свежий огурец.

Желтые цветы одуванчиков отделить от цветоножки, тщательно промыть и просушить. Натереть на крупной терке свежий огурец, смешать его с цветками, майонезом и взбить.

Красный майонез

К майонезу добавить 1—2 ст. ложки томатной пасты. Для того чтобы придать ему более острый вкус, можно добавить немного какого-нибудь соуса («Южный», «Московский» и т. п.).

Майонез с томатом и луком

160 г майонеза, 20 г томата-пюре, 2 г подсолнечного масла, 25 г репчатого лука, 2 г эстрагона, 6 г зелени петрушки.

Томат-пюре прокипятить, охладить, затем тщательно смешать с готовым майонезом, добавить мелко нарубленный репчатый лук, предварительно спассерованный и охлажденный, измельченные листики эстрагона, зелень петрушки и еще раз хорошо перемешать.

Соусом заправляют холодные и горячие бутерброды с рыбой.

Майонез с томатом и сладким стручковым перцем

130 г майонеза, 50 г томата-пюре, 25 г стручкового перца (подготовленного), 5 г соуса «Южный».

Томат-пюре прокипятить и, когда он остынет, хорошо перемешать с соусом майонез. Затем добавить соус «Южный», сладкий стручковый перец, который перед закладкой нужно промыть в холодной воде, отсушить на сите, удалить семена и очень мелко нарезать, добавить соль по вкусу, еще раз осторожно перемешать.

Соусом заправляют холодные бутерброды с мясом и рыбой.

Сырный майонез

150 г растительного масла, 1 желток, 70 г твердого сыра, молотый перец, сок лимона и соль по вкусу.

Желток растереть с солью и частями добавить масло. Посыпать перцем, добавить сок лимона. В готовый майонез вмешать тертый сыр.

Майонез с плавленым сыром и щавелем

4 ст. ложки майонеза, 1 ст. ложка плавленого сыра, 1 ст. ложка рубленых листьев щавеля.

Плавленый сыр тщательно размять, добавить рубленый щавель и майонез. Все взбить.

Майонез с ревенем

4 ст. ложки майонеза, 4 ст. ложки пюре из ревеня, 1 ч. ложка рубленого укропа.

Ревень мелко порубить, протереть, смешать с укропом и майонезом. Взбить в однородную массу.

Ореховый майонез

200 г майонеза, 150 г сладких сливок, 300 г ореховых ядер.

Орехи измельчить, хорошо перемешать с майонезом и сливками.

Этим майонезом заправляют бутерброды с фруктовыми салатами и т. п.

Майонез из творога

100 г мягкого творога, 2 свежих желтка, 50 мл молока, 50 г растительного масла, уксус, горчица, соль по вкусу.

Протертый творог растереть с желтками и молоком в кашицу без комков, потом разбавить растительным маслом и приправить уксусом, горчицей и солью.

Майонез из йогурта с яблоками

150 г майонеза, 50 г протертых тушеных яблок, 50 мл йогурта, 1 ч. ложка сахара.

К майонезу добавить протертые яблоки, сахар и вмешать йогурт.

Холодные соусы к бутербродам

Столовая горчица

150 г горчичного сухого порошка, 1 ст. ложка рафинированного подсолнечного масла, 1 стакан воды, $^1/_2$ стакана уксуса, 1 ст. ложка сахара, 1 лавровый лист, 2—3 бутона гвоздики, $^1/_2$ ч. ложки корицы, немного соли.

Довести до кипения воду, предварительно прибавив сахар, немного соли, лавровый листик, корицу. Затем отвар процедить и охладить. Влить уксус.

Горчичный сухой порошок просеять через сито, залить половиной приготовленного маринада и выдержать 8—10 часов, периодически размешивая массу. После этого влить оставшееся количество маринада, растительное масло и хорошо перемешать.

Хрен с уксусом

300 г корня хрена, 250 мл 9%-ного уксуса, 450 мл воды, 20 г сахара, 20 г соли.

Очищенный и промытый хрен протереть на мелкой терке или терочной машинке, положить в посуду, залить кипятком, закрыть посуду крышкой. Когда хрен остынет, добавить уксус, соль, сахар и размешать.

Заправлять холодные и горячие бутерброды.

Хрен со свеклой или морковью

300 г корня хрена, 200 г отваренной свеклы или моркови, 250 мл 9%-ного уксуса, 450 мл воды, 20 г сахара, 20 г соли.

Приготовить соус, как описано в предыдущем рецепте, но добавить вареную измельченную на мелкой терке свеклу или морковь.

Заправлять овощные салаты для бутербродов.

Хрен с яблоками

К измельченным корням хрена добавить такое же количество яблок (натереть на терке), смешать и залить сметаной. Добавить соль, сахар и лимонную кислоту по вкусу (лучше сок лимона), а затем все хорошо взбить.

Сухой хрен

Можно приготовить так называемый сухой хрен: корни очистить, нарезать кружочками толщиной 2—3 мм и высушить при температуре 25—40° С, а затем запечатать в герметические пакеты или поместить в плотно закрывающиеся банки.

Перед употреблением сухой хрен замочить, в массу добавить соль, сахар, уксус и настаивать 15—20 мин.

Хрен со сметаной (вариант 1)

150 г корня хрена, 350 г сметаны, 10 г сахара, 10 г соли.

Очищенный и промытый хрен натереть на мелкой терке, смешать со сметаной, добавить соль, сахар и тщательно перемешать.

Можно добавить немного сока лимона, тертый сыр, мелко нарубленную зелень.

Хрен со сметаной (вариант 2)

$^1/_2$ стакана мелко натертого хрена, 100 г сметаны, сок лимона и соль по вкусу.

Смешать сметану с мелко натертым хреном, прибавить соль и сок лимона по вкусу.

Соус идет к жареному и тушеному мясу — телятине, говядине или свинине.

Хрен с горчицей и сметаной

4 ст. ложки тертого хрена, 2 ст. ложки столовой горчицы, 1 ч. ложка сахара, 3 ст. ложки уксуса, 2—3 ст. ложки сметаны.

Смешать натертый хрен с горчицей, сахаром и уксусом. Смесь хорошо растереть и прибавить к ней сметану, слегка размешивая.

Соус-хрен на бульоне

Очищенный и промытый хрен измельчить на терке и залить кипящим бульоном (процеженным супом). Прибавить соль, уксус и сахар по вкусу.

Соус идет к холодной говядине, телятине или копченому мясу.

Соус-хрен с яблоками

$^1/_2$ стакана тертого хрена, 1—2 ст. ложки уксуса, 1 яблоко (кислое), $^1/_2$ ч. ложки сахара, 3—4 ст. ложки кислого молока (простокваши), соль по вкусу.

Залить кипятком мелко натертый хрен. К полученной кашице умеренной густоты прибавить очищенное и натертое яблоко, уксус, соль по вкусу, сахар, кислое молоко. Смесь хорошо размешать и положить в стеклянную или фарфоровую вазочку.

Соус идет к холодному мясу.

Картофельный соус с хреном

$1/2$ стакана тертого хрена, $1\,1/2$ стакана вареного и размятого вилкой картофеля, уксус и соль по вкусу.

Смешать натертый хрен с вареным и размятым вилкой или пропущенным через пресс картофелем. Влить немного горячей воды (чтобы получился соус умеренной густоты), уксуса и посолить по вкусу. Смесь хорошо взбить.

Соус идет к холодной свинине, ветчине, копченой грудинке.

Морковный соус с хреном

3—4 моркови, $1/2$ стакана тертого хрена, кислое молоко (простокваша), сахар, уксус и соль по вкусу.

Сварить морковь и мелко нарезать. Прибавить натертый хрен, соль, уксус и сахар по вкусу. Развести соус взбитым кислым молоком и хорошо размешать.

Соус идет к телятине, говядине, крутымияйцам.

Холодные соусы из майонеза и сметаны

Основной состав: *150 г майонеза, 100 мл йогурта, сметаны или 50 мл сливок для взбивания, сахар, сок лимона, соль по вкусу.*

Дополнительные продукты *в зависимости от вида соуса: для **укропного соуса** — 1—2 ст. ложки мелко нарезанного укропа; для **огуречного соуса** — 2 маринованных огурца, очищенных и нарезанных соломкой; для соуса с **зеленым луком** — $1/2$ ст. ложки нарезанного зеленого лука;*

для соуса с каперсами — 1 ст. ложка рубленых каперсов; для томатного соуса — около 2 ст. ложек кетчупа; для соуса из сладкого перца — 2 стручка сладкого перца, потушенные на масле и измельченные в миксере; для соуса из хрена — 2 ст. ложки тертого хрена; для брусничного соуса — 2 ст. ложки протертого джема или брусники из компота; для яблочного соуса — 100 г яблок, очищенных и нарезанных очень тонкой соломкой; для апельсинового соуса — 1 небольшой апельсин, нарезанный ломтиками, апельсиновая цедра; для ветчинного соуса — 20—40 г постной ветчины, нарезанной соломкой.

Майонез перемешать с йогуртом, сметаной или взбитыми сливками. Добавить продукты в зависимости от вида соуса, соль, сок лимона и сахар.

Соус «Белое масло»

75 г сливочного масла, 2 ст. ложки измельченного лука-шалота, 150 мл 9%-ного уксуса, перец и соль по вкусу.

Положить в кастрюлю 2 ст. ложки измельченного лука-шалота, влить уксус, добавить соль и перец. Поставить на слабый огонь и дать выпариться на $^3/_4$. Охладить до комнатной температуры. Перед использованием добавить мягкое сливочное масло, взбивая смесь веничком. Соус должен быть белым и слегка пенистым.

Соус шантильи

400 г майонеза, 100 г сгущенного молока, лимонный сок по вкусу.

К майонезу добавить немного лимонного сока и смешать со сгущенным молоком.

Этим соусом рекомендуется заправлять овощные салаты для бутербродов.

Соус бешамель

50 г сливочного масла, $^1/_2$ стакана пшеничной муки, 2 стакана молока или жидких сливок.

Масло растереть с мукой, развести, мешая, молоком или жидкими сливками, прокипятить до густоты сметаны, но чтобы не пригорело. Посолить по вкусу, остудить.

Таким соусом покрывают жаркое и птицу, посыпают тертым сыром, ставят в духовку.

Вместо молока в соусе можно использовать 1 $\frac{1}{2}$ стакана бульона или ухи и $\frac{1}{2}$ стакана сметаны.

Горчичный соус

Взять поровну — по одной большой рюмке — горчицы, желтков, белого вина, уксуса, сахарного песка, бульона, растопленного масла. Все смешать в эмалированной кастрюле. Мешая, греть не до кипения.

Соус долго хранится, подходит к ветчине.

Соус провансаль

200 г растительного масла, 1 ч. ложка готовой горчицы, 1—2 ч. ложки сахара, 2 сырых, а лучше сваренных желтка, немного соли, уксус.

Растереть все до густоты, прибавлять по чайной ложке 200 г растительного масла и несколько капель уксуса. Мешать, пока соус не превратится в пену.

Можно добавить мелко нарезанную петрушку или эстрагон.

Соус хорош к рыбе.

Соус из сельдерея или петрушки

2 стакана мясного или куриного бульона, 1 ст. ложка сливочного масла, 2 ст. ложки пшеничной муки, зелень сельдерея или петрушки.

В мясной или куриный бульон положить масло, смешанное с мукой, зелень сельдерея или петрушки, посолить, прокипятить, помешивая, процедить.

Соусом поливают курицу или отварную говядину.

Соус с чесноком (греческая кухня)

¹/₂ стакана оливкового масла, 1 кофейная чашечка уксуса, 8—10 зубчиков чеснока, 100 г ядер очищенного от кожицы миндаля, 1 ломтик белого хлеба, соль по вкусу.

Растолочь в деревянной ступке чеснок, добавив немного соли. Прибавить ядра миндаля и продолжать толочь до образования однородной массы.

Замочить в воде ломтик белого хлеба (без корочки), отжать и смешать с толченым чесноком. Постепенно влить оливковое масло и уксус, продолжая растирать массу пестиком.

Соус идет к нарезанной ломтиками свекле или к холодному вареному мясу.

Соус «Айлоли» (французская кухня)

3 ст. ложки оливкового масла, 1 сырой желток, 2—3 зубчика чеснока, 2 ст. ложки сока лимона.

Растереть чеснок с небольшим количеством соли. Постепенно ввести яичный желток, влить оливковое масло и лимонный сок, не прекращая размешивания.

Соус идет к холодному вареному мясу.

Простой чесночный соус

1 головка чеснока, 4 ст. ложки растительного масла, ³/₄ стакана воды, соль по вкусу.

Чеснок растереть с солью, влить растительное масло, кипяченую охлажденную воду, добавить соль и тщательно перемешать.

Чесночно-уксусный соус (грузинская кухня)

2 головки чеснока, 1 луковица, ¹/₄ стакана 3%-ного прокипяченного винного уксуса, ¹/₄ стакана холодной ки-

пяченой воды, $1/2$—1 ч. ложка кориандра (кинзы, укропа, петрушки, базилика, эстрагона).

Чеснок истолочь с солью, добавить молотые пряности. Уксус развести водой и постепенно соединить эту жидкость с чесночной массой, все время растирая.

Соус из томата-пюре и горчицы

300 г томата-пюре, 150 г столовой горчицы, 50 г сахара.

Все компоненты сразу же смешать, по вкусу добавить сладкую паприку и соль.

Соус-маринад № 1

2 части растительного масла, 1 часть лимонного сока или разбавленного уксуса.

Соединить масло и лимонный сок, тщательно перемешать, добавить немного соли.

Соус-маринад № 2

2 части сметаны, 1 часть лимонного сока.

В сметану влить лимонный сок, хорошо перемешать. Пряности не добавлять.

Соус-маринад № 3

2 части растительного масла, 1 часть йогурта.

Соединить масло с йогуртом и хорошо перемешать. Добавить немного лимонного сока.

Острый яично-луковый соус

$1/2$ стакана рафинированного подсолнечного масла, 3—4 ст. ложки 3%-ного уксуса, 1 небольшая луковица,

2 сваренных вкрутую яйца, 1 ст. ложка зелени петрушки, $^1/_2$ стакана мелко нарезанного соленого огурца, 1 ч. ложка столовой горчицы, черный молотый перец и соль по вкусу.

Смешать подсолнечное масло с уксусом. Прибавить репчатый лук, измельченный на мелкой терке, рубленые яйца, мелко нарезанную зелень петрушки, мелко нарезанный соленый огурец (можно не класть огурец), горчицу, соль и черный перец по вкусу. Если соус слишком густой, развести его небольшим количеством холодной воды.

Соус идет к вареному мясу, рыбе, мозгам, колбасам и пр.

Соус с крутыми желтками

3—4 ст. ложки рафинированного подсолнечного масла, 3 яйца, 3 ст. ложки 3%-ного уксуса, 1 ч. ложка столовой горчицы, 3 ст. ложки бульона, $^1/_2$ луковицы, зелень петрушки.

Сварить вкрутую яйца. Отделить желтки, хорошо растереть, посолить, поперчить, прибавить подсолнечное масло, уксус, горчицу, бульон, немного измельченного на терке репчатого лука и мелко нарезанной зелени петрушки.

Соус идет к рыбе, ветчине и колбасам, жареному мясу, яйцам.

Анчоусный соус

7—8 анчоусов, 7—8 ст. ложек рафинированного подсолнечного масла, 4 крутых яйца, 2 ч. ложки столовой горчицы, 1 ст. ложка рубленой зелени петрушки, сок лимона.

Очистить и мелко нарубить анчоусы. Прибавить горчицу, желтки и подсолнечное масло. Смесь хорошо растереть. Добавить мелко нарубленные белки и зелень петрушки. Влить лимонный сок (или винную кислоту), добавив к нему немного воды.

Соус идет к крутым яйцам, рыбе, колбасам.

Соус с анчоусами (турецкая кухня)

250 г анчоусов, 1 большой ломтик белого хлеба, 1 стакан оливкового масла, сок 1 лимона, черный молотый перец.

Промыть и очистить анчоусы. Удалить кости, разделанные филе растереть в деревянной ступке. Прибавить большой ломтик белого хлеба, предварительно замоченный в воде и отжатый. Непрерывно размешивая массу, влить оливковое масло, выжать сок из лимона и поперчить.

Соус идет к сваренным в слегка подсоленной воде овощам: зеленому горошку, стручкам фасоли и пр.

Ореховый соус

100 г ядер грецкого ореха, 100 г репчатого или зеленого лука, 50 г зелени, $1/_4$ стакана уксуса, 1 зубчик чеснока; красный молотый перец и соль по вкусу.

Ядра грецкого ореха истолочь с чесноком и добавить соль, молотый красный перец, мелко нарезанные лук и зелень кинзы или петрушки. Все это перемешать и развести уксусом.

Ореховый соус по-тулузски

100 г грецких орехов, 3 зубчика чеснока, 150 г оливкового или другого растительного масла.

Грецкие орехи растолочь в ступе вместе с чесноком, посолить. Положить в блюдо и, добавляя сначала по каплям, а затем тонкой струйкой растительное масло, растирать, пока не получится крем-соус, который можно намазывать на хлеб или подавать к блюдам.

Простой ореховый соус (грузинская кухня)

1—1¹/₂ стакана очищенных грецких орехов, ¹/₂ стакана гранатового сока или 1 ст. ложка винного уксуса, ³/₄ стакана воды, 2—3 зубчика чеснока, 2—3 ст. ложки зелени кинзы, 1 ч. ложка красного перца, 1 ч. ложка сунели, ¹/₂ ч. ложки кардобенедикта (имеретинского шафрана), ¹/₂ ч. ложки кориандра.

Орехи, перец, чеснок, соль истолочь, перетереть до однообразной пасты.

Добавить остальные пряности, снова перетереть.

Гранатовый сок смешать с кипяченой водой и этой смесью разводить орехово-пряную массу, все время размешивая ее.

Сациви (грузинская кухня)

450 мл бульона, 200 г ядер грецких орехов, 100 г топленого масла или куриного жира, 300 г репчатого лука, 30 г пшеничной муки, 5 свежих желтков, 30 г чеснока, 100 мл винного уксуса, 2 г гвоздики, 2 г корицы, молотый красный перец.

Мелко нарубленный лук слегка спассеровать с маслом или жиром, снятым с куриного бульона, затем всыпать муку и продолжать пассерование в течение нескольких минут, помешивая деревянной лопаткой. В эту массу влить горячий процеженный бульон и варить при кипении 10—15 мин.

Растолочь ядра грецкого ореха с чесноком, добавить толченую гвоздику, корицу, красный перец, яичные желтки, уксус. Растереть массу лопаткой и, помешивая, нагревать, добавляя подготовленную смесь, не доводя до кипения.

Готовый соус охладить.

Ореховый соус по-болгарски

³/₄—1 стакан ядер грецких орехов, 5—6 зубчиков чеснока, 1 ломтик черствого белого хлеба, 3 ст. ложки рафи-

нированного подсолнечного масла, 2 ст. ложки уксуса, соль по вкусу.

Растолочь ядра грецких орехов с чесноком и солью. Прибавить ломтик черствого белого хлеба, предварительно замоченного в воде и хорошо отжатого, подсолнечное масло и уксус. Смесь хорошо взбить, а затем развести тепловатой водой до умеренной густоты. Приготовленный соус снова хорошо взбить.

Соус идет к жареной рыбе или жареным кабачкам, стручковому перцу, баклажанам.

Ореховый соус по-молдавски

15 грецких орехов, ломтик белого хлеба, 3 зубчика чеснока, ¹/₂ стакана растительного масла, 1 ст. ложка сока лимона или винного уксуса, соль по вкусу.

Грецкие орехи очистить от скорлупы и пленки, пропустить через мясорубку, переложить в ступку и хорошо растереть. К орехам добавить мякиш белого хлеба, намоченного в молоке и отжатого, тертый чеснок и снова хорошо растереть. Протереть полученную массу через сито, положить в глубокую тарелку и, взбивая деревянной ложкой, добавлять тонкой струей растительное масло. Когда масса будет напоминать густую сметану, добавить в нее соль, сок лимона (или винный уксус) и хорошо перемешать.

Соус сацебели (грузинская кухня)

200 г ядер грецких орехов, 210 г репчатого лука, 200 г винного уксуса, 20 г чеснока, 1 г красного молотого перца, 35 г зелени мяты и кинзы, 20 г соли, ¹/₂ л кипяченой воды.

Толченые орехи развести уксусом, добавить холодную кипяченую воду, сырой рубленый репчатый лук, толченый чеснок, соль, красный перец и измельченную зелень.

Соус ткемали (грузинская кухня)

1 кг ткемали $^1/_4$ стакана воды, 1 головка чеснока, 2 ст. ложки сухого укропа, 3 ч. ложки кориандра, 1 $^1/_2$ ч. ложки красного перца, 2 ч. ложки сухой мяты.

Сливы ткемали разрезать пополам, положить в эмалированную посуду, подлить воды и вскипятить на медленном огне, пока не сойдет кожура и не отстанут косточки, которые надо отделить. Затем слить отдельно прозрачный сок, растереть массу в пюре и вновь варить, непрерывно помешивая деревянной ложкой, до густоты сметаны, подливая ранее отщеженный сок при загустении. Затем положить все пряности, растертые в порошок, посолить и прогреть еще 5 мин.

Соус применять в остуженном виде. Для дальнейшего хранения разлить соус в бутылки, залить сверху 1 ст. ложкой растительного масла, герметически закупорить и через сутки залить сургучом.

Соус кизиловый (грузинская кухня)

500 г кизила, $^1/_4$ стакана воды, 4 зубчика чеснока, 1 ч. ложка кориандра, 1 ч. ложка сунели, 2 ст. ложки зелени кинзы, 1 ст. ложка зелени укропа, $^1/_2$ ч. ложки красного молотого перца.

Зрелый кизил протереть через дуршлаг, освободив от косточек, добавить к полученному пюре кипяченую воду, истолченный с солью и перцем чеснок и остальные пряности и перемешать.

Терновый соус (грузинская кухня)

500 г ягод терна, $^1/_2$ стакана воды, 2 ст. ложки зелени кинзы, 1 $^1/_2$ ст. ложки зелени укропа, 2—3 зубчика чеснока, 1 ч. ложка красного молотого перца.

Терн залить водой и отварить на слабом огне под крышкой до полного разваривания. Протереть в пюре, добавить мелко нарезанные и молотые пряности, посолить и перемешать, слегка уварить, остудить.

Фруктовый соус с вином

1—1 $^1/_2$ стакана красного вина, 3 ч. ложки черносмородинового джема, 2 пера зеленого лука, 1 ч. ложка мелко нарезанной апельсинной или лимонной цедры, 1 ч. ложка горчицы, 1 щепотка молотого сладкого красного перца, 2—3 ст. ложки сока лимона.

В кастрюлю влить красное вино, прибавить черносмородиновый джем, мелко нарезанный зеленый лук, апельсинную или лимонную цедру, горчицу, щепотку молотого сладкого красного перца и выжать сок лимона.

Смесь довести до кипения и немедленно снять с огня.

Охлажденным соусом полить кусочки индейки, гуся, утки.

Холодный грибной соус

350 г отваренных грибов, 2 луковицы, 1 яблоко (кислое), 1 стакан сметаны, зелень петрушки, сельдерея, укроп, сахар, уксус, горчица, соль по вкусу.

Свежие или сухие отваренные грибы, лук, яблоко мелко нашинковать и смешать с заправкой (сметана, в которую добавлены по вкусу соль, сахар, уксус, горчица). Посыпать измельченной зеленью.

Заправки для салатов к бутербродам

Заправка из уксуса и растительного масла

2 ст. ложки уксуса, 4—5 ст. ложек растительного масла, $^1/_2$ ч. ложки сахарной пудры, черный молотый перец и соль по вкусу.

Уксус перед заправкой салата тщательно смешать с солью, перцем, сахаром и маслом.

Ореховая заправка

Ядра 10 грецких орехов, 70 г растительного масла, сок 1 лимона.

Орехи растереть с небольшим количеством растительного масла до образования кашицы, добавить оставшееся масло и взбить. Затем добавить сок лимона. Употреблять сразу.

Орехово-чесночная заправка (белорусская кухня)

Ядра 20 грецких орехов, 100 г белого хлеба, $^1/_2$ стакана растительного масла, 1 ч. ложка уксуса или сок $^1/_2$ лимона, $^1/_2$ головки чеснока.

Орехи истолочь в фарфоровой ступке, прибавить чеснок, растереть, добавить намоченный в воде и отжатый белый хлеб (без корочек) и растереть эту массу в эмалированной посуде, постепенно добавляя понемногу растительное масло. Когда масса загустеет, влить лимонный сок или виноградный уксус и вновь перемешать.

Сметанная заправка

400 г сметаны, 75 мл 3%-ного уксуса, сахар, черный молотый перец и соль по вкусу.

Уксус влить в посуду, добавить сахар, соль, молотый перец, хорошо размешать деревянной лопаткой. Перед подачей полученную смесь соединить со сметаной.

Горчичная заправка

300 г рафинированного подсолнечного масла, 3 сырых яичных желтка, 50 г столовой горчицы, 650 мл 3%-ного уксуса, 50 г сахара, 1 г молотого перца, соль по вкусу.

Столовую горчицу, сырые яичные желтки положить в посуду, добавить соль, сахар и растереть лопаткой. Затем при непрерывном помешивании тонкой струей влить масло и взбить так же, как и соус майонез, после чего развести уксусом и процедить.

Для приготовления этой заправки можно взять готовый майонез из расчета 300 г майонеза на 700 мл уксуса.

Приправы

Приправы оттеняют вкус основного продукта. Острые приправы хорошо сочетаются с неострыми блюдами и наоборот.

Приправы готовят как из сырых, так и вареных овощей или фруктов. Компоненты сырых приправ мелко измельчают, чтобы получилась однородная паста. Для вареных приправ фрукты и овощи варят до тех пор, пока они не разварятся полностью.

Приправы возбуждают аппетит и улучшают пищеварение. Обычно достаточно одной-двух чайных ложек приправы на одну порцию.

Томатная приправа (ведическая кухня)

8 спелых помидоров, 4 ст. ложки воды, 2 ст. ложки топленого масла, 2 ч. ложки семян горчицы, 2–3 стручка свежего острого перца (мелко нарезанного), 5 бутонов гвоздики, 2 лавровых листа, 1 палочка корицы (длиной 5 см), 1 ч. ложка семян кумина, 2 ч. ложки молотого кориандра, 1 ст. ложка натертого свежего имбиря, 1 щепотка асафетиды, 4 ст. ложки сахара, 1 ч. ложка соли.

Бланшировать помидоры, очистить их от кожицы и размять, добавив 4 ст. ложки воды. В кастрюле среднего размера нагреть топленое масло на умеренном огне и бросить туда семена горчицы. Прикрыть крышкой. Когда семена горчицы перестанут трещать, добавить к ним остальные специи, кроме асафетиды, и жарить, помешивая, в течение 1 мин. Положить туда же помидоры, асафетиду и соль. Варить без крышки на медленном огне 20—30 мин, периодически помешивая. Вначале помешивать время от времени, по мере загустения приправы делать это чаще, пока в приправе почти не останется жидкости.

Продолжая мешать, добавить сахар и увеличить огонь. Мешать более энергично еще 5 мин, пока приправа не загустеет и не станет по консистенции такой же, как густой томатный соус. Вынуть гвоздику, лавровый лист и палочку корицы. Переложить в чашу и дать остыть.

Томатная приправа подходит практически к любому блюду или закуске.

Если вы не сможете раздобыть всех указанных в рецепте пряностей, попробуйте обойтись без них.

Яблочная приправа (ведическая кухня)

6 яблок среднего размера, 4 ст. ложки топленого масла, 2 ч. ложки натертого свежего имбиря, 2 палочки корицы длиной по 5 см, 1 ч. ложка семян аниса, 50 г изюма (по желанию), 2—3 стручка сушеного острого перца (раскрошенного), 5 бутонов гвоздики, 1 ч. ложка куркумы, 1 щепотка асафетиды (по желанию), 4 ст. ложки воды, 4 ст. ложки сахара.

Вымыть яблоки, очистить их и удалить сердцевину. Нарезать яблоки на мелкие кусочки.

Нагреть в кастрюле топленое масло. Когда оно задымится, бросить туда имбирь, палочки корицы, семена аниса, перец и гвоздику. Поджаривать, помешивая, пока семена аниса не потемнеют (около 30 сек). Добавить куркуму и асафетиду и затем нарезанные яблоки. Помешивать 5—6 мин, пока яблоки не зарумянятся. Добавить воду.

Накрыть крышкой и варить около 15 мин, часто помешивая, пока яблоки не станут совсем мягкими. Размять их в кастрюле. Добавить сахар. Увеличить огонь и постоянно мешать, пока приправа не загустеет. Удалить палочки корицы и гвоздику.

Для приправы годятся твердые и спелые яблоки любого сорта, очень крупные и рыхлые яблоки не годятся.

По этому рецепту можно приготовить также приправы из других фруктов: персиков, слив, абрикосов, манго, гуавы, крыжовника и черной смородины. Можно исключить асафетиду и уменьшить количество перца.

Яблочная приправа с хреном

100 г яблок, 100 г хрена, 100 г сливочного масла, сахар, соль по вкусу.

Масло растереть до получения пышной массы, прибавить измельченные на мелкой терке яблоки, хрен, сахарный песок, соль.

Намазывать на ломтики черного хлеба.

Приправа из настурции

200 г листьев настурции, 120 г листьев крапивы, 40 г зелени укропа, 20 г растительного масла, перец и соль по вкусу.

Промытую зелень измельчить на мясорубке, посолить, заправить растительным маслом, перемешать.

Подавать к сыру и творогу.

Приправа из кислицы

Кислицу пропустить через мясорубку, добавить соль, перец и перемешать.

Приправа из крапивы с растительным маслом

1 кг крапивы, 1 ст. ложка пшеничной муки, 1 головка репчатого лука, 1 ст. ложка растительного масла, хрен, соль по вкусу.

Промытые листья молодой крапивы отварить в подсоленной воде до готовности, откинуть на дуршлаг, дать стечь воде, измельчить на доске, посыпать мукой, добавить 2—3 ст. ложки крапивного отвара, перемешать и снова варить, непрерывно помешивая. Затем добавить тертый хрен, поджаренный в растительном масле зеленый лук, перемешать.

Приправа из крапивы по-абхазски

1 кг крапивы, 1 ст. ложка кукурузной муки, 1 луковица, 1 ст. ложка растительного масла, соль, перец по вкусу.

Промыть листья молодой крапивы и отварить их в подсоленной воде до готовности. Откинуть на дуршлаг, измельчить, посыпать мукой, добавить 2—3 ст. ложки крапивного отвара, перемешать и еще поварить, непрерывно помешивая. Когда объем увеличится, добавить тертый перец, репчатый лук, поджаренный на растительном масле, и перемешать.

Чесночная приправа с перцем по-арзатински

Чеснок растереть с солью и красным стручковым перцем. Добавить оливковое масло, перемешать.
Намазывать на черный хлеб.

Перечная приправа

4—6 стручков сладкого перца, 50 г растительного масла, $3/4$ стакана кислого молока или йогурта, 20 г пшеничной муки, щепотка сахара, томат-паста и соль по вкусу.

Подготовленный перец нашинковать и обжарить на масле, посыпать мукой. Добавить соль, томат-пасту, кислое молоко, щепотку сахара и довести до кипения.

Приправа по-французски

1 головка чеснока, 100 г сливочного масла, 1—2 ч. ложки базилика, 100 г сыра.

Чеснок измельчить, смешать с порошком базилика, тертым сыром и сливочным маслом.

Ореховая приправа
(армянская кухня)

1 стакан тертых грецких орехов, 1 стакан воды, 1 кусочек сахара, 3—4 горошины черного перца, 2 ст. ложки зелени кинзы, 1 ч. ложка зелени мяты, 2 ст. ложки виноградного уксуса, 1 ч. ложка соли.

Первые 4 компонента и соль смешать и проварить в течение 10 мин. Снять с огня, добавить остальные компоненты.

ПРОДУКТОВЫЕ ЗАГОТОВКИ (СЛОЖНЫЙ ГАРНИР) ДЛЯ БУТЕРБРОДОВ

Творожные массы для бутербродов

С творогом можно приготовить как соленые, так и сладкие бутерброды. Подготовка творога зависит от его жирности.

Творог растирают в стеклянной, глиняной или эмалированной посуде. Зернистый творог можно пропустить через мясорубку или протереть через сито. К обезжиренному творогу рекомендуется добавить сметану, к жирному — молоко (чтобы творог стал мягким и сочным, но не жидким).

Для приготовления соленых бутербродов в творог можно добавить рубленый лук, кильку, сельдь, копченую рыбу, ветчину, тертый сыр и другие приправы. Творог можно подкрасить томатным пюре в красный цвет, рубленой зеленью — в зеленый, сырым желтком — в желтый, тертой свеклой — в ярко-красный.

Для приготовления сладких бутербродов в творог добавляют сахар. Сахар кладут в творог до добавления жидкости, так как при растворении сахара творог становится более мягким. Из жидкостей можно добавить соки, молоко или сметану. Для вкуса добавляют лимонную или апельсиновую цедру, ваниль, цукаты, изюм, толченые орехи.

Творог можно намазывать на бутерброды ножом или накладывать ложкой. Для большего эффекта творог шприцем наносят на бутерброд, образуя полоски, зигзаги или другие фигуры.

Творожную смесь готовят из расчета 30—40 г на ломоть хлеба, если бутерброд делают только с творогом.

ТВОРОЖНЫЕ МАССЫ С ЯЙЦАМИ, СЫРОМ, ОВОЩАМИ

Творог с яйцом и зеленым луком

100 г творога, 2—3 ст. ложки сметаны или молока, 1 яйцо, 1 ст. ложка рубленого зеленого лука или резанца, соль или килечный рассол.

Творог растереть деревянной ложкой, смешать со сметаной или молоком. Сваренное вкрутую яйцо (варить 10 мин) остудить в холодной воде, размельчить яйцерезкой или вилкой. Все продукты смешать, заправить.

Килечный рассол и рубленая килька придают смеси более приятный вкус, чем соль.

Творог с сыром

100 г творога, 2 ст. ложки молока или сметаны, 50 г швейцарского или российского сыра, перец или имбирь, соль по вкусу.

В растертый творог добавить тертый сыр, заправить молоком или сметаной.

Творог со свежей зеленью

450 г творога, 70—80 г зеленого салата или шпината, 1 1/2 ст. ложки сахарного песка, зелень петрушки или укропа, соль по вкусу.

Листики зеленого салата или молодого шпината перебрать, очистить от стебельков, промыть и откинуть на решето, чтобы стекла вода. Обсушить зелень чистым полотенцем и мелко нарезать. Творог посолить по вкусу, добавить сахар и протереть через сито. Творожную массу перемешать с нарезанной зеленью.

Вместо салата можно использовать мелко нарезанный укроп, рубленую зелень петрушки.

Творожная масса с хреном и яблоком

150 г жирного творога, 2 вареных желтка, 20 г тертого хрена, 1 яблоко, молотый перец, соль по вкусу.

Яблоко потушить, протереть через сито, добавить протертые желтки, приправить солью, вмешать тертый хрен.

Творожная масса со шпинатом или щавелем

100 г творога, 1—2 ст. ложки сметаны или молока, 100 г шпината или щавеля, 1 ст. ложка рубленой зелени петрушки или укропа, лук (при желании), соль по вкусу.

Творог растереть и смешать со сметаной или молоком. В обезжиренный творог добавить оливковое масло или взбитое сливочное масло. Листья шпината или щавеля тщательно промыть, удалить черенки и испорченные листья. Листья варить в открытой кастрюле 1 мин, вынуть шумовкой и мелко нарубить, смешать с творогом. Для вкуса прибавить измельченную зелень укропа или петрушки, соль по вкусу, тертый лук.

Молодые листья шпината и щавеля можно употреблять и сырыми, предварительно удалив черенки, перебрав и тщательно промыв их в холодной воде. Когда вода стечет, мелко изрубить.

Творожная масса с тмином, укропом и перцем

450 г жирного творога, 1 г тмина, 1 г душистого перца, 1 г укропа, соль по вкусу.

В протертый жирный творог положить соль, тмин, душистый перец и все тщательно перемешать.

В нежирный творог добавить 100 г сливочного масла.

Творожная масса с зеленью

100 г жирного творога, 1 $^1/_4$ стакана молока, по 25 г тонко нарезанных лука-порея, петрушки, чеснока, 3 ст. ложки уксуса или 2 ст. ложки лимонного сока, горчица и соль по вкусу.

Жирный творог тщательно размешать с молоком до однородного состояния. В растертую массу добавить зелень лука-порея, петрушки, чеснок, соль по вкусу, горчицу и уксус или лимонный сок.

Творог с редькой

100 г творога, 1—2 ст. ложки сметаны или молока, 1 редька, 1 ст. ложка толченых орехов, сахар, соль по вкусу.

В растертый творог добавить сметану или молоко, тертую редьку и толченые орехи, заправить солью и сахаром.

Творог с редисом

100 г творога, 1—2 ст. ложки сметаны или молока, 5—6 редисок, 1 ч. ложка рубленой зелени укропа или петрушки, соль по вкусу.

Творог растереть, соединить с тертой редиской, добавить мелко нарезанную зелень, соль и тщательно размешать.

Творог со сметаной и сырыми овощами

350 г творога, 6 редисок, зеленый лук, 1 огурец, 2 ст. ложки сметаны, сахар и соль по вкусу.

Тщательно растертый творог перемешать с мелко нарубленными редисками, зеленым луком, огурцом, сметаной. Полученную массу посолить и добавить по вкусу сахар.

Творог со свежим огурцом и укропом

100 г творога, 100 г свежих огурцов, 1 ч. ложка укропа, соль по вкусу.

Огурец очистить, нарезать мелкими кубиками. Укроп мелко изрубить. Творог растереть, смешать с другими продуктами, посолить. Огурец содержит много воды, поэтому сметану или молоко добавлять не нужно.

В обезжиренный творог можно добавить густую сметану или взбитое масло.

Творог с помидорами

100 г творога, 2 свежих помидора или 1 ст. ложка томатного пюре, 1 ст. ложка сметаны или молока, $^1/_4$ луковицы, соль по вкусу.

В растертый творог добавить измельченные свежие помидоры или томатное пюре. Если смесь получится слишком густая, добавить сметану или молоко, посолить. По вкусу добавить тертый лук.

Творожная масса с томатом и перцем

450 г жирного творога, 2 $^1/_2$ ст. ложки томата-пюре, 1 г душистого перца, соль по вкусу.

В жирный творог добавить томат-пюре, соль по вкусу, душистый перец и все хорошо перемешать.

В нежирный творог ввести 100 г размягченного сливочного масла (нагретого до 30—35° С).

Творожная масса с овощами и взбитыми сливками

150 г мягкого творога, 25 г твердых помидоров, 25 г зеленого болгарского перца, 50 г взбитых сливок (без сахара), сахар, лимонный сок, соль по вкусу.

Протертый творог взбить, постепенно добавить взбитые сливки, посолить, посыпать сахаром, подкислить лимонным соком и вмешать очищенные и нарезанные кусочками сладкий зеленый перец и помидоры.

Творожная масса со свежими овощами

100 г мягкого творога, 50 г майонеза, 25 г моркови, 25 г редиса, 50 г помидоров, молотый перец, зелень петрушки, лимонный сок, соль по вкусу.

Мягкий взбитый творог смешать с майонезом, добавить очищенные и натертые морковь и редис, очищенные и мелко нарезанные помидоры и мелко нарезанную петрушку.

Массу посолить, приправить перцем и лимонным соком и хорошо перемешать.

Творог с морковью

100 г творога, 1—2 ст. ложки сметаны или молока, 1 морковь, $^1/_2$ небольшой луковицы, 1 ст. ложка толченых орехов, соль или сахар по вкусу.

В растертый творог, смешанный со сметаной или молоком, добавить тертую морковь, соль или сахар. К соленой смеси добавить тертый лук, к сладкой — толченые орехи.

Творог с морковью и йогуртом

100 г мягкого творога, 70 г сырой моркови, 20 г репчатого лука, 50 мл йогурта, зеленый лук, соль по вкусу.

Протертый творог взбить с йогуртом, добавить мелко нарезанные репчатый и зеленый лук, тертую морковь и хорошо перемешать.

Творог с вареной свеклой

100 г творога, 1 небольшая свекла, тмин, сметана, соль по вкусу.

Вареную свеклу очистить и натереть, смешать с растертым творогом, заправить солью и тмином.

К нежирному творогу добавить сметану.

ТВОРОЖНЫЕ МАССЫ С МЯСНЫМИ И РЫБНЫМИ ПРОДУКТАМИ

Творог с колбасой или ветчиной и хреном

100 г творога, 2—3 ст. ложки сметаны или молока, 100 г нежирной вареной ветчины или колбасы, 1 ст. ложка хрена, 1 кислое яблоко или ¹/₂ соленого огурца, соль по вкусу.

Творог растереть деревянной ложкой, смешать со сметаной или молоком. Ветчину или колбасу нарезать большими кубиками, хрен и яблоко натереть, соленый огурец изрубить. Измельченные продукты вместе с огуречным рассолом соединить с творогом, посолить, тщательно перемешать.

Творог с вареной или жареной рыбой

100 г творога, 100 г рыбы, 1—2 ст. ложки сметаны, 1 ч. ложка рубленого укропа, ¹/₂ ч. ложки хрена, соль по вкусу.

Творог растереть деревянной ложкой. Вареную или жареную рыбу размельчить вилкой и смешать с творогом. Добавить сметану или взбитое масло, заправить рубленым укропом, тертым хреном и солью.

Творог с копченой рыбой

100 г творога, 100 г копченой рыбы, 2—3 ст. ложки сметаны или молока, 1 ст. ложка хрена, 1 небольшая луковица или 1 ст. ложка рубленого зеленого лука, соль по вкусу.

Очищенную от кожи и костей копченую рыбу изрубить, смешать с растертым творогом, добавив в него предварительно сметану или молоко. Заправить тертым хреном и луком или рубленым зеленым луком, посолить.

Творог с копченой сельдью и томатом-пюре

1 копченая сельдь, 350 г творога, 3 ст. ложки сметаны, $^2/_3$ ст. ложки томата-пюре, $^1/_3$ ст. ложки готовой горчицы, $^1/_2$ луковицы, 1 помидор.

Очистить копченую сельдь, удалить кости, после чего мелко порубить. Хорошо растертый творог смешать с измельченной сельдью, добавить сметану, томат-пюре, готовую горчицу, мелко нарезанную луковицу, поджаренную в масле. Массу тщательно перемешать.

Творог с луком и килькой или сельдью

100 г творога, 2 кильки или 50 г сельди, 1 небольшая луковица или 1 ч. ложка рубленого зеленого лука, 2—3 ст. ложки сметаны, сливок или молока.

Очищенные кильки или куски сельди порубить, добавить в хорошо растертый творог. Рубленый лук можно смешать с творогом или насыпать на бутерброды поверх творога.

ТВОРОЖНЫЕ ПАШТЕТЫ

Паштеты, которые готовят в домашних условиях, нравятся всем. Они очень нежные и легко усваиваются. Большей частью используются как основа для бутербродов и тартинок, а также как гарнир к мясу или начинка для различных сырных блюд, как добавка к сладким мучным блюдам.

Основным сырьем для паштетов являются масло и творог, которые растирают с разными добавками, например с рыбными, овощными и т. п. Везде, где в рецептах указано масло, следует, исходя из принципов рационального питания, использовать прежде всего низкокалорийное масло.

Творожный паштет повышенной жирности

450 г жирного творога, 50 г сливочного масла.

В жирный творог добавить сливочное масло, творог тщательно растереть, постепенно внося в размягченное масло (нагретое до 30—35° С).

Масляно-творожный паштет

200 г мягкого творога, 40 г сливочного масла, 20 мл молока, соль по вкусу.

Протертый через сито творог добавить ко взбитому маслу, посолить и растереть.

Использовать в качестве полуфабриката для смазывания бутербродов с сыром и как самостоятельный паштет.

Творожно-яичный паштет

1 ¹/₂ стакана творога, 100 г сливочного масла, ¹/₂ стакана сметаны, 1 желток, зелень, соль по вкусу.

Протереть через сито творог, добавить сметану, желток, соль по вкусу и перемешать. Растереть сливочное масло, внести в него приготовленный творог и хорошо перемешать.

Творожный паштет с тмином

450 г нежирного творога, 75 г сливочного масла, $^1/_2$ ст. ложки тмина, 1 стакан сметаны, соль по вкусу.

Смешать протертый нежирный творог с размягченным сливочным маслом (нагретым до 30—35° С), посолить по вкусу, внести промытый и обсушенный тмин. Массу растереть, полить сметаной.

Творожный паштет с зеленым луком

150 г мягкого творога, 50 г сливочного масла, 20 г зеленого лука, сметана, соль по вкусу.

Масло взбить в пену и постепенно добавить протертый через сито творог, посолить, разбавить сметаной до желаемой консистенции и вмешать мелко нарезанный зеленый лук.

Творожный паштет с болгарским перцем

150 г мягкого творога, 50 г сливочного масла, 30 г консервированного круглого красного перца, 20 г репчатого лука, щепотка молотого красного перца, молоко, соль по вкусу.

Масло взбить, добавить протертый творог, посолить, разбавить молоком до требуемой консистенции. Добавить нарезанный мелкими кусочками перец, мелко нарезанный лук и молотый сладкий перец.

Творожный паштет по-литовски

150 г мягкого творога, 50 г сливочного масла, 50 г репчатого лука, молотый сладкий перец, молоко, соль по вкусу.

Во взбитое масло постепенно добавить протертый творог, мелко нарезанный лук, молотый сладкий перец, соль по вкусу и (в случае необходимости) молоко, чтобы получить нежный, однородный крем.

Творожный паштет по-русски

150 г мягкого творога, 50 г сливочного масла, 20 г репчатого лука, зубчик чеснока, 50 г сметаны, молотый сладкий перец, соль по вкусу.

Масло взбить, смешать с протертым через сито творогом, добавить тертый лук, растертый чеснок, молотый сладкий перец, соль и разбавить сметаной до требуемой консистенции. Оставить отлеживаться в полотняном мешочке между двумя досками под грузом.

Творожный паштет с брынзой и анчоусами

100 г творога, 50 г брынзы, 30 г сливочного масла, 30 г круглого болгарского перца, 1 небольшая головка репчатого лука, 10 г анчоусной пасты, молотый сладкий перец, 5 г каперсов, соль по вкусу.

Взбить масло, постепенно добавить протертые через сито творог и брынзу, анчоусную пасту, мелко нарезанные лук и перец. Посолить, добавить молотый сладкий перец, каперсы и хорошо перемешать.

При желании в паштет можно добавить немного молока.

Творожный паштет с хреном и сыром

150 г мягкого творога, 50 г сливочного масла, 50 г твердого сыра, 10 г хрена, небольшая головка лука, молоко, соль по вкусу.

Протертый через сито творог смешать с маслом, добавить тертый сыр, соль, горчицу, мелко нарезанный лук, тертый хрен и немного молока. Взбить до получения однородной массы.

Творожный паштет с копченым сыром

150 г жирного творога, 50 г сливочного масла, 50 г плавленого сыра, 2 зубчика чеснока, молоко, соль по вкусу.

Копченый плавленый сыр и творог пропустить через мясорубку. В миске размешать масло, добавить сыр, чеснок, растертый с солью, при желании — молоко. Массу взбить.

Творожный паштет с ветчиной

150 г мягкого творога, 50 г сливочного масла, 50 г ветчины, молоко, соль по вкусу.

Масло размешать в миске, постепенно добавить протертый через сито творог, мелко нарезанную ветчину, соль. При желании добавить молоко, чтобы паштет стал нежным.

Творожный паштет с тресковой печенью

150 г мягкого творога, 50 г сливочного масла, 40 г тресковой печени, 10 г репчатого лука, молотый перец, молоко, соль по вкусу.

Масло растереть в миске, добавить протертый через сито творог, хорошо размешать в однородный крем, добавить печень трески (без масла), мелко нарезанный репчатый лук, соль, молотый перец и снова хорошо перемешать.

При желании добавить молоко.

Массы из брынзы и сыра

Сыры подразделяются на ферментные и творожные, на твердые, мягкие и плавленые. Промышленность вырабатывает очень много различных видов сыров.

Твердые сыры — это швейцарский, советский, голландский, степной и многие другие. Они отличаются нежным вкусом. Твердые сыры кладут на бутерброды тонкими ломтиками. Сыр на бутербродах быстро засыхает и становится некрасивым. Чтобы избежать этого, на бутерброд с сыром можно положить ломтик помидора, сок которого не даст сыру высохнуть. Есть и другой способ. Бутерброды с сыром можно слегка подогреть в духовке. Сыр можно и натереть, смешать с маслом или сметаной и положить на бутерброды.

К мягким сырам относятся рокфор, дорогобужский и закусочный, они более острые и соленые. Мягкие сыры также кладут на бутерброды ломтиками, так они лучше сохраняются. Их тоже можно поставить в духовку, положить на них для украшения ломтик редиса или помидора, натереть и смешать с маслом или сметаной.

Плавленые сыры вырабатываются из твердых и мягких сыров с добавлением различных приправ. Некоторые плавленые сыры совсем мягкие, так что их можно только мазать на бутерброды. Многие плавленые сыры можно резать ножом и ломтиками класть на хлеб. Копченый сыр относится к плавленым сырам.

Творожные сыры обычно бывают солеными и острыми. На хлеб эти сыры кладут ломтиками.

Бутерброды с сыром рекомендуется готовить за столом.

Не нарезать сыра больше, чем нужно в данное время.

Мелкие бутерброды также можно приготовить с сыром.

Для бутербродов также используются разнообразные массы, пасты, паштеты, салаты с добавлением различных сыров.

ПАШТЕТЫ, КРЕМЫ, ПАСТЫ

Паштет из брынзы

150 г брынзы, 50 г сливочного масла, 50 г мягкого творога, молоко.

Масло взбить и постепенно добавить к нему протертые через сито творог и брынзу, разбавить молоком до желаемой густоты и еще раз взбить.

Паштет из брынзы с орехами

200 г брынзы, 100 г сливочного масла, 50—100 г очищенных грецких орехов, 1 маленькая головка чеснока.

Все пропустить через мясорубку и перемешать. Паштет можно украсить листьями зеленого салата, посыпать нарезанной зеленью петрушки, укропа.

Паштет из брынзы «Нежный»

200 г брынзы, 100 г сливочного масла, 20 г молотого сладкого перца, 50 г репчатого лука, 10 г сметаны, 10 г зеленого лука, 10 г анчоусной пасты, 10 г горчицы.

Масло взбить, постепенно добавить протертую через сито брынзу и сметану, затем анчоусную пасту, горчицу, мелко нарезанный репчатый и зеленый лук, перец.

Паштет из брынзы с сардинами или шпротами

200 г брынзы, 200 г сардин или шпрот, масло из консервов и соль по вкусу.

С сардин или шпрот в масле снять кожицу, освободить от крупных костей, растереть в однородную массу с брынзой, прибавляя масло из консервов, и посолить по вкусу.

Паста из брынзы со сметаной и красным перцем

200 г брынзы, 4 ст. ложки сметаны, молотый красный перец и соль по вкусу.

Брынзу и сметану растереть так, чтобы получилась пышная масса, после этого добавить по вкусу красный перец и соль.

Сырный паштет с яйцом

1 ¹/₂ стакана тертого сыра, 75 г сливочного масла, 2 желтка, 1 ст. ложка готовой горчицы.

К тертому сыру добавить сливочное масло, вареные желтки, горчицу и растереть так, чтобы получилась пышная масса.

Острый сырный паштет

100 г твердого сыра, 70 г сливочного масла, 1 ст. ложка готовой горчицы, соль и перец по вкусу.

Натертый сыр тщательно растереть с маслом и горчицей до получения однородной массы, добавить соль и перец по вкусу.

Пикантный сырный паштет

100 г плавленого сливочного сыра, 30 г твердого сыра, 30 г сливочного масла, 50 мл молока, 30 г круглого красного перца, 30 г репчатого лука, молотый сладкий перец, соль по вкусу.

Сыр натереть на мелкой терке. Масло растереть в пену, перемешать с сыром, мелко нарезанным луком и перцем, постепенно добавить молоко. Посолить и добавить молотый сладкий перец по вкусу.

Сырный паштет с морковью

100 г мягкого сыра, 50 г сливочного масла, 50 г очищенной моркови, 50 г майонеза, молотый сладкий перец, лимонный сок, соль по вкусу.

К растертому маслу добавить мягкий сыр, соль, пряности, очищенную мелко натертую морковь и майонез. Подкислить паштет лимонным соком.

Сырный паштет с колбасой

50 г твердого сыра, 20 г сливочного масла, 100—150 г колбасы, 1 яйцо, сваренное вкрутую, горчица, перец и соль по вкусу.

Яйцо очистить и вместе с сыром и колбасой пропустить через мясорубку. Добавить горчицу, масло, а также соль и перец по вкусу, вымешать и тщательно растереть.

Если колбаса жирная, масло не добавлять. Слишком густую массу разбавить небольшим количеством сметаны.

Сырный паштет с сельдью

40 г твердого сыра, 40 г сливочного масла, 1 небольшая сельдь, 40 г белого хлеба, 50 мл молока, молотый перец, горчица.

Сельдь очистить, удалить кости и нарезать мелкими кусками. Хлеб замочить в молоке и вместе с сельдью пропустить через мясорубку. Смесь протереть через сито, добавить масло, тертый сыр, горчицу, молотый перец по вкусу и хорошо перемешать.

Сырный паштет с сардинами

150 г останкинских сырков, 70 г сардин с маслом, 1 головка репчатого лука, лимонный сок, соль по вкусу.

В растертый сыр вмешать сардины с маслом, добавить мелко нарезанный лук, приправить лимонным соком и посолить.

Сырный паштет с сардинами и хреном

40 г твердого сыра, 30 г сливочного масла, $^1/_2$ баночки сардин, 40 г майонеза, 20 г хрена, 2 яйца, 1 лимон, соль по вкусу.

Масло и сардины растереть, добавить протертые через сито желтки, тертый сыр и майонез. Оставшиеся белки нарезать кубиками, добавить к паштету вместе с тертым хреном, лимонным соком, посолить по вкусу.

Сырный крем со взбитыми сливками

50 г голландского сыра, 20 г «Нивы» (или рокфора), 50 г сливочного масла, 100 мл 33%-ных сливок, 10 г крема в порошке (или кукурузной муки), 1 сырой желток, 20 г взбитых сливок, соль по вкусу.

Сливки, крем в порошке и желток сварить. После охлаждения добавить тертый сыр и, перемешивая с помощью миксера, постепенно добавить масло. Во взбитый крем легко вмешать взбитые сливки.

Сырный крем с ветчиной

100 г плавленого сыра, 60 г сливочного масла, 50 г ветчины, 10 г пшеничной муки, 100 мл молока, 20 г консервированных огурцов, молотый сладкий перец.

Из 10 г масла и муки приготовить светлую пассеровку, разбавить ее молоком и при постоянном взбивании веничком проварить, а затем остудить.

В миске растереть 50 г масла и соединить с пассеровкой.

Во вторую миску выложить плавленый сыр, растереть его и постепенно добавить масло с пассеровкой, чтобы крем был нежным и без комков. Потом добавить рубленую ветчину, мелко нарезанные огурцы и молотый сладкий перец.

Сырная масса с творогом

1 стакан твердого тертого сыра, 200 г творога, 4 ст. ложки сметаны, соль по вкусу.

Натереть на терке сыр и перемешать с протертым творогом, сметаной, солью, пока масса не станет однородной.

СЫРНЫЕ САЛАТЫ

Салат из сыра и яблок

100 г сыра, 1 яблоко, 2 ч. ложки горчицы, майонез, сахар и соль по вкусу.

Сыр и яблоко нарезать кубиками. Майонез смешать с горчицей, добавить по вкусу сахар и соль. Этой смесью залить яблоки с сыром. Украсить листочками зеленого салата.

Сырный салат с фруктами

250 г твердого сыра, 2 апельсина, 2 яблока, 50 г сахара, лимонный сок, 150 мл йогурта.

Сыр, очищенные апельсины и очищенные яблоки (без сердцевины) нарезать кубиками. К йогурту добавить сахар, подкислить лимонным соком и залить этой смесью салат. Слегка перемешать, чтобы основные компоненты остались целыми.

Сырный салат с редисом

200 г голландского сыра, 2 пучка редиски, 200 г вареного сельдерея, 150 г сливочного майонеза, сахар, уксус, соль по вкусу.

Сельдерей нарезать соломкой, добавить нарезанную ломтиками редиску и нарезанный кубиками сыр, заправить сливочным майонезом, по вкусу добавить соль и сахар, подкислить.

Сырный салат с белокочанной капустой

100 г плавленого сыра с ветчиной, 400 г белокочанной капусты, 5 г консервированных огурцов, 30 г репчатого лука, 10 г сахара, 100 г майонеза, горчица, тмин, уксус, соль по вкусу.

Нарезанную капусту отварить с солью и тмином, процедить и охладить. Сыр нарезать мелкими кубиками (ножом, смоченным в воде), добавить мелко нарезанные огурцы, лук и оставшуюся капусту. Смесь приправить сахаром, посолить, подкислить по вкусу и осторожно перемешать с майонезом.

Сырный салат с красной капустой

150 г плавленого сыра, 150 г красной капусты, 2 яйца, 50 г консервированного зеленого горошка, 30 г круглого красного болгарского перца, 50 г консервированных огурцов, 30 г репчатого лука, 20 г зеленого лука, 200 мл йогурта.

Плавленый сыр нарезать мелкими кубиками, добавить мелко нарезанный лук, перец, огурцы, сваренные вкрутую яйца, капусту, горошек. Осторожно перемешать все продукты с йогуртом. По вкусу добавить сахар, посолить. При желании подкислить уксусом.

Сырный салат с помидорами

150 г плавленого копченого сыра, 300 г помидоров, 30 г репчатого лука, 50 г огурцов, 100 г майонеза, молотый перец, соль по вкусу.

Вымытые помидоры нарезать мелкими кубиками, добавить мелко нарезанный лук, огурцы, нарезанный кубиками сыр, посыпать солью, молотым перцем, перемешать с майонезом.

Салат из копченого сыра с йогуртом

250 г плавленого копченого сыра, 80 г зеленого горошка, 80 г консервированного круглого красного перца, 2 яйца, 30 г репчатого лука, 50 г консервированных огурцов, 20 г горчицы, 200 мл йогурта.

Плавленый копченый сыр нарезать мелкими кубиками, добавить нарезанный кусочками красный перец, огурцы, отваренные вкрутую яйца, горошек и мелко нарезанный лук. Смесь осторожно перемешать, чтобы продукты остались целыми, добавить йогурт, перемешанный с горчицей, и дать салату отстояться.

Салат из копченого сыра с майонезом

70 г плавленого копченого сыра, 70 г голландского сыра, 40 г консервированного красного перца, 70 г моркови, 100 г сельдерея, 70 г стручковой фасоли, 70 г зеленого горошка, 40 г репчатого лука, 2 яйца, 150 г майонеза, уксус, соль по вкусу.

Ножом, смоченным в воде, нарезать сыр мелкими кубиками, добавить мелко нарезанные перец, сельдерей, фасоль, морковь, лук, затем горошек и сваренные вкрутую рубленые яйца. Посолить и подкислить по вкусу, смешать с майонезом.

Салат из швейцарского сыра с йогуртом

300 г швейцарского сыра, 4 яйца, 50 г круглого красного консервированного перца, 30 г репчатого лука, 250 мл йогурта.

К сыру, нарезанному соломкой, добавить сваренные вкрутую и нарезанные кубиками яйца, нарезанные перец и лук. Перемешать с йогуртом.

Подать на хлебе или использовать как основу для бутербродов.

Салат из швейцарского сыра с майонезом

300 г швейцарского сыра, 2 яблока, 100 г сельдерея, 200 г майонеза, лимонный сок, молотый перец, соль по вкусу.

Сыр нарезать соломкой, посыпать перцем, добавить нарезанный кубиками отварной сельдерей (можно стерилизованный), очищенные, нарезанные кубиками яблоки. По вкусу посолить, подкислить лимонным соком и перемешать с майонезом.

Салат из швейцарского сыра с картофелем

250 г швейцарского сыра, 100 г картофеля, 200 г кислых яблок, 1—2 сваренных вкрутую яйца, 80 г корня сельдерея, 40—60 г ядер орехов, 80 г майонеза, 2 ст. ложки взбитых сливок, лимонный сок, перец, соль по вкусу.

Сыр, очищенный отваренный картофель, яблоки и яйца нарезать кубиками, сельдерей натереть на терке, орехи порубить. Продукты смешать с майонезом, разбавленным взбитыми сливками. Салат перемешать и заправить по вкусу.

Салат из сыра, яиц, зеленого лука и чеснока

200 г российского или голландского сыра, 3 яйца, 1 ст. ложка рубленого зеленого лука, 1—2 зубчика чеснока, 2 ст. ложки майонеза, соль по вкусу.

Сыр и сваренные вкрутую яйца нарезать кубиками, перемешать с луком и положить в тарелку с растолченным с солью чесноком. Затем содержимое хорошо перемешать, залить майонезом и дать постоять на холоде 30—40 мин.

Сырный салат с яйцами

100 г твердого сыра, 8 яиц, 50 г консервированных огурцов, 20 г репчатого лука, 250 г майонеза, уксус, молотый перец и соль по вкусу.

Сваренные вкрутую яйца крупно нарезать, добавить мелко нарезанные огурцы, лук, нарезанный кубиками сыр, ввести майонез. По вкусу посолить, добавить сахар, подкислить.

Сырный салат с шампиньонами

150 г твердого сыра, 100 г сельдерея, 100 г круглого красного консервированного перца, 100 г майонеза, 50 г репчатого лука, 10 г горчицы, 50 г шампиньонов, растительное масло, лимонный сок.

Очищенный лук мелко нарезать, сельдерей и перец нарезать мелкими кубиками, сыр — соломкой и все выложить в миску. Очищенные и нарезанные шампиньоны потушить в масле и, остудив, добавить к смеси. Посолить, посыпать перцем, добавить горчицу, подкислить лимонным соком, осторожно перемешать с майонезом.

Салат из плавленого сыра с колбасой

100 г плавленого сыра, 20 г колбасы, 20 г сливочного масла, 1 яйцо, 30 мл молока, 30 г консервированных огурцов, горчица, соль по вкусу.

Сваренное вкрутую яйцо и сыр натереть на терке, колбасу и огурцы нарезать тонкой соломкой. В растертое масло положить сыр, яйца, разбавить молоком, посолить. Добавить горчицу и взбить. Ввести колбасу, огурцы, хорошо перемешать.

Сырный салат с колбасой

100 г сыра, 100 г ветчинной колбасы, 100 г сельдерея, 100 г моркови, 50 г зеленого горошка, 4 яйца, 70 г маринованных огурцов, 150 г майонеза из сметаны, лимонный сок, соль по вкусу.

Очищенный тертый сырой сельдерей и морковь выложить в миску, добавить тертый сыр, процеженный консервированный горошек, нарезанную кубиками колбасу, сваренные вкрутую рубленые яйца, нарезанные огурцы. По вкусу посолить и подкислить лимонным соком. Осторожно вмешать майонез из сметаны.

Голландский сырный салат

100 г голландского сыра, 100 г сыра гауда, 100 г ветчинной колбасы, 100 г яблок, 50 г соленых огурцов, 250 г сливочного майонеза, молотый перец, лимонный сок, соль по вкусу.

Сыры и яблоки, колбасу и огурцы нарезать кубиками, посолить, посыпать перцем, по вкусу подкислить лимонным соком, перемешать с майонезом.

Пикантный сырный салат

300 г голландского сыра, 70 г сыра «Нива» (или рокфора), 100 г ветчинной колбасы, 100 г майонеза, 100 г взбитых сливок.

Сыры и ветчинную колбасу нарезать мелкими кубиками, выложить в миску и соединить майонезом, затем осторожно вмешать взбитые сливки.

Деликатесный сырный салат

250 г голландского сыра, 100 г ветчинной колбасы, 4 яйца, 50 г консервированных огурцов, 50 г консервированного сельдерея, 100 г майонеза, 30 г репчатого лука, уксус, соль по вкусу.

Сыр, колбасу, сваренные вкрутую яйца, огурцы и сельдерей нарезать кубиками, перемешать с мелко нарезанным луком, посолить, подкислить по вкусу и осторожно перемешать с майонезом.

Овощные салаты для бутербродов

Бутерброды готовят и с сырыми овощами: помидорами, свежими и солеными огурцами, редисом, зеленым салатом, морковью, луком, зеленью укропа, петрушки и сельдерея, зеленым луком, резанцем и др. Вареными на бутерброды кладут нарезанные ломтиками картофель, морковь и свеклу.

Овощи должны быть свежими, их нужно тщательно промыть и очистить от земли.

П о м и д о р ы можно нарезать ломтиками или дольками, мелкие плоды кладут целыми или половинками. Консервированные помидоры также должны быть твердыми, чтобы их можно было резать. Мягкие помидоры не годятся для приготовления бутербродов.

О г у р ц ы лучше класть вместе с кожурой, зеленый цвет которой эффектно выделяется на белой мякоти. Чистить нужно только огурцы с очень твердой кожурой или горькие. На бутерброды класть целые ломтики, четвертушки, половинки и т. д.

У з е л е н о г о с а л а т а отобрать более курчавые листья. Их кладут целыми или размельченными. Толстые черенки, поблекшие и потерявшие цвет листья использовать для бутербродов не нужно.

Р е д и с к у кладут на бутерброды целиком, ломтиками, дольками или рубленой.

С ы р у ю м о р к о в ь натирают на терке.

Л у к нарезают кольцами или полосками, кольца кладут на бутерброды целиком или отдельными кругами.

Укроп, небольшие листья петрушки и сельдерея кладут мелкими веточками. Более крупные листья и черенки мелко рубят.

Зеленый лук рубят или нарезают остроконечными кусочками, которые втыкают в бутерброд.

Овощи отваривают с кожурой, кожуру снимают с остывших овощей непосредственно перед употреблением. Картофель и морковь можно класть прямо на бутерброд, под ломтик свеклы нужно положить лист салата.

Бутерброды можно покрывать и салатами из сырых овощей, а также смешанными салатами.

На 30—40 г хлеба (1 ломоть) приходится около 20—30 г салата из овощей.

Салат из сырой моркови

100 г моркови, ¹/₂ лимона или 1 ст. ложка клюквенного сока, сахар, 1 ч. ложка майонеза или сметаны.

Морковь натереть, заправить лимонным или клюквенным соком, по вкусу добавить немного майонеза или сметаны.

Салат из сырой моркови с хреном

100 г моркови, 1 ст. ложка хрена, 1 ч. ложка сметаны, сахар, соль.

Морковь натереть тонкой стружкой, добавить тертый хрен, сметану, соль и сахар.

Салат из сырой моркови с яблоками

100 г моркови, 2 небольших яблока, сахар, соль.

Морковь натереть тонкой стружкой, неочищенные вымытые яблоки — крупной стружкой. Добавить сахар и немного соли.

Салат из свежей капусты

100 г капусты, 1 ст. ложка кислого сока, 1 ч. ложка сметаны или майонеза, сахар.

Свежую капусту мелко нашинковать, размять, чтобы из нее вышел сок, заправить кислым соком (лимонным или яблочным), добавить немного сметаны или майонеза.

Салат из редьки

100 г редьки, 1 яблоко или 1 ст. ложка лимонного или клюквенного сока.

Редьку очистить, мелко натереть, добавить тертое кислое яблоко или какой-либо кислый сок.

Салат из редиса

100 г редиса, 1 яйцо, несколько листьев салата или шпината, 1—2 ст. ложки сметаны или майонеза, сахар, соль.

Редиску и сваренное вкрутую яйцо мелко изрубить, смешать со сметаной или майонезом, заправить. Листья зеленого салата или шпината положить на бутерброды так, чтобы их края немного свешивались, сверху покрыть салатом.
Украсить рубленым желтком и ломтиками редиски.

Салат из зеленого лука

100 г зеленого лука, 1 ст. ложка сметаны, соль.

Зеленый лук промыть, обсушить, мелко нарезать острым ножом, смешать со сметаной, посолить.

Салат из свежих огурцов и лука

1 небольшой огурец (100 г), 1 небольшая луковица или 1 ст. ложка рубленого зеленого лука, 1 ч. ложка сметаны, соль.

Свежий огурец нарезать кубиками, добавить рубленый лук и сметану, посолить.

Салат из квашеной капусты

100 г квашеной капусты, 1 небольшое яблоко, ¹/₄ моркови, ¹/₈ сельдерея, 1 ч. ложка сметаны, сахар, соль.

Хорошо размятую квашеную капусту мелко изрубить, добавить тертое яблоко, морковь, сельдерей и сметану. Заправить сахаром и солью.

Салат из сельдерея и моркови

100 г сельдерея, 100 г моркови, 2 ст. ложки сливок или сметаны, сахар, лимонный сок или раствор лимонной кислоты, орехи, соль.

Сельдерей и морковь натереть. Поскольку сельдерей имеет свойство сразу темнеть, его нужно быстро смешать со сметаной и морковью. Приправы добавлять понемногу и осторожно. Толченые орехи или добавить в смесь, или украсить ими бутерброды.
Готовить бутерброды на гренках из белого хлеба.

Салат из сельдерея и яблок

100 г сельдерея, 1 ст. ложка (25 г) толченых орехов, 1—1¹/₂ ст. ложки майонеза или сметаны, сахар, 1 свежее или консервированное яблоко, соль.

Сельдерей сварить, остудить, нарезать мелкими кубиками. Сырое яблоко натереть вместе с кожурой, консервированное яблоко нарезать. Орехи натереть или растолочь. Все продукты смешать и заправить.

Салат из помидоров и лука

2—3 помидора, 1 небольшая луковица или 25 г зеленого лука, 1 ст. ложка майонеза или сметаны, зелень укропа или петрушки, листья салата.

Твердые зрелые помидоры нарезать мелкими кубиками, сок и семена удалить. Лук, укроп или петрушку изрубить. Все продукты смешать со сметаной или майонезом, заправить.

Салат из помидоров и яиц

4 яйца, 2 помидора, $1/2$ стакана отваренного риса или картофеля, 2 ст. ложки сметаны или майонеза, перец, зелень, соль.

Сваренные вкрутую яйца, помидоры и картофель нарезать мелкими кубиками. Рисовая каша должна быть рассыпчатой. Все продукты смешать с соусом и заправить.

Бутерброды украсить ломтиками помидора и зеленью.

Грибной салат

200 г грибов, 1 луковица или 50 г зеленого лука, сметана.

Соленые, маринованные или квашеные грибы вымочить, дать стечь воде, мелко изрубить. Добавить рубленый лук и сметану, заправить.

Салат положить на ржаной хлеб толстым слоем, гарнировать небольшими целыми грибами и зеленью, а также помидором.

Овощной салат

1 картофелина, 1 морковь, 1 небольшая свекла, 1 ст. ложка свежего или консервированного горошка, 1 ст. ложка стручковой фасоли, 1 помидор, 1 небольшой соленый огурец, 2—3 ст. ложки майонеза или сметаны, перец, горчица или хрен, зелень, лук, соль по вкусу.

Картофель, горох, стручковую фасоль отварить, морковь и свеклу можно употреблять и сырыми. Сваренные овощи, помидор и огурец нарезать мелкими кубиками. Сырую морковь и свеклу натереть. Соус заправить достаточно остро, добавить тертый лук. Продукты смешать с соусом.

Украсить бутерброды ломтиками яйца или рубленым желтком и белком.

Салат из моркови и гороха

1 морковь, 2 ст. ложки вареного или консервированного зеленого горошка, 1 небольшое яблоко, 1 яйцо, 1—1 1/2 ст. ложки майонеза или сметаны, сахар, соль.

Вареную морковь и яйцо нарезать мелкими кубиками, яблоко натереть вместе с кожурой. Все продукты смешать и заправить.

Бутерброды украсить тонкими ломтиками ветчины, колбасы, языка или жаркого.

Фруктовый салат

1 яблоко, 1 груша, 3—4 сливы, 1 огурец, 2 ст. ложки сметаны, сахар, несколько листьев салата.

Вымытые овощи и огурец нарезать небольшими кубиками. Очищать их только в том случае, если кожура повреждена или очень твердая. Смешать со сметаной, заправить.

Использовать белый или пеклеванный хлеб; можно добавить кусочки жареного мяса, украсить листьями салата.

Салаты с добавлением мясных или рыбных продуктов

Готовя смешанные салаты, нужно иметь в виду некоторые особые требования. Продукты следует разделывать на очень мелкие кубики. Соуса должно быть не слишком много, иначе салат стечет с бутерброда. Салат можно заправить поострее, так как хлеб и масло смягчают вкус.

На 1 ломоть хлеба (30—40 г) рассчитывают 30—50 г смешанного салата.

Картофельный салат с килькой

100 г свежих огурцов, 100 г картофеля, 5—6 килек, 2 ст. ложки сметаны, зелень.

Свежий огурец и вареный картофель нарезать кубиками, добавить измельченное филе кильки и укроп, смешать со сметаной. Вместо укропа можно положить зеленый лук.

Овощной салат с килькой

$^{1}/_{2}$ огурца, 1 яблоко, 1 помидор, 1 луковица, 3—4 кильки, 1 яйцо, 2 ст. ложки сметаны, перец, соль.

Огурец, яблоко, помидор, лук, кильку и сваренное вкрутую яйцо нарезать мелкими кубиками, смешать со сметаной или майонезом, заправить солью и перцем.

Селедочный салат с яйцом

1 сельдь, 2—3 яйца, 25 г зеленого лука, 100 г сметаны, 1 стручок красного перца или помидор, редис.

Очищенное филе сельди, сваренные вкрутую яйца и зеленый лук мелко изрубить, добавить сметану.

Украсить кусочками красного стручкового перца, помидора и редиса.

Рыбный салат с морковью

200 г свежей рыбы (вареной, жареной или копченой), 1—2 моркови, 1—2 ст. ложки хрена, 100 г сметаны или майонеза, зелень укропа или петрушки, соль.

Вареную морковь нарезать мелкими кубиками, добавить измельченную рыбу и натертый хрен, смешать со сметаной. Рубленую зелень укропа и петрушки добавить в салат, а мелкими листьями украсить бутерброды.

Рыбный салат с картофелем

200 г свежей рыбы (вареной, жареной или копченой), 2 картофелины, 1 морковь, 100 г сметаны или майонеза, перец, соль.

Вареный картофель нарезать мелкими кубиками, сырую морковь натереть, рыбу порубить. Все продукты смешать со сметаной или майонезом, заправить солью и перцем.

Мясной салат с картофелем

100 г мяса или ветчины, 1 картофелина, 1 соленый огурец, 100 г майонеза или сметаны, 1 луковица, перец, соль.

Ветчину, вареное или жареное мясо и картофель нарезать кубиками, смешать с нарезанным тонкими ломтиками соленым огурцом, сметаной или майонезом, заправить. Добавить (при желании) лук.

Рисовый салат с крабами (креветками) и рыбой

50 г (¹/₄ стакана) риса, 1—2 яблока, 100 г майонеза, укроп, лимонный сок, 100 г крабов (креветок), соленая лососина или свежая рыба, соль.

Рис отварить в подсоленной воде, чтобы он стал рассыпчатым, остудить, смешать с мелкими кубиками яблок и с майонезом. Заправить рубленым укропом, лимонным соком и небольшим количеством тертой лимонной цедры.

Салат положить на ломтики белого хлеба, сверху поместить кусочки крабов, ломтики соленой лососины или куски свежей рыбы, украсить пушистой веточкой укропа.

Салат из колбасы и сыра

100 г докторской колбасы, 100 г твердого или копченого сыра, 100 г сметаны, 1 помидор, зелень петрушки, черный или белый хлеб.

Колбасу нарезать мелкими кубиками, сыр натереть на крупной терке или нарезать соломкой, смешать с соусом.

Украсить ломтиками помидора и листьями петрушки.

Салат из яиц и ветчины

1 яйцо, 50 г ветчины или полукопченой колбасы, 1 яблоко, 1 помидор, немного хрена, 50 г сметаны, зеленый салат или свежий огурец, соль.

Сваренное вкрутую яйцо, ветчину, яблоко и помидор мелко изрубить, смешать с тертым хреном и сметаной, заправить.

Украсить листьями салата, ломтиками огурца и помидора.

Салат из яиц и редиса с ветчиной

2 яйца, 5 редисок, $^1/_2$ стакана отваренного риса (2$^1/_2$ст. ложки крупы), 1 тонкий ломтик ветчины, 2 ст. ложки сметаны или майонеза, перец, соль.

Сваренные вкрутую яйца, редис и ветчину нарезать мелкими кубиками, смешать с соусом и рисом, заправить.

Бутерброды украсить ломтиками редиса и зеленью.

Салат из яиц и лососины

2 яйца, 50 г соленой лососины, 1 небольшая морковь, 2 ст. ложки майонеза, зелень укропа или петрушки.

Морковь отварить до мягкости. Все продукты нарезать соломкой, смешать с соусом, заправить.

Украсить небольшими кусочками лососины и зеленью.

Куриный салат

100 г курятины, 1 яйцо, 1 картофелина, 1 морковь, 1 яблоко, 50 г майонеза.

Жареное или вареное мясо, вареное яйцо, картофель и морковь нарезать кубиками, яблоко натереть. Все смешать с соусом.

Бутерброды рекомендуется готовить на белом хлебе.

Овощной салат со шпротами

100 г шпрот, 150 г картофеля, 50 г моркови, 50 г гороха, 50 г соленых или консервированных огурцов, 1 яйцо, 100 г майонеза или сметаны, зелень петрушки или укропа.

Шпроты, вареные картофель и морковь, огурцы и сваренное вкрутую (10 мин) яйцо острым ножом нарезать мелкими кубиками, смешать с соусом и горохом.

Салат, положенный на бутерброды, украсить зеленью.

Салат из ветчины и колбасы

50 г нежирной ветчины, 50 г копченой колбасы, 50 г охотничьей колбасы, 1 яблоко, $1/2$ консервированного огурца, 3 ст. ложки майонеза или сметаны, немного килечного рассола.

Очищенные продукты нарезать мелкими кубиками, смешать с соусом, в который добавлен килечный рассол.

Салат из сельди и помидоров

1 сельдь, 3 спелых, но не мягких помидора, 1 луковица, 1 крупное кислое яблоко, 1 яйцо, 3 ст. ложки сметаны, сахар.

Очищенную сельдь, помидоры, лук, яблоко, сваренное вкрутую яйцо нарезать мелкими кубиками и смешать со сметаной. Если сельдь очень соленая, добавить немного сахара.

Салат из сельди и ветчины

$1/2$ сельди, 50 г жирной ветчины или копченой колбасы, 1 луковица, 1 небольшой консервированный огурец, 1 яйцо, 1 стручок перца, 3 ст. ложки сметаны, 1 ст. ложка томатного пюре, сахар, лимонный сок или уксус.

Очищенную сельдь, ветчину или колбасу, лук, огурец, сваренное вкрутую яйцо и стручок перца нарезать мелкими кубиками, смешать со сметаной, в которую предварительно добавлено томатное пюре. Если сельдь очень соленая, заправить сахаром, лимонным соком или уксусом.

Мясные и рыбные паштеты
для бутербродов

Для быстрого приготовления бутербродов очень хороши паштеты, сделанные из различных продуктов. Для этого продукты нужно пропустить через мясорубку или протереть через сито, смешать со сметаной, маслом или густым соусом и заправить. Паштет должен быть достаточно густым и вкусным.

Паштет можно намазывать на бутерброды ровным слоем или класть горкой, небольшими порциями. Украшать продуктами, которые соответствуют составу и цвету паштета.

На 30—40 г хлеба (1 ломоть) рассчитывают 25—35 г паштета.

Паштет из ветчины

Жирную ветчину пропустить через мясорубку, заправить перцем, горчицей или рубленой зеленью. Если смесь слишком сухая, добавить немного сметаны или масла.

Бутерброды можно делать на черном или на белом хлебе. Украсить соленым огурцом, маринованными овощами, зеленью.

Печеночный паштет

К сухому паштету добавить взбитое масло и все растереть деревянной ложкой. Добавить приправы: соль, перец, коньяк или лимонный сок.

Бутерброды с паштетом украсить ломтиком лимона или соленого огурца. Это придает паштету приятный вкус и сохраняет его сочным.

Паштет из колбасы

100 г докторской или иной вареной колбасы, 50—75 г сыра, 2 желтка, 1 ст. ложка сметаны или 30 г масла, перец, томатное пюре, соль.

Колбасу пропустить через мясорубку или мелко порубить ножом, добавить тертый сыр, рубленые желтки, сметану или взбитое масло. Растереть до получения однородной массы, заправить.

Часть паштета окрасить томатным пюре и поместить на бутерброды полосами или отдельными горками.

Паштет из жаркого

100 г жареной телятины, свинины, баранины или птицы, 1 яблоко или помидор, 1 небольшая луковица, 1 яйцо, 1 ст. ложка сметаны, майонеза или масла, перец, 1 ст. ложка томатного пюре или $^1/_4$ вареной свеклы, соль по вкусу.

Кусочки жаркого пропустить через мясорубку, добавить тертые яблоки и лук, рубленое яйцо, сметану или взбитое масло, Все вместе взбить деревянной ложкой, заправить. По желанию добавить в весь паштет или в часть его томатное пюре или тертую вареную свеклу.

Паштет из копченой рыбы

100 г копченой рыбы, 1—1 $^1/_2$ ст. ложки сметаны или майонеза, лимонный сок и немного лимонной цедры, для украшения помидор, красный стручковый перец, укроп.

Копченую рыбу размельчить вилкой или пропустить через мясорубку, смешать с майонезом или сметаной, растереть до получения однородной массы, заправить.

Паштет из сельди

1 сельдь, 1—2 картофелины, 1 яйцо, 2—3 ст. ложки сметаны, лук, уксус или лимонная кислота.

Филе сельди, вареный картофель и сваренное вкрутую яйцо пропустить через мясорубку или мелко порубить ножом, смешать со сметаной и заправить.

Паштет из рыбных консервов

1 банка рыбных консервов в томате, 50 г масла, лимонный сок, укроп. Для украшения зеленый салат, зелень петрушки, крутое яйцо.

Вынутые из банки рыбные консервы растереть в миске деревянной ложкой, добавить взбитое масло, заправить.

Тресковая печень с яйцом и луком

1 банка тресковой печени, 3—4 яйца, 1 небольшая луковица, перец, лимонный сок, соль. Для украшения помидор, красный стручковый перец, редис или зелень петрушки.

Печень трески измельчить вилкой, добавить рубленые крутые яйца, натертый или очень мелко изрубленный лук. Размешивать, добавляя соус из банки, до получения однородной густой массы.

Мясные и рыбные пасты для тортовых бутербродов и бутербродов-рулетов

Пасты для бутербродов приготавливают из различных продуктов, подобранных по вкусу и консистенции, тщательно размешанных.

Пасты используют для различных бутербродов, в том числе для тортовых, получая закуски, отличающиеся не только по вкусу, но и по внешнему виду.

Для приготовления паст готовые мясные или рыбные продукты, окорок, колбасу, различные вареные овощи пропускают через мясорубку, растирают до однородной консистенции и смешивают с тертым сыром, брынзой, сметаной, яйцами, майонезом. Заправляют пасту горчицей, хреном, солью, молотым перцем, сахаром, уксусом и набором различных пряностей.

Паста, приготовленная с любым набором продуктов, должна отличаться острым пикантным вкусом и ароматом. При этом следует помнить, что хранить оставшуюся пасту не рекомендуется, поэтому ее готовят на один раз и не ранее, чем за 30 мин до подачи к столу.

Паста из колбасы и сыра

250 г вареной колбасы или сосисок, 80 г сыра, 3 яйца, 60 г майонеза, перец, соль по вкусу.

Вареную колбасу и крутые яйца дважды пропустить через мясорубку, добавить тертый сыр, готовую горчицу, майонез, молотый перец и соль и тщательно перемешать.

Паста из ветчины

300 г ветчины, 3 яйца, 80 г сметаны, 20 г готовой горчицы, перец, соль по вкусу.

Яйцо, сваренное вкрутую, очистить и вместе с кусочками ветчины дважды пропустить через мясорубку. В массу добавить готовую горчицу, сметану, перец молотый, соль, вымешать и тщательно растереть.

Паста из ветчины и пасты «Океан»

250 г ветчины, 100 г пасты «Океан», 2 яйца, 70 г майонеза, 30 г хрена, перец, соль по вкусу.

Пасту «Океан» разморозить и вместе с нарезанной ветчиной, вареным вкрутую яйцом дважды пропустить через мясорубку, вымешать с майонезом и тертым хреном, добавить молотый перец и соль.

Мясная паста с сыром, яйцом и хреном

250 г вареного мяса, 120 г твердого сыра, 2 яйца, 25 г хрена, 50 г сметаны, зелень петрушки или укропа, перец, соль по вкусу.

Вареное мясо пропустить через мясорубку, добавить измельченные яйца, сметану, тертый на мелкой терке сыр и хрен, измельченную зелень, тщательно размешать, заправить по вкусу солью и молотым перцем.

Паста из говяжьей или свиной печени

300 г готовой печени, 120 г сыра, 60 г сметаны, 30 г жареного лука, перец, соль по вкусу.

Жареную или тушеную печень вместе с жареным луком дважды пропустить через мясорубку, добавить немного бульона, тертый сыр, сметану, посыпать перцем, посолить и тщательно вымешать, чтобы получилась пышная масса.

Острая паста из рыбы и сыра

200 г отварной рыбы, 120 г сыра, 50 г корнишонов, 60 г репчатого лука, 50 г сливочного масла, 25 г готовой горчицы, 10 г чеснока.

Отварную рыбу пропустить через мясорубку. Твердый сыр натереть на терке. Репчатый лук и чеснок очистить и мелко порубить. Корнишоны или соленые огурцы мелко нарезать, все смешать и тщательно растереть с размятым сливочным маслом, горчицей, солью и молотым перцем.

Рыбная паста с кальмаром

200 г отварной рыбы, 100 г отварных кальмаров, 30 г пассерованного лука, 30 г белого хлеба, 40 г сладкого пассерованного перца, 10 г черемши или чеснока, 100 г майонеза, 15 г зелени, соль по вкусу.

Филе рыбы и кальмара отварить. Белый черствый хлеб замочить в воде и отжать. Очищенный лук и стручки сладкого перца нарезать и обжарить. Все соединить и дважды пропустить через мясорубку. Черемшу или чеснок измельчить, добавить к измельченной массе, тщательно перемешать с майонезом, добавить лимонный сок, рубленую зелень.

Паста из мидий и пасты «Океан»

200 г припущенных мидий, 80 г пасты «Океан», 60 г запеченного лука, 50 г белого хлеба, 60 г сладкого запеченного перца, 70 г майонеза, 10 г чеснока или черемши, 10 г зелени петрушки.

Мидии припустить и слегка обжарить. Пасту «Океан» разморозить. Сладкий перец очистить от семян и запечь в духовке. Мелкие головки лука очистить от шелухи и запечь до готовности. Черствый белый хлеб замочить и охладить. Все смешать и дважды пропустить через мясорубку, добавить измельченную черемшу или чеснок, зелень и майонез. Тщательно перемешать.

Часть II
ХОЛОДНЫЕ БУТЕРБРОДЫ

ОБЫКНОВЕННЫЕ ОТКРЫТЫЕ БУТЕРБРОДЫ НА НЕОБЖАРЕННОМ ХЛЕБЕ (БЕЛОМ И ЧЕРНОМ)

Для обыкновенных открытых бутербродов лучше брать не очень свежий хлеб, чтобы его можно было нарезать тонкими ломтиками. Масло надо выдержать несколько часов при комнатной температуре, тогда оно хорошо намазывается равномерным слоем. Готовые бутерброды выглядят особенно красиво и аппетитно, если украсить их веточками зелени, ломтиками овощей яркой окраски, кружочками сваренных вкрутую яиц, майонезом или соусом, подобранным в соответствии с продуктами для бутербродов.

Бутерброды с масляными смесями

Масло с добавками можно выдавить на хлеб с помощью кулинарного шприца, тогда бутерброды будут выглядеть особенно нарядно. Можно просто намазать маслом кусочки хлеба, а сверху уложить ломтики сыра, колбасы, ветчины, сваренного вкрутую яйца, селедки, соленого огурца. Ломтики продуктов тоже лучше нарезать разными фигурками.

Хлеб, намазанный масляными смесями, хорошо сочетается со следующими начинками для бутербродов:

— отварное мясо, желток, мелко нарезанные лук и свекла;

— ветчина, половинка яйца, сваренного вкрутую, ломтик соленого огурца;

— ломтики паштета (можно печеночного, рыбного), ломтики соленого огурца;

— ломтики сваренных вкрутую яиц, украшенных томатом-пюре и кусочками сарделек, или колечками анчоусов, или кильками;

— кусочек копченой сельди (рыбы), яичница-болтунья, посыпанная зеленым луком;

— кусочки маринованной сельди, ломтики помидоров, украшенные половинкой вареного яйца;

— сельдь в желе, украшенная ломтиками красного перца;

— куски жареной рыбы, на которые точками нанесен майонез или густой яичный соус, тонкий ломтик лимона;

— картофельный салат, кружок крутого яйца, мелко нарезанный зеленый лук;

В качестве примера можно привести следующие несколько рецептов.

Бутерброды с маслом и петрушкой

Хлеб, 100 г сливочного масла, 1 ст. ложка зелени петрушки, 1 ч. ложка сока лимона, соль по вкусу.

Хорошо размять свежее сливочное масло и посолить по вкусу. Прибавить мелко нарезанную зелень петрушки и лимонный сок. Массу взбить и нанести равномерным слоем на тонкие ломтики хлеба.

Таким же способом можно приготовить и бутерброды с укропом.

Бутерброды с зеленым маслом и помидорами

160 г ржаного хлеба, 40 г сливочного масла, 20 г зелени петрушки или укропа, 20 г свежих помидоров, 8 г зеленого лука, 5 г лимонного сока.

Масло размягчить, добавить мелко нарезанную зелень и лимонный сок, заправить по вкусу специями. Намазать на ломтики хлеба, сверху положить ломтики помидора, а по краям посыпать нарезанным зеленым луком.

Бутерброды с зеленым маслом и луком

12 ломтиков батона, 350 г сливочного масла с зеленым луком, зеленый лук.

На ломтики батона нанести из корнетика с зубчатой трубочкой масло с зеленым луком и посыпать мелко нарезанным зеленым луком.

Бутерброды «Экзотика»

Хлеб, 10 цветков и 2 листика молодого одуванчика, 3 ст. ложки сливочного масла, 3 зубчика чеснока, 1 ч. ложка готовой горчицы.

Промытый, пропущенный вместе с чесноком через мясорубку одуванчик тщательно смешать со сливочным маслом и горчицей. Намазать ломтики хлеба этой массой.

Бутерброды с томатным кремом

4 ломтика хлеба, 100—150 г томатного крема.

Томатный крем выложить на ломтики хлеба с помощью кондитерского мешка или ложкой. Сверху посыпать мелко нарубленной зеленью, украсить веточками той же зелени.

Бутерброды с грибным маслом

Хлеб, 4 ст. ложки тушеных грибов, 4 ст. ложки сливочного масла, репчатый лук, помидор, редис, огурец, зелень петрушки или укропа.

Масло взбить до образования пышной массы, добавить мелко нарезанные тушеные грибы, измельченный репчатый лук. Полученным маслом намазать ломтики хлеба, сверху выложить зелень, дольки помидора, редиса, огурца.

Бутерброды с сырным маслом и яблоками

4 ломтика украинского хлеба, 100 г сыра «Рокфор», 50 г сливочного масла, 1 яблоко, 1 ст. ложка нарубленного репчатого лука, 4 веточки петрушки.

Натертое яблоко смешать с тертым сыром, сливочным маслом и луком. Массу нанести на ломтики хлеба, сверху украсить веточками петрушки.

Бутерброды с сырным маслом, овощами и яйцом

Взбитое сырное масло поместить в кондитерской мешок с зубчатым наконечником, нанести на хлеб в виде тонких полосок, охладить, а затем покрыть ломтиками помидоров, кружочком яйца, листиками салата.

Бутерброды с маслом, приправленным хреном

Хлеб, 100 г сливочного масла, 1 корень хрена, соль по вкусу.

Очистить и измельчить на мелкой терке корень хрена. Размять сливочное масло и прибавить к нему 2 ч. ложки тертого хрена и немного соли. Массу взбить и нанести тонким слоем на ломтики хлеба.

Бутерброды с маслом, хреном, копченым мясом и сыром

12 ломтиков батона, 120 г сливочного масла с хреном, 120 г копченого мяса, 120 г сыра, тертый хрен.

Ломтики батона смазать маслом с хреном, на него положить, чередуя, ломтики копченого мяса и сыра, сверху посыпать тертым хреном.

Бутерброды с селедочным маслом

160 г хлеба, 80 г сливочного масла, 1 яйцо, 90 г свежих огурцов, зелень петрушки или укропа.

Ломтики хлеба намазать маслом, сверху положить кружочки сваренного вкрутую яйца и огурца. Посыпать мелко нарезанной зеленью.

Бутерброды с селедочным маслом, овощами и яйцом

Хлеб, селедочное масло, свежие огурцы, свежие помидоры, яйцо, зеленый лук.

Взбитое селедочное масло нанести на хлеб при помощи кондитерского мешка в виде полосок, охладить, после чего гарнировать нарезанными овощами и яйцом.

Бутерброды с селедочным маслом и сельдью

Хлеб, филе сельди, селедочное масло, репчатый лук, свежий огурец, желтковая паста.

Хлеб намазать селедочным маслом, сверху положить филе сельди, свежий огурец, нарезанный в виде колокольчика и наполненный желтковой пастой. Украсить репчатым луком, нарезанным кольцами.

Бутерброды с анчоусным маслом

12 ломтиков батона, 200 г анчоусного масла, 3 яйца, 1 головка лука, зелень петрушки.

На ломтики батона нанести тонкими слоями анчоусное масло, на него положить четвертинки или восьмушки сваренных вкрутую яиц, украсить колечками лука и зеленью петрушки.

Бутерброды с икорным маслом

12 ломтиков батона, 250 г икорного масла, 120 г ветчины, 2 яйца, огурцы и круглый красный перец для украшения, 12 шпрот, зелень петрушки.

На ломтики батона по краю нанести икорное масло, на середину — мелко нарезанные ветчину, сваренные вкрутую яйца, огурцы и красный перец. Сверху положить шпроты и украсить веточками петрушки.

Бутерброды с брынзой, сыром и сырными массами

БУТЕРБРОДЫ С БРЫНЗОЙ

Бутерброды из несладкого печенья с брынзой

200 г несладкого печенья, 200 г брынзы или творога, 100 г сливочного масла или маргарина, 2 ст. ложки сметаны, 1 луковица, 1 ст. ложка томата-пюре, помидор, огурец, красный молотый перец, маринованные грибы, маслины, вишни из компота, сахар, соль по вкусу.

Брынзу, масло, натертый на мелкой терке лук растереть со сметаной, заправить красным перцем, солью и сахаром. Половину полученной массы закрасить томатом-пюре или клюквенным соком. На часть печенья выложить горкой розовую массу, на остальные — белую. Бутерброды украсить кружочками огурца или помидора, маринованными грибами, кусочками сладкого перца, маслинами, вишнями из компота или клюквой.

Бутерброды с брынзой и клюквой

Хлеб, 100 г брынзы, 50 г сливочного масла, 25 г клюквы.

Ломтики хлеба намазать сливочным маслом, положить сверху кусочки брынзы и украсить клюквой.

Бутерброды с паштетом из брынзы с тмином

6 тонких ломтиков белого хлеба, 2 1/2 стакана тертой брынзы, 75 г сливочного масла, 1/8 ст. ложки молотого тмина, красный перец по вкусу, 10 г зелени петрушки, 1 морковь, 1 помидор.

К брынзе, протертой через сито, добавить сливочное масло, тмин, красный перец и растереть, чтобы образовалась однородная масса. Полученной массой намазать тонко нарезанные ломтики хлеба и украсить их зеленью петрушки, морковью, помидорами.

Бутерброды с паштетом из брынзы

Хлеб, 200 г брынзы, 100 г сливочного масла, тмин или молотый красный и черный перец.

Размять кусок брынзы сперва вилкой, а затем деревянной ложкой. Растереть свежее сливочное масло. Прибавить брынзу, немного толченого тмина или черного и красного молотого перца. Смесь хорошо взбить и нанести на ломтики хлеба.

Бутерброды с паштетом из брынзы с зеленым луком

8 ломтиков хлеба, 400 г паштета из брынзы, 2 яйца, зеленый лук.

На ломтики хлеба нанести из корнетика с зубчатой трубочкой паштет из брынзы, посыпать мелко нарезанным зеленым луком и украсить ломтиком сваренного вкрутую яйца.

Бутерброды с паштетом из брынзы и помидоров

Хлеб, 250 г брынзы, 1—2 помидора, 1 луковица, сок 1/4 лимона, 1/2 стакана рафинированного подсолнечного масла, 1 стручок печеного перца, черный и красный перец по вкусу, 1 вареная морковь, 1 соленый огурец.

Брынзу хорошо растереть деревянной ложкой с очищенными и мелко нарезанными помидорами, луком, натертым на мелкой терке, лимонным соком, подсолнечным маслом и, по желанию, стручком мелко нарезанного печеного перца. Добавить черный и красный молотый перец. Полученную икру намазать на хлеб и украсить кружочками вареной моркови, соленого огурца.

Бутерброды с брынзой и листьями свеклы

4 ломтика пшеничного хлеба, 2 ст. ложки натертой брынзы, 50 г сливочного масла, 2 ст. ложки рубленых свекольных листьев, 4 веточки укропа.

Сливочное масло смешать с натертой на терке брынзой, добавить рубленые молодые листья свеклы и перемешать массу. На ломтики хлеба уложить полученную смесь и украсить веточками укропа.

Бутерброды с брынзой, помидорами и укропом

4 ломтика хлеба, 100 г брынзы, 1 помидор, 1 морковь, 2 яйца, 2 ст. ложки подсолнечного масла, 1 ч. ложка мелко нарубленного укропа, молотый перец.

Брынзу растереть с очищенными от кожицы помидорами, добавить пюре из отварной моркови, желтки сваренных вкрутую яиц, зелень укропа, молотый перец, подсолнечное масло и все тщательно перемешать. Полученной массой намазать хлеб, сверху посыпать нарубленными белками яиц.

Бутерброды с брынзой, свежими помидорами и орехами

160 г хлеба, 40 г брынзы, по 20 г сливочного масла и ядер орехов, 80 г свежих помидоров, 4 маслины.

Орехи порубить и смешать с измельченной брынзой. Ломтики хлеба намазать маслом, положить ломтики помидоров, а сверху – рубленые орехи с брынзой. Украсить маслинами.

Бутерброды с брынзой по-болгарски

160 г хлеба, 40 г брынзы, 40 г сливочного масла, 4 кружочка помидоров, соль по вкусу.

Ломтики хлеба намазать маслом, сверху положить нарезанные кружочками помидоры, посолить. Посыпать брынзой.

Бутерброды с брынзой, сливочным маслом и маслинами

160 г пшеничного хлеба, 40 г брынзы, 80 г сливочного масла, 4 маслины.

Брынзу промыть охлажденной кипяченой водой, нарезать ломтиками, обдать кипятком и слить воду. Ломтики хлеба или батона намазать тонким слоем масла, положить брынзу. Отдельно подать маслины.

Бутерброды «Мозаика»

160 г хлеба, 200 г брынзы, 100 г сливочного масла, тмин или перец душистый, 2 стручка красного перца, 1 соленый огурец или маслины.

Измельчить на крупной терке брынзу, а затем хорошо размять вилкой. Прибавить предварительно растертое масло и немного толченого тмина или перца. Смесь хорошо взбить. Мелко нарезать красный сладкий перец (соленье) и прибавить к смеси. Все хорошо размешать до получения ровного цвета. Смесь нанести на ломтики хлеба и украсить сверху кружочками соленого огурца или кусочками маслин.

Бутерброды с брынзой и сардинами

2 булочки, по 60 г брынзы и сливочного масла, $1/2$ банки сардин, $1/2$ луковицы, $1/2$ лимона, 1 яйцо, петрушка, ягоды клюквы, перец, соль по вкусу.

Масло, брынзу и сардины растереть, добавить натертый лук, перец, соль по вкусу, лимонный сок и хорошо перемешать. Если масса густая, можно влить масло из сардин. Из ломтиков булки вырезать кружочки и на каждом выложить пирамидкой массу. Одни бутерброды украсить сваренным вкрутую яйцом, другие — кусочками лимона, листьями петрушки или ягодами клюквы.

Бутерброды с овечьим сыром

Хлеб, 100 г овечьего сыра, 50 г сливочного масла, щепотка тмина, 1 ч. ложка молотого красного перца, зеленый лук, 1—2 ч. ложки сметаны, горчица, соль по вкусу.

Сливочное масло тщательно растереть с овечьим сыром, горчицей, тмином, молотым красным перцем, солью, мелко нарезанным зеленым луком и сметаной. Полученной массой обильно намазать ломтики хлеба так, чтобы получилась выпуклая поверхность, сверху украсить сливочным маслом с помощью кондитерского мешочка.

БУТЕРБРОДЫ С ПЛАВЛЕНЫМ СЫРОМ

Бутерброды с плавленым сыром и маслом

В размягченное сливочное масло ввести плавленый сыр, тщательно перемешать до получения однородной массы, сформовать в виде прямоугольного бруска, охладить и нарезать тонкими ломтиками. Масло с сыром уложить на ломтик хлеба и посыпать рубленой зеленью.

Бутерброды с плавленым сыром и творогом

4 ломтика бородинского хлеба, 100 г плавленого сыра, 30 г сливочного масла, 40 г творога, 4 веточки сельдерея, тмин на кончике ножа.

Масло растереть с плавленым сыром, добавить творог, тмин и все перемешать. Намазать ломтики хлеба полученной пастой и украсить бутерброды веточками сельдерея.

Бутерброды с плавленым сыром и тыквой

4 ломтика хлеба, 50 г плавленого сыра, 30 г сливочного масла, 50 г тыквы, 4 веточки петрушки, черный молотый перец.

Тыкву нарезать, отварить в собственном соку до готовности и протереть через сито. Масло растереть с плавленым сыром, добавить пюре из тыквы, молотый перец. Массу тщательно перемешать, потом намазать на ломтики хлеба, украсить веточками петрушки.

Бутерброды с салатом из плавленых сырков

Хлеб, 2 плавленых сырка, 4 яйца, 2 зубчика чеснока, майонез, соль по вкусу.

Натереть на мелкой терке плавленые сырки и сваренные вкрутую яйца, добавить истолченный с солью чеснок и немного майонеза. Салат хорошо перемешать и уложить на ломтики хлеба. Украсить зеленью.

Бутерброды с плавленым сыром, чесноком и свеклой

160 г хлеба, 120 г плавленого сыра, по 40 г вареной свеклы и майонеза, 8 г чеснока, зелень.

На ломтики хлеба положить кружочки отваренной свеклы, сверху — смесь из натертого сыра и измельченного чеснока. Смазать майонезом, посыпать зеленью.

Бутерброды с плавленым сыром, редисом и укропом

4 ломтика пшеничного хлеба, 70 г плавленого сыра, 50 г сливочного масла, 4 редиски, 1 ч. ложка рубленого укропа.

Редис (3 шт.) мелко порубить и перемешать с сыром и маслом. Полученной смесью намазать ломтики хлеба, украсить бутерброд ломтиками редиса, а сверху посыпать рубленым укропом.

Бутерброды с плавленым сыром и огуречной травой

4 ломтика ржаного хлеба, 100 г плавленого сыра, 80 г сливочного масла, 2 ст. ложки рубленой огуречной травы, 4 веточки укропа.

Сливочное масло смешать с плавленым сыром, огуречной травой и взбить массу. Ломтики хлеба намазать полученной массой и украсить веточками укропа.

Бутерброды «Пастушка»

Хлеб, 1 плавленый сырок, 1 стакан рубленой зелени лебеды, 1 луковица, 2 листика одуванчика.

Лебеду, промытую и пропущенную с луком и плавленым сыром через мясорубку, намазать на ломтики хлеба.

Бутерброды с плавленым сыром и листьями салата

Хлеб, 100 г плавленого сыра, 50 г сливочного масла, листья салата, огурец или помидор.

Сыр протереть через дуршлаг и перемешать со сливочным маслом. Массу намазать на хлеб, сверху украсить сеточкой из сливочного масла. По углам положить салат, помидор или огурец.

Бутерброды с плавленым сыром и огурцами

Несколько ломтиков пшеничного хлеба без корочки, 100 г плавленого сыра, 100 г сливочного масла, 30 г свежих огурцов, полоски красного сладкого перца, 2 ст. ложки майонеза, черный молотый перец, соль по вкусу.

В миске деревянной ложкой тщательно перемешать сливочное масло, сыр, майонез. Смесью намазать ломтики хлеба, сверху положить тонкие кружочки огурца, полоски сладкого перца, посолить и поперчить. Ломтики хлеба завернуть в фольгу и положить в холодильник.

Бутерброды с плавленым сыром, яйцом и томатным соусом

Яйца сварить вкрутую, желток измельчить и смешать с плавленым сыром, заправить солью и томатным соусом. Все хорошо размешать и уложить на намазанные сливочным маслом ломтики хлеба. Украсить измельченным яичным белком и зеленью.

Бутерброды с плавленым сыром и паприкой

Хлеб, 100 г плавленого сыра, 4 ст. ложки пюре из паприки, 1 кислое яблоко.

Плавленый сыр смешать с пюре из паприки, заправить тертым яблоком. Можно брать и твердый сыр, натереть его, добавить сметану или молоко, а затем — приправу. Покрыть смесью ломтики хлеба.

Бутерброды с плавленым сыром, яблоком и томатным пюре

4 ломтика хлеба, 100 г плавленого сыра, 2 ст. ложки томатного пюре, 1 кислое яблоко.

Плавленый сыр смешать с томатным пюре и тертым яблоком. Все перемешать и намазать на ломтики хлеба.

Бутерброды с плавленым сыром по-вестфальски

4 куска черного хлеба, 2—3 плавленых сырка, сливочное масло, 2 ст. ложки мелко нарезанной зелени петрушки, 1 ст. ложка сметаны или йогурта, 8 ломтиков шпика, 1 редиска.

Намазать хлеб маслом, смешать плавленый сыр, петрушку и сметану и также намазать на хлеб. Уложить слегка подрумяненные кусочки шпика на сырную массу и украсить кружками редиса.

Бутерброды с сыром, бананами и сливами

4 ломтика хлеба, 100 г плавленого или 80 г твердого сыра, 1 ст. ложка сметаны, 5 свежих или консервированных слив, 1 банан.

К плавленому или натертому твердому сыру, смешанному со сметаной, добавить раздавленные сливы без кожицы или банан. Намазать на ломтики хлеба.

БУТЕРБРОДЫ С СЫРОМ ИЛИ С ДОБАВЛЕНИЕМ СЫРА

Бутерброды с сыром и сливочным маслом

160 г пшеничного хлеба, 80 г сливочного масла, 70 г сыра.

Ломтики хлеба или батона намазать тонком слоем масла, сверху положить ломтики сыра.

Бутерброды с сыром «Рокфор»

Хлеб, 70 г сыра «Рокфор», 40 г сливочного масла.

Масло растереть с сыром. Полученной массой намазать ломтики хлеба. Края бутербродов выровнять.

Бутерброды с тертым сыром

Измельчить на мелкой терке сыр и смешать с небольшим количеством сладкого красного молотого перца и черного перца. На ломтики хлеба нанести тонкий слой масла, посыпать сыром и слегка прижать.

Бутерброды с тертым голландским сыром и овощами

Хлеб, 200 г твердого сыра, 100 г сливочного масла, немного толченого тмина и молотого черного перца, 2 шт. красного сладкого перца, зелень, свежие или консервированные овощи, соль по вкусу.

Натереть сыр на мелкой терке, тщательно размешать со сливочным маслом до получения однородной массы, домешать тмин и молотый черный перец. Очень мелко нарезать красный сладкий перец и прибавить его к смеси. Намазать ею ломтики хлеба и украсить зеленью и овощами.

Бутерброды с сыром и овощным паштетом

8 ломтиков белого хлеба, 80 г плавленого сыра, 200 г твердого сыра, 150 г овощного паштета, 2 помидора, пучок редиски, 8 кочешков маринованной цветной капусты, 2 яйца, 1 большая морковь.

На ломтики хлеба намазать овощной паштет, красиво выложить его кусочками твердого сыра, ломтиками помидора, редиски, плавленого сыра, кочешком цветной капусты, тертой сырой морковью. Редиску для украшения в пяти местах надрезать от макушки вниз и кожицу почти до конца очистить.

Бутерброды с сырным кремом и яйцом

4 ломтика хлеба, 100 г сыра, 30 г сливочного масла или 1 ст. ложка сметаны, 3 яйца, 1 небольшой соленый огурец или 2 ст. ложки маринованных грибов, перец, соль по вкусу.

Сыр натереть, смешать со взбитым маслом или взбитой сметаной. Желтки сваренных вкрутую яиц размягчить вилкой, добавить в сыр и растереть. Последним добавить рубленый соленый огурец или рубленые грибы, слегка перемешать, заправить солью и перцем и намазать на ломтики хлеба.

Бутерброды с сыром и яйцом

Хлеб, 100 г сыра, 30 г сливочного масла или 1 ст. ложка сметаны, 3 яйца, 1 небольшой соленый огурец, 100 г колбасы или 2 ст. ложки маринованных грибов, перец, соль по вкусу.

Сыр нарезать, смешать со взбитым маслом или сметаной. Желтки сваренных вкрутую яиц размять вилкой, добавить в сыр и осторожно перемешать. Добавить рубленый соленый огурец, нарезанную мелкими кубиками колбасу или грибы, слегка перемешать, чтобы продукты не помялись, заправить солью и перцем, намазать на хлеб.

Бутерброды с сыром, яйцами и овощами

8 ломтиков черного хлеба, 80 г голландского сыра, 120 г костромского сыра, 120 г сыра «Нива» (или «Рокфор»), 120 г сливочного масла, 2 яйца, 1 огурец, консервированный красный круглый перец и зелень петрушки.

Ломтики хлеба намазать маслом, положить на него сыр: тонкие ломтики голландского и костромского сыра, небольшие кусочки «Нивы». Бутерброды украсить ломтиками сваренного вкрутую яйца, огурца, квадратиками перца и веточкой зелени петрушки.

Бутерброды «Любимые»

Ломтики белого или черного хлеба, 100 г острого сыра, 100 г сливочного масла, 2—3 яйца, сваренных вкрутую, 1 ст. ложка сметаны, 1 ст. ложка майонеза, 1 ч. ложка готовой горчицы, зеленый лук, красный молотый перец, соль по вкусу.

Для пасты сыр натереть на крупной терке, яйца измельчить вилкой, добавить горчицу, соль, красный молотый перец, перемешать, заправить сметаной и майонезом. Ломтики хлеба намазать маслом, сверху положить пасту, посыпать нарезанным зеленым луком.

Бутерброды с пикантной сырной массой

Хлеб, 100 г сыра, 2—3 шт. картофеля, 100 г вареного мяса, 50 г огурцов, 50 г сельди, 1 ст. ложка растительного масла.

Сыр, отваренное мясо, огурцы и селедочное филе дважды пропустить через мясорубку. Если смесь слишком острая, смешать ее со взбитым несоленым маслом, натертым отварным картофелем и растительным маслом.

Вместо мяса можно использовать колбасу.

Приготовленную смесь намазать на ломтики хлеба или булочки.

Бутерброды с сыром и печеночным паштетом

Хлеб, 65 г плавленого сыра, 20—30 г сливочного масла, 70—80 г паштета, 2 ч. ложки нарубленного зеленого лука.

Сыр и паштет растереть по отдельности с добавлением масла. Ломтики хлеба намазать вдоль одной и другой массой так, чтобы между ними осталось свободное пространство, которое засыпать мелко нарубленным зеленым луком.

Бутерброды с сыром и говяжьим языком

400 г хлеба (батона), 120 г сыра, 120 г сливочного масла, 300 г языка, 2 яйца, 60 г соленых огурцов.

Язык отварить до мягкости, снять кожу, нарезать ломтиками, посолить, поперчить, обвалять в муке, яйце и сухарях, поджарить в горячем сливочном масле. Затем ломтики батона намазать смесью тертого сыра и сливочного масла, сверху положить ломтики охлажденного языка, для пикантности добавить кусочки соленых огурцов.

Бутерброды с сыром, корейкой, помидорами и салатом

450 г хлеба, 180 г сыра, 180 г корейки, 2 помидора, 50 г салата.

На хлеб положить ломтики поджаренного бекона или корейки, на них — ломтики швейцарского сыра, сверху — ломтики томатов и листочки салата.

Бутерброды с сыром, индейкой, помидорами и луком

450 г хлеба, 120 г сыра, 180 г индейки, 2 помидора, 30 г лука.

На хлеб положить ломтики индейки или курицы с сыром (швейцарским или другим), сверху — тонкие ломтики томатов и кружочки лука.

Бутерброды с сыром и сметаной по-венгерски

Пшеничный хлеб, 100 г сыра, 100 г сметаны, 1/2 стакана молока.

Ломтики батона или пшеничного хлеба намазать смесью из натертого сыра, сметаны и подсоленного молока.

Бутерброды с сыром и молотым красным перцем

Сыр натереть на мелкой терке и соединить со сладким молотым красным перцем. Ломтики хлеба намазать маслом и посыпать сыром, смешанным с перцем.

Бутерброды с сыром и черемшой

4 ломтика хлеба, 50 г любого твердого сыра, 50 г сливочного масла, 10 листиков черемши со стеблями.

Ломтики хлеба намазать маслом, положить сверху натертый на крупной терке сыр, украсить мелко нарубленной черемшой.

Бутерброды с сыром, редькой или редисом

200 г ржаного хлеба, 160 г сыра, 80 г сливочного масла, по 40 г редьки или редиса и помидоров, 20 г сметаны, 50 г стручкового сладкого перца.

Ломтики хлеба намазать маслом, положить сыр, сверху — тертую редьку со сметаной. Украсить бутерброды кружочками помидора или стручкового перца.

Бутерброды с сыром, редисом и зеленым луком

Ломтики серого хлеба, 100 г сыра, 100 г сливочного масла, 1 пучок редиса, 1 ст. ложка сметаны или майонеза, зеленый лук, соль по вкусу.

Сыр натереть на мелкой терке, растереть с размягченным сливочным маслом, перемешать с редисом, натертым на крупной терке, нарезанным зеленым луком, посолить. Если масса получилась очень густой, добавить ложку сметаны или майонеза. На ломтики хлеба положить салатную массу, украсить каждый бутерброд фигурно вырезанным редисом.

Бутерброды «Домино»

Хлеб пшеничный, 150 г твердого сыра, 100 г сливочного масла, зеленый лук, зерна граната.

Хлеб нарезать ломтиками прямоугольной формы, намазать маслом и на каждый ломтик положить тонкий кусочек сыра. На середину бутерброда выложить перо зеленого лука, разделив его на две половины, зернами граната обозначить «очки» домино.

Бутерброды с сыром и свежими огурцами

160 г пшеничного хлеба, 40 г сыра, 25 г сливочного масла, 80 г свежих огурцов, зелень петрушки и укропа.

Ломтики хлеба намазать маслом, положить сыр, сверху — ломтики свежих огурцов. Огурцы можно посолить и посыпать перцем. Украсить зеленью.

Бутерброды с сыром и сладким перцем

Хлеб, 200 г твердого сыра, 100 г сливочного масла, 1 стручок красного сладкого перца.

Ломтики хлеба намазать сливочным маслом и положить сверху сыр, нарезанный ножом с зубчатым лезвием. Украсить кружочками сладкого перца. Можно также посыпать натертым на мелкой терке желтком сваренного вкрутую яйца.

Бутерброды с сыром, помидорами и маслинами

160 г пшеничного хлеба, 100—120 г твердого сыра, 50 г сливочного масла, 40 г маслин, 4 ломтика свежих помидоров.

На ломтики хлеба, смазанного маслом, положить кусочки сыра, кружочки свежего помидора и украсить маслинами.

Бутерброды с сыром, яблоками и хреном

4 ломтика хлеба, 100 г мягкого или 80 г твердого сыра, 1 ст. ложка сметаны, 1 кислое яблоко, 1 ч. ложка хрена, лимонный сок.

К натертому сыру, смешанному со сметаной, добавить тертое яблоко и тертый хрен, заправить лимонным соком. Намазать на ломтики хлеба.

Бутерброды с сыром и яблоками

4 ломтика пшеничного хлеба, 40 г твердого сыра, 50 г плавленого сыра, 40 г сливочного масла, 1 яблоко, 1 ст. ложка сметаны.

Очищенные яблоки и сыр натереть на терке, тщательно перемешать с маслом, натертым сыром, сметаной. Этой массой намазать ломтики хлеба.

Бутерброды «Загадка»

4 ломтика хлеба, 100 г сыра или брынзы, 50 г сливочного масла, 5—6 грецких орехов, несколько зубчиков чеснока.

Все измельчить, пропустить через мясорубку, перемешать и намазать на ломтики хлеба.

Бутерброды «Фантазия»

4 ломтика белого хлеба, 100 г сыра, 1 стакан молока, 2 ст. ложки пшеничной муки, 2 яйца, 1 ст. ложка масла, 1/2 апельсина, орехи, соль по вкусу.

Отлить 3 ст. ложки молока и смешать с мукой. Остальное молоко довести до кипения, добавить смешанную с молоком муку и варить на слабом огне 8 мин. Затем добавить желтки, масло, апельсиновый сок и цедру, все вместе подогревать еще несколько минут. В конце влить взбитые белки и положить тертый сыр, заправить. На хлеб остывшую массу накладывать толстым слоем. Посыпать толчеными орехами.

Бутерброды с яйцами или с добавлением яиц

Бутерброды с яичной массой

Хлеб, 4 желтка круто сваренных яиц, 50 г сливочного масла, 50 г сметаны, черный молотый перец, зелень и овощи, соль по вкусу.

Яичные желтки протереть через сито, тщательно перемешать со сливочным маслом, перцем и солью. Полученной массой намазать ломтики хлеба, сверху украсить зеленью и овощами.

Бутерброды с пастой из яиц

Ломтики белого хлеба, 3 яйца, сваренных вкрутую, 50 г сливочного масла, 1 ст. ложка сметаны, зеленый лук, перец, сахар, соль по вкусу.

Яйца размять вилкой, влить горячее растопленное масло, перемешать со сметаной, солью, сахаром, перцем. Намазать ломтики белого хлеба, посыпать нарезанным зеленым луком.

Бутерброды с паштетом из крутых яиц

Пшеничный хлеб, 3—4 яйца, 50 г сливочного масла, 1 ст. ложка рубленой зелени петрушки, черный молотый перец, соль по вкусу.

Сварить вкрутую яйца, охладить и очистить. Желтки отделить и размять вилкой, а белки мелко нарубить. Соединить желтки с белками, прибавить сливочное масло, соль, черный перец по вкусу, мелко нарезанную зелень петрушки. Смесь хорошо растереть и нанести на ломтики хлеба.

Бутерброды с острым яичным паштетом

Хлеб, 2 яйца, 50 г сливочного масла, горчица, зеленый лук, соль по вкусу.

Сваренные вкрутую яйца разрезать на две половинки, вынуть желток и растереть его с маслом до получения пенообразной массы. Белок мелко посечь, посолить, размешать с небольшим количеством горчицы и желтком. Паштет выложить в форме выпуклого овала на середину ломтика хлеба, вокруг насыпать мелко нарезанный зеленый лук.

Бутерброды с яйцом и молотым красным перцем

Хлеб, 2 сваренных вкрутую яйца, 100 г сливочного масла или маргарина, красный молотый перец, головка репчатого лука, соль по вкусу.

Ко взбитому маслу или маргарину добавить желтки, измельченные белки, красный перец, соль и лук. Все тщательно перемешать и намазать на ломтики хлеба.

Бутерброды с яйцом под майонезом

160 г пшеничного хлеба, 2 яйца, 80 г сливочного масла, 30 г майонеза.

Ломтики хлеба намазать маслом, сверху уложить несколько кружочков сваренных вкрутую яиц. Оформить майонезом, выпуская его из кулечка.

Бутерброды с яйцом и кетчупом

4 ломтика черного хлеба, 4 сваренных вкрутую яйца, 5 ст. ложек сметаны, 3 ч. ложки томатного кетчупа, 4 ст. ложки тертого сыра, лук-порей.

Хлеб намазать сливочным маслом. Яйца очистить и разрезать на 2 половинки. Сметану, кетчуп и сыр перемешать. На подготовленный хлеб положить половинки яиц, полить соусом, посыпать нарезанным луком-пореем.

Бутерброды с яйцом и зеленым луком

8 ломтиков белого хлеба, 4 яйца, 2—4 ч. ложки майонеза или сливочного масла, зеленый лук, укропе, соль по вкусу.

Ломтик белого хлеба намазать майонезом или маслом, сверху положить кружочки яйца, сваренного вкрутую, посыпать рубленым зеленым луком или укропом, немного посолить и поперчить красным молотым перцем (паприкой).

Бутерброды с яйцом и соленым огурцом

160 г ржаного хлеба, 2 яйца, 30 г сливочного масла, 40 г соленых огурцов, зелень петрушки или укропа.

Ломтики хлеба намазать маслом и уложить на них нарезанные кружочками соленые огурцы и яйца, посыпать рубленой зеленью.

Бутерброды с яйцом и солеными помидорами

Соленые помидоры нарезать кружочками, вареные яйца — ломтиками. Хлеб намазать маслом и уложить на него кружочки помидоров и ломтики яиц. Бутерброды украсить зеленью.

Бутерброды с яйцом, плавленым сыром и томатным соусом

Ломтики хлеба намазать сливочным маслом. Яйца сварить вкрутую, желток измельчить и смешать с плавленым сыром, заправить солью и томатным соусом. Полученную массу толстым слоем уложить на подготовленный хлеб и украсить яичными белками.

Бутерброды на скорую руку

200 г хлеба, 4 яйца, 50 г сливочного масла, 40 г репчатого лука, по 80 г огурцов и сладкого перца, 60 г майонеза или сметаны, зеленый лук, черный молотый перец, соль по вкусу.

Тонкие ломтики хлеба намазать маслом. Сваренные вкрутую яйца размять вилкой, всыпать мелко нарезанный репчатый лук, перец, соль. Смешать с майонезом или сметаной. Ломтики хлеба намазать массой, одни посыпать мелко нарубленным огурцом, другие — зеленым луком, остальные — нарезанным соломкой сладким перцем.

Бутерброды с яйцами и грибами

Грибы отварить, порубить и смешать с крутыми желтками, заправить солью и горчицей. На намазанные маслом ломтики хлеба уложить кольца белка, в середину горкой — грибную массу. Украсить листиками петрушки и мелко намазанным зеленым луком.

Весенние бутерброды с яйцами и ветчиной

Ломтики любого хлеба намазать сливочным маслом. Сваренное вкрутую яйцо и ветчину (колбасу) мелко нарубить, добавить мелко нарезанный зеленый лук и немного сметаны, чтобы скрепить полученную массу. Ломтики хлеба покрыть толстым слоем этой массы, сверху положить маленькие листья салата, а посередине — цветок из редиса.

Бутерброды с яйцами, соленой рыбой и помидорами

4—6 ломтей ржаного хлеба, 4—6 яиц, 20—30 г селедочного или килечного масла, 4—10 шт. филе кильки или сельди, салат или зелень, помидоры или красный стручковый перец, по желанию — красная икра.

Большой ломоть хлеба густо намазать селедочным или килечным маслом, уложить кружочки яиц, рядом — лист салата или зелень, на них — две кильки или кусок сельди, которые можно свернуть колечком. Украсить ломтиками помидоров. стручкового перца или горкой красной икры.

Бутерброды с яичницей

180 г пшеничного хлеба, 8 яиц, 40 г сливочного масла, черный молотый перец, зелень петрушки и укропа, соль по вкусу.

Яйца выпустить на горячую сковороду с маслом, посолить, поперчить и поджарить. Яичницу охладить, нарезать. На ломтики хлеба или батона, смазанные маслом, разложить порции яичницы и посыпать рубленой зеленью.

Бутерброды с яичницей и сардинами (шпротами)

Хлеб, 4 яйца, ¹/₂ банки консервов, 1 огурец или 2 редиски, 5 ст. ложек сливочного масла, зелень.

Ломтики пшеничного хлеба намазать маслом, на середину положить кусочек яичницы, по бокам — небольшие сардины или шпроты, а между их хвостиками — кружочки редиса или дольки огурца. Украсить зеленью петрушки.

Бутерброды с яичницей и сардинами на зеленом масле

4—6 ломтей белого хлеба, яичница из 1 яйца, 15—20 г зеленого масла или масла с копченой рыбой, 4—12 небольших сардин, редис или свежий огурец, зелень петрушки.

На середину намазанного маслом ломтя хлеба уложить горкой яичницу, по бокам — сардины, а между ними — дольки редиса или огурца. Украсить зеленью петрушки.

Вместо сардин можно использовать шпроты или очищенную копченую рыбу.

Бутерброды с омлетом

180 г пшеничного хлеба, 8 яиц, 40 г сливочного масла, 40 г пшеничной муки, 40 г молока, красный молотый перец, зелень петрушки и укропа, соль по вкусу.

Приготовить омлет, остудить, нарезать кусочками. Разложить на ломтики хлеба, намазанные маслом, посыпать красным молотым перцем, а сверху — зеленью.

Бутерброды с омлетом и ветчиной

На ломтик хлеба уложить ветчину, сверху — кусочек омлета. Украсить ломтиками помидоров, зеленью.

Бутерброды с овощами и овощными салатами

Бутерброды с зеленью петрушки или укропа

Сливочное масло размягчить и добавить к нему по вкусу соль. Зелень петрушки мелко нарубить, соединить со сливочным маслом и нанести его равномерным слоем на ломтики хлеба. Украсить веточками зелени.

Зелень петрушки можно заменить укропом.

Можно также зелень не смешивать с маслом, а красиво уложить на намазанный хлеб.

Вегетарианский бутерброд

Хлеб, сливочное масло, лук (репчатый и зеленый), зелень укропа, петрушки (сельдерея), овощи для украшения, соль по вкусу.

Сливочное масло тщательно растереть с натертым репчатым луком и очень мелко нарезанной зеленью, посолить по вкусу. Намазать этой массой ломтики хлеба, украсить овощами.

Бутерброды с яблоками и крапивой

4 ломтика черного хлеба, 100 г сливочного масла, 1 яблоко, 2 ст. ложки рубленых листьев крапивы, 4 веточки петрушки.

Размягченное сливочное масло перемешать с листьями крапивы, добавить тертое яблоко. Смесь взбить, уложить на ломтики хлеба, украсить петрушкой.

Бутерброды «Айсберг»

4 ломтика белого хлеба, 3 ст. ложки творога, 5 цветков и 2 молодых листика одуванчика, 5 ст. ложек кефира или простокваши, сахар, соль по вкусу.

Творог, соединенный с промытыми и мелко нарубленными цветками и листьями одуванчика, кефиром или простоквашей, перемешать и выложить на ломтики хлеба. Украсить цветками одуванчика.

Витаминные бутерброды с крапивой

4 ломтика хлеба, 2 ст. ложки сливочного масла, 1 стакан пропущенной через мясорубку молодой крапивы, 1 яйцо, 4 веточки петрушки, соль по вкусу.

Крапиву промыть, измельчить на мясорубке, смешать с размягченным сливочным маслом в однородную массу.

Намазать на ломтики хлеба, сверху посыпать яйцом, сваренным вкрутую, и положить веточки петрушки.

Витаминные бутерброды с лебедой

4 ломтика хлеба, 1 репка, по 3 ст. ложки рубленой зелени петрушки и листьев лебеды, 2 ст. ложки растительного масла, 1 л воды.

Очищенную репу, натертую на крупной терке, смешать с измельченной зеленью петрушки и листьями лебеды, залить горячей водой, довести до кипения и сразу же охладить. Отцедить лишнюю воду, заправить маслом. Толстым слоем положить на ломтики хлеба, сверху положить веточки петрушки.

Бутерброды со шпинатом и щавелем

4 ломтика хлеба, по 2 ст. ложки рубленых шпината и щавеля, по 1 моркови и луковице, 2 стакана кипяченой воды, соль по вкусу.

Промытые щавель и шпинат, пропущенные через мясорубку, залить холодной кипяченой водой, довести до кипения, сразу снять с огня и охладить. Зелень обсушить, добавить натертую на крупной терке морковь, нарезанную соломкой луковицу. Смесь выложить на ломтики хлеба, украсить петрушкой.

Бутерброды со щавелем и снытью

4 ломтика хлеба, по 2 ст. ложки рубленого щавеля и листьев сныти, 1 яйцо, 2 грецких ореха, 1/2 стакана воды, 1 ст. ложка растительного масла, сахар, соль по вкусу.

Щавель промыть, измельчить с листьями сныти. Яйцо сварить вкрутую. Ядра грецких орехов истолочь в однородную массу.

В кипящую воду положить щавель, сныть, довести до кипения и сразу же снять с огня. Охладить зелень в отваре, слегка обсушить, добавить к ней орехи, рубленое яйцо, растительное масло и этой смесью намазать ломтики хлеба.

Бутерброды с хреном и овощами

Хлеб, 100 г сливочного масла, 1 корень хрена, зелень, свежие или консервированные овощи, соль.

Очищенный хрен натереть на мелкой терке. Тщательно растереть 2 ч. ложки хрена со сливочным маслом и солью. Намазать массу на хлеб, сверху украсить зеленью и овощами.

Бутерброды с хреном, морковью и яблоками

Пшеничный хлеб, 50 г маргарина, 200 г яблок, 100 г моркови, хрен, зелень петрушки, сок лимона, сахар, соль по вкусу.

Нарезанный ломтиками лук, молодую морковь и очищенные от кожуры яблоки потушить в горячем жире. Затем влить немного горячей воды, всыпать сахарный песок, соль и добавить измельченный на терке хрен. Полученную массу намазать на ломтики белого хлеба и посыпать зеленью петрушки.

Бутерброды с хреном, морковью и петрушкой

Хлеб, 10 г сливочного масла, 2 моркови, 1 корень петрушки, 1 ч. ложка натертого хрена, 1 луковица, уксус, растительное масло, соль по вкусу.

Отваренные морковь и корень петрушки очистить и натереть на средней овощной терке. Добавить натертый хрен, мелко нарезанный обжаренный лук, уксус, растительное масло и соль по вкусу. Все перемешать и уложить толстым слоем на смазанные сливочным маслом ломтики хлеба.

Бутерброды с хренным кремом

4 ломтика хлеба, 1—2 ст. ложки хрена в уксусе, 1 стакан взбитых сливок, 1 ч. ложка желатина, зелень петрушки и укропа, соль по вкусу.

К взбитым сливкам добавить хрен с уксусом и соль. Дать набухнуть желатину, растопить и добавить к сливкам (взбивая). При помощи кондитерского мешка выдавить массу на ломтики хлеба, посыпать зеленью.

Бутерброды с пастой из хрена и орехов

Хлеб, 100 г тертого хрена, 1—2 сваренных яйца, 100 г сметаны, 15 г зеленого лука, 20 г ядер грецких орехов, сахар, лимонная кислота, соль по вкусу.

Очищенный хрен натереть на мелкой терке, сбрызнуть разведенной лимонной кислотой. Яйца очистить и мелко порубить. Смешать хрен со сметаной, рублеными орехами, яйцами, солью и сахаром. Все смешать до консистенции густой сметаны. Намазать пастой ломтики хлеба, посыпать рубленым зеленым луком.

Бутерброды с луком

100 г хлеба, 20 г килечного, селедочного или обыкновенного сливочного масла, 1—2 луковицы или 50 г зеленого лука, сметана.

Хлеб намазать маслом, положить сверху кольца лука или толстый слой рубленого зеленого лука.

Бутерброды с салатом из зеленого лука

Хлеб, 100 г зеленого лука, 1 ст. ложка сметаны, соль по вкусу.

Зеленый лук вымыть, мелко нарезать острым ножом, смешать со сметаной, посолить. Салат красиво уложить на ломтики хлеба.

Луковичные бутерброды

Батон белого хлеба, 5—6 луковиц, уксус, подсолнечное масло, перец, соль по вкусу.

Репчатый лук нарезать кубиками или соломкой, залить в лук уксус (побольше) и размять руками, чтобы лук стал мягче. Посолить, поперчить, заправить подсолнечным маслом и еще раз хорошо перемешать. Разложить на ломтики хлеба.

Бутерброды с пюре из чеснока и орехов

Хлеб, 1 головка чеснока, 1 стакан ядер грецких орехов, 2 ст. ложки растительного масла, сладкий красный перец, сок лимона, соль по вкусу.

Очистить головку чеснока, разобрать на дольки, истолочь. Добавить грецкие орехи и снова все истолочь. Добавить подсолнечное масло, соль и лимонный сок по вкусу. Массу выложить на ломтики хлеба, украсить полосками красного перца.

Бутерброды с нарезанным редисом

100 г хлеба, 20 г ветчинного, яичного, зеленого или сливочного масла, 4—5 редисок, зелень петрушки и укропа, сметана, соль по вкусу.

На ломтик хлеба, намазанный маслом, уложить ряд тонких ломтиков редиса, на них и рядом — рубленую зелень петрушки. На редис можно положить и сметану.

Бутерброды с тертым редисом

Хлеб, 200 г редиса, 2 яйца, 150 г сметаны, 1 ст. ложка мелко нарезанного укропа, зелень и овощи, соль по вкусу.

Круто сваренные яйца мелко нарезать, редис натереть на крупной терке, перемешать со сметаной, яйцами, укропом, посолить по вкусу. Этой массой намазать ломтики хлеба, сверху украсить зеленью и овощами.

Бутерброды с редисом и творогом

4 ломтика ржаного или пшеничного хлеба, 40 г сливочного масла, 100 г жирного творога, 10 редисок, тмин на кончике ножа, 4 веточки петрушки или укропа.

Смешать протертый творог с мелко нарубленным редисом, тмином. Эту массу уложить на ломтики хлеба, смазанные сливочным маслом, украсить веточками петрушки или укропа.

Бутерброды с редькой и репчатым луком

4 ломтика ржаного хлеба, 40 г сливочного масла, 1 редька, 1 луковица.

Ломтики хлеба намазать сливочным маслом, уложить на них ломтики редьки, сверху — кольца репчатого лука.

Бутерброды с редькой

100 г хлеба, 15 г ветчинного или селедочного масла, 1 небольшая редька, 2 ч. ложки сметаны.

На ломтик хлеба намазать ветчинное или селедочное масло, сверху положить толстый слой тертой редьки, смешанной со сметаной.

Бутерброды с салатом из редьки

Хлеб, 100 г редьки, 1 яблоко или 1 ст. ложка лимонного или клюквенного сока.

Редьку очистить, натереть, добавить натертое кислое яблоко или какой-нибудь кислый сок. Салат красиво выложить на ломтики хлеба.

Бутерброды с салатом из сырой капусты

Хлеб, 100 г капусты, 1 ст. ложка кислого сока, 1 ч. ложка сметаны или майонеза, сахар.

Свежую капусту нарезать тонкой стружкой, размять, чтобы из нее вышел сок, заправить кислым соком (лимонным или яблочным), добавить немного сметаны или майонеза. Салат красиво выложить на хлеб, украсить зеленью.

Бутерброды с салатом из квашеной капусты

Хлеб, 100 г квашеной капусты, 1 небольшое яблоко, $1/_4$ моркови, $1/_8$ сельдерея, 1 ч. ложка сметаны, сахар, соль по вкусу.

Хорошо размятую квашеную капусту изрубить, добавить тертые яблоки и морковь, сельдерей и сметану, заправить сахаром и солью. Салат красиво выложить на хлеб.

Бутерброды со свежими огурцами

160 г хлеба, 40 г сливочного масла, 100 г свежих огурцов, зелень петрушки или укропа, соль по вкусу.

Ломтики хлеба намазать маслом, положить кружочки огурца, посолить и посыпать мелко нарезанной зеленью.

Пряные бутерброды с огурцами

100 г хлеба, 15 г зеленого или томатного масла, 8—10 ломтиков свежего огурца, укроп, мята, соль по вкусу.

Ломти хлеба намазать зеленым или томатным маслом, сверху уложить рядами ломти огурца. Посолить и посыпать рубленым укропом, мятой.

Бутерброды с огурцом можно приготовить и с ветчинным, селедочным или сливочным маслом.

Бутерброды с салатом из свежих огурцов и лука

Хлеб, 1 небольшой огурец (100 г), 1 небольшая луковица или 1 ст. ложка рубленого зеленого лука, 1 ч. ложка сметаны, соль по вкусу.

Свежий огурец нарезать кубиками, добавить рубленый лук и сметану, посолить. Салат красиво выложить на хлеб, посыпать рубленым зеленым луком.

Бутерброды с маринованными огурцами

Маринованные огурцы нарезать мелкими кубиками, смешать с майонезом, положить на смазанные сливочным маслом ломтики булки и посыпать рубленым яйцом.

Бутерброды с салатом-латуком

Смешать майонез с мелко нарезанными солеными или маринованными огурцами и очень мелко нарезанным салатом-латуком. Заправить солью, молотым черным перцем, горчицей, хорошенько перемешать и этой массой намазать ломтики хлеба. Украсить зеленью.

Бутерброды с желе из огурцов и творожной массой

Хлеб, 5 свежих огурцов, $^2/_3$ ст. ложки порошка желатина, 2 $^1/_2$ стакана воды, $^2/_3$ ст. ложки лимонного сока, 100 г сладкой творожной массы, 2 ст. ложки молока, 15 г листьев салата, соль по вкусу.

Порошок желатина всыпать в холодную воду ($^1/_2$ стакана), дать постоять 30 мин. В кастрюле вскипятить воду

(2 стакана) и влить в нее подготовленный желатин, дать ему полностью раствориться. Затем процедить и охладить до 35−40° С, добавить лимонный сок, свежие огурцы, нарезанные тонкими ломтиками, и соль, перемешать, вылить в металлическую форму и охладить до полного затвердения желе, после чего выложить его на ломтики хлеба, покрытые зелеными листьями салата. В творожную массу добавить молоко, взбить массу до пышности. Полученной массой покрыть готовое желе-салат.

Бутерброды с помидорами и яйцами

200 г хлеба, 80 г сливочного масла, 10 кружочков помидоров, 2 сваренных вкрутую яйца, соль по вкусу.

Тонкие ломтики хлеба намазать маслом, положить сверху нарезанные кружочками помидоры, посолить и посыпать рублеными яйцами.

Бутерброды с помидорами

100 г хлеба, 15−20 г сырного, яичного, ветчинного масла, масла с копченой рыбой или сливочного масла, 2 помидора, перец, соль по вкусу.

На смазанный маслом хлеб положить толстые ломти помидора, посолить и поперчить. Украсить веточкой петрушки.

Бутерброды с помидорами и зеленым луком

Хлеб, сливочное масло, помидоры, лук.

Хлеб намазать сливочным маслом, положить на него тоненькие кружочки помидора и сверху посыпать зеленым луком.

Бутерброды с помидорами, луком и майонезом

100 г хлеба, 2 ст. ложки майонеза или сметаны, 1 луковица, 1 помидор, перец, зеленый лук, соль по вкусу.

На ломти хлеба положить майонез или сметану, затем вперемежку тонкие ломти помидора и лука. Посыпать приправами и зеленью.

Бутерброды с помидорами, огурцами и редисом

Кусочки хлеба намазать сливочным маслом, положить на них полукруглые ломтики свежего помидора, а рядом ломтики свежего огурца — они должны составить полный круг. Середину кружка украсить майонезом и кусочками красной редиски.

Бутерброды с томатным пюре и зеленью

160 г пшеничного хлеба, 80 г сливочного масла, 150 г свежих красных помидоров, 1 яйцо, маслины, зелень петрушки, черный душистый перец, сахар, соль по вкусу.

Помидоры очистить, измельчить на крупной терке и сварить. Затем посолить, добавить тмин или черный перец и щепотку сахара. Продолжать варить до сгущения. Перед тем как снять с огня, прибавить немного сливочного масла, хорошо размешать и охладить.

На ломтики хлеба нанести тонкий слой сливочного масла, а затем томатного пюре. Бутерброды украсить мелко нарубленным крутым яйцом, смешанным с нарезанной зеленью петрушки, или кружком крутого яйца и маслинами.

Бутерброды с томатным пюре и зеленым луком

Потушить в сливочном масле в продолжении 10 мин очищенные помидоры, нарезанные кружочками, вместе с измельченным луком. Посолить, пропустить через сито. Когда масса охладится, намазать ее на смазанные сливочным маслом ломтики булочек или хлеба. Сверху украсить кружочком яйца, сваренного вкрутую, и посыпать мелко нарезанным зеленым луком.

Витаминные бутерброды с салатом из овощей

Хлеб, 1 головка зеленого салата, 50 г шпината, 30 г щавеля, 1 пучок зеленого лука, немного укропа и зелени петрушки, 1 ст. ложка горчицы, 1 ст. ложка уксуса, сваренные вкрутую яйца, по щепотке сахара и соли.

Овощи тщательно промыть и мелко нарезать. Из горчицы, соли, сахара, уксуса приготовить раствор, положить в него овощи и на протяжении 1 часа эту смесь помешивать. Хлеб намазать тонким слоем сливочного масла и сверху положить салат. Украсить бутерброд ломтиком сваренного вкрутую яйца.

Бутерброды с масляно-овощной смесью

Мелко натертые или пропущенные через мясорубку овощи (редиску, морковь, сельдерей, укроп, хрен и т. п.) смешать со сливочным маслом, сметаной, можно также добавить желток крутых яиц или тертый сыр (особенно хорошо к этой смеси подходит сливочный сыр). Полученную смесь намазать на ломтики белого пшеничного или ржаного хлеба.

В сезон можно использовать свежие помидоры, протертые через сито, смешанные со сливочным сыром. Такой смесью можно намазать хлеб, а сверху по вкусу положить сыр, редиску и т. п.

Бутерброды с овощным салатом и килькой

Хлеб, $1/2$ огурца, 1 яблоко, 1 помидор, 1 луковица, 3—4 кильки, 1 яйцо, 2 ст. ложки сметаны, перец, соль по вкусу.

Огурец, яблоко, помидор, лук, кильку и сваренное вкрутую яйцо нарезать мелкими кубиками, смешать со сметаной или майонезом, заправить солью и перцем.

Бутерброды с сюрпризом

4 ломтика хлеба, 4 капустных листа, 4 ст. ложки любого салата, 4 колечка из вареной моркови или свеклы.

Капустные листья опустить в кипяток на 2—3 мин. Затем на подготовленный лист положить ложку любого салата и любой сюрприз (какой придет вам в голову). Завернуть листья в трубочки, один конец продеть в резное колечко из моркови или свеклы. Уложить трубочки на ломтики хлеба и посыпать зеленью.

Бутерброды с салатом из сырой моркови

Хлеб, 100 г моркови, $1/2$ лимона или 1 ст. ложка клюквенного сока, сахар, 1 ч. ложка майонеза или сметаны.

Морковь натереть, заправить лимонным или клюквенным соком, по вкусу добавить немного майонеза или сметаны. Салат выложить на ломтики хлеба. Украсить зеленью.

Бутерброды с листьями моркови

4 ломтика хлеба, 2 моркови с листьями, 2 ст. ложки сметаны.

Зеленые листья моркови, промытые и пропущенные через мясорубку, заправить сметаной. Намазать этой массой ломтики хлеба, украсить тонкими кружочками свежей моркови.

Бутерброды с морковью и листьями черники

4 ломтика ржаного хлеба, 100 г сливочного масла, 1 морковь, 1 ст. ложка рубленых листьев черники, $1/2$ ч. ложки горчицы, 4 веточки укропа.

Сливочное масло хорошо растереть, смешать с сырой морковью, натертой на мелкой терке, добавить листья черники, горчицу и взбить массу. Приготовленную массу уложить на ломтики хлеба и украсить веточками укропа.

Бутерброды с салатом из сырой моркови с яблоками

Хлеб, 100 г моркови, 2 небольших яблока, сахар, соль по вкусу.

Морковь и неочищенные вымытые яблоки натереть крупной стружкой. Добавить сахар и немного соли. Салат выложить на ломтики хлеба. Украсить зеленью.

Бутерброды с салатом из сырой моркови с хреном

Хлеб, 100 г моркови, 1 ст. ложка хрена, 1 ч. ложка сметаны, сахар, соль по вкусу.

Морковь натереть стружкой, добавить тертый хрен, сметану, соль, сахар. Салат выложить на хлеб. Украсить зеленью.

Бутерброды с морковью и чесноком

Хлеб, 30 г сливочного масла, 2 моркови, 2 зубчика чеснока, 1 крутое яйцо, майонез.

Морковь отварить, очистить и натереть на средней овощной терке, немного обжарить в масле. Добавить мелко нарезанный чеснок, майонез, все перемешать и выложить толстым слоем на смазанные маслом ломтики белого хлеба. Украсить яйцом.

Бутерброды с морковью и луком

Хлеб, 30 г сливочного масла, 2 моркови, 1 лук-порей, перец, сахар, соль по вкусу.

Очищенную морковь натереть на средней овощной терке и слегка обжарить на сливочном масле. Отдельно обжарить мелко нарезанный лук-порей или репчатый лук и добавить к моркови. Добавить соль, сахар и перец по вкусу. Все перемешать. Ломтик любого хлеба намазать сливочным маслом и сверху горкой положить морковную массу.

Бутерброды с морковным пюре и сливками

Морковь очистить, натереть на терке, добавить сливки, соль по вкусу и припустить в течение 10—15 мин. К моркови добавить плавленый сыр и прогреть массу при помешивании до получения однородной консистенции. Полученное пюре взбить до образования пышной массы, охладить и уложить горкой на ломтики хлеба.

Бутерброды с пастой из моркови и морской капусты

Морскую капусту промыть, выдержать в холодной воде 30 мин и трижды отварить (по 15 мин) при соотношении воды и капусты 3 : 1, каждый раз меняя воду. Подготовленную капусту выдержать в слабом растворе уксуса с добавлением соли, а затем откинуть на дуршлаг и дважды пропустить через мясорубку. Пюре из морской капусты соединить с морковным пюре, добавить сухое молоко, горчицу, сахар, соль, растительное масло и лимонную кислоту. Полученную пасту хорошо взбить, охладить и с помощью кондитерского мешка выдавить на ломтики хлеба. Украсить лимоном и веточками зелени.

Бутерброды со свеклой

160 г ржаного хлеба, 30 г сливочного масла, 120 г вареной свеклы, зелень петрушки и укропа или 40 г соленых огурцов.

Очищенную свеклу нарезать тонкими кружочками. Ломтики хлеба намазать маслом, уложить на них свеклу и посыпать зеленью или положить ломтики соленого огурца.

Бутерброды с вареной свеклой, выдержанной в уксусе

200 г ржаного хлеба, 40 г сливочного масла, 150 г свеклы, 10 г зелени, уксус, соль по вкусу.

Отварить или испечь молодую красную свеклу, очистить от кожицы и нарезать тонкими кружочками. Посолить, полить уксусом и выдержать в течение 1—2 часов, откинуть на дуршлаг. Ломтики хлеба намазать сливочным маслом, сверху уложить кружочки свеклы и посыпать рубленой зеленью.

Бутерброды со свекольной икрой

Хлеб, 1 ст. ложка сливочного масла, 100 г свеклы, лимонный сок, сахар, соль по вкусу, тмин.

Свеклу отварить, очистить от кожуры и натереть на мелкой овощной терке. Сливочное масло растопить на сковороде, добавить свеклу, соль, сахар, тмин, лимонный сок и натертую лимонную корочку по вкусу, подогреть. Ломтики ржаного или кисло-сладкого хлеба намазать сливочным маслом и положить сверху толстым слоем холодную свекольную икру. Такие бутерброды можно не украшать.

Бутерброды со свекольной закуской

Ломтики хлеба, 300 г свеклы, 150 г плавленого сыра, 60 г ядер грецких орехов, зеленый лук, чеснок, соль по вкусу.

Вареную свеклу и сыр натереть на крупной терке. Добавить толченые орехи, измельченный чеснок, посолить, заправить майонезом, тщательно все перемешать и выложить на ломтики хлеба. Украсить зеленью или майонезом.

Бутерброды с зеленым горошком

Хлеб, сливочное масло, 150 г сладкого зеленого горошка, 1 яйцо, 100 г растительного масла, немного лимонного сока, щепотка сахара, 1 ч. ложка сметаны, щепотка соли.

Горошек сварить в подсоленной соде и отцедить. Из желтка одного круто сваренного яйца и растительного масла приготовить майонез, $2/3$ горошка перемешать с $2/3$ майонеза и добавить соль, лимонный сок, сметану и сахар. Хлеб намазать сливочным маслом, сверху положить приготовленную массу и украсить оставшимся майонезом и горошком.

Бутерброды с зеленым горошком и плавленым сыром

Ломтики белого хлеба, $1/4$ полулитровой банки зеленого горошка, 2 ст. ложки майонеза, 2 ст. ложки сметаны, 1 ст. ложка томатной пасты, 1 яйцо, сваренное вкрутую, 1 плавленый сырок.

Белый хлеб нарезать ломтиками, майонез смешать с томатной пастой, сметаной и намазать приготовленным соусом ломтики хлеба. Положить на каждый по столовой ложке салатной смеси, приготовленной из зеленого горошка и плавленого сырка, натертого на крупной терке, заправленной приготовленным соусом. Посыпать бутерброды рубленым яйцом.

Бутерброд с зеленой фасолью в стручках

Хлеб, 100 г фасоли в стручках, 1 яйцо, 100 г растительного масла, горчица, сахар, немного лимонного сока, щепотка соли.

Стручки фасоли сварить в слабо соленой воде, откинуть на дуршлаг и нарезать ромбиками. Яичный желток растереть с растительным маслом и $1/3$ массы отложить. Из оставшихся $2/3$ яичной массы, горчицы, соли, сахара и лимонного сока приготовить майонез и смешать его с нарезанной фасолью. Ломтики хлеба намазать тонким слоем яичной массы, сверху красиво разложить фасоль.

Украсить бутерброд с помощью кондитерского мешочка оставшейся яичной массой.

Бутерброд со спаржей

Хлеб, сливочное масло, 300 г спаржи, 1 яйцо, 100 г растительного масла, горчица, лимонный сок, сахар, 2 ч. ложки сметаны, зеленый салат, соль по вкусу.

Спаржу очистить, нарезать кусочками длиной в 1 см и варить в слабо соленой воде до тех пор, пока она не станет мягкой. Затем слить воду и поставить в холодное место. Яичный желток растереть с растительным маслом, $1/3$ массы отложить, а $2/3$ вымешать со щепоткой соли, небольшим количеством горчицы и сахара, сметаной и спаржей. Хлеб намазать тонким слоем сливочного масла, покрыть лепестком зеленого салата и выложить на него бугорки из спаржи. Поверхность бутерброда украсить оставшейся яичной массой.

Бутерброды с пюре из сладкого перца

Отварить 15—20 стручков сладкого перца, отделить мясистую часть и подсушить ее в салфетке. Размять перец с головкой мелко нарезанного лука, добавить 1—2 вареные размятые картофелины, немного подсолнечного масла, соль по вкусу, лимонный сок. Все хорошо перемешать. Массой намазать ломтики хлеба, посыпать зеленью петрушки.

Бутерброды с паштетом из печеного сладкого стручкового перца

Хлеб, 100 г сливочного масла, 200 г брынзы, 500 г сладкого стручкового перца, лимонный сок или винная кислота, петрушка, перец.

Испечь сладкий стручковый перец, очистить, удалить семена, мелко нарубить и растереть. Хорошо размять сливочное масло и смешать с измельченной на терке брынзой. Прибавить перец, немного лимонного сока или винной кислоты и мелко нарезанной зелени петрушки. Смесь хорошо растереть и нанести на красиво оформленные ломтики хлеба.

Если паштет приготовлен из зеленых стручков перца, то бутерброды украсить полосками красного стручкового перца, помидорами или маслинами, а если из красных стручков перца, то бутерброды можно украсить кусочками соленого огурца, маслинами, белком крутого яйца.

Бутерброды с баклажанами

4 ломтя хлеба, 1 средний баклажан, 2 моркови, 1 луковица, 1 ч. ложка свежей измельченной мяты.

Промытый баклажан залить кипятком на 2—3 мин, затем сразу снять кожицу, нарезать его тонкими ломтиками, смешать с очищенным и измельченным луком и морковью. Выложить на хлеб и подать к столу, посыпав сверху мятой.

Бутерброды с пикантной баклажанной икрой

Ломтики серого хлеба, 2 крупных спелых баклажана (такие не будут горчить), чеснок, майонез, зелень, соль по вкусу.

Баклажаны испечь, дать остыть, очистить от кожуры, мелко порубить, добавить майонез, соль по вкусу, мелко нарезанный чеснок и взбить до пышной однородной массы. Полученную икру уложить на ломтики хлеба и посыпать зеленью.

Хлеб можно брать поджаренный.

Такие бутерброды можно делать круглый год, так как в сезон печеные, очищенные от кожуры баклажаны можно закатать в банки и использовать их до свежих овощей.

Бутерброды с кабачковой или баклажанной икрой

160 г хлеба, 40 г сливочного масла, 120 г готовой кабачковой или баклажанной икры, зеленый лук.

Ломтики хлеба намазать маслом, выложить сверху горкой икру и посыпать зеленым луком.

Бутерброды с паштетом из маслин (на сливочном масле)

500 г свежего пшеничного хлеба, 75 г сливочного масла, 30 шт. маслин, 30 г зеленого лука, перец по вкусу.

Хлеб нарезать на ломтики толщиной не более 1 см.

Маслины без косточек протереть через сито, добавить размягченное сливочное масло, мелко нашинкованный лук, перец. Полученную смесь взбить деревянной ложкой и намазать на бутерброды.

Бутерброды с паштетом из маслин (на растительном масле)

Хлеб, 25—30 шт. маслин, ¹/₂ головки репчатого лука, 2 яйца, 1 ст. ложка растительного масла, лимонный сок, молотый черный перец.

Хорошо размять деревянным пестиком маслины, предварительно удалив из них косточки (если маслины очистить от кожицы, паштет получается более гладким). Прибавить репчатый лук, измельченный на терке, мелко нарубленные крутые яйца, 1 ст. ложку растительного масла, немного лимонного сока и по желанию немного перца. Смесь хорошо взбить и нанести на тонкие, хорошо оформленные ломтики хлеба. Украсить половинками маслин.

Бутерброды с острой закуской
и овощами на соленом печенье

Соленое печенье, 2 чашки овощной смеси из вареных бобов, зеленого горошка и моркови, 1 луковица, 1 помидор, 2 стручка острого зеленого перца, 2 ст. ложки мелко нарезанного кориандра, 1 ст. ложка кетчупа, несколько листьев мяты, 1 палочка имбиря (25 г), 2 ст. ложки масла, соль по вкусу.

Растереть до пастообразного состояния половину луковицы, стручки зеленого перца, палочки имбиря. Разогреть масло и обжарить на нем другую половину луковицы. Добавить пасту и продолжать пассерование еще 2 мин. Затем положить мелко нарезанные помидоры, кориандр, листья мяты, кетчуп. Варить 4 мин. Добавить овощную смесь и соль. Выложить приготовленную смесь на соленое печенье, сверху посыпать тертым сыром.

Бутерброды с грибами
и с добавлением грибов

Бутерброды с жареными грибами

Хлеб, 200 г свежих грибов, 20 г сливочного масла, 1 луковица, 1 ст. ложка сметаны, соль по вкусу.

Грибы (свежие шампиньоны, опята, боровики, подберезовики и др.) хорошо промыть, обсушить, нарезать соломкой и поджарить с луком, затем заправить сметаной, добавить по вкусу соль и специи. Холодную грибную массу положить на ломтики хлеба, украсить маленькими шляпками грибов и зеленью.

Вместо свежих грибов можно использовать сушеные или соленые.

Бутерброды с грибами, томатной пастой,
горчицей, хреном

Хлеб, 100 г сливочного масла, 3 ст. ложки поджаренных измельченных грибов, 2 ст. ложки томатной пасты, 2 ст.

ложки горчицы, 1 ст. ложка протертого хрена, перец, зелень, соль по вкусу.

Ко взбитому маслу добавить томатную пасту, горчицу, хрен, грибы, перец, соль по вкусу. Все перемешать, массой намазать ломтики хлеба. Украсить зеленью.

Бутерброды со свежими грибами и хреном

Ржаной хлеб, 2 ст. ложки растительного масла, 200 г свежих грибов, перец, хрен, зелень петрушки, соль по вкусу.

Свежие грибы очистить, промыть и отварить в течение 30 мин. Затем откинуть на дуршлаг, мелкие грибы использовать целыми, крупные нарезать ломтиками. Перемешать с растительным маслом, посолить, добавить перец и натертый хрен. Полученной массой покрыть ломтики хлеба, сверху украсить зеленью петрушки.

Бутерброды с вареными грибами и майонезом

240 г хлеба, 80 г грибов, 70 г майонеза, зелень петрушки и укропа или зеленый лук.

Белые сушеные грибы отварить, мелко порубить, заправить майонезом, посолить и перемешать. Полученной массой намазать ломтики хлеба. Украсить мелко нарезанной зеленью.

Бутерброды с паштетом из грибов

Хлеб, 100 г сливочного масла, 250 г свежих грибов, молотый черный перец, сок лимона, соль по вкусу.

Отварить в подсоленной воде свежие грибы. Откинуть на дуршлаг и мелко нарубить или пропустить через мясорубку. Растереть сливочное масло. Прибавить к нему грибы, соль, черный перец и лимонный сок по вкусу. Паштет хорошо растереть, а затем нанести на ломтики хлеба.

Бутерброды украсить тонко нарезанными ломтиками лимона.

Паштет можно приготовить и из сушеных грибов. Грибы перебрать, промыть, замочить в небольшом количестве воды на 3—4 часа и затем отварить, не сливая этой воды.

Бутерброды с запеченными шампиньонами

240 г хлеба, 30 г сливочного масла, 270 г шампиньонов, 30 г маслин, 40 г лимона, 2 яйца, соль по вкусу.

Шляпки свежих шампиньонов посолить, положить на смазанный жиром противень и запечь в духовке. Остывшие грибы мелко нарезать, истолочь и перемешать с растертым маслом. Готовой смесью намазать ломтики хлеба.

Бутерброды украсить дольками маслин, кружочками лимона и мелко нарубленными сваренными вкрутую яйцами.

Бутерброды с солеными грибами и кильками

120 г хлеба, 20 г сливочного масла, 80 г соленых грибов, 40 г кильки, зелень.

Грибы отцедить и дважды пропустить через мясорубку. Ломтики хлеба намазать сливочным маслом, а поверх него — грибной массой. На бутерброды положить копченую кильку, мойву или шпроты.

Украсить нарезанной зеленью.

Бутерброды с солеными грибами и картофелем

На ломтик хлеба положить слой вареного картофеля, на него — мелко нарезанные соленые грибы, заправленные жареным луком и растительным маслом. Сверху уложить несколько колечек репчатого лука, а в них —

мелко нарезанную зелень петрушки или укропа (или зеленого лука).

Бутерброды «Натюрморт»

Ржаной хлеб, сливочное масло, 200 г соленых или маринованных грибов, 1 луковица, 4 ложки сметаны, помидоры, зеленый лук.

Грибы мелко порубить, добавить сметану и измельченный репчатый лук. Ломтики хлеба намазать сливочным маслом, покрыть толстым слоем полученной начинки.

Бутерброды украсить кусочками помидора и зеленым луком.

Бутерброды с грибами и помидорами

4—5 больших ломтей ржаного хлеба, 50—60 г сливочного масла, 200—250 г соленых, маринованных или консервированных грибов, 1 луковица, 3—4 ст. ложки сметаны, сахар, зеленый лук, 1 помидор или чернослив, яблоко, 1 сваренное вкрутую яйцо, соль по вкусу.

Ломти хлеба намазать маслом. Грибы мелко нашинковать, добавить сметану и рубленый репчатый лук, при желании также измельченное яблоко и яйцо, сваренное вкрутую. Бутерброды покрыть толстым слоем полученной массы, разрезать пополам, на 4 части или треугольными кусками.

Каждый бутерброд украсить зеленью и кусочками помидора или половинкой отваренного чернослива.

Бутерброды с шампиньонами и помидорами

Ржаной хлеб, сливочное масло, 200 г маринованных шампиньонов, 1 вареное яйцо, 1 яблоко, помидоры, зеленый лук, сахар, соль по вкусу.

Грибы нашинковать, добавить сметану, нарезанный репчатый лук, измельченное яблоко и яйцо. Ломтики хлеба намазать сливочным маслом и покрыть толстым слоем полученной массы.

Украсить кусочками помидоров и зеленью.

Бутерброды с шампиньонами и черносливом

200 г ржаного хлеба, 50 г сливочного масла, 200 г маринованных шампиньонов, 1 луковица, 3 ст. ложки сметаны, 1 яйцо, 1 яблоко, чернослив, сахар, зеленый лук, соль по вкусу.

Хлеб нарезать ломтиками и намазать маслом. Грибы мелко нашинковать. Добавить сметану, нарезанный репчатый лук, измельченное яблоко и сваренное вкрутую яйцо. Ломтики хлеба намазать толстым слоем полученной массы.

Каждый бутерброд украсить зеленью и половинкой чернослива.

Бутерброды с мясными продуктами

БУТЕРБРОДЫ С СОСИСКАМИ И КОЛБАСОЙ

Бутерброды с сосисками и хреном

Ломтик хлеба намазать сливочным маслом, растертым с хреном, сверху уложить кружочки отваренных сосисок. Вдоль одного края ломтика поместить зеленый горошек, вдоль другого — рубленые кубики свежих или соленых огурцов.

Бутерброды с сосисками и овощным салатом

4—6 ломтей черного хлеба, 20—30 г горчичного масла или масла с хреном, 4—6 сосисок, 200 г овощного салата, зелень петрушки, помидор или стручковый перец, огурец.

Хлеб намазать маслом. Снять кожуру с сосисок и надрезать их так, чтобы сосиска свернулась колечком. Уложить ее на бутерброд, в середину положить горкой салат, украсить зеленью, ломтиками помидоров, стручкового перца или неочищенного огурца.

Вместо овощного салата можно взять салат из квашеной капусты или сырой моркови.

Бутерброды с колбасой

160 г хлеба, 40 г сливочного масла, 80 г колбасы, горчица.

Ломтики хлеба или батона намазать маслом, сверху положить кусочки вареной или любой другой колбасы. Отдельно подать горчицу.

Бутерброды с колбасой и овощами

Хлеб, сливочное масло, 100 г колбасы, 2 шт. зеленого болгарского перца, помидоры.

Колбасу, зеленый перец и помидоры нарезать тоненькими кружочками и положить на хлеб с маслом.

Бутерброды с колбасой и маринованным огурцом

100 г хлеба, 30 г сливочного масла, 100 г колбасы, маринованный огурец, зелень.

На ломтики хлеба, намазанные сливочным маслом, положить ломтик любой колбасы (рекомендуется употреблять колбасы нескольких сортов, потому что каждый сорт имеет свой вкус, цвет и структуру). Украсить ломтиками маринованного огурца и зеленью.

Бутерброды с колбасой, маринованным огурцом и яйцом

Хлеб, 100 г сливочного масла, 250 г колбасы, 150 г творога, 2 ст. ложки майонеза, 1 луковица, 1 маринован-

ный огурец, 1 сваренное вкрутую яйцо, горчица, сахар, соль по вкусу.

Творог растереть с маслом, добавить натертый на мелкой терке лук, майонез, сметану, соль по вкусу, сахар. Все перемешать. Приготовленной массой намазать ломтики хлеба. Очищенную колбасу нарезать наискось и положить поверх массы. Сверху на одну половинку бутерброда положить нарезанный соломкой маринованный огурец, на другую — рубленые яйца.

Бутерброды с мясным хлебом

4—6 ломтей белого хлеба, 4—6 ломтей мясного хлеба (200—250 г), 2—3 помидора, листья салата, свежий огурец, укроп, 20 г масла или майонеза.

Хлеб намазать маслом или майонезом, покрыть его сплошным куском мясного хлеба, сверху положить лист салата, дольки помидоров и тонкие ломтики огурца. Украсить веточкой укропа.

Бутерброды с мясным рулетом и творогом

1 батон, 100 г сливочного масла, 200 г творога, 150 г мясного рулета, 8 г горчицы, по 60 г тертого хрена и майонеза, 2 яйца, 80 г помидоров и огурцов, 30 г зелени укропа.

Творог растереть с маслом и горчицей. Массой намазать ломтики булки, сверху наискось положить скатанный в трубку тонкий кусочек рулета. По одну его сторону выложить смешанный с майонезом хрен, по другую — кружочки помидоров и огурцов. Посыпать мелко нарубленным яйцом и зеленью.

Бутерброды с пастой из колбасы

Ломтики белого хлеба, 100 г сливочного масла, 200 г колбасы, 2 яйца, сваренных вкрутую, 1 ч. ложка горчицы, зеленый лук, зелень петрушки.

Колбасу пропустить через мясорубку с яйцами, растереть со сливочным маслом и горчицей. Если масса густая, добавить 1 ст. ложку майонеза или сметаны. Намазать пастой ломтики хлеба, посыпать зеленью, луком.

Колбасно-овощные бутерброды с травами

2 ломтика ржаного хлеба, 1 ст. ложка мелко нарезанной кубиками вареной колбасы, 1 ч. ложка натертой на мелкой терке моркови, 1 ч. ложка измельченных листьев подорожника и сметаны.

Вареную колбасу смешать с натертой сырой морковью, измельченными листьями подорожника, приправить сметаной и красиво уложить на кусочки ржаного хлеба.

Бутерброды «Цветочки»

1 батон, 100 г сливочного масла, 200 г вареной колбасы, 2 яйца, 40 г зеленого лука, 25 г сметаны, по 75 г огурцов, помидоров и сладкого стручкового перца, соль по вкусу.

Булку нарезать ломтиками и намазать маслом. Сваренные вкрутую яйца крупно порубить, добавить нарезанный лук, посолить и перемешать со сметаной. Тонкие кружочки колбасы надрезать в нескольких местах и положить в горячий жир. Кружочки свернутся в «цветок». Охладить их, наполнить приготовленной начинкой из яиц и положить на ломтики хлеба.

Украсить нарезанным соломкой свежим или соленым огурцом, полукольцами перца или дольками помидоров.

Бутерброды с колбасными «мисочками»

Хлеб, 50 г маргарина, 250 г толстой колбасы, 250 г вареной свеклы, корень хрена, 2 яблока, 2 ст. ложки растительного масла, сахар, зелень петрушки, лимонная кислота, соль по вкусу.

Свеклу, яблоки и хрен очистить и натереть на крупной терке, заправить солью, сахаром, лимонной кислотой, полить растительным маслом. Колбасу нарезать со
шкуркой кружочками (толщиной 5 мм) и поджарить с
одной стороны в очень горячем жире, чтобы образовались «мисочки». Приготовленный салат положить на
хлеб и в каждую колбасную мисочку.

Украсить зеленью петрушки.

БУТЕРБРОДЫ С ВЕТЧИНОЙ

Бутерброды с ветчиной и майонезом

Хлеб намазать маслом, смешанным с майонезом.
Сверху положить ломтик ветчины, украсить зеленью.

Бутерброды с ветчиной и маринованным огурцом

*100 г хлеба, 30 г сливочного масла, 100 г ветчины,
маринованный огурец.*

Ломтики ржаного хлеба намазать сливочным маслом,
сверху положить свернутый ломтик ветчины, на который надет кружочек маринованного огурца.

Бутерброды с ветчиной и свежим огурцом

*Хлеб, сливочное масло, ветчина, сваренные вкрутую
яйца, огурцы.*

Хлеб намазать сливочным маслом. Ветчину нарезать
очень тонко и разложить на хлеб. На середину бутерброда положить кружок яйца, а вокруг — нарезанный тонкими кружочками свежий или малосольный огурец.

Бутерброды-ассорти с ветчиной и вареной колбасой

*Хлеб, сливочное масло, 100 г ветчины, 100 г вареной
колбасы, 50 г свежих помидоров, зеленый салат, горчица.*

На ломтик хлеба положить листики салата, на них — нарезанные ломтиками ветчину и колбасу, ломтики помидоров.

Оформить розочками из масла с горчицей.

Бутерброды с салатом из ветчины и редиса

Хлеб, сливочное масло, 150 г ветчины, 2 сваренных вкрутую яйца, 2 пучка редиса, майонез, горчица, зеленый лук, соль по вкусу.

Ветчину нарезать соломкой, редиску — кружочками, яйца и лук мелко порубить. Все перемешать с майонезом, заправить горчицей, посолить и выложить горкой на смазанные маслом ломтики хлеба, нарезанные треугольником.

Украсить дольками редиса.

Бутерброды с ветчиной, овощным салатом и яйцом

4—6 кусков хлеба, 20—30 г сливочного, ветчинного или хренного масла, 80—150 г ветчины, 100—200 г овощного салата, 1—2 яйца, огурец, редис или помидор, зелень петрушки.

Хлеб намазать маслом, сверху уложить горкой овощной салат, рядом — свернутые трубочкой или волнообразно ломти ветчины, продольные четвертинки яиц, кусочки огурца и помидора.

Украсить редисом, зеленью петрушки или сельдерея.

Бутерброды с ветчиной и зеленым салатом

Хлеб, 200 г сливочного масла, 500 г постной ветчины, 3 сваренных вкрутую яйца, 1 банка майонеза, 1 стакан сметаны, 4 помидора, 2 пучка зеленого салата, сахар, соль по вкусу.

Ветчину нарезать кубиками и перемешать с майонезом. Для остроты можно добавить чайную ложку горчицы. Листья салата сложить один поверх другого, свернуть в рулет и нарезать сначала полосами, а затем поперек. Смешать салат со сметаной, заправить сахаром и солью.

Ломтики хлеба намазать сливочным маслом. С одной стороны выложить салат, с другой — ветчину. Салат посыпать крупно нарубленным яйцом. Между салатом и ветчиной положить кусочек помидора.

Бутерброды с ветчиной, майонезом и овощами

200 г хлеба, 200 г ветчины, 100 г майонеза, по 80 г соленых огурцов, вареной моркови или свеклы.

Ломтики хлеба намазать смесью рубленой ветчины с майонезом. Украсить кружочками огурца, моркови или свеклы.

Бутерброды с ветчиной, яйцом и сыром

Хлеб намазать сливочным маслом. Ветчину, сыр, сваренные вкрутую яйца нарезать мелкими кубиками, добавить сметану, томатный соус, посолить и поперчить по вкусу. Полученную массу уложить горкой на хлеб.

Украсить ломтиком огурца, помидора или перца, салатом и укропом.

Бутерброды по-канадски

12 ломтиков батона, 120 г взбитого сыра «Нива», 100 г ветчины, 1 апельсин, 1 банан.

Ломтики батона намазать взбитым сыром «Нива», на него положить кусочек ветчины и украсить дольками апельсина и кружочком банана.

Бутерброды с творогом и ветчиной

Хлеб, 100 г сливочного масла, 100 г творога, 200 г ветчины, 3 сваренных вкрутую яйца, 2 помидора, 4 ст. ложки майонеза, хрен, соль по вкусу.

Творог посолить по вкусу, размять и растереть со сливочным маслом. Приготовленной массой намазать ломтики хлеба, на каждый положить тонкий кусочек ветчины, свернутый рулетиком. Рядом с ветчиной положить дольки яйца и смешанный с майонезом хрен.

Хрен можно заменить дольками помидоров или огурцов.

Полоски из ржаного хлеба с ветчиной

500 г свежего ржаного хлеба, 75 г сливочного масла, 200 г ветчины, соль по вкусу.

Срезать с ржаного хлеба корки, мякиш нарезать на полоски 10 × 2 см. Намазать их с обеих сторон сливочным маслом, слегка посолить и обвалять в мелко нарезанной или протертой ветчине.

Бутерброды с ветчиной и маринованными овощами

Хлеб, 100 г сливочного масла, 200 г ветчины, 2 ст. ложки горчицы, молотый перец, маринованные овощи, соль по вкусу.

Пропустить ветчину через мясорубку и соединить со взбитым маслом. Добавить соль, перец, горчицу и тщательно перемешать. Намазать полученной массой ломтики хлеба.

Украсить маринованными овощами.

Бутерброд «Острый»

Хлеб, по 100 г докторской колбасы, ветчины и полукопченой колбасы, 50 г твердого сыра, 1 яйцо, молотый черный перец, зелень и овощи, соль по вкусу.

Колба́сы и ветчину пропустить через мясорубку, массу тщательно перемешать со взбитым яйцом, тертым сыром и молотым черным перцем, посолить. Намазать ломтики хлеба этой массой.

Украсить зеленью и овощами.

Бутерброды с ветчинной массой

Хлеб, 50 г сливочного масла, 150 г ветчины, 2 ст. ложки сметаны.

Варено-копченую ветчину пропустить 4 раза через мясорубку и перемешать с маслом и сметаной. Ломтики хлеба намазать толстым слоем ветчинной массы.

Украсить маслом, выжав из кондитерского мешочка разные фигуры.

Бутерброды с паштетом из ветчины и маслин

К густому майонезу прибавить мелко нарубленные ветчину и маслины. Смесь хорошо взбить и прибавить по вкусу лимонный сок.

Бутерброды с паштетом из ветчины и вареного или копченого языка

160 г пшеничного хлеба, по 80 г ветчины и языка вареного или копченого, 60 г сливочного масла, 1 лимон, несколько капель лукового сока, перец черный или красный.

Пропустить через мясорубку или мелко нарубить ветчину и вареный язык. Затем прибавить сливочное масло, лимонный сок, черный или красный молотый перец и несколько капель сока репчатого лука. Смесь хорошо растереть и нанести ее на ломтики хлеба, смазанные тонким слоем сливочного масла.

БУТЕРБРОДЫ С БУЖЕНИНОЙ, КОРЕЙКОЙ, ШПИКОМ

Бутерброды с бужениной

Хлеб, сливочное масло, буженина из телятины или свинины, огурцы, помидоры, зеленый лук.

Хлеб намазать сливочным маслом, покрыть ломтиками буженины и украсить сверху помидорами, огурцами и луком, нарезанными разнообразными фигурами.

Зимние бутерброды

200 г ржаного хлеба, 100 г буженины, 1 яйцо, 80 г соленых огурцов, 50 г майонеза, горчица, зелень петрушки или укропа.

На ломтики хлеба намазать горчицу, положить кусочек буженины, по кусочку сваренного вкрутую яйца и огурца, зелень петрушки. Полить майонезом.

Бутерброды с окороком или копченым филе

100 г пшеничного хлеба, 100 г окорока или копченого филе, приправа по вкусу.

Окорок или копченое филе нарезать ломтиками и уложить их на хлеб или батон. Отдельно подать горчицу, соус или тертый хрен с уксусом.

Бутерброды с окороком и хреном

Хлеб, сливочное масло, 100 г окорока, 30 г маринованных огурцов, 1 яйцо, 50—75 г сметаны, 50 г тертого хрена, сахар, уксус, соль по вкусу.

Сваренное вкрутую яйцо очистить, разрезать вдоль. Хрен натереть, смешать со сметаной, прибавить по вкусу сахар, соль, уксус. Масса должна быть густой. Полоски батона намазать маслом, уложить вдоль одной стороны рулончик из окорока, вдоль другой — массу из хрена, а в середине — кусочки яйца.

Украсить дольками огурца.

Бутерброды с окороком, творогом и маслом

200 г хлеба, 100 г сливочного масла, 50 г вареного окорока, 150 г творога, овощи, зелень.

Ломтики хлеба намазать массой из творога и масла, положить нарезанный окорок. По краям посыпать протертым творогом.

Украсить нарезанными овощами и зеленью.

Бутерброды с корейкой и малосольным огурцом

Ломтики хлеба, 100 г сливочного масла, 300 г корейки, 1 малосольный огурец, 1 помидор, 1 ч. ложка горчицы, зелень петрушки.

Тонкие ломтики хлеба намазать маслом, смешанным с горчицей. Вареную корейку нарезать тонкими ломтиками, огурец — брусочками. На каждый ломтик корейки положить несколько брусочков огурца, свернуть его рулетом, положить на хлеб, украсить кружочками помидора и веточками петрушки.

Бутерброды с копченой корейкой под хреном

2 булочки, 60 г сливочного масла, 160 г копченой корейки, 60 г твердого сыра, по 40 г тертого хрена и майонеза, 4 сливы, 2 стручка сладкого маринованного перца.

Ломтики хлеба или булки намазать маслом и накрыть кусочками тонко нарезанной корейки. Сверху положить хрен, смешанный с майонезом, посыпать тертым сыром.

Бутерброды украсить половинками маринованного огурца и кружочками маринованного перца.

Бутерброды со шпиком

100 г ржаного хлеба, 10 г горчичного масла или 20 г яичного масла, 50—60 г копченого шпика, 1 ч. ложка тертого хрена.

Ломтик ржаного хлеба смазать горчичным или яичным маслом, сверху положить тонкие ломти копченого шпика и тертый хрен.

Белорусские бутерброды

На ломтик ржаного хлеба намазать смесь из растертого чеснока, соли и горчицы. Сверху положить ломтик сала.

Украсить зеленью петрушки.

Бутерброды с луком по-крестьянски

160 г хлеба, по 80 г шпика и репчатого лука.

Сало нарезать кусочками, вытопить. Лук обжарить в жире со шкварками, охладить, намазать на ломтики хлеба.

Такие бутерброды особенно хорошо подать с горячими кислыми щами.

БУТЕРБРОДЫ С ВАРЕНОЙ, ТУШЕНОЙ, ЖАРЕНОЙ ГОВЯДИНОЙ

Бутерброды с вареным фаршем

6 кусков хлеба, 1 стакан овощного салата, $^3/_4$ стакана вареного мясного фарша, 1 соленый огурец, 1 помидор, зелень петрушки.

Уложить на хлеб толстый слой овощного салата, сверху — остывший вареный фарш, затем дольки огурца, помидора, зелень.

Бутерброды с мясным фаршем

Хлеб, 300 г молотого вареного или тушеного мяса, 1 луковица, 1 яйцо, мускатный орех, зелень и овощи, твердый сыр, соль по вкусу.

Продукты тщательно перемешать, массу наложить на ломтики хлеба, украсить овощами и посыпать сверху тертым сыром.

Бутерброды с паштетом из мясных обрезков

Белый хлеб, 1 тарелка мясных обрезков, 3 луковицы, 1—3 зубчика чеснока, 1 ст. ложка каперсов, 80 г анчоусов или 1 ст. ложка анчоусного паштета, 4 ст. ложки растительного масла, 1 ст. ложка пшеничной муки, $\frac{1}{2}$ стакана мясного бульона, перец, майоран.

Мясные обрезки мелко порубить и пропустить через мясорубку. Мелко нарубленный лук и толченый чеснок потушить на растительном масле, затем добавить мясо, очищенные анчоусы и каперсы. Сверху посыпать мукой, добавить мясной бульон. Массу непрерывно помешивать, чтобы мясо не пригорело. Приправить перцем и майораном и оставить на небольшом огне, чтобы избыточное количество бульона выкипело.

Приготовленный таким образом мясной паштет намазать на ломтики белого хлеба.

Бутерброды с паштетом домашнего приготовления

Городской батон, паштет.

Для паштета: *500 г мякоти говядины, 400 г сырого сала, 250 г свинины без костей, 250 г свиной печени, 2 небольшие луковицы, 3 яйца, 1 ч. ложка молотого черного перца, $\frac{1}{2}$ ч. ложки молотого душистого перца, натертый мускатный орех, соль по вкусу.*

Говядину, свинину, сало, печень, лук дважды пропустить через мясорубку, добавить все остальное, хорошо вымесить. Полученную массу выложить в смазанную жиром форму для кекса и выпекать в умеренно горячей духовке на водяной бане около 20 мин. Затем выложить на тарелку.

Холодный паштет наносить толстым слоем на тонкие ломтики батона.

Бутерброды с мясным паштетом

Хлеб, 2 ст. ложки сливочного масла, 500 г мелко нарубленного мяса (вареного или жареного), $\frac{1}{4}$ л молока или *сливок, 3 ст. ложки пшеничной муки, 2 желтка, по 1 ч. ложке соли и горчицы, сок лимона, зелень петрушки и укропа, сладкий перец, зеленый салат.*

Желтки, молоко и муку перемешать со сливочным маслом, специями и поставить на паровую баню до загустения. Когда смесь остынет, смешать ее с рубленым мясом и прочими продуктами, сбрызнуть соком лимона. Этой массой намазать хлеб.

Украсить зеленью.

Бутерброды с паштетом и черносливом

160 г пшеничного хлеба, 40 г сливочного масла, 120 г мясного паштета, 40 г чернослива.

Ломтики хлеба намазать маслом, паштетом и украсить половинками вареного чернослива.

Бутерброды с котлетой

4—6 кусков ржаного хлеба, 20—30 г зеленого масла или масла с перцем, 4—6 котлет, соленый огурец или хрен и сметана, зелень петрушки.

Небольшой ломоть хлеба намазать зеленым маслом или маслом с перцем, сверху уложить котлету. Толстую котлету разрезать пополам. На котлету и рядом с ней положить ломти соленого огурца и смешанный со сметаной хрен.

Украсить листиком петрушки.

Бутерброды с вареным мясом и хреном

Ржаной хлеб, сливочное масло, 300 г нежирного мяса, 2 ст. ложки натертого хрена, 1 яблоко, огурцы, зелень петрушки, сахар, соль по вкусу.

Очищенные от кожуры яблоки натереть на крупной терке, добавить натертый хрен, соль по вкусу, сахар, все перемешать. Можно добавить немного густой сметаны. На намазанные сливочным маслом ломтики ржаного хлеба положить приготовленную массу, сверху — ломтики мяса или колбасы.

Украсить зеленью и огурцами.

Бутерброды с вареным мясом и овощным салатом

200 г хлеба, 25 г сливочного масла, 100 г овощного салата, 120 г мяса говядины, свинины или баранины, столовая горчица.

Приготовить салат: вареные картофель, морковь, корень петрушки, свежие огурцы, зеленый лук, свежие яблоки нарезать мелкими кубиками, добавить зеленый горошек и заправить майонезом. На середину ломтика хлеба положить салат, по обеим сторонам от него разместить свернутое кулечками мясо.

Оформить маслом с горчицей и овощами, входящими в состав салата.

Бутерброды с мясом, свеклой и брусникой

4—6 ломтей ржаного хлеба, 25 г масла (горчичного или томатного), 4—6 ломтей вареного или жареного мяса, 1 вареная свекла, 1 яблоко, 4—5 маринованных или свежих слив, 1 ст. ложка брусники.

Хлеб намазать маслом, полностью покрыть мясом. Вареную свеклу натереть, добавить сырое тертое яблоко. Свеклу горкой уложить на мясо, рядом положить сливы и вымоченную в сахарном растворе бруснику.

Бутерброды с мясом

Хлеб, 100 г сливочного масла, 200 г измельченной говядины, 2 ст. ложки горчицы, перец, маринованные овощи, соль по вкусу.

Ко взбитому маслу добавить вышеуказанные продукты. Украсить намазанные ломтики хлеба маринованными овощами.

Бутерброды с запеченным мясом под творожно-грибным соусом

Хлеб, 350 г мяса (если возможно, телятина со свининой), 65 г шпика или жира, 1—2 луковицы, 2 ст. ложки сухих грибов или 50 г свежих шампиньонов, $1/4$ л бульона, 2 ст. ложки томатной пасты, 30 г сливочного маргарина, $1/2$ яйца, 250 г творога, немного молока, молотый красный перец, соль по вкусу.

Мясо нарезать мелкими кубиками, заправить солью и красным перцем. В форме для запекания растворить мелко нарезанный шпик, поджарить в нем кубики лука. Положить мясо, а через 15 мин — размоченные сухие грибы или нарезанные колечками шампиньоны, залить размешанной в горячем бульоне томатной пастой и тушить до готовности мяса. Взбить до пены маргарин со щепоткой соли, перемешать с яйцом и творогом, добавив одновременно и молоко. Залить этой массой мясо и запекать в духовке 40—50 мин. Нанести толстым слоем на ломти хлеба.

Бутерброды с тушеным говяжьим филе и яблоками

100 г хлеба, 30 г сливочного масла, 100 г говяжьего филе, хрен, сметана или майонез, зелень петрушки, соль по вкусу.

Тушеное филе нарезать маленькими кубиками, добавить мелко нарезанные яблоки, натертый хрен, майонез или сметану, соль по вкусу, все смешать, выложить на намазанные сливочным маслом ломтики белого хлеба. Украсить зеленью.

Бутерброды с ростбифом и хреном

160 г хлеба, 100 г холодного ростбифа или жареной вырезки, 25 г хрена.

Очищенный хрен настрогать ножом. Ростбиф (или вырезку) нарезать кусочками и положить на ломтики хлеба, а сверху — хрен.

Бутерброды с жареным мясом, зеленым салатом и хреном

4—6 ломтей ржаного хлеба, 25 г масла (с хреном или зеленого), 4—6 ломтиков (200—250 г) жареного мяса, 4—6 листиков салата, 2 ст. ложки тертого хрена, 2—3 ст. ложки сметаны.

Хлеб намазать маслом, положить лист салата и кусок жареного мяса. Украсить хреном, в который предварительно добавлена сметана.

Бутерброды с жареной телятиной или свининой

1 батон, 200 г мяса, 50 г желе, 75 г помидоров, 25 г салата.

Жареное крупным куском мясо нарезать тонкими ломтиками и уложить на ломтики батона. Сверху положить желе из оставшегося после жаренья мяса соуса.
Украсить ломтиками помидоров и листиками салата.

Бутерброды с бифштексом и яйцом

4 ломтика хлеба, 25 г сливочного масла, 4 порционных куска мяса (вырезки), 2 небольшие головки репчатого лука, 5 г пшеничной муки, перец, соль по вкусу.

Мясо слегка отбить, посолить, запанировать в муке. Лук нарезать кольцами и обжарить. Бифштексы также обжарить 2—3 мин на сильно разогретом жире так, чтобы снаружи образовалась поджаристая корочка, а внутри мясо оставалось розовым. Одновременно на специальной сковороде приготовить яичницу-глазунью (по 1 яйцу на 1 кусок мяса). На хлеб уложить бифштекс, на него яичницу и обжаренный лук.

Бутерброды с салатной массой

Ломтики черного или белого хлеба, 200 г жареного мяса, 1—2 соленых огурца, 1 ст. ложка сметаны, 1 ст. ложка майонеза, зеленый лук, зелень петрушки.

Мясо мелко нарезать, огурцы натереть на крупной терке, заправить сметаной, майонезом, перемешать. Намазать массой хлеб, сверху посыпать зеленью петрушки.

Бутерброды с запеченным мясом и хреном

Несколько ломтиков хлеба, 100 г сливочного масла, 300—400 г жареного мяса, 1 корень хрена, 1 вареная свекла, сахар, уксус, соль по вкусу.

Ломтики хлеба намазать маслом, на каждый положить кусочек мяса. Свеклу и хрен натереть на мелкой терке, перемешать, добавить сахар, соль и уксус по вкусу. Смесью из овощей покрыть ломтики мяса.

Бутерброды с заливными телятиной и языком

200 г хлеба, по 100 г телятины и языка, ¹/₂ яйца, 10 г желатина, 100 г вареной моркови, зелень петрушки, майонез.

Отварную телятину и язык нарезать по размеру ломтика хлеба, оформить овощами, зеленью и яйцом. Залить растворенным желатином и охладить. Заливное положить на хлеб и полить майонезом.

Бутерброды со студнем

4—6 ломтиков черного хлеба, 20—30 г сливочного масла, 400 г студня, 1 луковица или зеленый лук, уксус, 2—3 помидора, 2 ст. ложки тертого хрена, листья салата или зелень петрушки.

Хлеб намазать сливочным маслом, на каждый ломоть уложить тонкий кусочек твердого студня, сверху — тертый репчатый лук или зеленый рубленый, сбрызнуть уксусом, положить половинки помидоров. Тертый хрен смешать со сметаной и ложкой выложить на студень.

БУТЕРБРОДЫ С ЯЗЫКОМ

Бутерброды с отварным языком и творогом

Творог или брынзу растереть со сливочным маслом (2 части масла, 1 часть творога), посолить и поперчить по вкусу. Приготовленной массой намазать ломтики белого хлеба или батона, сверху уложить кусочки отварного языка. Желтки сваренных вкрутую яиц смешать с хреном, заправить уксусом, сахаром, солью и скатать из этой массы столько шариков, сколько будет бутербродов. Положить шарики на середину каждого бутерброда.

Украсить зеленью.

Бутерброды с отварным языком и хреном

Хлеб, сливочное масло, копченый свиной язык, тертый хрен.

Небольшой копченый свиной язык хорошо сварить (2 $^1/_2$—3 часа), снять с него кожу и, охладив, нарезать тонкими ломтиками. Хлеб намазать маслом, уложить на него язык и посыпать хреном.

Из кондитерского мешочка выжать на бутерброд сливочное масло в виде розочек.

Бутерброды с языком и сыром

Хлеб, сливочное масло, отварной копченый язык, твердый сыр, яичные желтки, соль.

Намазать ломтики хлеба смесью тертого сыра и сливочного масла, положить на каждый ломтик языка. Украсить половинками яичного желтка.

БУТЕРБРОДЫ С ПЕЧЕНЬЮ И МОЗГАМИ

Бутерброды с печеночным паштетом

160 г пшеничного хлеба, 80 г сливочного масла, 120 г печеночного паштета, 20 г сыра, 50 г лимона, зелень петрушки.

Ломтики хлеба намазать маслом и паштетом, сверху украсить зеленью и кружочками лимона.

Бутерброды с паштетом и огурцом

4—6 ломтей ржаного или пшеничного хлеба, 25 г сливочного масла, 200—250 г печеночного паштета, 1 соленый огурец.

Хлеб намазать маслом, сверху — паштетом и на него в ряд уложить ломтики огурца.

Бутерброды с печенкой

Хлеб, 50 г сливочного масла, смалец, 200 г печенки, черный молотый перец, соль по вкусу.

Немного тертого лука поджарить со смальцем, смешать с нарезанной тонкими ломтиками печенью и быстро ее обжарить на жире. Легко поджаренную печень трижды пропустить через мясорубку.

Сливочное масло (50 г) растереть в пену, добавить к ней молотую печень (уже остывшую), соль, молотый черный перец и все тщательно вымешать. Массу толстым слоем положить на хлеб, сверху украсить сливочным маслом с помощью кондитерского мешочка.

Бутерброды по-брюссельски

4 ломтика белого хлеба, 2 ст. ложки сливочного масла или маргарина, 4 ломтика вареного сельдерея, 4 ломтика печенки, 1 яйцо, пшеничная мука, панировочные сухари, перец, лимонный сок, соль по вкусу.

Ломтики сельдерея зажарить в сильно разогретом жире до светло-золотистого цвета. Ломтики печенки (они должны быть той же величины, что и ломтики сельдерея) обвалять в муке, яйце и панировочных сухарях и слегка обжарить. Приправить перцем, солью и соком лимона. Выложить печенку на ломтики сельдерея и положить на кусочки белого хлеба.

Бутерброд с гусиной печенью

Хлеб, сливочное масло, 200—300 г гусиной печени, гусиный жир, зеленый салат или лук, желатин.

Гусиную печень вымочить 2 часа в воде, затем варить в течение 15 мин. Готовность печени проверяют иглой: если в месте укола не появляется красный сок, значит, она готова. Печень уложить в небольшую посуду, залить кипящим жиром, слегка посолить и поставить в холодное место. Остывшую печень нарезать тонкими ломтиками и уложить на намазанный сливочным маслом хлеб. Распущенным желатином смазать 3—4 раза печень на бутербродах и выставить их в холодное место.

Перед употреблением бутерброды украсить зеленым салатом, помидорами или огурцами.

Бутерброды с мозгами

Хлеб, 50 г сливочного масла, 300 г телячьих мозгов, уксус, молотый черный перец, мускатный орех, зелень и овощи, соль по вкусу.

Очищенные от пленки мозги сварить в подсоленной воде с добавлением уксуса, хорошо сцедить. Затем протереть через сито, смешать с маслом, добавить перец, соль и щепотку мускатного ореха. Этой массой намазать ломтики.

Украсить зеленью и овощами.

БУТЕРБРОДЫ С МЯСОМ ПТИЦЫ

Бутерброды с цыпленком

Ломтики хлеба намазать сливочным маслом, смешанным с горчицей. На них положить тонкие кусочки филе вареного цыпленка (или курицы) и посыпать черным перцем.

Мясо можно нарубить и смешать со сливочным маслом, добавив немного черного перца. Ломтики хлеба намазать приготовленной смесью.

Бутерброды с цыпленком и маслинами

6 ломтиков белого хлеба, 400 г цыпленка, 100 г майонеза, 5 маслин, зелень петрушки.

Мясо отваренного цыпленка отделить от костей и кожи, мелко нарезать и смешать с майонезом. На ломтик хлеба нанести слой приготовленной смеси. Каждый ломтик гарнировать половинкой маслины, а вокруг сделать венчик из мелко нарезанной зелень петрушки.

Бутерброды с курицей или дичью

160 г ржаного или пшеничного хлеба, 80 г сливочного масла, 120 г мяса курицы или дичи, столовая горчица по вкусу.

На круглый ломтик хлеба, намазанный маслом с горчицей, положить кусочек курицы или дичи, на него в виде пуговки — кусочек масла с горчицей.

Бутерброды с мясом птицы и сладким перцем

200 г белого хлеба, сливочное масло, 200 г мяса птицы, 180 г сладкого стручкового перца, 2 яйца, маслины.

Ломтики хлеба намазать маслом, положить кусочки мяса птицы так, чтобы они полностью покрывали хлеб, Посередине вдоль бутерброда выложить полоски красного перца, по одну сторону разместить маслины без косточек, по другую — кружочки сваренных вкрутую яиц.

Вместо мяса птицы можно также взять 200 г отварной или жареной говядины или 200 г сыра. И говядину, и сыр нарезать тонкими ломтиками.

Бутерброды с мясом птицы и языком

200 г хлеба, 80 г сливочного масла, 160 г мяса птицы (курицы, индейки), 80 г языка, 100 г клюквенного соуса или майонеза, 60 г зеленого салата.

Мясо птицы (отваренной или зажаренной), отварной язык нарезать ломтиками, положить на смазанный маслом хлеб, полить соусом.

Украсить листьями зеленого салата.

Бутерброды «Фантастика»

4 ломтика хлеба, 200 г вареной курицы, $^1/_2$ стакана натертого на крупной терке ананаса, 1 ст. ложка майонеза, 2 ст. ложки 10%-ных сливок, соль по вкусу.

Майонез смешать со сливками. Куски курицы разложить на ломти хлеба, смазанные майонезом со сливками, сверху посыпать тертым ананасом.

Бутерброды с куриным салатом

4—6 ломтей белого хлеба, сливочное масло, 1 стакан вареных или консервированных яблок, 200 г куриного мяса,

1 яйцо, 1 ст. ложка тертого сельдерея, 1 ст. ложка зеленого лука, ¹/₂ стакана майонеза или сметаны, 1—2 ложки яблочного сока, зеленый салат.

Хлеб намазать маслом. Яблоки, куриное мясо, яйца, сваренные вкрутую, нарезать мелкими кубиками, смешать с тертым хреном, рубленым репчатым или зеленым луком, майонезом или сметаной, заправленными яблочным соком. На хлеб горкой уложить салатную массу.

Украсить листьями зеленого салата.

Бутерброды с рыбой и рыбными продуктами

БУТЕРБРОДЫ СО СВЕЖЕЙ ОТВАРНОЙ И ЖАРЕНОЙ РЫБОЙ

Бутерброды с отварной рыбой и каперсами

Белый хлеб, сливочное масло, кусочки кеты, семги или осетрины, каперсы, 100 г зеленого лука и петрушки, перец, сахар по вкусу.

Хорошо промытый зеленый лук и петрушку мелко порубить. В эмалированной посуде смешать приблизительно 2 части лука и 1 часть петрушки, затем добавить такое количество майонеза, чтобы лук и петрушка были хорошо связаны между собой, а соль, перец и сахар — по вкусу. Все хорошо перемешать.

Смазанные сливочным маслом кусочки хлеба покрыть приготовленной массой и украсить кусочками рыбы, каперсами.

Бутерброды с судаком

Хлеб, филе судака, картофель, 1 желток, 100 г растительного масла, горчица, лимонный сок, сахар, зернистая икра, соль по вкусу.

Филе сварить в слабо соленом уксусном растворе, откинуть на дуршлаг и поставить в холодное место. Несколько штук картофеля сварить в кожуре, очистить и нарезать соломкой. Из яичного желтка, растительного масла, щепотки соли, горчицы, сахара и лимонного сока приготовить майонез.

Картофель и рыбу осторожно перемешать с майонезом, положить на хлеб и украсить поверхность бутерброда зернистой икрой.

Бутерброды «Морская мозаика»

4 ломтика хлеба, $^1/_2$ стакана рыбного фарша, $^1/_2$ луковицы, 2 ст. ложки рубленого зеленого лука, 1 ст. ложка сметаны, 1 стакан воды, петрушка.

В кипящую воду положить рыбный фарш, сварить до готовности. Настаивать 10—15 мин, заправить сметаной, мелко нашинкованным репчатым и зеленым луком, намазать на хлеб.

Украсить петрушкой.

Бутерброды с жареными сардинами, яйцами и овощами

8 ломтиков хлеба, 5 ч. ложек сливочного масла, 4 куска жареных сардин, 1—2 свежих помидора, 2—3 сваренных вкрутую яйца, зеленый салат или зелень петрушки.

Ломтики черного или белого хлеба намазать тонким слоем сливочного масла, сверху положить филе сардины и покрыть его кружочком яйца и листиком петрушки. Сбоку разместить кружочки помидоров.

Зимой вместо свежих помидоров можно на бутербродах разместить маринованные овощи (лук, свеклу или перец).

Бутерброды с желированной рыбой

Судака, треску, стерлядь и другую рыбу отварить. Отдельно приготовить желе для заливки бутербродов.

Для этого в не очень горячий бульон, в котором варилась рыба, добавить предварительно размоченный в холодной воде желатин (25 г на 2 стакана бульона), поставить на слабый огонь, добавить немного натертого сельдерея, пастернака, моркови. Перед окончанием варки добавить 1—2 взбитых в пену белка и кипятить бульон до прозрачности.

Отваренную рыбу нарезать, положить на ломтики хлеба такого же размера, украсить вареной морковью и зеленью петрушки, залить желе и поставить на холод, чтобы оно застыло.

БУТЕРБРОДЫ С КОПЧЕНОЙ РЫБОЙ

Бутерброды с рыбой горячего копчения

Хлеб, 50 г сливочного масла или маргарина, 100 г копченой рыбы, 1 ст. ложка горчицы, красный перец.

Очищенную от костей, нарезанную рыбу перемешать со взбитым маслом, заправить горчицей и красным перцем, намазать на тонкие ломтики хлеба.

Вместо масла или маргарина можно использовать смесь майонеза с пропущенным через мясорубку салом.

Вкус бутерброда будет еще пикантнее, если украсить его нарубленными маринованными овощами.

Бутерброды с морским окунем горячего копчения

160 г хлеба, 10 г сливочного масла, 120 г морского окуня или другой рыбы горячего копчения.

Ломтики хлеба намазать маслом, сверху положить ломтики рыбы (без костей).

Бутерброды с копченым угрем

100 г хлеба, 30 г сливочного масла, 100 г копченого угря, 2 сваренных вкрутую яйца, лимон и зелень петрушки для украшения.

Копченый угорь очистить от кожи и хребта, нарезать косыми кусочками и уложить на смазанные сливочным маслом ломтики хлеба.

Украсить яйцом, лимоном, зеленью.

Бутерброды с салатом из копченой рыбы в мисочках из лука

Хлеб, 50 г сливочного масла, копченая рыбы, 1 большая луковица, яблоко, маринованный огурец, зеленый горошек, сметана, маринованный сладкий перец, уксус, черный молотый перец.

С рыбы снять кожу, удалить кости, порубить. Яблоко натереть на крупной терке, огурцы нарезать мелкими кубиками, добавить зеленый горошек, майонез, сметану, соль по вкусу, перец. Все смешать.

Лук очистить, разрезать вдоль пополам и положить в слегка подкисленный уксусом кипяток на несколько минут. Охлажденный лук осторожно разобрать. В луковые «мисочки» положить приготовленный салат, опоясать их полосками из сладкого перца.

Луковые «мисочки» с салатом уложить на смазанные сливочным маслом ломтики хлеба, украсить зеленью.

Бутерброды со ставридой холодного копчения

200 г батона, 60 г сливочного масла, 100 г ставриды холодного копчения, 100 г плавленого сыра, 80 г моркови, зелень петрушки или укропа, соль по вкусу.

Филе рыбы без кожи пропустить через мясорубку с сыром, маслом и отварной морковью. Массу посолить, вымешать, сформовать в виде рулета, завернуть в целлофан и охладить.

На тонкий ломтик батона положить паштет, украсить зеленью и маслом.

Бутерброды со скумбрией холодного копчения

160 г хлеба, 40 г сливочного масла, 8 ломтиков скумбрии холодного копчения (без костей и кожи), 4 кружочка свежего огурца, по 4 дольки помидора и яйца, сваренного вкрутую.

Ломтики хлеба намазать маслом, на середину каждого положить кусочек огурца, сверху — ломтик рыбы, по краям бутербродов — дольки помидора и яйца.

Бутерброды с семгой холодного копчения

Хлеб, сливочное масло, семга.

Хлеб намазать сливочным маслом, покрыть тонким ломтиком семги, а сверху оформить сливочным маслом (выдавить из кондитерского мешочка разные фигуры).

БУТЕРБРОДЫ С КИЛЬКОЙ

Бутерброды с килькой и яйцом

Тонкие ломтики черного хлеба смазать сливочным маслом, на них положить нарезанные кружочками сваренные вкрутую яйца, покрыть очищенной от костей тешкой кильки пряного посола.

Можно украсить рубленым зеленым луком.

Бутерброды с килькой и яйцом под майонезом

160 г ржаного хлеба, 100 г кильки, 1 яйцо, 20 г майонеза.

На ломтики хлеба положить нарезанное яйцо, сверху — очищенную кильку, свернутую колечком. Середину заполнить майонезом.

Бутерброды с килькой и морковью

Хлеб, сливочное масло, килька, сваренное вкрутую яйцо, морковь, майонез.

На ломтики хлеба, намазанные тонким слоем сливочного масла, положить по кружочку яйца, на яйцо колечком уложить кильку, середину колечка украсить майонезом и кубиком отварной моркови.

Бутерброды уложить на блюдо, украшенное зеленью, цветком из репчатого лука, редиса, яблока или яйца.

Бутерброды с килькой и сыром

Ломтики хлеба, сливочное масло, филе кильки, тертый сыр, томатный соус типа кетчупа.

Ломтики хлеба, намазанные маслом, посыпать тертым сыром, поверх сыра положить филе кильки, полить томатным соусом.

Бутерброды с кильками и картофелем

8 ломтиков хлеба, 3 ч. ложки сливочного масла, 12 килек, 4 ч. ложки нарезанного зеленого лука, 1 вареная картофелина, $^1/_2$ вареного яйца, 2 ч. ложки майонеза.

Картофель нарезать круглыми ломтиками. На ломтики картофеля положить филе кильки, свернутое колечками. В середину колечек насыпать зеленый лук, смешанный с майонезом. Ломтики хлеба намазать сливочным маслом, положить ломтики картофеля с кильками, а сбоку — кусочки вареного яйца.

Бутерброды с килькой и сладким перцем

Ржаной хлеб, сливочное масло, 200 г кильки, 2 плода маринованного или свежего перца, 1 сваренное вкрутую яйцо, зеленый лук.

Ломтики ржаного хлеба намазать маслом, сверху положить нарезанный полосками перец, очищенную кильку (по 1—2 шт.— в зависимости от размера), кружочек яйца и посыпать мелко нарубленным зеленым луком.

Бутерброды с килькой и каперсами

Намазать толстым слоем сливочного масла ломтик белого батона, посыпать рублеными яйцами, сверху положить вдоль хлеба очищенные от костей кильки или сардинки и посыпать рублеными каперсами.

Бутерброды с килькой и ливерной колбасой

4—6 кусков ржаного хлеба, 20—30 г сливочного, зеленого или горчичного масла, 4—5 килек, 100—150 г ливерной колбасы, соленый огурец, помидор или морковь.

Большой ломоть хлеба намазать маслом, сверху уложить очищенные кильки, полностью покрыв поверхность хлеба. На кильки положить круглые ломти ливерной колбасы, между ними — кусочки соленого огурца и помидора или горку тертой моркови.

БУТЕРБРОДЫ С СЕЛЬДЬЮ

Бутерброды с сельдью или соленой килькой

160 г ржаного хлеба, 20 г сливочного масла, 100 г сельди или соленой кильки, зелень петрушки или укропа.

Сельдь разрезать наискось, положить по 2 кусочка по краям ломтиков хлеба, посередине — мелко нашинкованную зелень и масло в виде цветка.

Бутерброды с сельдью и яблоками

200 г ржаного хлеба, по 80 г сливочного масла и сельди, 40 г консервированных яблок.

Ломтики хлеба намазать маслом, положить рубленую сельдь. Украсить яблоками.

Бутерброды «Северные»

Очищенную от костей сельдь нарезать мелкими кусочками, ломтики хлеба намазать сливочным маслом. На одну половинку хлеба уложить сельдь, на другую — кусочки сваренного вкрутую яйца.

Украсить тонким полукольцом репчатого лука, майонезом и зеленью.

Бутерброды с филе сельди и томатным пюре

Смазанные сливочным маслом ломтики белого хлеба покрыть густым томатным пюре с кусочками филе сельди. Посыпать натертым сыром.

Бутерброды с филе сельди и овощами

Ломтики хлеба намазать сливочным маслом, растертым с зеленым луком, рублеными яйцами, сваренными вкрутую, и зеленью петрушки. Посередине положить филе сельди. С одного края уложить нарезанные кубиками помидоры, другой край украсить свежими огурцами, нарезанными тонкими кружками и вертикально воткнутыми в масло.

Бутерброды с селедочным салатом

Хлеб, сливочное масло, 2 небольшие сельди, 4—5 картофелин, 100 г растительного масла, 1 яйцо, горчица, немного сахарной пудры, 2 ст. ложки густой сметаны, зеленый салат или лук, соль по вкусу.

Сваренный в кожуре картофель очистить и нарезать соломкой. Мякоть сельди отделить от костей и также нарезать соломкой. Яичный желток растереть с растительным маслом и смешать со щепоткой соли, горчицей, сахарной пудрой, сметаной, картофелем и сельдью.

Хлеб намазать сливочным маслом, сверху положить бугорками приготовленную массу. Бутерброд украсить зеленым салатом или луком.

Бутерброды с картофелем, сельдью и луком

4—6 ломтей ржаного хлеба, 20—30 г масляной смеси (горчичное, яичное сливочное масло или масло с хреном), 100—120 г филе сельди, 4—5 вареных картофелин, лук, стручковый перец или помидор, зелень петрушки и укропа, сметана.

Большой ломоть хлеба густо намазать масляной смесью, покрыть кусочками картофеля, на них уложить поперечными рядами нарезанные полосками кусочки сельди, а сверху — рубленый или нарезанный колечками лук. Полить сметаной, украсить зеленью укропа или петрушки, стручковым перцем или помидорами.

Можно приготовить бутерброды и без сметаны.

Бутерброды с сельдью и брынзой

Хлеб, 50 г сливочного масла, сельдь, 50 г брынзы, 1 сваренное вкрутую яйцо, редис, красный молотый перец, зеленый салат, зеленый лук, тмин, соль по вкусу.

Брынзу протереть через сито и смешать с маслом, тмином, красным молотым перцем, мелко нарезанным зеленым луком, посолить по вкусу. Если масса слишком густая, добавить немного сметаны.

С предварительно намоченной на чае сельди снять кожу, удалить кости, нарезать филе кусочками.

Массой из брынзы и масла намазать ломтики хлеба, уложить на каждый кусочек сельди, кружочек яйца и фигурно нарезанную редиску. Бутерброды украсить листиками зеленого салата.

Бутерброды с сельдью и маслинами

160 г хлеба, по 80 г сливочного масла, сельди и маслин, 1 лимон, 80 г сливочного масла для оформления.

Масло, маслины, вымоченную сельдь пропустить через мясорубку. Фарш поставить на 20—30 мин в холодильник. Ломтики хлеба намазать тонким слоем фарша, каждый украсить лимоном и розочкой из масла.

Бутерброды с сельдью, яйцом и маслинами

Хлеб, 50 г сливочного масла, 1 сельдь, 1 сваренное вкрутую яйцо, малосольные огурцы, майонез, маслины.

Сельдь замочить в молоке, затем снять с нее кожу, удалить кости и нарезать филе небольшими кусочками. Намазать ломтики хлеба растертым с майонезом маслом. На каждый ломтик положить кусочек сельди, по кусочку фигурно нарезанных яйца и огурца, маслину.

Бутерброды с сельдью или копченой скумбрией

4 ломтика хлеба, 100 г сливочного масла, 1 сельдь или скумбрия холодного копчения, 1 яблоко, зелень петрушки или укропа.

Копченую скумбрию или сельдь очистить от кожи и костей, филе пропустить через мясорубку дважды и добавить ко взбитому маслу или маргарину. Добавить натертое на мелкой терке кисло-сладкое яблоко.

Смесь намазать на хлеб, украсить веточками петрушки или укропа.

Бутерброды с рубленой сельдью и тертым сыром

3 ломтика хлеба, 3 ч. ложки сливочного масла, 2 соленые сельди, 1/3 городской булки без корки, 2 яйца, 1 антоновское яблоко, 1—2 головки репчатого лука, 1—2 ст. ложки растительного масла, 1—2 ст. ложки уксуса, 50 г сыра, молотый перец и сахар, соль по вкусу.

Филе вымоченной сельди порубить вместе с луком и крутыми яйцами. Добавить черствый хлеб, предварительно замоченный в уксусе, натертое яблоко, растительное масло, соль по вкусу, сахар, перец. Все хорошенько перемешать.

Ломтики хлеба намазать маслом, сверху положить горкой рубленую сельдь и посыпать тертым сыром.

Бутерброды с рубленой сельдью по-чешски

120 г ржаного хлеба, 40 г сливочного масла, 80 г филе рубленой сельди, 1 яйцо, 20 г зеленого лука.

Ломтики хлеба намазать маслом, положить по диагонали филе сельди, а по бокам — ломтики сваренного вкрутую яйца. Украсить зеленью.

БУТЕРБРОДЫ С СОЛЕНОЙ РЫБОЙ

Бутерброды с соленой треской и томатами

Хорошо вымоченную треску нарезать и поджарить с подсолнечным маслом. В оставшееся от жаренья масло положить нарезанные крупными кусками помидоры (без кожицы) и слегка поджарить. Готовые помидоры заправить солью, перцем и толченым чесноком. Залитую этим соусом рыбу разложить на ломтики хлеба.

Бутерброды с соленым палтусом

160 г хлеба, 10 г сливочного масла, 120 г соленого палтуса (без кожи и костей), $1/_4$ сваренного вкрутую яйца.

Ломтики хлеба намазать маслом, сверху положить ломтики рыбы и кружочки яйца, сваренного вкрутую.

Бутерброды с рублеными анчоусами

Промыть мелкую соленую рыбу (анчоусы) и удалить кости. Филе нарубить ножом, прибавить сухую мяту (листья, измельченные в порошок), немного мускатного ореха, измельченного на терке, и все хорошо растереть. Постепенно добавить несколько ложек оливкового масла и продолжать размешивать до образования гладкой массы.

Нарезать хлеб тонкими ломтиками и нанести на них приготовленную смесь.

Бутерброды украсить кружочками крутых яиц.

Бутерброды с анчоусами и маслинами

Выдержать анчоусы или другую мелкую соленую рыбу в уксусе или молоке в течение 1—2 часов. Отделить от них мякоть (филе без костей). Часть филе мелко нарубить и смешать со взбитым сливочным маслом и соком лимона. Круглые ломтики хлеба смазать паштетом, на каждый из них уложить по ломтику филе, свернув его в виде кольца, а сверху — половинку маслины.

Бутерброды с анчоусами или лососем

Хлеб, 100 г сливочного масла, 50 г анчоусов или лосося, лимон.

Ко взбитому маслу добавить измельченные, очищенные от костей анчоусы или мелко нарубленные кусочки лосося, заправить лимонным соком.

Массой намазать ломтики хлеба, украсить ломтиками лимона.

Бутерброды из лососевых рыб с лимоном или черной икрой

100 г хлеба, 30 г сливочного масла, 100 г лососины, лимон, репчатый лук или черная икра для украшения.

Ломтики белого хлеба намазать сливочным маслом, положить сверху ломтики соленой лососины, свернутые рулетиками или фунтиками.

Украсить веерочками из ломтиков лимона, кольцами репчатого лука или черной икрой.

Бутерброды с «кулечками» из красной рыбы

Любую красную рыбу нарезать тонкими ломтиками, свернуть каждый кулечком и уложить на смазанные сливочным маслом ломтики белого хлеба. В каждый кулечек положить дольку лимона или веточку зелени. Украсить маслинами.

БУТЕРБРОДЫ С ИКРОЙ

Бутерброды с кетовой икрой

Хлеб нарезать тонкими ломтиками и оформить их в виде квадратов или прямоугольников. Намазать растертым сливочным маслом. Если икра мелкозернистая, то ее следует нанести тонким пластом на весь ломтик хлеба, а если крупнозернистая, то ее можно нанести в виде красивых фигур.

Готовые бутерброды сбрызнуть несколькими каплями лимонного сока.

Бутерброды с икрой и яйцом

Ломтик круглого белого батона смазать сливочным маслом, сверху положить круглый ломтик сваренного вкрутую яйца. В центре этого ломтика сделать горку из зернистой, паюсной или кетовой икры. По краям яичного ломтика сделать ободок из масла.

Желток из яйца можно смешать с маслом.

Бутерброды с зернистой икрой

160 г пшеничного хлеба, 20 г сливочного масла, 80 г зернистой икры.

На ломтики хлеба положить аккуратно ложкой икру, а по краям — розочки из масла.

Бутерброды с зернистой икрой, яйцом и лимоном

Хлеб, сливочное масло, зернистая икра, яйца, лук или лимон.

Хлеб намазать сливочным маслом. На одну половину ломтика (можно и по диагонали) положить зернистую икру, а на вторую — мелко нарубленное яйцо.

Бутерброд украсить зеленым луком или ломтиком лимона.

Бутерброды с зернистой икрой и репчатым луком

200 г пшеничного хлеба, 50 г сливочного маргарина, по 100 г зернистой икры и лимона, 80 г репчатого лука, зелень петрушки и укропа.

Хлеб нарезать ломтиками, намазать маргарином, положить икру, кружочки лимона, кольца лука. Посыпать мелко нарезанной зеленью.

Бутерброды со щучьей икрой

Выпущенную из оболочки икру положить в чугунок или глубокую посуду с овальным дном (чтобы при растирании икра не забивалась в углубления посуды), тщательно растереть деревянной ложкой, пока она не станет беловатого цвета. Не переставая растирать, понемножку добавлять оливковое или подсолнечное масло, лимонный сок и взбивать, пока икра не вберет все масло. Если икра получается слишком густой, прибавить немного уксуса, разбавленного водой.

Готовую икру нанести на смазанные сливочным маслом ломтики белого хлеба. Украсить дольками лимона.

БУТЕРБРОДЫ С РЫБНЫМИ КОНСЕРВАМИ

Бутерброды с рыбными консервами и розочками из масла

160 г ржаного хлеба, 20 г сливочного масла, 100 г рыбных консервов.

На ломтики хлеба положить по диагонали рыбные консервы так, чтобы была закрыта поверхность хлеба. Украсить розочками из масла.

Бутерброды с рыбными консервами, огурцом или петрушкой

Хлеб, 1 банка рыбных консервов (натуральных или в масле), 1 огурец или зелень петрушки.

Консервы размять и уложить на ломтики хлеба, поверх — тонкие ломтики огурца или зелень петрушки.

Бутерброды с натуральными рыбными консервами

Белый хлеб, 7 ст. ложек сливочного масла, 1 банка рыбных консервов, $^{1}/_{2}$ лимона, 2 ст. ложки рубленой зелени петрушки.

Белый хлеб нарезать ломтиками любой формы, смазать сливочным маслом и уложить на них кусочки консервированной рыбы. Дополнить бутерброды кружочком яйца, сваренного вкрутую, рубленой зеленью петрушки или зеленым луком (можно и зеленым огурцом).

Яйцо можно использовать следующим образом: с одного конца посыпать бутерброд протертым через сито желтком, а с другого — белком.

Бутерброды с рыбными консервами и овощами

На ломтики хлеба, смазанные сливочным маслом, посередине положить дольки помидора, сваренного вкрутую яйца, огурца, а по бокам — консервированную рыбу (сардины, скумбрию, сайру, шпроты и др.).

Для украшения посыпать мелко нарезанной зеленью или зеленым луком.

Бутерброды с консервированной сайрой и зеленым луком

160 г хлеба, 8 кусочков сайры, 30 г зеленого лука.

На ломтики хлеба положить кусочки рыбы и посыпать мелко нарезанным луком.

Бутерброды с сайрой, зеленым салатом и лимоном

Ломтики белого хлеба, 100 г сливочного масла, 1 банка сайры, 1/2 лимона, 1 ст. ложка майонеза, листья салата.

Ломтики батона намазать маслом, растертым с майонезом, покрыть листиками салата, на каждый положить ломтик рыбы.

Бутерброды украсить половинками кружочков лимона или маринованного огурца.

Бутерброды с сардинами

Белый хлеб (булка), 50 г сливочного масла, 1 банка сардин, 50 г творога, 1 сваренное вкрутую яйцо, горчица, зеленый салат, соленый огурец, соль по вкусу.

Сливочное масло, творог, масло из консервов, горчицу растереть, посолить по вкусу и хорошо перемешать. Приготовленной массой намазать ломтики хлеба, положить листик салата, а на него — сардины, ломтик яйца и кружочек огурца.

Бутерброды с сардинами или шпротами и зернистой икрой

Хлеб, сливочное масло, сардины или шпроты, зернистая икра, майонез.

Хлеб намазать сливочным маслом. Каждую сардину разрезать вдоль и уложить обе половинки на хлеб. Сверху украсить зернистой икрой или майонезом.

Бутерброды со шпротами и зеленым салатом

Хлеб, 3 ст. ложки сливочного масла или майонеза, 1 банка консервов, 1 лимон, зеленый салат.

Пшеничный или ржаной хлеб намазать маслом или майонезом, сверху положить листики салата, шпроты (по 2—3 рыбки или половинки).

Украсить кусочками лимона или кружочками свежего огурца.

Бутерброды со шпротами и креветочным маслом

160 г хлеба, 50 г креветочного масла, 160 г шпрот, 4 дольки лимона, 4 веточки зелени петрушки.

Ломтики хлеба намазать маслом, положить шпроты, украсить лимоном и зеленью.

Бутерброды с копченой килькой и солеными грибами

240 г хлеба, 30 г сливочного масла, 60 г кильки, 120 г грибов, зелень петрушки и укропа.

Соленые грибы дважды пропустить через мясорубку. На смазанные маслом ломтики хлеба уложить грибную массу, сверху — копченую кильку или шпроты.

Украсить мелко нарезанной зеленью.

Бутерброды с лососевыми рыбами и зеленым луком

Белый хлеб, 1 банка консервов, 2 плода маринованного красного перца, зеленый лук.

Рыбу с удаленным хребтом размять, смешать с майонезом и выложить на ломтики пшеничного хлеба.

Сверху украсить тонкими полосками перца и мелко нарезанным зеленым луком.

Бутерброды с креветками

Пшеничный хлеб, сливочное масло, 1 банка консервированных креветок, сок лимона, зелень петрушки.

На смазанные маслом ломтики белого хлеба (или булки) уложить сбрызнутые лимонным соком креветки, украсить петрушкой.

Бутерброды с печенью трески и томатной пастой

На ломтики пшеничного хлеба выпустить из бумажной трубочки сливочное масло, смешанное с томатной пастой, в середину поместить кусочек печени, сбрызнуть лимонным соком и посыпать измельченной зеленью.

Бутерброды с печенью трески и яйцами

6—8 ломтиков белого хлеба, 50 г сливочного масла, 100 г печени трески, 2 яйца, зелень петрушки.

Ломтики белого пшеничного хлеба намазать маслом, положить сверху печень и покрыть кружочками сваренных вкрутую яиц.

Украсить веточками петрушки.

БУТЕРБРОДЫ С РЫБНЫМИ ПАШТЕТАМИ

Бутерброды с рыбным паштетом

На смазанные маслом ломтики белого хлеба положить тонким слоем рыбный паштет. Кондитерским шприцем или кулечком из пергаментной бумаги сделать решетку из майонеза. Украсить кружочками помидоров и зеленью петрушки.

Бутерброды с паштетом из сардин и маслин

Сардины подготовить, удалив кожу и кости. Затем размять их вилкой и смешать со взбитым сливочным маслом, мелко нарубленными очищенными маслинами и лимонным соком или винной кислотой. Все хорошо размешать и посолить по вкусу. На ломтики хлеба намазать подготовленный паштет.

Бутерброды украсить узкими полосками сладкого красного стручкового перца (соленье), тонкими ломтиками лимона, солеными огурцами и пр.

Таким же способом можно приготовить бутерброды с вареными мозгами и маслинами.

Бутерброды с протертыми сардинами

Белый хлеб, сливочное масло, 1 банка консервов, лимонный сок, горчица, зелень петрушки.

Ломтики пшеничного хлеба намазать сливочным маслом, растертым по вкусу с горчицей. Сверху выпустить из трубочки размятые в пюре шпроты или сардины, заправленные лимонным соком. Украсить измельченной зеленью петрушки.

Бутерброды со шпротной массой

Ломтики белого хлеба, 50 г сливочного масла, 1 банка шпрот, 200 г творога, 1 маринованный (свежий) огурец.

Шпроты размять, смешать с творогом в однородную массу. Тонко нарезанный ломтиками белый хлеб намазать маслом, сверху положить приготовленную массу.

Бутерброды украсить фигурно вырезанными кусочками маринованного или свежего огурца.

Бутерброды с кремом из сардин

Хлеб, 100 г сливочного масла, 8—10 консервированных сардин, 3—4 каперса, томат-пюре.

Растертое добела сливочное масло смешать с очищенными и мелко нарезанными каперсами, томатом-пюре, лимонным соком, красным перцем. Эту смесь протереть через сито вместе с сардинами и нанести на ломтики хлеба.

Бутерброды с кремом из сардин (шпрот)

Хлеб, 100 г сливочного масла, 8—10 сардин (шпрот), 1 ч. ложка горчицы, 1—2 ст. ложки томатного пюре, лимонный сок, молотый сладкий красный перец, зелень и овощи, соль по вкусу.

Мелко нарезанные очищенные рыбинки перемешать со сливочным маслом, горчицей, лимонным соком и красным перцем. Все это протереть через дуршлаг и намазать полученной массой ломтики хлеба.

Сверху украсить зеленью и овощами.

Бутерброды с паштетом из тресковой печени

12 ломтиков батона, 250 г паштета из тресковой печени, 1 банка печени трески, 1 небольшая головка лука, 12 редисок.

На ломтики батона нанести из корнетика паштет из тресковой печени, на него положить кусочки печени трески, посыпать мелко нарезанным луком и украсить вокруг ломтиками редиски.

Бутерброды-ассорти

Бутерброды-ассорти с листьями салата

3 ломтика хлеба, 3 ч. ложки сливочного масла, по 3 ломтика соленой и копченой сельди, 3 кильки, 1/2 яйца, 6 листиков салата, 3 кружочка помидоров, 1/3 головки репчатого лука, 1 ч. ложка нарезанной зелени петрушки и укропа.

Ломтики хлеба намазать сливочным маслом. Положить листики салата так, чтобы им были покрыты края ломтиков. Поверх салата разместить в один ряд 2 ломтика филе сельди (соленой и копченой), 1 кильку. На них положить кружок помидора, яйца и колечко репчатого лука. Посыпать нарезанной зеленью.

Бутерброды с фасолью по-датски

4 ломтика хлеба, 100 г майонеза, 100 г нежных струч-ков фасоли, 2 сельди слабой соли, 2 вареные картофелины, 1 луковица.

Стручки фасоли разломить на 2—3 части, потушить в небольшом количестве воды. Сельдь разделать на кусочки шириной 3 см. Картофель очистить и нарезать тонкими дольками. Ломтики хлеба намазать майонезом, положить нарезанный кольцами лук, сверху выложить стручки фасоли, картофель и сельдь.

Бутерброды с колбасой, салатом и маринованными грибами

Белый хлеб, 100 г сливочного масла, 300 г колбасы, 2 сваренных вкрутую яйца, маринованные грибы, зелень петрушки.
Для салата: *3 соленых огурца, 2 яблока, 300 г зеленого горошка, майонез, соль по вкусу.*

Огурцы нарезать мелкими кубиками, яблоки натереть на крупной терке, добавить зеленый горошек, майонез, соль по вкусу и перемешать.

Ломтики булки смазать маслом, положить на каждый кружочек колбасы, а сверху — ложку приготовленного салата.

Украсить бутерброды кружочками яйца, листиками петрушки и маринованными грибами.

Бутерброды «Экстра»

4 ломтика белого или ржаного хлеба, 1 плавленый сырок, 50 г печеночного паштета, 4 ст. ложки изрубленного зеленого лука.

Продукты тщательно растереть и намазать на ломтики хлеба. Украсить зеленым луком.

Бутерброды «Весенние»

200 г ржаного хлеба, 20 г сливочного масла, 100 г плавленого сыра, 20 г зелени петрушки, 30 г сметаны, по 60 г шпика и редиса.

Ломтики хлеба намазать маслом. Сыр, петрушку, сметану растереть и этой массой намазать бутерброды. Сверху уложить слегка поджаренные ломтики шпика и украсить нарезанными кружочками редиса.

Бутерброды с пикантной смесью

200 г пшеничного хлеба, по 50 г сыра и мяса, 60 г огурцов-корнишонов, 40 г филе сельди, 80 г картофеля, 20 г растительного масла.

Сыр, мясо, огурцы и филе сельди дважды пропустить через мясорубку. Если смесь окажется слишком острой, смешать ее со взбитым маслом или натертым отварным картофелем и растительным маслом.

Мясо можно заменить колбасой. Ломтики хлеба намазать подготовленной смесью и украсить зеленью.

Бутерброды-ассорти со сливочным маслом

4 ломтика хлеба, 1 ст. ложка сливочного масла, 1 яйцо, сваренное вкрутую, 50 г сыра, 100 г колбасы, 1 ст. ложка горчицы, перец, соль по вкусу.

Через мясорубку пропустить яйцо, сыр, колбасу, добавить горчицу, соль по вкусу, перец, масло, все перемешать и намазать на тонкие ломтики хлеба.

Бутерброды-ассорти с растительным маслом

Сыр, отварное мясо или колбасу, соленые огурцы, сельдь дважды пропустить через мясорубку, смешать с растительным маслом. Приготовленную смесь намазать на ломтики хлеба, украсить зеленью петрушки и укропа.

Бутерброды с орехами и с добавлением орехов

Бутерброды с толчеными орехами

160 г пшеничного хлеба, 40 г сливочного масла, по 15 г ядер орехов разных видов.

Ломтик хлеба намазать маслом, посыпать толчеными поджаренными орехами.

Бутерброды с пюре из орехов и брынзы

6 ломтиков хлеба, 3 ст. ложки сливочного масла, 1 ¹/₄ стакана орехов, 60 г брынзы, 1 стручок красного сладкого перца.

Ломтики хлеба намазать массой, приготовленной из растертых орехов, брынзы, масла. Украсить колечками красного перца.

Бутерброды с пюре из орехов и чеснока

300 г хлеба, 1 стакан ядер грецких орехов, 2 ст. ложки подсолнечного масла, 1 головка чеснока, 1 ч. ложка лимонного сока, сладкий перец.

Очищенный чеснок истолочь и смешать с толчеными орехами, добавить, помешивая, подсолнечное масло, соль по вкусу, лимонный сок.

Полученную массу намазать на ломтики хлеба, украсить полосками сладкого перца.

Бутерброды с орехами, свежими помидорами и брынзой

Миндаль залить на 10 мин кипятком, затем воду слить, а с миндаля удалить пленку. Орехи подсушить на сковороде в течение 5 мин, мелко нарубить и соединить с измельченной брынзой.

Ломтики хлеба намазать маслом, сверху положить ломтики помидоров, а на них — рубленые орехи с брынзой. Бутерброды украсить маслинами.

Бутерброды «Деликатес»

Хлеб, 100 г сливочного масла или маргарина, 50 г любых орехов, 100 г отварной курицы, мускатный орех по вкусу.

Поджаренные и смолотые ядра орехов вмешать во взбитое масло или маргарин. Поместить в холодильник, чтобы затвердело. Затем сделать шарики из этой смеси и украсить бутерброды с отварной курицей. Сверху посыпать молотым мускатным орехом.

Бутерброды с поджаренными грецкими орехами, миндалем и арахисом

Намазать сливочным маслом ломтики хлеба и посыпать крупно толченными поджаренными солеными арахисом, грецкими орехами, миндалем.

Бутерброды с творогом и закусочными творожными массами

БУТЕРБРОДЫ С ТВОРОГОМ, ЗЕЛЕНЬЮ И ОВОЩАМИ

Бутерброды с творогом и вишневыми листьями

4 ломтика пшеничного хлеба, 100 г сливочного масла, 3 ст. ложки жирного творога, 3 ст. ложки рубленых молодых листьев вишни, 4 веточки укропа.

Сливочное масло смешать с протертым творогом, добавить листья вишни, взбить массу, уложить ее на ломтики хлеба и украсить веточками укропа.

Бутерброды с творогом и зеленью

Хлеб, 300 г творога, 100 г сметаны, 2—3 ст. ложки нарезанной зелени, несколько редисок.

Творог растереть со сметаной, добавить мелко нарезанный укроп или редис, зелень петрушки.

Таким же образом можно приготовить творожные пасты с яйцами (2 шт.), редисом (150 г), зеленым луком (50 г), помидорами (150 г).

Намазать пастой ломтики хлеба или булки, сверху украсить листочками петрушки, укропа или тонкой пластиночкой редиса (огурца).

Бутерброды с творогом и тмином

4 ломтика ржаного хлеба, 100 г жирного творога, 1 ч. ложка мелко нарубленной зелени, тмин на кончике ножа, соль по вкусу.

Тмин залить кипящей водой и оставить на 20—25 мин, затем воду слить. Творог протереть через сито, добавить тмин, соль, нарезанную зелень и перемешать.

Приготовленную массу уложить на ломтики хлеба.

Бутерброды с творогом и зеленым луком

Хлеб, 100 г творога, 2 ст. ложки рубленого зеленого лука, 2 ст. ложки сметаны или молока, соль по вкусу.

Творог растереть, добавить мелко нарубленный зеленый лук, предварительно промытый в холодной воде. Творог размягчить молоком или сметаной, заправить. Нанести массу на ломти хлеба.

Бутерброды с творогом и яйцом

Хлеб, 100 г творога, 2—3 ст. ложки сметаны или молока, 1 яйцо, 1 ст. ложка рубленого зеленого лука, соль по вкусу или килечный рассол.

Творог растереть деревянной ложкой, смешать со сметаной или молоком. Сваренное вкрутую яйцо размельчить яйцерезкой или вилкой. Все продукты смешать, заправить.

Килечный рассол и рубленая килька придают смеси более приятный вкус, чем соль.

Бутерброды с творогом и сладким перцем

Хлеб, сливочное масло, 150 г свежего творога, 2 ст. ложки сметаны, зеленый лук, молотый красный перец, зеленый стручковый перец.

Свежий творог протереть через дуршлаг, вымешать со сметаной, посолить по вкусу и добавить измельченный зеленый лук.

Хлеб намазать сливочным маслом, сверху нанести приготовленную творожную массу.

Бутерброд посыпать сладким красным перцем и украсить тоненькими кружочками зеленого болгарского перца.

Бутерброды с творогом и редькой

Хлеб, 100 г творога, 1—2 ст. ложки сметаны или молока, 1 редька, 1 ст. ложка толченых орехов, сахар, соль по вкусу.

В растертый творог добавить сметану или молоко, тертую редьку и толченые орехи, заправить солью и сахаром. Намазать на ломтики хлеба.

Бутерброды с творогом и тертым редисом

Ломтики белого хлеба, 150 г сливочного масла, 250 г творога, 1 пучок редиса, 1 пучок зеленого лука, 50 г сметаны, перец, укроп, соль по вкусу.

Редис вымыть, натереть на крупной терке, перемешать с творогом, мелко нарезанным луком, посолить, заправить сметаной. Ломтики хлеба намазать маслом, затем приготовленной массой, сверху посыпать нарезанным укропом.

Бутерброды с творогом и огурцом

Ломтики любого хлеба намазать сливочным маслом, сверху покрыть толстым слоем творога, смешанным со сметаной и солью. На бутерброды положить кусочки редиса и посыпать зеленью.

Вместо редиса можно взять половинки ломтиков свежего огурца. А можно взять и редис, и огурец.

Бутерброды с пастой из творога и огурцов

Ломтики белого хлеба, 250 г творога, 1—2 огурца, 1 яйцо, 2—3 ст. ложки сметаны, зелень, соль по вкусу.

Творог растереть со сметаной, перемешать с натертыми на крупной терке огурцами, нарезанной зеленью, посолить. Намазать пасту на ломтики хлеба, посыпать рубленым яйцом.

Бутерброды с творогом, свежим огурцом и укропом

Хлеб, 100 г творога, 100 г свежих огурцов, 1 ч. ложка укропа, соль по вкусу.

Огурец очистить, нарезать мелкими кубиками. Укроп мелко нарубить, творог растереть, смешать с другими продуктами, посолить.

Огурец содержит много воды, поэтому сметану или молоко добавлять не нужно. В обезжиренный творог можно добавить густую сметану или взбитое масло.

Творожную массу намазать на ломтики хлеба.

Бутерброды с творогом и помидором

Белый хлеб, 100 г творога, 2 свежих помидора или 1 ст. ложка томатного пюре, 1 ст. ложка сметаны или молока, ¹/₂ луковицы, соль по вкусу.

В растертый творог добавить измельченные помидоры или томатное пюре. Если смесь слишком густая, добавить сметану или молоко, посолить. По вкусу добавить тертый лук. Намазать на белый хлеб.

Бутерброды с творожно-овощным салатом

Хлеб, сливочное масло, 200 г жирного творога, 5—6 ст. ложек молока, 1 репа, 1 сельдерей, по 25 г рубленой зелени петрушки, укропа, лука-порея, 20 г листьев салата, сок 1 лимона, соль по вкусу.

Жирный творог перемешать в однородную массу с молоком и солью. Затем к творожной массе добавить мелко нарезанные и растертые репу, сельдерей, а также тонко нарубленную зелень петрушки, укропа, лука-порея, все хорошо перемешать и выложить на ломтики хлеба, покрытые сливочным маслом и листьями салата, сбрызнутыми лимонным соком.

Бутерброды с творогом и вареной свеклой

Хлеб, 100 г творога, 1 небольшая свекла, тмин, сметана, соль по вкусу.

Вареную свеклу очистить и натереть, смешать с растертым творогом, заправить солью и тмином. Намазать на хлеб.

ТВОРОЖНО-СЫРНЫЕ БУТЕРБРОДЫ

Бутерброды с творожно-сырным кремом и чесноком

4 ломтика хлеба, 150 г творога, 1—2 зубчика чеснока, 2 ст. ложки тертого сыра, $^1/_2$ стакана взбитых сливок, соль по вкусу.

Растереть творог, добавить чеснок, сливки, сыр и соль. Намазать эту смесь на ломтики хлеба.

Бутерброды с творожным паштетом и сыром

8 ломтиков черного хлеба, 400 г творожного паштета с хреном, 4 яйца, 80 г твердого сыра.

На ломтики хлеба нанести творожный паштет с хреном, на каждый кусочек положить ломтики сваренного вкрутую яйца и посыпать тертым сыром.

Бутерброды с масляным творожным кремом и сыром

8 ломтиков черного хлеба, 400 г масляного творожного крема, 400 г твердого сыра, 50 г репчатого лука, 50 г горчицы, 4 яйца, помидоры для украшения.

На ломтики хлеба нанести масляный творожный крем с помощью корнетика с зубчатой трубочкой, натереть сыр, посыпать мелко нарезанным луком, добавить ломтики сваренного вкрутую яйца, которое сбрызнуть горчицей.

Украсить бутерброд долькой помидора.

Бутерброды с пастой из творога и сыра

Ломтики белого хлеба, 250 г творога, 100 г сыра, 1 огурец, 2—3 ст. ложки майонеза, 1 ч. ложка тмина, красный молотый перец, соль по вкусу.

Сыр натереть на мелкой терке, смешать с творогом и майонезом, добавить перец, тмин и соль по вкусу, вымешать в пышную массу.

Тонкие ломтики хлеба намазать пастой, украсить кружочками огурца.

Бутерброды с творогом и плавленым сыром

12 ломтиков батона, 200 г жирного творога, 50 г томата-пасты, 50 г консервированного красного перца, 2 яйца, молотый перец, 2 помидора, 1 плавленый сырок с ветчиной, зелень петрушки, соль по вкусу.

Творог посолить, посыпать перцем, добавить томат-пасту и взбить в пену. Из корнетика нанести паштет на ломтики батона. Каждый украсить ломтиком плавленого сыра с ветчиной, кружочком сваренного вкрутую яйца, кусочком красного перца, зеленью петрушки и четвертинкой помидора.

Бутерброды со взбитым творогом и плавленым сыром

8 ломтиков хлеба, 300 г взбитого со сметаной творога, 250 г плавленого сыра, 2 яйца, 1 огурец, 50 г консервированного круглого красного перца или помидоров, зелень петрушки или зеленый лук.

Взбитый со сметаной творог выложить в корнетик с зубчатой трубочкой и нанести его по краям кусочков хлеба. Сыр нарезать ломтиками и разложить на хлебе (резать увлажненным ножом-пилкой).

Украсить огурцами, ломтиками вареного яйца, квадратиками красного перца или дольками помидоров и веточкой зелень петрушки.

Бутерброды со взбитым творогом, сыром и овощами

8 ломтиков хлеба, 400 г взбитого со сметаной творога, 200 г голландского сыра, 80 г плавленого сыра, 2 яйца, 1 огурец, красный стручковый перец, зелень петрушки.

Взбитый творог нанести на ломтики хлеба. Тонкие ломтики голландского сыра свернуть в виде фунтиков и положить на приготовленный хлеб. Добавить дольки плавленого сыра, ломтики сваренных вкрутую яиц, огурцов, кусочки красного перца и украсить зеленью петрушки, зеленым луком или кочанным салатом.

БУТЕРБРОДЫ С ТВОРОГОМ И РЫБНЫМИ ДОБАВКАМИ

Бутерброды с творогом и сельдью

Батон, сливочное масло, 300 г творога, 100—150 г сельди, 1 яйцо.

Тонкие ломтики батона намазать маслом, сверху нанести паштет.

Для приготовления паштета нежирный творог, крутые яйца, репчатый лук и очищенную от костей сельдь холодного копчения пропустить через мясорубку и перемешать.

Бутерброды с творогом, луком, килькой или сельдью

Хлеб, 100 г творога, 2 кильки или 50 г сельди, 1 небольшая луковица или 1 ч. ложка рубленого зеленого лука, 2—3 ст. ложки сметаны, сливок или молока.

Очищенные кильки или куски сельди мелко порубить, добавить в хорошо растертый творог. Рубленый лук можно смешать с творогом или насыпать на бутерброды сверху.

Бутерброды с творожным паштетом и сардинами

12 ломтиков батона, 250 г творожного паштета, 1 банка сардин, 50 г консервированных огурцов, лимон, зелень петрушки.

На ломтики батона́ нанести вилкой паштет, сверху положить сардину, украсить огурцами, кусочками лимона и зеленью петрушки.

ОБЫКНОВЕННЫЕ ОТКРЫТЫЕ БУТЕРБРОДЫ НА ПОДЖАРЕННОМ ИЛИ ПОДСУШЕННОМ ХЛЕБЕ (ГРЕНКИ)

Гренками называют ломтики черствого хлеба, разогретые для освежения, или подсушенные, или поджаренные с любыми видами жира или без него.

При подсушивании ломтиков хлеба получаются гренки-сухарики.

Если хлеб предварительно сбрызнуть или слегка смочить водой или любой другой жидкостью, а затем прогреть, то из черствого хлеба получаются гренки с мягким, освеженным мякишем. Сочные и мягкие гренки можно приготовить из полностью пропитанного жидкостью черствого хлеба.

Различают п р о с т ы е и с л о ж н ы е гренки.

Сложные гренки готовят с использованием самых различных продуктов: овощей, мяса, рыбы, яиц, сыра, творога, фруктов, варенья и др.

Хлеб для гренков нарезают по-разному: для супов мелкими кубиками, для чая, кофе, молока — тонкими (2—4 мм) ломтиками; сухарики делают мелкими. Для сложных гренков делают ломтики большего размера, каждый толщиной около 1 см.

Ломтики для гренков могут иметь форму и размер исходного хлеба, или их нарезают в виде квадратов, прямоугольников, кружков или треугольников.

Для жаренья гренков используют различные виды растительного и сливочного масла, разнообразные сорта маргарина, свежее, соленое или топленое сало, а также сметану и майонез. Следует иметь в виду, что сливочное, оливковое, горчичное масло и маргарин больше подходят для хлеба из высокосортной пшеничной муки, а различные виды сала и подсолнечного масла — для пшеничного хлеба из муки второго и других сортов, а также для ржаного и ржано-пшеничного хлеба.

Свежеприготовленные гренки-сухарики, подсушенные в духовке или на сковороде без жира, очень полезны, хорошо разнообразят диетическое питание.

Сочные, хорошо пропитанные молоком или другими жидкостями гренки, приготовленные с небольшим количеством масла и лишь слегка запеченные в духовке или разогретые в закрытой сковороде, можно использовать с продуктами диетического питания: молоком, творогом, сыром, яично-белковыми омлетами и др.

Сложные гренки с сыром, колбасой, ветчиной, грибами, яйцами и другими продуктами украсят стол в любой праздник, и чтобы приготовить их, не требуются какие-либо специальные навыки.

Чаще всего гренки готовят из черствого пшеничного хлеба (батоны, булки, формовой пшеничный хлеб и др.), предварительно нарезав его тонкими ломтиками и смазав тонким слоем масла, маргарина или сала. На ломтики хлеба кладут различные продукты или приготовленную из них массу (в зависимости от вида гренков).

Простые гренки

Гренки с перцем

200 г пшеничного хлеба, 2 ст. ложки маргарина или сливочного масла, перец.

Хлеб нарезать тонкими ломтиками, обжарить с обеих сторон на сливочном масле или маргарине до золотистого цвета и посыпать сверху красным перцем.

Гренки к пиву

200 г пшеничного или ржаного хлеба, соль по вкусу.

Ржаной или пшеничный хлеб нарезать мелкими кубиками, посолить и подсушить в духовке.

Гренки в масле

200 г пшеничного или ржаного хлеба, 3 ст. ложки сливочного или растительного масла, маргарина или сала, $^1/_2$—$^3/_4$ стакана воды, молока или другой жидкости (в зависимости от степени черствости хлеба).

Пшеничный или ржаной хлеб нарезать ломтиками и поджарить с обеих сторон на сковороде в сливочном или растительном масле, маргарине, свином сале или в любом другом жире до золотистой окраски.

Если хлеб сильно зачерствел, то нарезанные ломтики предварительно сбрызнуть водой или обмакнуть в воду, молоко, молочную сыворотку, пахту. Для смачивания можно использовать также мясной, овощной или грибной бульон и овощные или фруктовые соки.

Гренки не обязательно поджаривать на сковороде, их можно подогревать на противне в духовке. В этом случае их надо предварительно слегка увлажнить, смазать с обеих сторон маслом, маргарином или салом.

Готовые гренки по желанию посыпать растертым с солью чесноком, жареным луком (для супов и вторых блюд) или сахарным песком, смазать медом или вареньем (для чая, кофе, молока, соков).

Гренки из бубликов и баранок

200 г сухих баранок или бубликов, 1 $^1/_2$ стакана кипятка, 3 ст. ложки (40 г) сливочного масла или маргарина.

Сухие бублики или баранки обварить крутым кипятком и оставить на 15—20 мин до набухания. Затем откинуть на дуршлаг и обжарить на сковороде в разогретом масле с обеих сторон.

Гренки из баранок с луком и перцем

200 г сухих баранок, 2 ст. ложки растительного масла, 1 луковица, перец, соль.

Сухие баранки размолоть на кусочки, обварить кипятком, накрыть и, когда разбухнут (не разваривать), слить воду, добавить растительное масло, нарезанный зеленый или репчатый лук, посолить, поперчить. Массу перемешать, обжарить с двух сторон и, пока не остыла, подать на стол.

Сочные гренки

200 г пшеничного хлеба, ³/₄ стакана молока, 2 ст. ложки сливочного масла или маргарина, соль.

Пшеничный хлеб нарезать кубиками, смочить в подсоленной воде или молоке и обжарить на сливочном масле или маргарине со всех сторон до образования румяной корочки.

Сочные гренки из булочек

4 булочки по 50 г, 2 яйца, 200 мл молока, ¹/₂ стакана жира, 1 ст. ложка пшеничной муки, соль по вкусу.

Булку разрезать на 2 плоские половинки, каждую обмакнуть в теплое молоко, потом в муку и хорошо размешанные яйца. Поджарить в разогретом жире.
Подать к чаю или кофе.

Гренки с творогом

Мягкие гренки с творогом

200 г хлеба, 150 г творога, 1—2 ст. ложки молока или сметаны, тмин и соль по вкусу.

Творог хорошо растереть и смещать с молоком или сметаной. Пшеничный или ржаной хлеб сбрызнуть водой и разогреть до мягкости в духовке или на сковороде, закрыв крышкой. Разогревать хлеб можно без жира или на любом масле или маргарине.
На горячие мягкие гренки намазать толстым слоем творог. В творог при желании добавить немного соли и тмина.

Гренки с пастой из жирного творога

200 г пшеничного или ржаного хлеба, $^1/_2$ стакана творога, 40 г сливочного масла, 1 ч. ложка томатной пасты, 1 зубчик чеснока, 1 ст. ложка зеленого нашинкованного лука, горчица, соль.

Творог растереть с маслом, добавить томатную пасту, толченый чеснок, нашинкованный лук, горчицу, соль. Охладить.

Поджарить хлеб на сухой сковороде, намазать остывшие гренки приготовленной массой.

Гренки с паштетом из творога, лука и редиса

Для гренков: *200 г пшеничного или ржаного хлеба, $^1/_2$ стакана воды, 2 ст. ложки растительного масла или маргарина, 250 г творожного паштета.*
Для творожного паштета: *200 г творога, $^1/_2$ стакана молока или сметаны, 1 ст. ложка мелко нарезанного зеленого лука, 4—5 шт. тертого редиса, соль по вкусу.*

Пшеничный или ржаной хлеб нарезать ломтиками, обмакнуть в воду и поджарить на маргарине или растительном масле.

Творог смешать с кипяченым молоком, растереть до гладкости, добавить мелко нарезанный зеленый лук, натертый редис и соль.

Намазать гренки полученным творожным паштетом, уложить на блюдо, украсить кружочками редиса и зеленым луком.

Гренки с сыром

Гренки по-французски

4 ломтика белого хлеба, 150 г сыра, 1 сладкое яблоко, горсть миндаля, 2 ст. ложки майонеза, сок лимона по вкусу, соль.

Сыр и очищенное яблоко нарезать тонкими ломтиками, добавить миндаль, майонез, лимонный сок, соль, перемешать. Положить все это на поджаренные ломтики белого хлеба.

Гренки «Лето»

500 г свежего пшеничного хлеба, 1 плавленый сырок «Лето» («Дружба»), 250 г моркови, 100 г зеленого лука, 20 г сливочного масла, 80—100 г растительного масла, соль по вкусу.

Хлеб нарезать ломтиками толщиной 1 см, подсушить на сухой горячей сковороде. Теплые ломтики намазать сливочным маслом, затем — плавленым сыром.

Морковь натереть на терке со средними отверстиями, лук нашинковать, посолить и обжарить отдельно на растительном масле. Смешать обжаренные морковь и лук и охладить. Намазать гренки полученной смесью.

Гренки с сыром к бульону

200 г пшеничного хлеба, 2 ст. ложки масла или маргарина, 2 ст. ложки тертого сыра, зелень петрушки по вкусу.

Нарезать пшеничный хлеб ломтиками толщиной 1 см. Поджарить их на масле или маргарине до золотистой окраски. При подаче разложить гренки по тарелкам, посыпать тертым сыром, нарезанной зеленью петрушки и залить горячим бульоном.

Панированные гренки с сыром

Белый хлеб, 2 яйца, 2 ст. ложки молока, 1 ст. ложка пшеничной муки, 3/4 стакана тертого сыра, молотый черный перец, соль по вкусу.

Нарезать ломтиками черствый белый хлеб. Взбить яйца с молоком, добавить муку, натертый на терке сыр (кашкавал), немного соли и черного перца. Взбить полученную смесь, обмакнуть в нее нарезанные ломтики хлеба и обжарить до образования золотистого цвета.

Подать гренки с кислым молоком.

Гренки под сырным соусом

150 г пшеничного хлеба, ¹/₂ головки чеснока, ¹/₂ стакана белого натурального вина, 3 яйца, 100 г твердого сыра, 3 ст. ложки сливочного масла, черный молотый перец, соль.

Чеснок очистить, измельчить, залить вином и прогреть, пока не останется половина первоначального объема, затем процедить и охладить. Яйца соединить с тертым сыром, разогретым маслом, процеженным вином, перцем, солью и при помешивании подогреть до загустения (яйцо не должно свернуться).

Хлеб нарезать кубиками и обжарить. При подаче залить приготовленным соусом.

Гренки с яичным гарниром

Гренки с яйцами и петрушкой

200 г пшеничного хлеба, 2 ст. ложки сливочного масла, 3 яйца, зелень петрушки, соль.

Нарезать кубиками ломтики хлеба и обжарить на сливочном масле до золотистого цвета. Затем залить взбитыми яйцами с нарезанной зеленью петрушки, посолить и размешать. Когда яйца приобретут плотную консистенцию, положить гренки в супник и залить супом или подать горячими на отдельной тарелке.

Гренки с яичным омлетом

200 г пшеничного хлеба, 3 ст. ложки сливочного масла, 4 яйца, перец, зелень, соль.

Пшеничный хлеб нарезать тонкими ломтиками и поджарить на сливочном масле до золотистого цвета. Растопленное сливочное масло смешать с яйцами, немного посолить и этой смесью залить гренки.

Перед подачей к столу содержимое сковороды перевернуть на тарелку — поджаренные гренки будут сверху. Украсить зеленью петрушки или укропа.

Яичница с ржаным хлебом

200 г черствого ржаного хлеба, 50 г сливочного масла, 6 яиц, соль по вкусу.

Тонкие ломтики ржаного хлеба нарезать на кубики 1 × 1 см и обжарить на сковороде на разогретом масле с обеих сторон. Вылить на сковороду поверх хлеба яйца и жарить до готовности яичницы.

Гренки с яйцами в мешочек

200 г пшеничного хлеба, 1 ст. ложка сливочного масла, 1/2 стакана молока, 1 яйцо, 1 ст. ложка сахара, 4 яйца в мешочек.

Ломтики булки без корки намочить во взбитой сладкой яично-молочной болтушке и обжарить на сливочном масле до золотистого цвета. Сварить яйца в мешочек, очистить, положить по одному на приготовленные гренки и подать к пюре из картофеля или моркови.

Чесночные гренки с яйцом под майонезом

Гренки, сваренные вкрутую яйца, майонез, чеснок, тертый сыр.

Гренки натереть чесноком, сверху положить половинку вдоль разрезанного яйца, полить майонезом и посыпать тертым сыром.

Гренки с яйцами и овощами

200 г пшеничного хлеба, 2 ст. ложки растительного масла, 2 сваренных вкрутую яйца, $1/2$ банки майонеза, 1 свекла, 1 морковь, зелень петрушки или укропа.

Нарезать пшеничный или ржаной хлеб ломтиками толщиной 1 см и обжарить в растительном масле. На каждый ломтик положить горкой рубленые яйца с зеленью петрушки.

Гренки поместить на тарелку и залить майонезом. Вокруг положить кружочки яиц, вареной свеклы, моркови, украсить веточками петрушки.

Гренки с яичной массой

200 г пшеничного или ржаного хлеба, 2 ст. ложки сливочного масла или свиного сала, 3 яйца, 100 г шпика, молотый черный перец, зеленый лук, соль.

Хлеб нарезать ломтиками, поджарить на сливочном масле или свином сале. Охладить, намазать яичной массой и посыпать нарезанным луком.

Для получения яичной массы сваренные вкрутую яйца пропустить через мясорубку вместе со шпиком, посолить, поперчить.

Гренки с яйцами под молочным соусом

200 г пшеничного хлеба, 2 ст. ложки сливочного масла, 5 яиц, 1 стакан молочного соуса, 2 ст. ложки тертого сыра, зелень петрушки.

Нарезать хлеб ломтиками, с одной стороны их сделать углубления для яйца, поджарить на сливочном масле, сверху на каждый ломтик уложить сваренное в мешочек яйцо, залить молочным соусом средней густоты, посыпать тертым сыром.

При подаче украсить зеленью петрушки.

Жареные ломтики белого хлеба

200 г белого хлеба, масло для жаренья, 2 сардины в масле или 4 сваренных вкрутую яйца.

Для соуса: *3 тушеных или маринованных стручка сладкого перца, 2—3 маслины, 1 некрупная луковица, 1 ст. ложка мелко нарубленной зелени петрушки, 1 дес. ложка горчицы, 1 дес. ложка сока лимона, 1—2 ст. ложки уксуса, 1—2 ст. ложки растительного масла.*

Батон нарезать на ломтики в палец толщиной. Из сока лимона, уксуса, растительного масла, зелени петрушки и горчицы, а также из лука, сладкого перца и маслин приготовить соус.

Ломтики хлеба обжарить, залить соусом каждый ломтик и положить по кусочку сваренного вкрутую яйца, сверху полить оставшимся соусом.

Гренки с яичницей и крабами

4 куска белого хлеба, жир для жаренья, 3 яйца, 3 ст. ложки молока, крабы, помидоры, соль.

Приготовить из яиц, молока и соли болтунью. Охладить, смешать с крабами и разложить на поджаренные кусочки хлеба.

Украсить паприкой или помидорами.

Гренки, гарнированные овощами

Гренки с чесноком

200 г ржаного хлеба, 2 ст. ложки растительного масла, 1/2 головки чеснока, соль.

Хлеб нарезать ломтиками желаемой формы, обжарить в растительном масле и смазать смесью тертого чеснока с солью.

Гренки с чесночным соусом

Для гренков: *150 г ржаного хлеба, 25 г растительного масла.*
Для соуса: *2 зубчика чеснока, ¹/₂ желтка, 60 г растительного масла, ¹/₂ лимона, вода, соль по вкусу.*

Ломтики хлеба обжарить на масле и залить чесночным соусом.

Приготовление соуса: чеснок истолочь, добавить, растирая, желток и масло. Заправить соком лимона и солью, влить немного холодной кипяченой воды, чтобы соус приобрел консистенцию майонеза.

Гренки с луком, чесноком или перцем

200 г хлеба, 2 ст. ложки жира, 1 луковица или 2–3 зубчика чеснока, перец, соль по вкусу.

Ржаной хлеб или хлеб из пшеничной муки второго сорта нарезать ломтиками, поджарить с обеих сторон на растительном масле, маргарине или сале, положить на них нарезанный кольцами поджаренный репчатый лук или растертый чеснок и посыпать солью.

Лук или чеснок можно заменить красным молотым перцем. Подавать к пиву, бульону, овощам.

Гренки с чесноком и огурцами

150 г ржаного хлеба, 2 ст. ложки растительного масла, ¹/₃ средней головки чеснока, 2 ст. ложки майонеза, ¹/₂ свежего или консервированного огурца.

Хлеб нарезать ломтиками, поджарить на масле с обеих сторон. Чеснок натереть на мелкой терке. Смазать ломтики чесноком и майонезом, на каждый положить по кружочку огурца.

Гренки с помидорами

200 г пшеничного хлеба, 1 ст. ложка сливочного масла, 4 средних помидора, 2 ч. ложки тертого сыра.

Хлеб нарезать квадратными кусочками толщиной 1 см и обжарить на масле. Накрыть гренки кружочками помидоров, посыпать тертым сыром.

Гренки с луком

4—6 ломтей черного хлеба, 20 г маргарина, 4—6 луковиц, 50 г копченой грудинки или 30 г жира, 1 ч. ложка пшеничной муки, 2 ст. ложки сметаны, 2 сардельки или сосиски, 1 помидор, перец, соль.

Хлеб обжарить в маргарине с обеих сторон так, чтобы он хрустел. Нарезанный соломкой лук потушить с мелко изрубленной грудинкой или с жиром до мягкости, добавить муку и сметану, заправить. Лук положить горкой на хлеб, при желании можно покрыть его кусочками горячей сардельки или сосиски.

Украсить ломтиками помидора.

Гренки с пюре из шпината

200 г гренков, 200 г шпината, 1 ст. ложка пшеничной муки, 1 яйцо, 1 ст. ложка растительного масла, морковь, редис, помидоры, соль по вкусу.

Шпинат мелко нарезать, залить небольшим количеством кипятка, вскипятить, влить при помешивании яйцо, добавить размешанную в воде муку, растительное масло, все тщательно перемешать, посолить и еще раз вскипятить. Выложить на блюдо, украсить отварной морковью, редисом и помидорами.

Подать пюре на блюде, окружив гренками, поджаренными на сливочном масле или маргарине.

Гренки с пюре из крапивы

*200 г гренков, ¹/₂ кг крапивы, 2 ст. ложки раститель-
ного масла, ¹/₂ стакана молока, сок ¹/₂ лимона, 1 яичный
желток, соль по вкусу.*

Листья крапивы обварить кипятком, мелко нарезать
или протереть через сито. Приготовить диетический
майонез. Для этого яичный желток перемешать вручную
или в миксере с растительным маслом, молоком и соком
лимона. Смешать пюре из крапивы с диетическим майонезом, заправить солью по вкусу.

Вместо диетического майонеза можно использовать
любой готовый майонез.

Подать пюре на блюде, окружив гренками, поджаренными на растительном масле или сале.

Гренки с салатом из свеклы

*200 г гренков, 200 г свеклы, 2 ст. ложки растительного
масла, уксус, лимонная кислота, сахарный песок, соль по
вкусу.*

Свеклу сварить, пропустить через мясорубку или натереть на крупной терке, заправить растительным маслом, уксусом, лимоном или лимонной кислотой, солью,
по желанию добавить тертый чеснок, лук или сахарный
песок. Подать пюре на блюде, окружив гренками, поджаренными на растительном масле.

Гренки со свеклой, чесноком и майонезом

*200 г ржаного хлеба, 1 небольшая свекла, 6—8 зубчиков
чеснока, 2 ст. ложки майонеза.*

Ломтики ржаного хлеба слегка смочить водой и обжарить на сковороде в растительном масле. На гренки
положить натертую на крупной терке вареную свеклу,
смешанную с толченым чесноком и майонезом.

Оригинальные гренки

200 г пшеничного хлеба, 20 г сливочного маргарина, 150 мл молока, 1 яйцо, 100 г свеклы, 40 г чернослива, 40 г отварного риса, 50 г сметаны, зелень.

Мытые клубни свеклы запечь в духовке или отварить. Очистить от кожицы, нарезать соломкой и добавить мелко нарезанный распаренный чернослив, рассыпчатый рис. Заправить сметаной.

Нарезать ромбиками пшеничный хлеб, обмакнуть в смесь из яйца и молока, обжарить с обеих сторон.

Подготовленную массу уложить на гренки, посыпать нарезанной зеленью петрушки.

Гренки с морковью, тушенной в молоке

200 г гренков, 1 ст. ложка сливочного масла или маргарина, 200 г моркови, 1 ч. ложка пшеничной муки, $1/2$ стакана молока, сахар, соль по вкусу.

Морковь очистить, натереть на крупной терке или нарезать кубиками и потушить до мягкости в сливочном масле (или маргарине) и молоке. Заправить мукой, смешанной с молоком, прогреть, добавить соль и сахар.

Подать пюре на блюде, окружив гренками, поджаренными на сливочном масле или маргарине.

Гренки с морковью и сыром

4—6 ломтей белого хлеба, 20 г маргарина, 10 г сливочного масла, 250 г моркови, немного воды, 2 ч. ложки пшеничной муки, $1/2$ стакана молока или сливок, 50 г сыра, мускатный орех, яйца, помидоры, соль по вкусу.

Ломти белого хлеба обжарить с обеих сторон. Нарезанную соломкой морковь потушить в масле и небольшом количестве воды до мягкости, добавить муку и молоко, заправить солью и тертым мускатным орехом. Тушеную морковь положить толстым слоем на хлеб, на нее — горку тертого сыра.

Можно положить также целое или разрезанное пополам вареное яйцо.

Украсить дольками помидора.

Гренки с тыквой, тушенной с яблоками или курагой

200 г гренков, 1 ст. ложка сливочного масла или маргарина, 200 г тыквы, 1 яблоко (желательно кислое) или 50 г кураги, сахар по вкусу.

Тыкву очистить, нарезать и отварить до мягкости в небольшом количестве воды, затем добавить нарезанные дольками яблоки (или курагу), сахар и проварить, пока яблоки не станут мягкими.

Подать на блюде, окружив гренками, поджаренными на сливочном масле или маргарине.

Гренки с капустой и кабачком

200 г пшеничного хлеба, 2 ст. ложки сливочного масла или маргарина, 1 стакан молока, 1 яйцо, 1 ст. ложка сахара, $^1/_4$ среднего кочана капусты, 2 средние моркови, $^1/_2$ среднего кабачка, 2 средних яблока, 3 ст. ложки салата, нарезанного из лиственной зелени и укропа, 3 ст. ложки сметаны.

Хлеб нарезать ломтиками, обмакнуть в молоко, смешанное с сахаром и яйцом, и слегка обжарить на масле с обеих сторон.

Белокочанную капусту и очищенный кабачок нашинковать и потушить с молоком и маслом. Отдельно потушить мелко нарезанную морковь. Готовые овощи смешать с нашинкованными яблоками, мелко нарубленным салатом и укропом, разложить на гренки, сверху разровнять.

Перед подачей к столу полить сметаной.

Гренки с баклажанами

200 г хлеба, 3 ст. ложки растительного масла, 2 средних баклажана, 2 помидора, зелень петрушки, укропа, соль по вкусу.

Ломтики пшеничного или ржаного хлеба слегка смочить в воде и поджарить до золотистой окраски на растительном масле.

Из баклажанов приготовить пюре, добавить в него помидоры, соль и растительное масло. Разложить пюре на гренки и и посыпать зеленью.

Гренки с пюре из баклажанов и яйцами

Для гренков: *200 г пшеничного хлеба, 1 ст. ложка жира или маргарина, 2 яйца.*

Для пюре: *2 средних баклажана, 3 ст. ложки растительного масла, молотый черный перец, соль по вкусу.*

Для яичного гарнира: *3 яйца, 1 ч. ложка сливочного масла, поджаренного с красным перцем.*

Ломтики хлеба смочить в воде, а затем во взбитом яйце и поджарить до золотистого цвета на разогретом маргарине или жире.

Из баклажанов приготовить пюре, добавить в него молотый черный перец, соль и растительное масло. Остывшие гренки разложить на пюре и на каждый гренок положить по половинке вареного яйца. Яйца приготовить следующим образом: по одному вбить в кипящую подсоленную воду требуемое количество яиц и варить до затвердения белка.

Яйца, помещенные на гренки, полить сливочным маслом, разогретым на сковороде с красным молотым перцем.

Гренки с овощами

2 батона, 50 г сливочного масла, 300 г моркови, 1 маленький кочешок цветной капусты, 1 кабачок, 1 банка зелено-

го горошка, 400 г молодого картофеля, 4 яйца, 3 ст. ложки панировочных сухарей, 2 ст. ложки тертого сыра, соль по вкусу.

Все овощи отварить по отдельности и дать стечь воде. Добавить процеженный от сока консервированный горошек, заправить маслом, растертым с желтками, всыпать сухари, посолить по вкусу, все перемешать, добавить взбитые белки, мешая овощную массу сверху вниз.

Разложить овощи горкой на приготовленные гренки, посыпать тертым сыром и запечь в духовке со средним жаром. Дать остыть.

Гренки с фасолью и маслинами

200 г пшеничного хлеба, 2 ст. ложки сливочного масла или маргарина, $^1/_2$ стакана молока, 1 яйцо, 4 ст. ложки растительного масла, 1 стакан сухой фасоли, 1 ст. ложка томата-пюре, 1 крупная луковица, $^1/_2$ ч. ложки молотого красного перца, 15—20 маслин, молотый черный перец, соль по вкусу.

Отварить сухую фасоль. Мелко нарезанный репчатый лук обжарить в растительном масле, добавить томат-пюре и пассеровать. Добавить молотый красный перец и после этого сваренную фасоль. Посолить, влить немного горячей воды, поставить на слабый огонь и варить до тех пор, пока жидкость не выпарится.

Пшеничный хлеб нарезать квадратиками, смочить в молоке и во взбитом яйце, обжарить. Готовую овощную массу намазать на гренки, посыпать молотым черным перцем, украсить маслинами.

Гренки с тушеным зеленым горошком

200 г пшеничного хлеба, 4 ст. ложки сливочного масла, 1 банка зеленого консервированного горошка, $^1/_2$ стакана молока, 1 ст. ложка пшеничной муки, сахар, соль по вкусу.

Зеленый горошек потушить в небольшом количестве воды, добавить сахар и соль. Заправить сначала мукой, а перед тем как снять с плиты — маслом (после этого не тушить).

Батон или другую булку нарезать кружочками, замочить в молоке и обжарить в масле с обеих сторон. На часть гренок выложить тушеный горошек, прикрыть его остывшими гренками и подать.

Гренки с горошком и морковью

Для гренков: *200 г пшеничного хлеба, 100 г сливочного или топленого масла, $^{1}/_{2}$ стакана молока, 1 яйцо, 3 ст. ложки панировочных сухарей.*

Для гарнира: *200 г зеленого консервированного горошка, 4 средние моркови, 75 г сливочного масла, по 2 ч. ложки сахара и пшеничной муки, соль по вкусу.*

Соединить с зеленым горошком натертую на крупной терке молодую морковь, залить небольшим количеством кипящей воды и варить в закрытой кастрюле 10—15 мин, посолить, добавить немного сахара. посыпать мукой, размешать, вскипятить. Соединить с маслом.

Яйцо тщательно размешать с молоком, посолить.

Пшеничный хлеб нарезать ломтиками толщиной 1 см, размочить в яично-молочной болтушке, обвалять в панировочных сухарях и обжарить на разогретом жире до золотистого цвета. Морковь с горошком выложить на гренки.

Гренки с протертым горохом

200 г пшеничного хлеба, 2 ст. ложки сливочного масла, 400 г сваренного гороха, 1 средняя луковица, соль по вкусу.

Хорошо сварить горох (залить холодной водой), посолить его, размешать и, слив всю воду, протереть.

Нарезанный ломтями хлеб обжарить в сливочном масле, намазать протертым горохом, а сверху положить обжаренные в масле кольца репчатого лука.

Гренки с запеченными грибами

150 г пшеничного хлеба, 25 г сливочного масла, 240 г грибов, 2 яйца, зелень петрушки и укропа или лука, черный молотый перец, соль по вкусу.

Шляпки свежих крупных грибов одинакового размера уложить на смазанный жиром противень и посолить, на каждую шляпку положить немного масла, посыпать перцем и запечь в духовке. Желтки сваренных вкрутую яиц растереть с солью, выложить на грибы и посыпать мелко нарубленной зеленью.

Ломтики хлеба поджарить с обеих сторон, остудить и на каждый положить по одной грибной шляпке, вокруг расположить рубленые белки, смешанные с зеленью и специями.

Гренки с солеными грибами

200 г хлеба, 3 ст. ложки растительного масла, 100 г соленых грибов, 1/2 луковицы, зелень.

Ломти ржаного или пшеничного хлеба сбрызнуть водой и поджарить на растительном масле с обеих сторон. Соленые грибы мелко порубить вместе с репчатым луком, заправить растительным маслом и положить на гренки.

Гренки украсить свежей или сушеной зеленью укропа или веточками петрушки, сельдерея, кинзы или зеленым луком. Подавать к обеду.

Гренки, гарнированные колбасными изделиями и мясными продуктами

Гренки с ливерной колбасой

4—6 ломтей хлеба, 30 г жира или маргарина, 200— 250 г ливерной колбасы, 4—6 яиц, 1 луковица, зеленый лук, 1—2 помидора, перец, соль по вкусу.

Хлеб обжарить с обеих сторон до светло-желтого цвета. Покрыть большим, отрезанным вдоль куском ливерной колбасы и сверху или рядом с ним положить жареное яйцо (глазунью). На колбасу положить горку жареного или сырого лука, горку зеленого лука. Яйцо посыпать солью и перцем. Украсить помидором.

Гренки «Новогодняя закуска»

Для гренков: *400 г пшеничного хлеба, 1 стакан молока или воды, 2 яйца, 3 ст. ложки сливочного масла или маргарина.*

Для гарнира: *300 г вареной колбасы или ветчины, 3 крутых яйца.*

Для заливки: *1 баночка майонеза, 100 г колбасы или ветчины, 1 соленый огурец.*

Для соуса: *1 ст. ложка пшеничной муки, 1 ст. ложка сливочного масла, 1 стакан молока, сок 1/2 лимона.*

Пшеничный хлеб нарезать ломтиками, смочить их в холодной воде или молоке, а затем во взбитых яйцах и обжарить в сильно разогретом жире до золотистой окраски. На каждый гренок положить ломтик ветчины или колбасы, поверх — кружок крутого яйца.

Гренки поместить на блюдо, залить майонезом, смешанным с мелко нарезанной колбасой или ветчиной и солеными огурцами, и украсить маслинами или красным сладким стручковым перцем (маринованным). По бокам разложить соленые огурцы, морковь, кружочки крутых яиц, сладкий красный стручковый перец, веточки зелени или посыпать сушеным укропом.

Вместо майонеза можно приготовить соус: спассеровать муку со сливочным маслом, смесь развести молоком, посолить, прокипятить, после чего прибавить тертый сыр, лимонный сок или винную кислоту; соус довести до кипения и снять с огня.

Гренки с яичным салатом

500 г хлеба, 5 яиц, 400 г ветчины, 100 г майонеза, 40 г репчатого лука, 200 г маринованных огурцов, специи.

Измельченные сваренные вкрутую яйца, нарезанные овощи перемешать с майонезом, всыпать специи.

Нарезать ломтики ветчины, свернуть их в трубочки, наполнить приготовленным фаршем и положить на ломтики поджаренного хлеба.

Гренки с ветчиной, яйцом и сыром

4—6 кусков хлеба, 20 г сливочного масла или маргарина, 200 г ветчины или нежирной колбасы, 150 г сыра, 3 яйца, 2—3 ст. ложки сметаны, 2 помидора или стручка перца, 1 свежий огурец, листья салата или укропа, перец, томатное пюре, соль по вкусу.

Хлеб слегка поджарить на маргарине. Ветчину, колбасу, сыр, крутые яйца нарезать мелкими кубиками или полосками, смешать со сметаной, посолить, поперчить, добавить томатное пюре.

Салат уложить на хлеб горкой, украсить ломтиками огурца, помидора или стручкового перца и укропом.

Для украшения бутербродов можно использовать ломтики яиц, ветчину или тертый сыр.

Яйца на хлебе с ветчиной, гарнированные шпинатом

Хлеб, сливочное масло для обжаривания, 1 кг шпината, 3—4 ложки разогретого сливочного масла для шпината, яйца, черный молотый перец или зелень петрушки.

Перебрать и промыть шпинат. Отварить его в подсоленной воде, откинуть на дуршлаг, хорошо отцедить и мелко нарубить. Полить разогретым сливочным маслом и положить пластом на блюдо.

Обжарить на сковороде ломтики хлеба прямоугольной формы (по количеству яиц) до золотистого цвета. На подготовленный хлеб положить ломтик ветчины такой же формы, а на нее поместить отдельно приготовленную из одного яйца яичницу глазунью. Посыпать черным перцем или мелко нарезанной петрушкой. Выложить гренки по краям блюда вокруг шпината.

Гренки с ветчиной и черносливом

200 г пшеничного хлеба, 3 ст. ложки сливочного масла, 100 г ветчины, 2 ст. ложки чернослива, зелень.

Хлеб нарезать на прямоугольные ломтики и обжарить с обеих сторон. Чернослив замочить, удалить косточки, ветчину нарезать тонкими ломтиками. На середину ломтика ветчины положить чернослив, завернуть рулетиком и укрепить бутербродной шпажкой. Уложить на подготовленные гренки и украсить зеленью.

Гренки с жареной ветчиной и горчицей

200 г пшеничного хлеба, 50 г свиного сала, 100 г ветчины, горчица, рубленый лук и укроп.

Нарезанные ломтики ветчины смазать с одной стороны горчицей, обжарить на сковороде с салом, после чего положить каждый ломтик на поджаренные в сале ломтики хлеба. Сверху посыпать зеленым луком и укропом.

Гренки со шпиком или ветчиной, хреном, помидорами

200 г пшеничного хлеба, 150 г ветчины или 100 г шпика, помидоры, огурцы, редис, хрен и зелень по вкусу.

С жирной ветчины срезать сало и поджарить на нем или на шпике ломтики хлеба. Сверху положить мелко нарубленную ветчину или поджаренный шпик, а также дольки помидоров, огурцов или редиса и немного хрена или зелени.

Гренки с фрикадельками

Для гренков: 4–6 ломтей белого хлеба, 1 ч. ложка сливочного масла.

Для фрикаделек: *200 г фарша, 1 небольшая луковица, 1 ст. ложка воды или сметаны, 1/2 яйца, перец, жир или растительное масло, соль.*

Для гарнира: *салат, 1 соленый или свежий огурец, 1 помидор.*

Белый хлеб поджарить. Фарш смешать с водой или сметаной, яйцом и рубленым луком, посолить и поперчить. Сделать фрикадельки (25—30 шт.), отварить их в небольшом количестве воды или поджарить в жире или масле. На одном краю хлеба разместить фрикадельки (5—6 шт.), на другом — лист салата и нарезанный огурец. Сверху уложить половинку помидора.

Для таких бутербродов можно использовать оставшиеся после вчерашнего дня фрикадельки. Если фрикадельки сухие, положить на них майонез или сметану.

Гренки с котлетами

4—6 ломтей черного хлеба, 20 г жира, 1 большая луковица, 4—6 котлет, 1 помидор или огурец, перец, зелень, соль.

Хлеб слегка обжарить, сверху положить горячую котлету, на или под нее — кольца жареного или сырого лука. Украсить ломтиками помидора или огурца, посыпать солью, перцем и зеленью.

Гренки с пикантной смесью

200 г пшеничного хлеба, 2 ст. ложки растительного масла, 50 г отварного мяса, 50 г сыра, 1 огурец, 40 г филе сельди, 1 картофелина, зелень петрушки.

Хлеб нарезать тонкими ломтиками, поджарить на растительном масле с одной стороны, а неподжаренную сторону намазать пикантной смесью. Украсить зеленью.

Приготовление пикантной смеси: сыр, отварное мясо, огурец, филе сельди дважды пропустить через мясорубку. Если смесь окажется очень острой, смешать ее со взбитым маслом или натертым отварным картофелем и растительным маслом.

Вместо мяса можно использовать колбасу.

Гренки с мясом и яйцом

4—6 кусков любого хлеба, 20 г сливочного масла или маргарина, 250 г жареного или вареного мяса, 1 луковица, 2 ст. ложки томатного пюре, горчица, 2—3 ст. ложки соуса от жаркого, 4—6 яиц, перец, сахар и соль по вкусу.

Хлеб слегка поджарить на масле или маргарине. Мясо и лук изрубить, смешать с томатным пюре и соусом, заправить горчицей. Яйца поджарить, посолить, поперчить. На хлеб уложить сначала мясную смесь, затем яйца.

Гренки с заливным

4 ломтика хлеба, 4 кусочка заливного.

Заливное мясо, ветчину, колбасу, язык или рыбу положить на хлеб. Размер порции заливных продуктов должен соответствовать размерам ломтиков хлеба.

С хлеба срезать горбушки, нарезать ломтиками толщиной 5 мм, подсушить в духовке и охладить.

Гренки с мясным фаршем по-татарски

4—6 кусков белого хлеба, 20 г маргарина, 200 г мяса без костей, 1 луковица, 2 желтка, 3—4 кильки, 1 маринованный огурец, перец, зелень петрушки, соль по вкусу.

Булку поджарить или подсушить, чтобы снаружи она хрустела, а изнутри осталась мягкой.

Мясо наскоблить или пропустить через мясорубку, добавить сырые желтки, рубленые кильки и огурец, посолить и поперчить. Уложить горкой на поджаренный хлеб, украсить зеленью петрушки.

Желтки можно с мясом не смешивать. Тогда в горке мяса сделать углубление и поместить туда желток одного яйца (для большей устойчивости окружить кольцами лука).

Гренки с печенью и луком

200 г пшеничного хлеба, 2 ст. ложки сливочного масла, ¹/₂ стакана молока, 1 яйцо, 300 г говяжьей печени, 3 средние луковицы, 4 ст. ложки растительного масла, перец, соль.

Нарезать ломтиками говяжью печень. Посыпать черным перцем, обжарить в растительном масле, затем посолить. Нарезать кольцами репчатый лук, поджарить в растительном масле.

Хлеб нарезать ломтиками толщиной 1 см, опустить в молоко, затем во взбитое яйцо и поджарить на сливочном масле. Разложить гренки на блюдо, на каждый гренок положить по ломтику печени, а на ломтики печени — по 1 ч. ложке поджаренного репчатого лука.

Гренки с рыбой и рыбными продуктами

Гренки с рыбой и хреном

4—6 ломтей черного хлеба, 20—30 г сливочного масла, 200—300 г свежей или копченой рыбы, 2—3 ст. ложки тертого хрена, 2—3 ст. ложки сметаны, помидор или морковь, красный стручковый перец, укроп или зеленый лук, соль по вкусу.

На продолговатый ломоть поджаренного или смазанного маслом и хреном хлеба уложить большой кусок вареной, жареной или копченой рыбы. Сверху и рядом положить сметану, смешанную с тертым хреном. Рядом — ломти помидора или моркови, стручковый перец или ломтики яблок.

Украсить зеленью укропа или рубленым зеленым луком.

Гренки с сельдью

200 г пшеничного хлеба, 2 ст. ложки растительного масла, 100 г сельди или килек, $\frac{1}{2}$ стакана молока или воды, 50 г сливочного масла (или 100 г сметаны, или 2 яйца), 1 ч. ложка горчицы.

Сельдь очистить от кожи и костей, вымочить в воде, чае или молоке и нарезать кусочками.

Ржаной или пшеничный хлеб нарезать ломтиками, сбрызнуть водой и обжарить с обеих сторон на растительном масле. На остывшие гренки положить кусочки сельди, сверху посыпать наструганным на крупной терке охлажденным сливочным маслом или полить сметаной, майонезом.

Так же можно сделать гренки с сельдью и яйцами, для чего желтки сваренных вкрутую яиц растереть с частью сельди и горчицей и намазать этой смесью гренки. Сверху положить кусочки сельди. Посыпать рубленым яичным белком.

Гренки «Пикантные»

4 ломтика пшеничного хлеба, 80 г сливочного масла, 100 г сельди, зелень петрушки и укропа, 1 яйцо, 1 огурец, перец.

Соленые огурцы очистить от кожицы и семян, натереть на мелкой терке и слегка отжать от излишней влаги. Мелко нарубить зелень, размягчить масло. Подготовленные продукты смешать, добавить молотый перец.

Ломтики пшеничного хлеба обжарить с одной стороны. Неподжаренную сторону хлеба смазать подготовленной массой, сверху положить кусочек сельди, посыпать измельченным яйцом, украсить веточкой петрушки.

Гренки с солеными огурцами и сельдью

200 г ржаного хлеба, 40 г растительного масла, 150 г соленых огурцов, 80 г сливочного масла, 130 г сельди (филе), 1 яйцо, зелень петрушки и укропа, молотый перец.

Огурцы очистить от кожуры и семян, натереть на мелкой терке и отжать. Масло размягчить, зелень мелко нарубить. Подготовленные продукты поперчить и тщательно перемешать.

Хлеб нарезать ломтиками и с одной стороны обжарить на масле. Неподжаренную сторону намазать подготовленной массой, сверху уложить кусочек сельди, посыпать измельченным сваренным вкрутую яйцом и украсить зеленью.

Гренки с рубленой сельдью, яйцом и соленым огурцом

4—6 ломтей черного хлеба, сливочное масло, 1 сельдь покрупнее, 1 луковица, 2 яйца, лимонный сок или уксус, перец, 1—2 ст. ложки сметаны или растительного масла, горчица, 1 яблоко, 1—2 соленых огурца, зеленый лук, зелень петрушки и укропа.

Очищенную от костей и кожи сельдь, лук, крутые яйца и яблоки изрубить, смешать со сметаной или растительным маслом, заправить перцем, горчицей, лимонным соком или уксусом.

Хлеб слегка поджарить, сверху уложить толстый слой селедочной смеси.

Украсить кружками яиц, лука, огурца, рубленым зеленым луком или зеленью укропа и петрушки.

Гренки с сельдью, картофельным салатом и яичницей

4—6 ломтей черного хлеба, 20 г масла или маргарина, 1 сельдь, 1 стакан (250 г) картофельного салата, яичница из 2 яиц, 1 помидор, зелень петрушки и укропа.

Хлеб слегка поджарить на маргарине. Половину ломтика покрыть картофельным салатом, рядом горкой уложить яичницу. Сельдь нарезать узкими ломтиками, уложить их в ряд на картофельный салат и на яичницу. Украсить помидорами и зеленью.

Гренки с сельдью или килькой и яйцом

4—6 ломтей черного хлеба, 20 г сливочного масла или маргарина, 8—12 килек или 1 сельдь, 4—6 листьев салата, 4—6 яиц, сваренных без скорлупы, 2 помидора, 50 г зеленого лука.

Хлеб слегка поджарить на маргарине или намазать сливочным маслом, сверху уложить большой лист салата, на один край которого положить сваренное без скорлупы яйцо, на него и рядом положить мелкие кусочки сельди или 2 свернутые колечком кильки и кусочки помидоров. Посыпать густым слоем рубленого зеленого лука.

Гренки с молоками и сельдью

200 г пшеничного хлеба, 30 г маргарина для жаренья гренок, 3 желтка, 15 г горчицы, 30 г растительного масла, 80 г рыбных молок, 20 г маслин, 80 г филе сельди, 100 г майонеза с корнишонами.

Желтки крутых яиц растереть с готовой горчицей и растительным маслом, добавить мелко нарубленные маслины и молоки свежей рыбы. Намазать этой массой поджаренные ломтики хлеба, положить на них ломтики филе сельди.

Отдельно к гренкам можно подать майонез с корнишонами.

Гренки с сардинами

4 ломтика белого хлеба, 3—4 ч. ложки сливочного масла, 4—8 консервированных сардин (1—2 — на каждый ломтик хлеба), 1—2 помидора, 4 кружочка или дольки лимона, веточки петрушки и зеленый салат.

Нарезать четырехугольными ломтиками белый хлеб без корки, слегка поджарить его в сливочном масле. Сразу покрыть хлеб сардинами, украсить ломтиками лимона, дольками помидора и веточками петрушки. Рядом положить листики зеленого салата.

Гренки с паштетом из сардин

Белый хлеб, сливочное масло, 1 коробка сардин, 10—15 маслин, черный молотый перец, сок 1/2 лимона, листья салата или красный сладкий перец, майонез.

Открыть небольшую коробку сардин (240 г) и растереть их вилкой, прибавить кусок сливочного масла, величиной с яйцо, мелко нарезанные маслины, немного черного перца и сок лимона. Смесь хорошо растереть.

Отдельно нарезать белый хлеб ломтиками и обжарить до образования золотистого цвета. На теплые ломтики хлеба нанести приготовленную смесь и склеить их попарно. Положить на тарелку зеленые листья салата или печеные стручки красного сладкого перца, на них поместить гренки, перемежая их крутыми яйцами, разрезанными пополам.

Отдельно подать майонез.

Гренки по-испански

200 г белого хлеба, масло для жаренья, 2 сардины в масле.

Для соуса: *3 тушеных или маринованных стручка сладкого перца, 2—3 маслины, 1 некрупная луковица, 1 ст. ложка мелко нарубленной зелени петрушки, 1 дес. ложка готовой горчицы, 1 дес. ложка сока лимона, 1—2 ст. ложки уксуса, 1—2 ст. ложки растительного масла.*

Приготовить соус: измельчить и смешать указанные продукты.

Батон разрезать на тонкие ломтики, обжарить их в масле на сковороде, залить каждый ломтик соусом, положить по кусочку сардинки, сверху полить оставшимся соусом.

Гренки с сайрой или сардинами и овощным соусом

Для гренков: *200 г пшеничного хлеба, 1 банка сайры или сардин в масле, 2 стакана соуса.*
Для соуса: *1 ч. ложка сока лимона, 2 ч. ложки уксуса, 2 ст. ложки растительного масла, 3 тушеных стручка измельченного сладкого перца, 2—3 маслины (по желанию), 1 небольшая луковица, 1 ст. ложка мелко нарезанной зелени петрушки и укропа, $1/2$ ч. ложки горчицы, 1 ч. ложка пшеничной муки.*

Пшеничный хлеб нарезать ломтиками, обжарить на растительном масле или на масле от сардин, выложить на блюдо, положить на каждый гренок по кусочку рыбы, маслину и залить соусом, который приготовить из сока лимона с добавлением уксуса, растительного масла, муки, зелени петрушки и укропа, сладкого перца, лука и горчицы.

Гренки со шпротами

150 г батона, 40 г сливочного масла, 100 г шпрот или сардин, 50 г соленых огурцов, зелень петрушки и укропа.

Ломтики батона обжарить с обеих сторон, уложить на блюдо. На каждый ломтик положить шпроты или сардины, кружочек огурца и посыпать зеленью.

Праздничные гренки

150 г батона, 40 г сливочного масла, 1 ч. ложка томатной пасты, 1 яйцо, красная или черная икра, зеленый лук.

Хлеб нарезать ломтиками различной формы, слегка обжарить на сливочном масле. Охладить и намазать с

8*

одной стороны смесью сливочного масла и томатной пасты. Сверху покрыть кружочками вареного яйца, а на середину желтка уложить икру.

Украсить зеленым луком.

СЛОЕНЫЕ БУТЕРБРОДЫ

Слоеные бутерброды состоят из двух (сандвичи) или нескольких положенных друг на друга ломтей хлеба (многослойные бутерброды), между которыми кладут различные продукты.

Для слоеных бутербродов годится любой мягкий хлеб. Целесообразно использовать большие буханки. Толстую корку удалить. Ломти отрезать по возможности тонкие: $1/2$—1 см толщиной.

Сандвичи (двухслойные бутерброды)

Сандвич (английское название бутерброда) представляет собой закрытый бутерброд из двух сложенных вместе тонких (5 мм) ломтиков преимущественно пшеничного хлеба с маслом и какими-либо продуктами, положенными между ломтиками хлеба. Для начинки можно использовать всевозможные продукты — как нарезанные тонкими ломтиками, так и в размельченном виде.

Верхний ломоть хлеба можно ничем не покрывать, а можно и украсить его кусочком масла, зеленью и привлекательными кусочками продуктов. Большой бутерброд, после того как он уже готов, разрезают на меньшие прямоугольные, квадратные или треугольные бутродики.

Хлеб разрезают на полоски шириной 5—6 см и толщиной около 5 мм. Сандвичи, приготовленные в дорогу, могут быть более крупного размера, но все равно не следует делать их толще 5 мм.

Закрытые бутерброды подают на тарелке или блюде, покрытом бумажной салфеткой.

Сандвичи из белого и черного хлеба

Примерно одинаковые по величине куски белого и черного хлеба намазать маслом или любой бутербродной массой, сложить вместе так, чтобы начинка была внутри, сжать и охладить. Затем разрезать ножом или формочкой.

Слоеные сандвичи

60 г пшеничного хлеба, 15 г зеленого масла, 15 г колбасного масла.

Отрезать два ломтика хлеба, один намазать колбасным, а другой — зеленым маслом. Ломтики соединить намазанными поверхностями и положить ненадолго под пресс.

Сандвичи «Школьник»

2 ломтика батона, 25 г сливочного масла, 2 кусочка сыра.

Ломтики батона намазать маслом, между ними положить кусочек сыра и в электровафельнице обжарить до получения румяной корочки. Хороши как в холодном, так и в горячем виде.

Сырные сандвичи с апельсином

8 маленьких ломтиков белого хлеба, 40—50 г масла, $^1/_2$ апельсина, 4 куска острого сыра, соль по вкусу.

Масло растереть, заправить солью, добавить апельсиновую цедру и 1—2 ч. ложки апельсинового сока. Хорошо взбить и намазать толстым слоем на хлеб. На 4 ломтя хлеба уложить куски сыра и накрыть их оставшимися кусками хлеба.

Сандвичи с натертым сыром и сметаной

1 батон (желательно черствый), сливочное масло, 1/2 стакана сметаны, 100 г голландского, швейцарского или другого твердого сыра, сахар и соль по вкусу.

Намазать ломтики батона сметанно-сырной массой, сложить их по два, положить сверху груз и охладить.

Сандвичи с сыром

Черный хлеб, сливочное масло, сыр.

Ломтики хлеба намазать тонким слоем сливочного масла, покрыть кусочками сыра соответствующих размеров, положить друг на друга. На верхний слой на 15—20 мин положить небольшой груз, после чего изделие разрезать тонким острым ножом поперек, в сечении получится полосатость.

Бутерброды сложить веером на блюде, покрытом бумажной салфеткой, украсить листьями зеленого салата, зеленью петрушки или укропа, цветком из красного помидора, яйца или редиса.

Панированные сандвичи с сыром

Нарезать пшеничный хлеб ломтиками толщиной по 5 мм. Каждый ломтик смазать сливочным маслом, посыпать тертым сыром, соединить попарно, слегка прижав ножом или лопаточкой, смочить в яйце, обвалять в молотых сухарях и обжарить.

Сандвичи с кремом, сыром и оливками

Несколько ломтиков ржаного хлеба, 12 оливок, 6 плавленых сырков, 2 ст. ложки майонеза, соль.

Оливки мелко нарезать, предварительно освободив от косточек, смешать с сырками, майонезом, посолить, если это необходимо. Приготовленным кремом намазать ломтики хлеба, закрыть другими ломтиками, завернуть в фольгу и положить в холодильник.

Сандвичи с яйцом и оливками

24 ломтика ржаного хлеба, сливочное масло комнатной температуры, 3 сваренных вкрутую яйца, 6 оливок, 3 ст. ложки майонеза, соль по вкусу.

Яйца протереть через сито, перемешать с мелко нарезанными и очищенными от косточек оливками, майонезом, посолить. Хлеб нарезать ромбиками, намазать сливочным маслом.

В центре 12 ломтиков вырезать маленькие ромбики, 12 других ломтиков намазать частью приготовленной смеси, накрыть ломтиками с вырезанными ромбиками, заполнить углубления оставшейся смесью. Завернуть в фольгу и положить в холодильник.

Сандвичи с пастой из тертой моркови и чеснока

1 батон (желательно вчерашний), сливочное масло.
Для пасты: *2 стакана натертой моркови, 3—4 зубчика чеснока, 2 ст. ложки майонеза, сахар, перец, соль по вкусу.*

Приготовить сандвичи, используя пасту из тертой моркови и чеснока. Для получения пасты перемешать все продукты, указанные в рецепте.

Сандвичи с пастой из яиц

1 батон (желательно вчерашний), сливочное масло.
Для пасты: *1 свежий огурец, 3 сваренных вкрутую яйца, 1 ст. ложка рубленого зеленого лука, 1 1/2 ст. ложки майонеза, соль и перец по вкусу.*

Приготовить сандвичи, используя пасту из яиц со свежим огурцом и зеленым луком.

Приготовление пасты: мелко порубить яйца и огурец, смешать их с луком и майонезом. Посолить, поперчить и перемешать.

Томатные сандвичи

4 куска черного хлеба, 4 куска белого хлеба, 60 г сливочного масла, 1 луковица, 2 ст. ложки томатной пасты, 50 г сыра, горчица, 1 помидор, зелень петрушки.

Масло взбить, добавить хорошо размельченный или протертый лук, томатную пасту и тертый или плавленый сыр, все взбить до получения пены и намазать на одинаковой формы ломти черного и белого хлеба. Ломтики сложить так, чтобы начинка оставалась внутри.

Сверху украсить дольками помидора и зеленью петрушки.

Сандвич «Водяной кресс»

4 тонких ломтика черного хлеба, $^1/_2$ ст. ложки сливочного масла, 1 стакан цветков кресса, 1 ст. ложка майонеза.

Цветы водяного кресса промыть и оставить на 5 мин в очень холодной воде, 2 ломтика хлеба намазать майонезом, сверху положить плотным слоем цветы кресса, прикрыть другим ломтиком хлеба, смазанным маслом.

Этот сандвич украсить несколькими свежими цветками и сейчас же подать к столу.

Сандвичи с ореховой пастой

Длинная белая булка, 100 г сливочного масла, 100 г плавленого сыра, 200 г ядер грецких орехов, 50 г майонеза, 3—4 зубчика чеснока, перец и соль по вкусу.

Чеснок, орехи и сыр пропустить через мясорубку с паштетной мелкой решеткой. Добавить масло, майонез, соль и перец, все тщательно перемешать. Взять длинную белую булку, разрезать вдоль, обе половины намазать сливочным маслом. На нижнюю половину булки уложить слой ореховой пасты (в 1,5—2,0 см толщиной), накрыть верхней половиной, слегка прижать и подравнять края ножом. Выдержать бутерброд в холоде.

Перед подачей нарезать острым ножом сандвичи толщиной 1,5—2,0 см. Кончики булки и слишком подрумянившиеся места корки срезать.

Сандвичи с пастой из орехов, чеснока и майонеза

1 батон (желательно вчерашний), сливочное масло.
Для пасты: *1 плавленый сырок, 2 стакана ядер грецких орехов, 2 ст. ложки майонеза, 4—5 зубчиков чеснока, перец, соль по вкусу.*

Приготовить сандвичи, используя пасту из орехов, чеснока и майонеза.

Приготовление пасты: чеснок и орехи пропустить через мясорубку. Плавленый сырок растереть с 1 ст. ложкой майонеза, а затем смешать с чесночно-ореховой массой.

Сандвичи с орехово-свекольной массой

1 батон, 100—150 г сливочного масла, 1 стакан очищенных грецких орехов, 3 зубчика чеснока, 1 свекла, 2 ст. ложки майонеза.

Для приготовления орехово-свекольной массы ядра грецких орехов вместе с чесноком пропустить через мясорубку (или растолочь деревянной скалкой), затем натереть на терке свеклу и перемешать ее с майонезом, все соединить и хорошо перемешать.

Срезать корку с батона, придать ему форму прямоугольника и разрезать вдоль на 2 половины. Одну половину обильно намазать маслом, на нее положить орехово-сырную массу, накрыть другой половиной батона, завернуть в полиэтиленовый мешок или фольгу, поместить в холодильник, чтобы хлеб пропитался влагой и массой.

Перед подачей к столу нарезать батон поперек на сандвичи одинакового размера.

Сандвичи с яйцом и вареной колбасой

8 ломтиков пшеничного хлеба, сливочное масло, 4 сваренных вкрутую яйца, репчатый лук, 4 ломтика вареной колбасы.

Намазать ломтики хлеба сливочным маслом. На четыре положить лук, нарезанный кольцами, по половинке яйца, по ломтику колбасы. Покрыть оставшимися яйцами, луком и ломтиками хлеба без масла.

Сандвичи с ливерной колбасой

4 ломтя ржаного и 4 ломтя белого хлеба, 50 г сливочного масла, 100 г ливерной колбасы, 1 ч. ложка килечного рассола или 1 килька, $^1/_2$ лимона или 1 ст. ложка коньяка, 1 помидор.

Масло взбить, добавить размельченную ливерную колбасу и заправить. Смесь намазать на хлеб, затем ломти сложить по два. Украсить помидором.

Панированные сандвичи с ливерной колбасой

Приготовить необходимое количество сандвичей.

Нарезать пшеничный хлеб ломтиками толщиной $^1/_2$ см. Каждый ломтик намазать ливерной колбасой и накрыть другим ломтиком. Затем смочить в яйце, обвалять в молотых сухарях (можно запанировать только в яйце) и обжарить в сильно разогретом сливочном масле. Готовые сандвичи положить в супник и накрыть его крышкой, чтобы они сохранились мягкими и теплыми до момента, пока будут обжарены все сандвичи. Подать с салатом.

Сандвичи с фаршем из ветчины и сыра

1 батон, 100 г сливочного масла, 1 баночка ветчины, 100 г твердого сыра, 1 ст. ложка майонеза, перец по вкусу.

Консервированную ветчину мелко измельчить и смешать с сыром, натертым на мелкой терке, добавить перец и при желании лимонный сок по вкусу. Из хлеба сформировать прямоугольник и разрезать его вдоль на 2 половины. Размягченное сливочное масло растереть с майонезом и обильно смазать им одну половину хлеба, на нее выложить фарш из ветчины и сыра, покрыть другой половиной. Завернуть в фольгу или полиэтиленовую новую пленку и положить в холодильник, чтобы хлеб пропитался.

Перед подачей к столу батон разрезать поперек на сандвичи одинакового размера.

Сандвичи по-чешски

1 батон, сливочное масло, 300 г ветчины или 3 яйца.
Для салата: *1 яблоко, 2 ст. ложки зеленого консервированного горошка, 1 свежий огурец, 1 соленый огурец, 3 вареные картофелины, зеленый салат, майонез, сахар, перец, зелень, соль по вкусу.*

Разрезать батон пополам, намазать маслом. Сверху толстым слоем положить салат, приготовленный из рубленых овощей, яблок и зелени. На салат положить ломтики ветчины или яиц и закрыть другой половиной батона. Завернуть в фольгу или полиэтиленовый мешочек и выдержать в холодильнике, чтобы пропитался.

Перед подачей к столу разрезать на равные по размеру сандвичи.

Сандвичи с вареной телятиной

Тщательно растереть масло с горчицей. Намазать им ломтик белого хлеба. Сверху положить кусочек вареной телятины, прикрыть другим ломтиком, тоже намазанным маслом с горчицей.

Вместо телятины можно использовать вареную ветчину или ростбиф (жареное мясо).

Сандвичи с жареным мясом

Пшеничный хлеб, 10 г сливочного масла, 25 г жареного мяса, столовая горчица, соус «Южный».

На ломоть хлеба, намазанного маслом с горчицей, положить мясо, полить соусом, накрыть другим ломтем, завернуть в целлофан, положить в холодильник, чтобы пропитался.

Сандвичи с мясом и сыром

8 очень тонких ломтиков холодного жареного мяса, 3—4 плавленых сырка, 4 свежих огурца, селедочное масло.

Перемешать мелко нарезанные сырки, измельченные огурцы и селедочное масло. На середину каждого из 4 ломтиков мяса положить приготовленную смесь, покрыть оставшимися ломтиками, прижать их друг к другу.

Сандвичи для гурманов

8 очень тонко нарезанных ломтиков ростбифа или другого холодного мяса, 50 г сливочного масла или маргарина комнатной температуры, мелко нарезанная копченая колбаса, свежие огурцы, каперсы, 1—2 ч. ложки майонеза.

Для украшения: *майонез, каперсы, пучок зелени петрушки, ботва репы.*

Перемешать сливочное масло или маргарин с копченой колбасой, свежими огурцами, каперсами и майонезом. Соединить по два ломтика мяса, между которыми положить приготовленную смесь.

Украсить майонезом из шприца, каперсами, зеленью петрушки и ботвой репы.

Сандвичи с мясным паштетом по-американски

1 батон, 1—2 ст. ложки сливочного масла, ¹/₄ л молока или сливок, 3 неполные ст. ложки пшеничной муки, 2 яичных желтка, ¹/₂ ч. ложки горчицы, 3—4 ст. ложки сока лимона, 500 г мелко нарезанного жареного или вареного мяса, петрушка (или сладкий стручковый перец, или зеленый салат), 1 ч. ложка соли.

Желтки, молоко и муку перемешать со сливочным маслом и специями и поставить на паровую баню для загустения. Когда эта смесь остынет, смешать ее с мясом и прочими продуктами и сбрызнуть соком лимона. Этой массой намазать ломтики хлеба, сложить их вместе.

Сандвичи с печеночным паштетом

160 г булки, 80 г сливочного масла, 120 г печеночного паштета, 20 г сыра, 1 лимон (50 г), зелень петрушки.

Тонкие ломтики булки намазать маслом и паштетом, сложить попарно, края обмазать маслом. Украсить зеленью и кружочками лимона.

Куриный сандвич

2 больших ломтя белого или зернового хлеба, 1 ст. ложка сливочного масла или маргарина, ¹/₂ жареного цыпленка без костей, 3—4 салатных листа, 1 ст. ложка майонеза, 2—3 помидора, 1 ломтик ветчины, 2 редиски, 3—4 ломтика огурца, 2 стебелька петрушки.

Ломти белого хлеба или зернового намазать маслом, на один из них положить лист салата, слегка смазанный майонезом, на него — несколько ломтиков помидора, а сверху — слегка зажаренный ломтик ветчины. Половину цыпленка разрезать на ломтики, смазать майонезом, положить на ломтик ветчины и покрыть листом салата.

Сверху закрыть вторым ломтем хлеба. Все это сколоть специальной палочкой, а сверху украсить ломтиками редиски, огурца, стеблями петрушки и дольками помидора. Рассчитано на 1 порцию.

Сандвичи из слоеного теста с паштетом

Для теста: *100 г слоеного теста.*
Для паштета: *100 г печенки, 15 г шпика, 10 г сливочного масла, 10 г репчатого лука, 5 г моркови, 5 мл молока.*

Приготовить паштет.
Из слоеного теста выпечь полоску шириной 7—8 см. Дать ей остыть и разрезать на 2 пласта. Один пласт намазать ровным слоем печеночного паштета и накрыть другим пластом. Полоску с паштетом разрезать поперек на порционные куски.
Подать на блюде, покрытом бумажной салфеткой.

Сандвичи с рыбой и хреном

Масло растереть с хреном. Намазать на белый хлеб, сверху положить кусочек рыбы и прикрыть другим ломтиком хлеба.

Сандвичи с яйцами и сардинами

8 ломтиков пшеничного хлеба, маргарин, консервированные сардины в масле, 3 сваренных вкрутую яйца, горчица.

Четыре ломтика хлеба намазать маргарином, положить на них сардины, покрыть дольками яиц, намазать горчицей. Закрыть оставшимися ломтиками хлеба.

Сандвичи с пастой из сардин и сыра

1 батон (желательно вчерашний), сливочное масло.
Для пасты: *1 маленькая банка сардин, 100 г острого тертого сыра, 1 ч. ложка лимонного сока, 1 ст. ложка майонеза, перец и соль по вкусу.*

С батона срезать корку, придав ему форму прямоугольника. разрезать батон вдоль пополам. Одну половину густо намазать маслом, на него положить пасту,
покрыть другой половиной батона, завернуть в полиэтиленовый мешочек и положить в холодильник, чтобы
хлеб пропитался пастой. Перед подачей разрезать батон
на одинаковые по размеру сандвичи.

Приготовление пасты: сардины растереть с маслом, в
котором они были, добавить тертый сыр, лимонный сок,
соль и перец по вкусу.

Сандвичи с творогом и сардинами

*8 ломтей черного хлеба или 8 хрустящих хлебцев, 100 г
творога, 2 сардины или 3 шпроты, перец, $^1/_2$ лимона, соль
по вкусу.*

Творог взбить до получения гладкой однородной
массы, добавить туда раздавленную вилкой рыбу, хорошо размешать и заправить перцем, лимонной цедрой,
лимонным соком и солью. Четыре ломтя хлеба покрыть
толстым слоем получившейся массы, оставшиеся уложить сверху и придавить.

Если бутерброды готовят из хрустящих хлебцев, то
перед употреблением нужно выдержать их на холоде по
меньшей мере 1—2 часа.

Сандвичи с пастой из тресковой печени

1 батон (желательно вчерашний).
Для пасты: *1 ст. ложка майонеза, 1 ч. ложка горчицы
(без верха), 1 маленькая банка тресковой печени, 3 сваренных вкрутую яйца, лимонный сок по вкусу, 1 ст. ложка
рубленого зеленого лука, перец, соль по вкусу.*

Срезать с батона корки, придав ему форму прямоугольника, и разрезать вдоль на 2 части. Приготовить
сандвичи, используя пасту из тресковой печени: майонез растереть с горчицей и намазать на одну половину
батона. Печень растереть с маслом, в котором она нахо-

дилась, добавить мелко нарубленные яйца, лук и лимонный сок, соль и перец по вкусу. Все это растереть в однородную массу, положить ровным слоем на майонез с горчицей, сверху накрыть второй половиной батона.

Сандвичи с пастой из креветок

1 батон (желательно вчерашний), сливочное масло.
Для пасты: *400 г креветок, 2 помидора, 30 г сливочного масла, 1 ст. ложка рубленой зелени укропа, 1 ч. ложка томатной пасты, 1 ст. ложка майонеза, перец, соль по вкусу.*

Приготовить сандвичи, как указано в предыдущем рецепте, используя пасту из креветок.

Приготовление пасты: вареные креветки очистить от скорлупы, мелко порубить. Так же мелко порубить очищенные от кожи помидоры, добавить майонез и укроп, посолить и поперчить по вкусу, вымешать. Масло растереть с томатной пастой и намазать его на половину батона, на него сверху положить слой креветок и накрыть другой половиной батона.

Сандвичи с кремом из сливочного масла и пикулей

Несколько ломтиков ржаного хлеба, 50 г сливочного масла комнатной температуры, 120 г пикулей, 1 сваренное вкрутую яйцо, 1 очищенный от костей анчоус, 1 ст. ложка майонеза, черный молотый перец, соль.

Деревянной ложкой в миске перемешать сливочное масло, пикули и анчоус, протертые через сито, мелко нарезанное яйцо, майонез, соль и перец. Приготовленным кремом намазать ломтики хлеба, закрыть другими ломтиками, завернуть в фольгу и положить в холодильник.

Аппетитные сандвичи

4 круглые булочки, разрезанные пополам, сливочное масло или маргарин, 8 ломтиков помидоров, 100 г майонеза, 4 ломтика сыра, растительное масло, соль.

Помидоры заправить небольшим количеством растительного масла и солью. Половинки булочек намазать сливочным маслом или маргарином и майонезом, положить по ломтику помидора и $1/2$ ломтика сыра, прикрыть другими половинками булочек.

Многослойные бутерброды

При изготовлении многослойных бутербродов необходимо, чтобы все слои хлеба и начинки плотно прилегали друг к другу, так как бутерброды разрезаются на тонкие полосатые ломтики.

Обе стороны ломтя хлеба должны быть смазаны маслом, так как масло — основной скрепляющий продукт. Большой ломоть белого или черного хлеба толщиной $1/2$—1 см (без корки) намазывают маслом, сверху кладут какой-нибудь продукт и покрывают следующим большим ломтем хлеба, маслом вниз. Ломоть хлеба, оказавшийся ненамазанной стороной кверху, покрывают толстым слоем масла, сверху опять каким-нибудь продуктом, затем кладут следующий ломоть. Так укладывают друг на друга желаемое количество слоев (3—7). Наружную сторону верхнего ломтя маслом не покрывают.

Сложенный многослойный бутерброд помещают между двумя досками, придавливают сверху не очень тяжелым предметом и дают постоять в прохладном месте, пока начинка полностью не остынет и масло не затвердеет. Благодаря этому бутерброды не развалятся при разрезании. Случиться это может в теплом помещении, если масло размягчается. Неразрезанный многослойный бутерброд нужно продержать на холоде по меньшей мере 3—4 часа, лучше еще дольше — ночь.

Слоеные бутерброды вкусны в том случае, если слои хлеба равномерные и тонкие, а начинка сочная. Чтобы бутерброд выглядел более аппетитно и был вкуснее, можно сделать его из разных сортов хлеба (белый, черный, рижский хлеб и т. д.) и разнообразных начинок.

Начинки должны подходить друг к другу по вкусу. Очень хорошо сочетать разные по цвету сырные массы (зеленую, красную, желтую) и овощные масла с мясом. Нельзя класть на один и тот же бутерброд мясные продукты и продукты из соленой рыбы, мясо с рыбной икрой и т. д. Для начинок многослойных бутербродов можно использовать продукты, нарезанные ломтиками, или массы, изготовленные из размельченных продуктов.

Хлеб нужно покрывать более толстым слоем масла при использовании разрезанных на ломти продуктов, так как масло их скрепляет.

Сочетаются сыр, вареный или копченый язык, мягкая ветчина, жаркое, ломтики яйца, зеленый салат. Массы готовят из растертого сливочного масла или густой сметаны и взбивают. Бутерброды, смазанные густым, хорошо взбитым маслом, лучше держатся.

Для приготовления многослойных бутербродов нельзя пользоваться салатами и смесями, состоящими из кусочков.

Более тонкие многослойные бутерброды после того, как они постояли на холоде, можно разрезать в виде треугольников, квадратов или прямоугольников, как и двухслойные бутерброды.

Толстые многослойные бутерброды разрезают осторожно ножом на тоненькие полосатые ломтики.

Многослойные мраморные бутерброды

Нежирный творог растереть со сливочным или растительным маслом. Добавить соль по вкусу, молотый перец. Полученной массой покрыть ломтики ржаного хлеба. Сложив 4—5 ломтиков стопкой, завернуть их в пергаментную бумагу и сверху положить легкий гнет. Через полчаса гнет снять и разрезать стопку в вертикальном направлении на тонкие ломтики. Для начинки мраморного бутерброда пригодны любые продукты, в том числе баклажанная или кабачковая икра.

Многослойные бутерброды из белого хлеба и сыра

4 куска белого хлеба, 50 г сливочного масла, 10 г светлого плавленого сыра или сырного масла, 50 г томатного плавленого сыра.

Тонкий ломоть хлеба (без корки) намазать маслом, поверх выложить более толстый слой светлого плавленого сыра или сырного масла. Накрыть такой же величины намазанным маслом ломтем хлеба, слегка придавить. Верхнюю поверхность хлеба намазать маслом и томатным плавленым сыром. Затем уложить следующий, предварительно намазанный с одной стороны маслом ломоть, покрыть другую сторону маслом и светлым сыром. Сверху уложить четвертый ломоть хлеба маслом вниз, после чего придавить легкой доской или стеклянной пластинкой и поставить в холодное место.

В разрезанном бутерброде в середине будет розовая полоска.

Многослойные бутерброды с яйцами, луком и сельдью

Приготовленный хлеб намазать сливочным маслом, растертым с томатом, положить посередине ломтики сваренных вкрутую яиц (кверху желтком). Один край каждого пласта посыпать рубленым луком, другой край выложить полоской филе сельди. Готовые пласты нарезать на полоски.

Многослойные бутерброды
с зеленым салатом по-польски

Батон, 300 г зеленого салата с майонезом, рубленая зелень, 1 соленый огурец, 50 г маринованных грибов.

Острым ножом обрезать оба конца булки, срезать корки с боков, затем разрезать вдоль на 3 полоски одинаковой толщины, намазать маслом или маргарином. На приготовленные полоски батона положить толстым слоем зеленый салат, полить густым майонезом, украсить пластинками соленых огурцов, грибами, посыпать зеленью охладить и разрезать поперек на 6—8 бутербродов.

Многослойные бутерброды с сосисками и хреном

1 батон, 150 г сливочного масла, 7 сосисок, 1 ст. ложка тертого хрена, 3 свежих или соленых огурца, ¹/₂ небольшой банки консервированного зеленого горошка, 1 ст. ложка майонеза.

С батона срезать все корки, обровнять края так, чтобы получился прямоугольный брусок, разрезать его по горизонтали на 3 пласта, каждый из них слегка смазать сливочным маслом и слегка зарумянить в духовке. Остудить и на несмазанную сторону пластов нанести ножом 100 г масла, растертого с хреном и слегка подсоленного. Вдоль всех пластов, посередине, уложить ровной полосой нарезанные кружочками отваренные и очищенные от кожи сосиски, укладывая кружочки сосисок так, чтобы один находил на другой. Вдоль одного края из кондитерского мешочка узорной трубочкой красиво выложить пюре из протертого через дуршлаг зеленого горошка, смешанного с майонезом. Другой край пласта покрыть полоской рубленых кубиками свежих или соленых очищенных от кожи огурцов.

Приготовленные пласты нарезать поперек на равные полоски шириной в 2 пальца.

Многослойные бутерброды с ветчиной и плавленым сыром

Пласты хлеба (см. предыдущий рецепт) намазать сливочным маслом, растертым с горчицей. Посередине положить ветчину. Один край пласта украсить кружочками сваренных вкрутую яиц, а другой — плавленым сыром, растертым со сливочным маслом и подкрашенным свекольным соком в розовый цвет. Между полосками украшений насыпать рубленую зелень петрушки и укропа.

Многослойные бутерброды с ветчиной и сыром

4 ломтя черного или белого хлеба, 50 г сливочного масла, 100 г ветчинного масла, 50 г сырного масла.

Большие тонкие ломти хлеба (без корочки) намазать маслом: один — равномерным слоем ветчинного, другой — сливочного масла и сверху сырного и прикрыть третьим куском, смазанным оставшимся ветчинным маслом. Придавить четвертым ломтем. Дать постоять несколько часов на холоде, разрезать. Получатся бутерброды с двумя розовыми полосками.

Острые многослойные бутерброды

1 батон, 250 г взбитого сырного крема, 150 г творожного паштета с ветчиной, 150 г творожного паштета с хреном, 150 г сырного крема, консервированный красный перец, огурцы, зелень петрушки или укропа.

Батон нарезать вдоль на 4 куска. Каждый кусок смазать одним из паштетов, т. е. творожным с ветчиной, творожным с хреном и сырным кремом. Положить их друг на друга и прикрыть последним, четвертым куском. Завернуть в пергаментную бумагу, прикрыть дощечкой, положить сверху груз и поместить в холодильник.

Охлажденный хлеб смазать сверху и со всех сторон взбитым сырным кремом. Украсить красным перцем, огурцом, зеленью петрушки (можно другими подходящими продуктами) и снова поместить в холодильник.

Перед подачей разрезать на 12 частей.

Многослойные бутерброды с ветчинной пастой

Несколько ломтиков ржаного хлеба без корочки, 50 г сливочного масла или маргарина комнатной температуры,

100 г ветчины, провернутой через мясорубку, 3 свежих огурца, щепотка каперсов, $^1/_2$ ст. ложки горчицы.

В миске перемешать сливочное масло, ветчину, мелко нарезанные огурцы, каперсы, горчицу. Смесью намазать ломтики хлеба, накрыть другими ломтиками и положить в холодильник.

Многослойные бутерброды с ветчиной и колбасой

На смазанную сливочным маслом полоску хлеба положить ветчину, закрыть второй полоской хлеба. Затем положить нарезанную колбасу и вновь закрыть полоской хлеба с маслом. Украсить помидорами, зеленым салатом.

Бутерброд-пирамида с ветчиной, колбасой и яйцом

3—4 ломтя хлеба одной формы, но разной величины (чтобы следующий был меньше предыдущего), масло (зеленое, горчичное или хренное), ветчина, колбаса, яйца, помидоры, свежие или соленые огурцы, редиска или сливы, зеленый салат, листочки укропа или петрушки.

Различные по величине куски хлеба намазать различными сортами масла. На самый большой ломоть положить кусок ветчины и помидора, покрыть листом салата. На средний положить колбасу и кружочек очищенного огурца, на маленький — дольку яйца и целую сливу или разрезанную в форме цветка редиску. Украсить зеленым листочком. При изготовлении четырехслойной «башни» можно один из бутербродов повторить или приготовить четвертый с жарким или рыбой. Уложенные друг на друга ломтики скрепить палочкой.

Многослойные бутерброды с холодной свининой или телятиной

Пласты батона (см. рецепт «Многослойные бутерброды с сосисками и хреном») густо покрыть смесью из 100 г натертого хрена, 4 мелко нарубленных яиц и 1 стакана подсоленной густой сметаны. Посередине положить полоску из отварной холодной свинины или телятины. Края украсить ломтиками свежих помидоров.

Многослойные бутерброды с зеленым маслом и мясным паштетом

5 ломтей ржаного хлеба, 100 г зеленого масла, 150 г паштета из жареного мяса или ветчины.

Большие тонкие (без корочки) ломти хлеба покрыть толстым слоем зеленого масла. На один ломоть намазать мясной паштет или уложить равномерным слоем тонкие ломтики ветчины. Другой ломоть хлеба положить сверху, маслом вниз. Намазать слой зеленого масла, слой мясного паштета или ветчины. Таким образом уложить весь хлеб. Верхний ломоть слегка придавить. Дать постоять несколько часов на холоде и затем разрезать поперек на тоненькие ломтики.

Многослойные бутерброды с печеночным паштетом

5 ломтей хлеба, 100 г зеленого или красного масла, 150 г печеночного паштета.

Приготовить так же, как указано в предыдущем рецепте. Держать по меньшей мере 5 часов на холоде, чтобы паштет затвердел.

Многослойные бутерброды с валиком из паштета

Пласты батона (приготовить, как указано в рецепте «Многослойные бутерброды с сосисками и хреном») густо смазать майонезом. Ливерную колбасу или готовый паштет растереть со сливочным маслом в соотношении 2 : 1, скатать валик толщиной в 1 $\frac{1}{2}$ пальца и положить посередине каждого подготовленного пласта. Одну сторону пласта украсить полоской из рубленых яиц, перемешанных с рубленой зеленью петрушки, а другую — сложенной вдвое полоской шпика. Посередине валика из паштета или ливерной колбасы сделать ручкой ножа продольное углубление и в него насыпать мелко нарубленный зеленый лук. Готовые пласты нарезать поперек на равные полоски шириной в 2 пальца.

Многослойные бутерброды с копченой рыбой и сыром

4 ломтя белого хлеба, 50 г масла с хреном, 100 г масла с копченой рыбой, 50 г плавленого сыра, 50 г розового сырного масла.

Одинаковые тонкие ломти (без корки) белого или рижского хлеба намазать хренным маслом. Два ломтя покрыть маслом с копченой рыбой и положить на них сверху оставшиеся ломти — стороной, смазанной хренным маслом, вниз. Один ломоть покрыть светлым плавленым сыром, другой — розовым сырным маслом. Сложить бутерброды сторонами, смазанными сыром. Придавить, поставить на холод, разрезать.

Чтобы получить бутерброды более красочные, можно вместо хренного масла использовать зеленое, добавив в него тертый хрен.

Многослойные бутерброды с сельдью и яичным маслом

3 ломтя ржаного хлеба крупного помола, 2 ломтя рижского хлеба, 200 г сливочного масла, горчица, 200 г сельди, 3 яйца, перец, зеленый лук, зелень петрушки или укропа, соль по вкусу.

Одинаковые ломти хлеба (без корки) покрыть толстым слоем масла. Часть масла взбить с рублеными яйцами и заправить. На 2 ломтя ржаного хлеба положить тоненькие широкие кусочки сельди или селедочное масло. Сверху, маслом вниз, — рижский хлеб, на него намазать яичное масло. Третий ломоть ржаного хлеба положить на рижский хлеб, вторую сторону которого покрыть толстым слоем масла, затем уложить оставшиеся ломти. Таким образом, получится многослойный бутерброд с темными крайними и средними слоями и светлыми промежуточными. Посыпать зеленью как сельдь, так и яичное масло. Слегка придавить сверху. Дать постоять несколько часов на холоде, разрезать на тоненькие полосатые ломтики.

Многослойные бутерброды с сельдью и овощами

Пласты батона (см. рецепт «Многослойные бутерброды с сосисками и хреном») густо намазать сливочным маслом, растертым с зеленым луком, рублеными крутыми яйцами и зеленью петрушки. Посередине положить филе сельди. С одного края пласта уложить нарезанные кубиками помидоры, другой край украсить свежими огурцами, нарезанными тонкими кружками и вертикально воткнутыми в масло.

Готовые пласты нарезать поперек на полоски одинаковой толщины.

Бутерброды-рулеты

Для приготовления бутербродов-рулетов хорошо использовать черный или белый хлеб, который легко сгибается и не ломается, если его сворачивать. Можно брать также формовой хлеб и нарезать широкими кусками, с него легко срезать корку. Можно также для таких бутербродов специально испечь бисквит и нанести на него желаемые продукты.

Смазывают бутерброды-рулеты различными масляными смесями и паштетами.

С буханки черного или белого хлеба срезать корку. Нарезать вдоль тонкие ломти, покрыть их густым слоем начинки и свернуть в виде рулета. Сворачивать нужно тщательно, чтобы не оставалось пустого пространства. Рулет завернуть в целлофан или пергамент и 3–4 часа держать в холодном месте. За это время хлеб остынет и начинка затвердеет. Нарезать непосредственно перед подачей к столу.

Цвет начинки должен контрастировать с цветом хлеба. На белый хлеб можно намазать печеночный паштет, различные яркие смеси с помидорами, морковью или зеленью; на черный — белые, розовые, светлые начинки. Начинка может состоять и из нескольких слоев различного цвета, в таком случае хлеб нужно сворачивать очень осторожно, чтобы не выдавить начинку. Для большего эффекта в один рулет можно положить куски хлеба различных цветов, а между ними — начинку разных цветов.

Такие бутерброды подаются холодными, так как в тепле начинку трудно нарезать и она может выпасть.

Рецепт приготовления бисквита для бутербродного рулета

6 полных ст. ложек пшеничной муки, 6 яиц, соль по вкусу.

Растереть с солью добела 6 желтков; белки взбить, чтобы получилась крепкая пена. На желтки высыпать муку, сверху аккуратно выложить взбитые белки и, осторожно перемешивая ложкой сверху вниз, перемешать бисквитную массу. Вылить ее на противень, покрытый смазанной маслом белой бумагой. Осторожно разровнять смоченными водой руками. Выпечь в духовке со средним жаром. Зарумяненный бисквит выложить на доску и вместе с бумагой круто завернуть рулет так, чтобы бумага осталась сверху. Затем туго завернуть в салфетку и остудить. Холодный бисквит развернуть, снять бумагу, разрезать его по длине на 3 равные части.

Каждую часть смазать отдельным готовым фаршем (например: 1) из зеленого лука, 2) из моркови, 3) из грибов; 1) из мозгов, 2) из паштета, 3) из сыра), снова свернуть рулетом, туго завернуть каждый рулет в салфетку и положить в холодильник.

Перед подачей нарезать рулеты на равные кружочки толщиной около 1 см, уложить ломтики на блюдо, чередуя по цвету начинки. Вокруг рулета выложить на блюдо зеленый салат, ломтики огурцов или помидоров и т. п.

Бисквитный рулет с телятиной

Испеченный, остуженный и развернутый рулет (см. предыдущий рецепт) смазать весь целиком майонезом и на нем вдоль положить рядами тонко нарезанную телятину, затем тонко нарезанные свежие или соленые огурцы, затем мелко нарубленный и смешанный с майонезом лук, потом снова те же продукты в том же порядке, пока не заполнится весь рулет. После этого его закатать, туго завернуть в салфетку и оставить на холоде часа на два.

Перед подачей снять салфетку, обмазать рулет сверху майонезом и обвалять в натертом сыре. Нерезать на кружочки, выложить на длинное блюдо, украсить рубленым зеленым салатом, политым острым соусом.

Бисквитный рулет с ветчиной

Испечь, остудить и развернуть рулет. На развернутый рулет намазать сливочное масло с горчицей, уложить вдоль ровными полосками ветчину без жира, нарезанные кружочками крутые яйца, затем нарезанные тонкими кружками помидоры без зерен и сока. В остальном поступать так же, как в предыдущем рецепте, но, обмазав готовый рулет майонезом, обсыпать рубленым зеленым луком, зеленью петрушки и укропа.

Нарезанный и выложенный на блюдо рулет украсить салатом из огурцов и помидоров, положенных так, чтобы кружки помидоров чередовались с кружками огурцов.

Тортовые бутерброды

Тортовые бутерброды делают с большим количеством начинки, они должны быть хорошо оформлены. Для них используют самые разнообразные продукты.

Готовят тортовые бутерброды из разных сортов хлеба.

Форма тортовых бутербродов может быть круглой, треугольной, овальной и т. д.

Для круглых тортовых бутербродов берут обыкновенный подовый или формовой хлеб, придав ему соответствующую форму. Круглый тортовый бутерброд можно составить и из продолговатых, похожих на куски торта, бутербродиков, красиво оформленных и уложенных на блюде так, чтобы имитировать торт.

Квадратные и продолговатые тортовые бутерброды можно составить из маленьких трех- и четырехугольных бутербродов.

Готовые бутерброды могут быть низкие (однослойные) и высокие (многослойные).

Вместо хлеба для основы тортового бутерброда можно использовать тонкие коржи, испеченные из соленого слоеного, дрожжевого или рассыпчатого теста. Хороши также сочные смеси из протертого хлеба и различных добавочных продуктов. Испеченные из теста основания должны успеть остыть, поэтому их лучше приготовить заранее. На теплом основании начинка растает.

Для начинки и украшения тортовых бутербродов годятся те же продукты, что и для обычных бутербродов. Только нужно помнить, что продукты должны между собой сочетаться по вкусу.

Многослойные тортовые бутерброды должны быть готовы за несколько часов или даже за сутки до подачи их к столу. Держать их лучше под легким прессом на холоде. Чтобы хлеб не зачерствел, готовый тортовый бутерброд покрывают колпаком или миской. Оформлять торт желательно непосредственно перед подачей к столу, чтобы украшения не высохли и не завяли. Особенно быстро засыхают рубленые продукты (яичный желток и белок, зелень) и зеленый салат, их нужно класть в самый последний момент перед подачей. Чтобы продукты, предназначенные для украшения, прочнее держались, их кладут или втыкают в густой слой взбитого масла (горчичного, зеленого, розового и т. п.), сметаны или майонеза.

Однослойные тортовые бутерброды желательно разрезать перед тем, как класть сверху продукты, но после того, как масло уже намазано.

Укладывать продукты следует так, чтобы отдельные бутербродики можно было достать, но все вместе они создавали впечатление целого торта.

Многослойный тортовый бутерброд красиво подать на стол целиком. Разрезать торт (лучше до того, как украсить его) надо острым тонким ножом, время от времени обдавая его горячей водой. К горячему ножу не прилипают продукты.

ТОРТЫ-БУТЕРБРОДЫ ИЗ ЧЕРНОГО ХЛЕБА

Торт-бутерброд с ветчинным маслом

4 больших ломтя черного хлеба (500 г), 250 г ветчинного масла, 4—6 тоненьких ломтиков ветчины, 100—150 г сырного масла, 1 ст. ложка хрена, 1—2 помидора или красного стручкового перца, укроп или листья петрушки, маринованные сливы или виноград, редиска.

В ветчинное масло по вкусу добавить протертый хрен, намазать им хлеб и соединить покрытые части, сверху намазать хлеб сырным маслом, по краям — оставшимся ветчинным. Украсить свернутыми в трубочку ломтиками ветчины, помидора или красного перца, укропом или листьями петрушки, разрезанными пополам маринованными сливами, виноградинами или красиво разрезанной редиской.

Торт можно составить также из маленьких треугольных или четырехугольных двухслойных бутербродиков, сложенных на блюде и соответственно оформленных.

Торт-бутерброд с мягким основанием (ветчиной)

400 г ржаного хлеба, 300 г сметаны, 200 г копченой ветчины, 2—3 ст. ложки томатного пюре, 1 луковица или кислое яблоко, 3 помидора или консервированных стручковых перца, редиска или соленые огурцы, зеленый салат, укроп или листья петрушки, 2—3 яйца, горчица или хрен, соль.

Хлеб натереть. Нежирную ветчину пропустить через мясорубку, луковицу или кислое яблоко натереть. Продукты смешать с томатным пюре и частью сметаны так, чтобы получить довольно густую массу. Из нее, посыпая протертым хлебом, скатать круглую или четырехугольную основу для торта. Уложить на блюдо, смазать края и верх оставшейся сметаной или майонезом, украсить дольками помидора или стручкового перца, кружочками яйца и редиски или огурца, рубленым и разрезанным яйцом и зеленым салатом или зеленью. Посыпать солью, уложить горки горчицы или хрена.

Торт-бутерброд с печенью, ветчиной и сыром

1 буханка черного хлеба.

Для закусочных масс: *1) 500 г печени, 50 г топленого масла, 100 г сливочного масла, 100 г натертого твердого сыра, 1 луковица, перец и соль по вкусу; 2) 400 г ветчины, 100 г сливочного масла, 4 яйца, 1 ч. ложка горчицы, 100 г тертого острого сыра, перец и соль по вкусу; 3) 400 г сыра, 200 г сливочного масла, 4 вареных желтка, красный перец, соль по вкусу.*

С буханки черного, орловского, столового или какого-либо другого темного хлеба срезать все корки и нарезать мякоть по горизонтали на тонкие пласты. Быстро подрумянить их с обеих сторон в топленом масле на раскаленной сковороде. Между остывшими тонкими поджаренными пластами положить закусочную массу, подобрав ее по цвету и вкусу. Различными массами можно намазывать слоями не более 3 пластов хлеба, иначе при нарезании бутерброды распадутся по слоям на части.

Приготовление массы из печени: печень очистить от пленки и желчных протоков, нарезать на кусочки, положить на сковороду с раскаленным маслом, посолить и быстро обжарить на сильном огне. Влить 3 ст. ложки воды, накрыть крышкой и потушить 5 мин. Остуженную печенку пропустить через мясорубку вместе с очищенным сырым луком. К фаршу добавить растертое с сыром масло, посолить, поперчить и выбить ложкой, чтобы получилась пышная масса. Эту массу нанести на поджаренный тонкий прямоугольник хлеба.

На уложенную ровным слоем приготовленную массу положить второй поджаренный ломоть черного хлеба, на него нанести ветчинную массу.

Приготовление ветчинной массы: сваренные вкрутую яйца пропустить через мясорубку вместе с ветчиной, добавить масло, сыр, горчицу, соль и перец. Массу хорошо растереть и намазать ею второй хлебный пласт. Если ветчинная масса получится недостаточно розовой по цвету, ее надо подкрасить свекольным или морковным соком, чтобы каждая начинка резко отличалась по цвету от другой.

На третий пласт положить начинку из сыра с яйцами: желтки протереть через дуршлаг, добавить масло, растереть в однородную массу, всыпать натертый сыр, хорошо вымешать, добавить красный горький перец так, чтобы начинка была достаточно острой, посолить и намазать слоем такой же толщины, как два предыдущих.

Накрыть четвертым поджаренным пластом, плотно завернуть в целлофан и пергаментную бумагу и положить в холодильник.

Перед подачей развернуть закусочный торт и нарезать поперек ломтиками шириной в палец. Разложить на длинном узком блюде или дощечке, покрытой бумажными салфетками, а летом — вымытыми и вытертыми широкими зелеными листьями, например клена, вяза и т. д. Укладывать ломтики так, чтобы они слегка находили один на другой. При такой укладке все пласты видны и блюдо имеет более красивый вид.

Слои закусочной массы на хлебных пластах должны быть одинаковой толщины.

Торт-бутерброд с сыром, ветчиной, паштетом, овощами и зеленью

800 г хлеба, 4 ст. ложки сливочного масла, 2 ст. ложки мелко нарезанного зеленого лука или петрушки, 2 ст. ложки натертого хрена, смешанного с 3 ст. ложками сметаны (добавить сахар и соль по вкусу), 2 сваренных вкрутую яйца, 150 г ветчины, 150 г сыра, 200 г паштета из печени, ¹/₂ банки майонеза, помидоры, редис, огурцы по вкусу.

У круглого хлеба срезать нижнюю корку, нарезать хлеб на круги толщиной 1—1,5 см. Все круги намазать маслом, обровнять края. Самый маленький круг посыпать мелко нарезанным зеленым луком или зеленью петрушки. Следующий круг покрыть хреном со сметаной и рублеными яйцами. На третий круг положить кусочки ветчины. Четвертый круг посыпать тертым сыром. Последний круг ровно заполнить паштетом. По краям всех кругов сделать ободок из густого майонеза.

Сложить круги один на другой, украсить майонезом, кружочками небольших твердых помидоров, свежих огурцов или редиса. Поставить в холодное место.

Перед подачей к столу нарезать на порции.

Бутербродный торт можно приготовить из любых сортов круглого черствого хлеба. Круги торта-бутерброда можно заполнить по желанию различными продуктами (сардины, шпроты, дольки лимона, икра, кета, осетрина и другие продукты).

Торт-бутерброд с копченой рыбой

4—6 нарезанных квадратиками тонких ломтиков хлеба без корки или один большой ломоть, продольно отрезанный от целой буханки, 3 ч. ложки сливочного масла или майонеза, 2—3 копченые сельди (скумбрия, салака или килька), 2 маринованные красные свеклы (салат из свеклы), 1—2 маринованных или соленых огурца, 2 вареных яйца.

Очистить рыбу. Ломти хлеба намазать маслом или майонезом, уложить друг к другу вплотную так, чтобы образовался квадрат или продолговатое основание. Сверху положить филе копченой рыбы без кожи и костей, вперемежку с ними нарезанные полосками свеклу и огурцы. Посередине поместить ломтики вареного яйца.

Торт-бутерброд из ржаного хлеба с селедочным маслом

1 кг свежего ржаного хлеба.

Для начинки: *300 г сливочного масла, 110 г сельди, 30 г горчицы, 1 свежий огурец, 100 г кукурузных или пшеничных хлопьев.*

Хлеб без корок нарезать на лепешки толщиной 1—2 см. Приготовить начинку. Для этого филе сельди без кожи и костей, предварительно вымоченное (в течение 8 ч) в молоке или чае, протереть через сито. Размягченное сливочное масло положить в кастрюлю, добавить протертую сельдь, горчицу и тщательно выбить деревянной ложкой. Лепешки намазать селедочным маслом и уложить одна на другую. Верхнюю лепешку можно украсить свежими огурцами или, намазав сливочным маслом, посыпать кукурузными или пшеничными хлопьями.

Торт-бутерброд из ржаного хлеба с селедочной массой

500 г ржаного хлеба, 200 г селедочной массы (150 г сельди, очищенной, без костей, пропущенной через мясорубку, растертой с 2 ст. ложками сливочного масла и 4 ст. ложками сметаны).

С буханки ржаного хлеба срезать все корки, придать ему прямоугольную или круглую форму, нарезать вдоль широкими ломтями толщиной $1^1/_2$ см, намазать их селедочной массой слоем 1 см.

Сложить 4 намазанных массой ломтя хлеба, аккуратно прижать сверху, тщательно обровнять края, завернуть хлеб в пергамент, положить в холодное место. Перед подачей к столу нарезать торт поперек ломтиками толщиной $1-1^1/_2$ см и украсить вареной или маринованной свеклой.

Селедочную массу можно заправить луком, горчицей и уксусом.

Вместо селедочной массы можно использовать форшмак (рубленую сельдь).

Торт-бутерброд с мягким основанием (сельдью)

400 г ржаного хлеба, 100 г зеленого или розового масла, 1 сельдь, 200 г сметаны, 4 яйца, 1 луковица, 10 редисок или 1 соленый огурец, 4 помидора или консервированных стручковых перца, 100 г зеленого салата, укроп или листья петрушки, 10 килек.

Вчерашний хлеб натереть. Очищенную сельдь и луковицу мелко нарезать или пропустить через мясорубку, 1 крутое яйцо размять вилкой или нарубить. Все продукты перемешать со сметаной. Полученную густую массу раскатать как тесто и придать ей форму круга толщиной 1 ¹/₂—2 см, уложить на тарелку.

При желании торт можно сделать четырехугольным.

При раскатывании посыпать стол и массу тертым хлебом, иначе все приклеится к столу и скалке.

Смазать основание торта по краям и сверху зеленым или розовым маслом. Украсить маленькими ломтиками редиски и огурца и кружочками яиц и помидоров или перца, свернутыми в трубочку очищенными кильками и салатом, укропом или листиками петрушки.

Закусочный бутербродный торт

Круглый хлеб, сливочное масло, сельдь, килька или копченая салака, листья зеленого салата, зеленый лук.

У хлеба срезать верхнюю часть, оставив ровный круг толщиной примерно 2—2,5 см, на поверхность которого нанести тонкий слой масла, поверх масла по секторам положить кусочки сельди (кильки или копченой салаки), листья салата, перо зеленого лука. Центр украсить цветком из редиса, помидора или сваренного вкрутую яйца, по краю расположить дольки лимона, соленого или свежего огурца, моркови.

При изготовлении такого торта можно использовать различные пасты, например крилевую, селедочное или сырное масло, паштеты, овощную или грибную икру. Набор продуктов можно изменять в зависимости от обстоятельств. Для этого надо лишь немного выдумки и фантазии.

ТОРТЫ-БУТЕРБРОДЫ ИЗ БЕЛОГО ХЛЕБА

Торт-бутерброд с сырной массой по-испански

200 г пшеничного хлеба, 50 г сливочного масла, 100 г плавленого сыра.

Плавленый сыр растереть с маслом до получения однородной массы. Ломтики пшеничного хлеба переложить сырной массой слоем 1 см, соединить их, аккуратно прижать сверху, обровнять края, завернуть хлеб в пергамент, положить в холодильник.

Перед подачей к столу нарезать поперек ломтиками толщиной 1 см и уложить на блюдо.

Торт-бутерброд с сырным кремом и свежими овощами

4 больших ломтя формового белого хлеба (500 г), 400–500 г сырного крема или масла, редис и помидоры.

Куски хлеба покрыть толстым слоем сырного крема или масла и сложить вместе. Сверху и с боков торт также покрыть сырным кремом и выдавить квадратики из крема. В уголок каждого квадратика положить разрезанные пополам ломтики неочищенной редиски крестнакрест, чтобы красная сторона оставалась сверху. Можно составить торт из треугольных или четырехугольных двухслойных бутербродиков.

Торт-бутерброд с творогом и колбасой или окороком

200 г пшеничного хлеба, 150 г творога, 100 г сметаны, 50 г вареной колбасы или окорока, 1 ст. ложка мелко нарезанной зелени петрушки, укропа или лука, 3 крупные редиски или 2 помидора, соль по вкусу.

9•

Ломтики пшеничного хлеба намазать массой из творога, сметаны (или сливочного масла) и мелко нарезанного вареного окорока или колбасы, сложить их вместе, бока намазать протертым творогом, смешанным со сметаной (или сливочным маслом) и солью.

Украсить зеленью, ломтиками редиса или помидора.

Торт-бутерброд «Смесь»

400 г пшеничного батона, 50 г сливочного масла, 150 г колбасы или ветчины (или их смеси), 100 г сала, 100 г сыра или брынзы, 1 яйцо.

Пшеничный батон разрезать вдоль на две части и вынуть из них мякиш, оставив подкорковый слой толщиной 1,5—2 см. Мякиш натереть на терке. Все продукты — колбасу, ветчину, сало, сыр или брынзу, сливочное масло, яйцо — вместе с тертым мякишем пропустить через мясорубку, тщательно перемещать и этой массой начинить половинки батона. Подготовленный таким образом батон завернуть в плотную бумагу и поместить в холодное место. Перед употреблением нарезать тонкими ломтиками.

Смесь можно изменять в зависимости от имеющихся продуктов.

Торт-бутерброд с паштетом или мясным фаршем

200 г пшеничного хлеба, 150 г сливочного масла, 150 г печеночного паштета (или ливерной колбасы, или вареного мясного фарша), 1 ст. ложка мелко нарубленной зелени (петрушка, лук или укроп), $^1/_2$ лимона, 50 г сыра.

Ломтики пшеничного хлеба намазать сливочным маслом, положить на них слой паштета или фарша из вареного мяса, сложить. Торт можно приготовить с тремя слоями паштета или фарша. Верхний ломтик хлеба не смазывать.

На торт положить легкий пресс и поставить в холодильник. Края и верх охлажденного торта намазать сли-

вочным маслом и посыпать рубленой зеленью. Сверху
посыпать тертым сыром и положить тонкие ломтики
лимона.

Торт-бутерброд с мясным или куриным фаршем

*400 г пшеничного хлеба, 100 г сливочного масла, 100 г
сыра, 140 г отварного мяса (говядины, свинины или курицы), 2 ст. ложки мелко нарезанной зелени петрушки или
укропа.*

Пшеничный хлеб без корки нарезать тонкими ломтиками. Половину размягченного сливочного масла и натертый на терке сыр смешать и слегка взбить. Отварное
мясо (говяжье, свиное или куриное) провернуть через
мясорубку, перемешать с оставшимся маслом.

Приготовленной сырной массой намазать ломтик
хлеба, положить на него другой, намазанный мясной
массой. Так повторить несколько раз. Верхний ломтик
смазать сырной массой.

Охладить торт в холодильнике, обровнять с боков,
украсить зеленью.

При желании в масло можно добавить 1 ч. ложку
горчицы.

Торт-бутерброд с вареной рыбой

*500 г пшеничного хлеба (из них 100 г для фарша), 500 г
филе любой рыбы, 2 яйца, 2 луковицы, 2 ст. ложки
растительного масла (для жаренья лука), 1 банка майонеза, $^1/_2$ стакана молока, 3 ст. ложки зелени петрушки или
укропа, перец, огурцы, помидоры, соль по вкусу.*

Пропустить через мясорубку вареное рыбное филе,
жареный репчатый лук, замоченный в молоке пшеничный хлеб, добавить соль, перец и хорошо перемешать с
майонезом.

С пшеничного батона срезать корки и нарезать батон
вдоль на тонкие, длинные ломти. На ломти наложить
рыбный фарш, сложить их один на другой, украсить

майонезом, мелко нарубленными яйцами и зеленью, а также свежими или солеными огурцами и помидорами.

По желанию майонез, используемый для украшения, можно разделить на 3 части, одну из которых покрасить в желтый цвет, размешав майонез с яичным желтком, другую смешать с сухим тертым укропом или любой свежей зеленью, а третью оставить белой.

Торт-бутерброд с сардинами или шпротами

1 батон, масло для обжаривания.

Для закусочных масс: *1) 200 г плавленого сыра, 1 банка сардин или шпрот, соль и красный перец по вкусу; 2) 4 вареных яйца, 200 г свежих помидоров, 1 ст. ложка рубленого зеленого лука, 1 ч. ложка рубленой зелени укропа, 1 ст. ложка майонеза, $^1/_2$ ч. ложки сахара, соль по вкусу; 3) 50 г кетовой икры, 70 г сливочного масла, 1 ст. ложка рубленой зелени петрушки.*

Срезать корки с белого батона, придать ему форму кирпичика, разрезать по горизонтали на 3 пласта, каждый обжарить с обеих сторон и каждый намазать приготовленной массой.

Растереть в миске плавленый сыр с сардинами или шпротами, постепенно подливая масло из-под них. Добавить соль и перец по вкусу. Этой массой намазать поджаренный ломоть хлеба. Накрыть его другим поджаренным ломтем.

Протереть через дуршлаг вареные яйца, помидоры нарезать очень мелкими кубиками, положить на 20—30 мин в дуршлаг, чтобы стек сок; затем перемешать, растирая с яйцами, добавить майонез, всю зелень, сахар и соль по вкусу. Полученной массой намазать второй ломоть хлеба. Накрыть его третьим пластом.

Икру истолочь в ступке и растереть с маслом. Острым ножом нарезать приготовленный закрытый закусочный торт поперек на треугольники, положить каждый на боковой разрез и из кондитерского мешочка с узорным наконечником выдавить волнообразные полоски икорного масла. На концы полосок положить пучочки рубленой зелени.

Подавать, оформив так же, как и предыдущие торты-бутерброды.

ТОРТЫ-БУТЕРБРОДЫ ИЗ ЧЕРНОГО И БЕЛОГО ХЛЕБА

Торт-бутерброд с сыром и ветчиной

2 больших ломтя белого хлеба (300—400 г), 1 большой ломоть черного хлеба (200 г), 150 г зеленого масла, 150 г мягкой ветчины, 150 г сыра.

Для украшения: *125 г взбитых сливок, 3 ст. ложки майонеза, 2—3 яйца, 2—3 помидора, 1 огурец, укроп или листья петрушки.*

Нижний кусок должен быть из белого хлеба. Намазать его зеленым маслом. На него равномерно уложить слой рубленой или пропущенной через мясорубку ветчины и покрыть черным хлебом, маслом вниз. Сверху намазать зеленым маслом, положить тертый или плавленый сыр и покрыть вторым ломтем белого хлеба, маслом вниз.

На бутерброд положить легкий груз и держать под прессом на холоде пару часов, чтобы масло и начинка полностью остыли, скрепив собою бутерброд.

Сливки взбить, добавить майонез. Покрыть бутерброд сверху и по краям густым слоем полученного крема, украсить кружочками яйца, помидора или ломтиками огурца и зеленью.

Торт-бутерброд «Ассорти»

1 кг свежего пшеничного или ржаного хлеба, 40—60 г сливочного масла, 300 г твердого сыра (или 2 острых плавленых сырка), 2 помидора.

Для начинки из ветчины: *100 г рубленой ветчины, 25 г горчицы, 50 г майонеза, 20 г зеленого лука.*

Для начинки из яиц: *2 рубленых яйца, 15 рубленых маслин, 15 г горчицы, 50 г майонеза, соль по вкусу.*

Для начинки из моркови и капусты: *125 г тертой моркови, 250 г нашинкованной капусты, 50 г майонеза.*

С круглого или формового ржаного или пшеничного хлеба срезать корки и острым ножом нарезать его на 5 лепешек толщиной 1—2 см.

Приготовить начинки: тщательно смешать указанные для каждой начинки продукты.

Нижнюю лепешку намазать тонким слоем сливочного масла и посыпать ее половиной порции тертого сыра. На вторую лепешку положить половину начинки из ветчины, на третью — начинку из яиц, на четвертую — начинку из моркови и капусты. Пятую (верхнюю) лепешку намазать маслом и выложить на нее оставшуюся ветчину. Посыпать оставшимся тертым сыром и украсить нарезанными помидорами.

Бока торта также можно намазать маслом и посыпать тертым сыром.

Торт-бутерброд с мясом, хреном и сметаной

700 г хлеба, 400 г вареного мяса, 1—2 ст. ложки готового хрена, 300 г сметаны, 3 ст. ложки зелени (лук, укроп, петрушка, сельдерей, кинза), соль по вкусу.

Вареное мясо нарезать тонкими ломтиками. Тертый готовый хрен смешать со сметаной и посолить. Пшеничный или ржаной хлеб нарезать вдоль широкими ломтями толщиной 1 1/2 см, нижнюю корку удалить. Смазать ломти хлеба хреном со сметаной, положить на них кусочки мяса, которые тоже слегка смазать хреном со сметаной. Уложить ломти хлеба один на другой, смазать с боков хреном со сметаной, посыпать мелко нарубленной зеленью, украсить свежими, вареными или маринованными овощами (морковь, свекла, огурцы, помидоры).

Торт-бутерброд с языком, яйцами и овощами

1 буханка белого или черного хлеба, 150 г сливочного масла, 400 г вареного языка, 100 г плавленого сыра или 70 г твердого сыра и 1 ст. ложка сметаны, 6 яиц, 12 редисок, 5 помидоров, 1 яблоко, свежий или соленый огурец, 100 г соленого сига или 10 килек, 1/2 банки майонеза, 100 г салата, укроп или листья петрушки, перец, горчица, хрен, зеленый лук, соль по вкусу.

Обрезать корку с буханки хлеба так, чтобы все стороны были гладкие. Свежий хлеб разрезать на 4—5 кругов толщиной в 1 см, намазать толстым слоем масла. На нижний ломоть уложить нарезанные полосками листья зеленого салата и тоненькие ломтики языка, сверху уложить растертое масло и сбрызнуть майонезом. На следующий ломоть хлеба, покрывший первый, положить крутое яйцо, дольки помидора и огурца, посыпать солью, перцем и зеленью. Для закрепления положить масло с майонезом. Уложенный сверху третий ломоть хлеба покрыть, как и первый, листьями салата и языком, добавить тертый хрен и зелень, скрепить растертым маслом и майонезом. Следующий слой повторяет второй. Верхний слой оставить сначала непокрытым, положить сверху легкий ломтик (тяжелый может выдавить начинку) и поставить на холод.

Холодный тортовый бутерброд смазать по краям и сверху плавленым сыром. Твердый сыр натереть и перемешать со сметаной. Украсить целыми, но прорезанными редисками, трубочками из кильки или кусочками сига, кружочками яйца, огурца и помидора, салатом и зеленью. Сверху можно капнуть майонезом, сметаной или каким-нибудь заправленным маслом.

Торт-бутерброд с печеночным паштетом

1 большой тонкий ломоть черного хлеба (250 г), 1 ломоть такой же величины белого хлеба (250 г), 80—100 г масла (можно томатного или зеленого), 250 г печеночного

*паштета, 1 яичный желток, 1 ст. ложка коньяка, мари-
нованные фрукты, чернослив, 1/2 лимона.*

Хлеб покрыть маслом, сверху намазать яичным желтком и уложить слой растертого с коньяком паштета,
сложить покрытыми сторонами. Сверху намазать бутерброд паштетом, украсить его черносливом, предварительно вымоченным в горячей воде, маринованными
фруктами и дольками лимона.

Если пользоваться формовым черным и белым хлебом, то можно такой бутерброд составить в виде шахмат-
ной доски. Для этого разрезать готовый бутерброд на
одинаковые квадратные кусочки и соединить их в шах-
матном порядке разными половинками. Паштетом намазать только бока торта, сохранив поверхность открытой. Украсить торт так, чтобы квадратики оставались
открытыми. Чтобы еще больше подчеркнуть разноцветные квадратики, нужно украсить черный хлеб темными
продуктами, а белый — светлыми.

Торт-бутерброд «Мозаика»

*1 кг свежего ржаного хлеба, 1 кг пшеничного хлеба, 30 г
сливочного масла.*
Для начинки: *300 г творога, 3 яичных желтка, сок
половины лимона, 1 банка сардин.*

Пшеничный и ржаной хлеб без корок нарезать на
лепешки толщиной 1—2 см. Чередуя лепешки из ржаного и пшеничного хлеба, уложить их одна на другую,
предварительно намазав каждую массой из хорошо взбитого творога, желтков, сардин и лимонного сока. Сверху
намазать маслом, украсить. Поставить в холодильник.
Когда торт застынет, подать к столу.

БОЛЬШИЕ БУТЕРБРОДЫ

Большие бутерброды готовят из расчета на одного
или несколько человек. Делают их на больших ломтях
белого или черного хлеба (слегка обжаренного или прос-

то намазанного маслом). К большим бутербродам относятся также фаршированные батоны, бутерброды-башни и бутерброды-пирамиды.

Большие открытые бутерброды на обжаренных или намазанных маслом ломтях хлеба

Такие бутерброды готовят из хлеба, нарезанного горизонтально вдоль буханки или поперек нее на ломти толщиной в 1 см. Используют и хрустящие хлебцы.

Хлеб смазывают маслом или поджаривают с обеих сторон и остужают.

Эти бутерброды можно готовить с разными продуктами. Непременное условие — обилие продуктов на хлебе. Ветчину и колбасу рекомендуется свернуть трубочкой, ломти жаркого положить веерообразно, сыр нарезать толстыми ломтиками или натереть и уложить горкой.

Салаты, как правило, укладывают на хлеб горкой и сверху украшают сырыми овощами.

Для украшения бутербродов используют зеленый салат, зелень укропа или петрушки, помидоры, огурцы, маринованные овощи и фрукты, тертую морковь, хрен, сельдерей и т. п.

На 200 г черного или белого хлеба взять 30 г масла, 200—250 г других продуктов. Так как бутерброды большие, их перед едой разрезают на несколько кусков. Одним таким бутербродом можно накормить до четырех человек.

Бутерброд подают на блюде или деревянной подставке и разрезают непосредственно перед едой. Едят при помощи ножа и вилки.

Большой бутерброд-ассорти

Ломоть белого хлеба намазать сливочным маслом, разрезать на 4 части и каждую часть накрыть чем-нибудь: ломтиком колбасы, мяса, рыбы, яйца, сыра. Готовые кусочки соединить в целый ломоть.

Большие бутерброды со свежим огурцом и яйцом

4 ломтя хлеба, 20—30 г сливочного масла, 200—300 г свежих огурцов, 4 яйца, майонез, укроп, соль по вкусу.

Большой ломоть хлеба намазать маслом и слегка поджарить с обеих сторон, уложить на него толстым слоем ломти огурца, посыпать солью и покрыть ломтиками яиц. На них ложкой положить майонез. Украсить зеленью укропа.

Большой бутерброд с мясом и яйцом

Белый хлеб, сливочное масло, зеленый салат, яйцо, хрен, сметана, докторская колбаса, морковь, лимонный сок, жареная телятина или язык, свежий огурец, сыр, редис, зелень петрушки или укропа.

Нарезанный вдоль белый хлеб поджарить или намазать масляной смесью (зеленой, ветчинной, сырной), покрыть листьями салата, чтобы их края свешивались, на салат уложить яйца с хреном, украсить укропом. Между рядами веерообразно уложить кружки докторской колбасы, заправленную лимонным соком тертую морковь, украшенные свежим огурцом кусочки телятины или языка, украшенные редиской ломти сыра. Все продукты сгруппировать на салатных листьях таким образом, чтобы между различными продуктами проглядывал край салатного листа. Украсить зеленью петрушки или укропа.

Большой бутерброд с яйцом, овощами и мясом

Ржаной хлеб, масло, яйца, свежие огурцы или помидоры (зимой — соленый огурец), жаркое или колбаса, хрен, сметана, сельдь, репчатый или зеленый лук (зеленый салат).

На большой поджаренный или намазанный маслом ломоть хлеба поместить ряд долек огурца или помидора, уложенных так, чтобы краями они перекрывали друг друга. За первым рядом выложить второй — кружки яиц, а по бокам от них свернутые трубочкой тонкие кусочки мяса или колбасы, начиненные хреном со сметаной. Затем снова ряд яиц, а на них — тонкие полоски сельди, кольца лука или рубленый зеленый лук. Под отдельные продукты или между ними можно положить листья салата. Очень декоративно выглядит хрен на зеленом листе, которым прикрывают ломтик мяса.

Если нет помидоров, яйца и огурцы можно украсить полосками красного перца или мелкими красными редисками, у которых сохранились листья.

Большой бутерброд с сыром, соленой рыбой и мясом

Ржаной хлеб, сыр, сливы, зеленый салат, яйцо, соленая рыба (сельдь или килька), жареное мясо или ветчина, огурец или помидор, укроп и зелень петрушки.

На поджаренный или намазанный маслом хлеб уложить рядами: толстые ломти сыра, на каждом из которых положена половинка маринованной или свежей сливы; листья зеленого салата, на них половинки или четвертинки сваренных вкрутую яиц, а сверху тонкие полоски сельди или филе кильки и зелень укропа; жареное мясо или куски ветчины, на них дольки огурца или помидора и зелень петрушки.

Таким образом, если хлеб разрезать на более мелкие части, каждый сможет выбрать себе бутерброд по вкусу.

Большие бутерброды, нарезанные ломтями

Из белого батона вырезать ломти так, чтобы оставшиеся, прикрепленные к нижней корке, остались стоять. Одну сторону этих ломтей намазать мягким маслом. На место вырезанных кусков положить листья салата, тонкие ломти колбасы, ветчины, мяса и сыра. Украсить свежими ягодами, консервированными сливами, вишнями, абрикосами и т. п.

При еде такой калорийный бутерброд нарезать на ломти так, чтобы на каждом остался толстый слой начинки.

Большие бутерброды с ветчиной и зеленью

Буханка ржаного хлеба, сливочное масло, креветки, ветчина, майонез, сваренные вкрутую яйца, помидоры, сыр, растительное масло, петрушка, салат-латук, черный молотый перец, соль.

Буханку ржаного хлеба разрезать вдоль, удалив предварительно корочку. Каждую половину разделить на четыре части, намазать сливочным маслом. На первую часть положить отваренные мелко нарезанные креветки, смешанные с майонезом; на вторую — кусочки яиц и помидоров, политые небольшим количеством растительного масла, посоленные, поперченные, мелко нарезанную петрушку; на третью — два кружочка ветчины; на четвертую — лист салата-латука, смазанный небольшим количеством майонеза, и ломтик сыра.

Подавать к столу на большом блюде с ножом и вилкой.

Большие бутерброды с ветчиной и яблоками

4—6 ломтей белого хлеба, 20 г маргарина, 200 г копченой грудинки (ветчины, бекона), 2 яблока, 1 помидор, хрен.

Большие ломти белого хлеба обжарить с двух сторон в маргарине. На жареный хлеб положить тоненькие жареные ломтики ветчины. Натертые на крупной терке яблоки обжарить в ветчинном жире, заправить хреном и положить горкой на ветчину. Рядом с двух сторон украсить ломтиками помидора. Подавать сразу же.

Чтобы не испортить вкус бутерброда, хлеб, ветчину и яблоки жарить отдельно друг от друга.

Большие бутерброды с ветчиной и грибами

Ветчину (колбасу), сваренное вкрутую яйцо, грибы нарезать мелкими кубиками, перемешать с майонезом. Массу выложить на приготовленные полоски батона, украсить майонезом, который можно нанести с помощью кондитерского шприца или пергаментного пакетика. Разрезать каждый ломоть поперек на 6—8 бутербродов и составить их вместе.

Большие бутерброды с сельдью и овощами

Белый батон, 200 г филе сельди, 100 г помидоров или соленых огурцов, 50 г майонеза, 1 сваренное вкрутую яйцо.

Разрезать батон на продольные ломти. Вдоль одного края каждого ломтя уложить филе сельди, вдоль другого выложить густой майонез, а середину заполнить рядом тоненьких кружочков яиц.

Украсить ломтиками помидоров или огурцов.

Каждый ломоть батона разрезать поперек на 6—8 бутербродов.

Большие сандвичи

2 белых батона, сливочное масло, несколько листьев салата-латука, 4 ломтика сыра, 2—3 ломтика ветчины, ломтики лука и крупного маринованного огурца, несколько ломтиков копченой колбасы, томатный соус (кетчуп).

Батоны разрезать пополам, а затем вдоль. Каждую часть смазать сливочным маслом. На две из них положить листья салата, ломтики сыра, ветчины, лука, огурца, колбасы, соус и закрыть двумя другими.

Фаршированные батоны и хлебцы

Такие бутерброды готовят из выскобленных изнутри половинок батона или буханки хлеба. С хлеба предварительно срезают корку. Непосредственно перед едой фаршированные бутерброды нарезают на ломти.

Батон, фаршированный грибами

Батон (500 г), 1 ст. ложка сливочного масла, 100 г свежих грибов, 1 головка репчатого лука, черный молотый перец, зелень петрушки или укропа, соль.

Из черствого батона вынуть мякиш так, чтобы не повредить корочку. Свежие грибы перебрать, очистить, промыть, мелко нарезать, стушить с маслом и луком, охладить, пропустить через мясорубку с мелкой решеткой, добавив соль, перец, зелень.

Вместо свежих можно использовать соленые грибы. В этом случае грибы обжарить в растительном масле, смешать с пассерованным луком, заправить перцем и зеленью.

Освобожденный от мякиша батон начинить подготовленным фаршем, сильно его уминая, и запечь в духовке.

Батон можно подать как горячим, так и холодным, нарезав красивыми ломтиками.

Батон, фаршированный мясной смесью и шпротами

1 белый батон (500 г), 100 г сливочного масла, 150 г ветчины, 100 г копченого языка, 100 г колбасы (сервелата), 150 г овечьего сыра, несколько шпрот, 100 г голландского сыра, 2 яйца.

Батон разрезать на две части и деревянной ложкой вынуть из него мякоть, оставив стенки толщиной в мизинец. Все продукты (за исключением сливочного масла) и мякоть батона дважды пропустить через мясорубку, вымешать со сливочным маслом и этой массой начинить половинки батона. Подготовленный таким способом батон завернуть в плотную бумагу и поставить в холодильник или холодное место.

Перед употреблением нарезать тонкими ломтиками.

Батон, фаршированный мясной смесью и кильками

1 батон, 150 г сливочного масла, 50 г острого сыра, 50 г ветчины или жаркого, 100 г темной колбасы, 1—2 ст. ложки толченых орехов, 2 яйца, 4—5 очищенных килек, зелень, мякиш, перец, при желании соль.

Батон разрезать вдоль, выскоблить длинным ножом, чтобы осталась ровная корка толщиной в 1 см. Масло взбить, смешать с тертым сыром и кубиками мясных изделий, рубленой килькой, толчеными орехами, размельченными яйцами, мякишем и рубленой зеленью. Заправить перцем, по желанию добавить соль или килечный рассол. Батон начинить полученной смесью, плотно сжать обе половинки, завернуть в целлофан или пергамент и держать до следующего дня в холодном месте.

Нарезать перед подачей к столу. Бутерброды будут красивыми, если продукты различных цветов не слишком размельчены, поэтому начинку нужно лишь слегка перемешать.

Батон, фаршированный мясными изделиями

1 батон, 150 г сливочного масла, 2—3 ст. ложки томатной пасты, $1/2$—1 ст. ложка тертого лука, 2 ч. ложки острого соуса, 200 г языка, ветчины, темной колбасы или мясных консервов, 1 небольшой соленый огурец, крыжовник, мякиш, перец, соль.

Батон разрезать вдоль, обе половины выскоблить длинным ножом, чтобы осталась ровная корка толщиной в 1 см. Масло взбить, добавить приправы, нарезанные мелкими кубиками мясные изделия, мякиш и желательно сырой крыжовник (целые плоды). Начинку положить в выскобленный батон, плотно прижать и сложить обе половины. Завернуть батон в целлофан или пергамент и держать до следующего дня в холодном месте.

Нарезать тонкими ломтями непосредственно перед подачей к столу.

Батон, фаршированный консервированным мясом и салатом из сырых овощей

Белый батон, 1 стакан сметаны, 300 г свежей капусты, 1 луковица или 50 г зеленого лука, 1 ч. ложка горчицы, 1 банка консервов «Завтрак туриста» или «Рубленый бекон», 1—2 помидора или долька перца, салат или зелень, соль.

В батоне сделать продольный надрез, не повредив его нижней корки, или срезать верхнюю корку в виде крышки, выскоблить, смазать сметаной. Капусту натереть или изрубить и размять до мягкости, лук натереть. Сметану заправить горчицей и солью, смешать с капустой и луком. Булку начинить салатом, сверху уложить размельченные мясные консервы. Украсить свежими или консервированными помидорами и стручковым перцем, салатом или зеленью.

Салат можно приготовить и из отжатой квашеной капусты, в таком случае лучше подходит черный хлеб.

Подобные бутерброды можно приготовить и на большом прямоугольном ломте хлеба.

Батон, фаршированный фруктовым салатом, ветчиной и сыром

Белый батон, сливочное масло, $^1/_2$ л компота из персиков или смешанного компота, $^1/_2$ стакана майонеза или сметаны, горчица, 2 ст. ложки соуса «Южный», $^1/_2$ соленого огурца, 6 больших кусков ветчины, столько же швейцарского сыра, укроп, зелень салата или петрушки, соль.

В батоне сделать продольный надрез или срезать верхнюю корку в виде крышки и выскоблить. Фрукты вынуть из компота. Майонез или сметану заправить, соленый огурец нарезать мелкими, а фрукты более крупными кубиками и смешать с соусом. Салат вложить в батон, сверху уложить свернутые трубочкой ломти ветчины, треугольники из сыра и кусочки фруктов. Украсить зеленью или листьями салата.

Батон, фаршированный салатом из курятины и апельсинов

Белый батон, сливочное масло, 200 г жареной курицы, 2 апельсина или 4 мандарина, 1 стакан фруктов из компота, 1 яйцо, 1 небольшая луковица, 2—3 ст. ложки миндаля, зеленый стручковый перец, ³/₄ стакана майонеза, масло.

В батоне сделать продольный надрез и частично его выскоблить. При желании смазать внутри маслом. Жареную курятину, фрукты из компота и яйца нарезать крупными кубиками (1—1 ¹/₂ см), лук тоже нарезать. Миндаль ошпарить и снять кожуру, поджарить и изрубить. Продукты смешать с майонезом, салат вложить в батон, чтобы он был чуть выше краев батона. Украсить кусочками апельсина или мандарина, зеленым стручковым перцем и рубленым миндалем.

За столом батон разрезать на 4—6 кусков.

Майонез можно смешать с небольшим количеством взбитых сливок.

Фаршированный белый хлеб по-магрибски

Белый батон (500 г), растительное или сливочное масло для жаренья, 250 г отварного мяса дичи, пучок зелени петрушки, 1 стакан очищенного, мелко нарубленного и поджаренного миндаля, 2—3 ст. ложки мелко нарубленной зелени (петрушка, мята, эстрагон, купырь, укроп), сок ¹/₂ лимона, 3—4 ст. ложки куриного бульона, 1 стакан соуса, оставшегося от жаренья, перец и соль по вкусу.

Мясо нарезать кубиками и обжарить в растительном или сливочном масле.

Взять батон, разрезать его вдоль и удалить мякоть. Мякоть раскрошить, смешать с миндалем, мелко нарубленной зеленью (побольше зелени петрушки) и жареным мясом. Затем добавить сок $1/2$ лимона, 1 ст. ложку куриного бульона и соус, оставшийся от жаренья. Приправить солью и перцем. Полученной массой наполнить половинку батона. Закрыть верхней частью и полить соусом от жаренья и бульоном. Посыпать мелко нарубленной зеленью петрушки.

При подаче к столу нарезать этот батон крупными ломтями.

Можно подать к этому блюду всевозможные зеленые салаты.

Батон, фаршированный сосисками

1 батон, 175 г сливочного масла, 1$1/2$ ст. ложки тертого хрена, 2 ч. ложки лимонного сока, 1 маринованный или соленый огурец, 100 г укропа или зелени петрушки и укропа, 3 сосиски, перец (можно стручковый), соль.

Хлеб разрезать вдоль на две половины и выскоблить, чтобы осталась корка толщиной в 1 см. Масло взбить, частью его смазать края булки. Оставшееся масло смешать с тертым хреном, рубленым огурцом, зеленью укропа или петрушки и с мякишем. Начинку разделить на две части и вложить в обе выскобленные половинки батона. С сосисок снять кожу, уложить их на начинку и сложить обе половинки батона. Батон крепко завернуть в целлофан или пергамент и держать в холодном месте до следующего дня.

Непосредственно перед подачей нарезать тонкими ломтями (около 5 мм).

Фаршированный ржаной хлебец

Ржаной хлебец, 125 г сливочного масла, 100 г нежирной ветчины, 100 г копченого языка, 50 г сыра, 2 крутых яйца, 1—2 небольших соленых огурца.

Нарезать небольшими кубиками ветчину, копченый язык, сыр, яйца и соленые огурцы. Хорошо растереть сливочное масло. Соединить нарезанные продукты с маслом и хорошо размешать.

Разрезать вдоль пополам ржаной хлебец и вынуть мякиш из обеих половинок, сохранив равномерный пласт толщиной приблизительно 1 см. Подготовленные таким способом половинки хлеба плотно нафаршировать приготовленной смесью и соединить.

Завернуть хлеб в салфетку и выдержать на холоде в течение 2—3 часов. Затем нарезать острым ножом тонкими ломтиками. Бутерброды очень вкусные и красивые.

Бутерброды-башни и бутерброды-пирамиды

Бутерброды-башни и бутерброды-пирамиды состоят из уложенных друг на друга и скрепленных палочкой бутербродов одного или различных сортов, для чего готовят 3—4 сорта средней величины или маленьких бутербродов. Для них используют нарезанный батон, круглые или четырехугольные куски любого хлеба.

Желательно выбирать продукты посуше, чтобы один бутерброд не испортил вкуса другого. На кильку, селедку и другие подобные продукты нужно положить ломтик яйца или лист зеленого салата, чтобы хлеб, уложенный сверху, не промок.

Бутерброды, соединенные одной палочкой, могут быть как одинаковых, так и различных размеров и формы. Бутерброды одной формы, постепенно уменьшаясь, образуют бутерброд-пирамиду. Для скрепления пользуются деревянными, пластмассовыми или костяными палочками с зубцами или крючком на конце, что не дает бутербродам соскользнуть вниз. На верхнюю часть палочки можно надеть редиски, грибы, ломтики огурца, фрукты и т. п.

Есть начинают с верхнего бутерброда, а если палочка украшена — с нижнего. Одной рукой придерживают палочку, другой сталкивают нижний бутерброд на тарелку и сдвигают оставшиеся бутерброды вниз, чтобы «башня» была устойчивой. Бутерброд едят, держа его в руках.

Если палочка гладкая, бутерброды можно начинать есть как сверху, так и снизу. Обычно сначала едят бутерброды с соленой рыбой, затем мясные и, наконец, бутерброды с сыром.

На каждого человека нужно приготовить одну «башню» из расчета 100—120 г хлеба, 20—25 г масла и 120—150 г других продуктов. «Башни» можно поместить на маленькие хлебные тарелочки или на общее блюдо. Для таких бутербродов нужно запастись салфетками, чтобы вытирать пальцы.

Бутерброд-башня с сыром

Белый или черный хлеб, сливочное или сырное масло, один или несколько сортов сыра, помидоры или фрукты (ягоды).

На ломтики черного или белого хлеба толщиной 7—10 мм и одинаковых размеров намазать масло и положить ломтики сыра или толстый слой плавленого сыра.

Для приготовления такого бутерброда можно использовать один или несколько сортов хлеба.

Бутерброды (3—4 штуки) уложить друг на друга и скрепить палочкой. Верхний бутерброд украсить кусочком помидора или целой сливой, вишней, клубникой, малиной.

Бутерброд-башня с ветчиной или колбасой

Белый или черный хлеб, масло (ветчинное, горчичное или хренное), ветчина или колбаса, соленые огурцы, красный стручковый перец или помидоры, зелень укропа или петрушки, листья зеленого салата.

Хлеб намазать маслом и разрезать на аккуратные четырехугольные кусочки. На каждый положить одинаковые ломтики ветчины или колбасы и кусочки огурца или помидора, затем покрыть листом салата.

Бутерброды по 3—4 штуки уложить друг на друга и скрепить палочкой. Верхний бутерброд украсить зеленью укропа или петрушки.

Бутерброд-пирамида с ветчиной, колбасой и яйцом

3—4 ломтя белого или черного хлеба одной формы, но разной величины, масло (зеленое, горчичное или хренное), ветчина, колбаса, яйца, помидоры, свежие или соленые огурцы, редиска или сливы, листья зеленого салата, зелень укропа или петрушки.

Различные по величине куски хлеба намазать разными сортами масла. На самый большой ломоть положить ломтик ветчины и ломтик помидора, покрыть листом салата, на средний — колбасу и кружок неочищенного огурца, на самый маленький — кольцо яйца и целую сливу или разрезанную в форме цветка редиску. Украсить зеленым листиком.

При изготовлении четырехслойного бутерброда продукты повторить или использовать жаркое или рыбу.

Уложенные друг на друга пирамидой бутерброды скрепить палочкой.

Бутерброд-башня с колбасой, сыром и копченой рыбой

4—5 ломтиков белого хлеба, сливочное или сырное масло, сыр, докторская колбаса, масло с копченой рыбой, яйца, зелень укропа или петрушки.

Тоненькие ломтики белого хлеба намазать сливочным или сырным маслом. Если ломти большие, их нужно разрезать. На один ломоть положить толстый кусок сыра, другой покрыть слоем плавленого сыра, третий — ломтиком колбасы, четвертый и пятый — маслом с копченой рыбой и кружочками крутого яйца. Бутерброды уложить друг на друга, верхний украсить листочком зелени, скрепить палочкой. Очередность бутербродов произвольная.

Бутерброд-башня с куриным, шпротным и морковным паштетом

12 пластов хлеба, 40 г зеленого масла, по 80 г куриного, шпротного и морковного паштета и фруктов, 8 ломтиков лимона, 4 красных помидора.

На пласт хлеба выдавить с помощью специального наконечника рифленый валик паштета из куриного мяса, в середину положить фрукты. На пласт хлеба меньших размеров выдавить морковный паштет, украсив его листочками зеленого масла. Все пласты хлеба скрепить шпажкой, на конце ее укрепить помидор и ломтики лимона.

Бутерброд-башня по-литовски

450 г ржаного и пшеничного хлеба, 180 г сливочного масла, 12 г столовой горчицы, 120 г ветчины, 300 г огурцов, 40 г салата, 60 г масла с хреном, 4 яйца, 24 кильки, по 60 г сыра и фруктов, 4 сливы, 4 ломтика лимона.

Ломтики ржаного хлеба намазать маслом с горчицей, положить сверху по 3 кулечка из ветчины, в каждый из которых вложены веерочки из ломтиков огурцов. Между кулечками воткнуть листья салата. Ломтики ржаного хлеба меньшего размера намазать маслом с хреном, сверху положить кружочки сваренных вкрутую яиц и скатанные рулетиками кильки, покрыть листьями салата. Еще меньших размеров ломтики пшеничного хлеба намазать сливочным маслом, положить сыр и фрукты. Наколоть на шпильку сливу без косточки, ягоды или ломтик лимона, скрепить ломтики.

Бутерброд-башня с сельдью и яйцом

Черный хлеб, яичное или горчичное масло, сельдь, яйца, сметана, зеленый лук.

Ломтики хлеба намазать маслом и разрезать их на треугольные или четырехугольные кусочки. На каждый ломоть положить кусочек селедочного филе или ряд тоненьких кусочков сельди, сверху посыпать рубленым зеленым луком и покрыть ломтиком сваренного вкрутую яйца. На верхний бутерброд положить ложкой немного густой сметаны и несколько более длинных кусочков зеленого лука. Уложить друг на друга 3—4 бутерброда и скрепить их палочкой.

Бутерброд-башня с килькой, ветчиной и сыром

1 ломоть черного хлеба, отрезанный вдоль буханки, 1 ломоть белого хлеба, сливочное и горчичное масло.

Для покрытия: *килька, ливерная колбаса или печеночный паштет, ветчина, плавленый сыр.*

Для украшения: *помидор, стручковый перец, сливы, грибы, укроп, зелень петрушки, зеленый салат, редиска.*

Ломоть черного хлеба разрезать пополам. На одну половину намазать масло, положить филе кильки и сверху — ломтик ливерной колбасы или толстый слой печеночного паштета.

Другую половину черного ломтя намазать горчичным маслом, сверху положить ломоть нежирной ветчины и на него — салат или листик петрушки.

На ломоть белого хлеба положить, не приглаживая, один или два сорта плавленого сыра. Украсить целой сливой, маленьким помидором, кольцами красного стручкового перца или редиской и пышной зеленью укропа.

Нанизать на палочку так, чтобы килечный бутерброд остался внизу, а сырный — сверху.

Бутерброд-башня с сельдью, жарким, сыром и салатом

По 2 круглых ломтя черного и белого хлеба, хренное масло.

Для покрытия: *сельдь, яйца, жаркое, соленые огурцы, сыр, рисовый салат, жареная рыба или крабы.*

Для украшения: *маринованные или консервированные яблоки, укроп или зелень петрушки, зеленый салат.*

Сначала приготовить бутерброд с хренным маслом, полосками селедочного филе и ломтиками крутого яйца.

Второй бутерброд намазать маслом, сверху положить кусок жаркого, ломтик огурца и маленький целый грибок, зелень петрушки.

Один кусок белого хлеба намазать толстым слоем плавленого сыра или положить толстый ломтик сыра на булку, намазанную маслом (толстым слоем).

На другой кусок булки положить горку салата из риса и яблок и сверху — кусочек рыбы или краба.

Все бутерброды должны быть одинаковой формы и размера. Верхний бутерброд украсить, промежуточные отделить друг от друга листьями салата.

МАЛЕНЬКИЕ (ЗАКУСОЧНЫЕ) БУТЕРБРОДЫ

Такие бутерброды подают к кофе или чаю, а также как закуску к различным холодным напиткам.

Закусочные бутерброды нужно готовить особенно тщательно. Продукты нарезают одинаковыми тонкими ломтиками, украшения должны соответствовать по цвету и вкусу.

Закусочные бутерброды подают на низких или высоких (с ножкой) блюдах, где их в один слой раскладывают по расцветке в ряд или группами, чтобы они и своим расположением украсили стол. К бутербродам подают лопатку, вилку или широкий нож. Если бутерброды проткнуты вилочкой, их можно брать при помощи этой вилочки. Совсем мелкие бутерброды едят с вилочки, а те, что побольше, руками.

Хлеб лучше брать плотный, не ноздреватый, так как его легче нарезать на маленькие кусочки и намазывать маслом. Для приготовления прямоугольных и треугольных бутербродов целесообразно брать формовой черный и белый хлеб больших размеров. Маслом покрывают весь ломоть сразу, а затем разрезают его на кусочки желаемой формы.

Хлеб нарезают острым ножом. Способы нарезания хлеба на кусочки желаемой формы должны быть экономичными, чтобы избежать потерь хлеба:

1) поперечный ломоть формового хлеба толщиной 5—10 мм намазать маслом и разрезать на 4 равных куска (квадратиками или по диагонали);

2) тонкий ломоть подового хлеба разрезать на 3 куска: средний — четырехугольный, крайние — треугольной формы;

3) подовый хлеб можно сначала нарезать ломтями толщиной 4—5 см, а затем каждый из них — тонкими четырехугольными ломтиками;

4) поперечный ломоть белого батона можно разрезать пополам, а продольный (большой) — разрезать при помощи формочек на кусочки разной формы;

5) из больших кусков белого или черного хлеба можно вырезать треугольники.

Бутерброды различной формы можно приготовить очень быстро, если нарезать батон белого или черного хлеба с предварительно удаленной корочкой на продольные тонкие ломти, покрыть их маслом и другими продуктами и лишь после этого разрезать на треугольники, прямоугольники или ромбы. Специальной формочкой можно также вырезать круглые и овальные бутерброды.

Для большего разнообразия обычно готовят одновременно бутерброды 3—5 видов. Каждый вид бутербродов рекомендуется украсить по-разному и разными продуктами.

На 50 г черного или белого хлеба берут 10—15 г масла и 50—70 г продуктов. Из этой порции можно приготовить 2—4 бутерброда. Подают обычно 3—5 различных видов бутербродов из расчета 6—10 бутербродов на человека.

Чаще всего бутерброды мажут маслом с различными добавками, которое придает не только хороший вкус, но и позволяет красиво разложить закуску.

Канапе

Это маленькие закусочные бутерброды на необжаренном хлебе (черном и белом), печенье, рогаликах, слоеной выпечке.

Ломтики хлеба для канапе примерно вдвое меньше обычного куска хлеба или батона, но их можно сделать еще меньше, что называется «на один укус» и воткнуть в середину каждого бутербродную вилочку.

Очень удобны маленькие пикантные канапе размерами 3 × 3 см, особенно в тех случаях, когда надо принять гостей, приходящих в разное время. Канапе можно приготовить из любых имеющихся в доме продуктов: масла, сваренных вкрутую яиц, колбасы, сыра, брынзы, плавленных сырков, сельди, кильки, овощей, различных паст, паштетов, маслин и др.

Используют любое печенье, кусочки белого или черного хлеба, не слишком мягкого, толщиной 0,5—1 см. Можно также готовить канапе из длинной белой булки, нарезая ее поперек на маленькие (толщиной 0,5 см) пластинки. Для приготовления канапе можно воспользоваться металлической выемкой-формочкой с ровными краями для выдавливания из теста печенья. Лучше всего выбрать овальную или круглую выемку. Во избежание отходов белый хлеб толщиной 0,5 см, уже намазанный маслом, можно нарезать в виде квадратиков, ромбиков и прямоугольников одинаковых размеров. Затем уложить на хлеб необходимые продукты и украсить маслом, зеленью, яйцом, редисом, отварной морковью, свежим огурцом, лимоном и т. д.

КАНАПЕ НА ЛОМТИКАХ ХЛЕБА

Канапе с творогом и морковью

50 г черного или белого формового хлеба, 20 г сливочного масла, 50 г творожно-морковной смеси, 4—8 маринованных слив или виноградин.

Указанную порцию хлеба нарезать на 4 ломтика, каждый намазать маслом и покрыть толстым слоем творожно-морковной смеси. Смесь не приглаживать, а оставить в виде горок, на каждую сверху положить по виноградине или по две.

Канапе с зеленым салатом

100 г свежего или сухого хлеба, 20—30 г сливочного масла, 80—100 г зеленого салата.

Хлеб покрыть маслом, сверху уложить горкой салат, украсить каким-либо подходящим по вкусу продуктом (килькой, ветчиной, яйцом, помидором, зеленью и др.).

Канапе с паштетом из зеленого лука

200 г хлеба, 250 г паштета из зеленого лука, 50 г консервированных огурцов.

Хлеб нарезать ломтиками, затем квадратиками размером 3 × 3 см, на каждый выложить из корнетика паштет и украсить огурцами.

Канапе с салатом из сельдерея

100 г белого хлеба, 20—30 г сливочного масла, лимонный сок, 100 г салата из сельдерея, орехи, яблоки.

Небольшие ломтики булки намазать маслом, заправить лимонным соком. Вареный сельдерей нарезать маленькими кубиками, перемешать с толчеными орехами, майонезом или сметаной, заправить. Салат горкой уложить на бутерброд, украсить ломтиком сырого или вареного яблока и толчеными орехами.

Чтобы нарезанное сырое яблоко не темнело, его нужно хранить в лимонном соке или слабом растворе лимонной кислоты.

Канапе с огурцом

50 г белого хлеба, 50 г масляной смеси с ветчиной, килькой, копченой рыбой или колбасой, 1 небольшой свежий или соленый огурец.

Разрезанные пополам ломти хлеба покрыть масляной смесью, положить сверху дольки огурца и на них кусочки тех продуктов, которые входят с состав смеси.

Канапе с хреном и помидорами или редисом

100 г черного хлеба или хрустящих хлебцев, 40 г хренного масла или хрена и сметаны, небольшие помидоры или редиски, укроп или зелень петрушки.

Большой ломоть хлеба намазать хренным маслом, разрезать на мелкие куски. На каждый бутерброд положить один небольшой помидор или редис, вдавив его в масло.

Вместо масла хрен можно смешать и со сметаной. Смесь не должна быть слишком жидкой.

Канапе с салатом и желе

50 г (1 ломоть) черного или белого формового хлеба, 10 г сливочного масла или майонеза, 60—70 г овощного салата, коричневое желе от мясного заливного, ломтики помидора, огурца, редиса или моркови.

Хлеб намазать маслом и покрыть толстым слоем овощного салата. Разрезать на 4 части, каждую из них украсить желе и ломтиком помидора, огурца, редиса или вареной моркови.

Канапе со свеклой

50 г черного хлеба, 30 г масляной смеси с ветчиной, колбасой или сельдью, 3—4 куска вареной свеклы, 3—4 ломтика соленого огурца.

Намазанный масляной смесью ломоть подового хлеба разрезать на 3—4 части. На каждый маленький бутерброд положить ломтик вареной свеклы и сверху — ломтик соленого огурца.

Пикантные канапе

50 г белого хлеба, сливочное масло, 1 ст. ложка майонеза, 1 ч. ложка томатного пюре, 1 ч. ложка хрена, горчица, сахар, зеленый сыр (в порошке), зелень укропа или петрушки, редис или помидор.

Белый хлеб намазать маслом. Майонез смешать с томатным пюре, хреном, горчицей, сахаром и зеленым сыром, достаточно остро заправить. Чайной ложкой или шприцем покрыть смесью разрезанные пополам ломти хлеба, гарнировать зеленью, редиской и помидором.

Можно посыпать бутерброд не зеленью, а сырным порошком.

Канапе с сыром (медальоны)

Кусочки черного хлеба, домашний сыр, красный молотый перец, лимонный сок, 1—2 ст. ложки молока, спелые синие сливы, кусочки нарезанного сыра, соль.

Вырезать из кусков хлеба кружочки небольшой рюмкой (4—5 см), смешать домашний сыр с пряностями и молоком и уложить на кружки хлеба. Вынуть из слив косточки, заполнить их кусочками нарезанного сыра и подать вместе с медальонами.

Канапе с сыром и яйцом

4 ломтика пшеничного хлеба, сливочное масло или маргарин, майонез, 2 плавленых сырка, 1 сваренное вкрутую яйцо, несколько оливок.

Нарезать хлеб стаканом кружочками, намазать сливочным маслом или маргарином, затем майонезом. На середину положить по кружочку яйца, $^1/_2$ плавленого сырка, украсить оливками.

Канапе с салатом

Ломтики хлеба, салат-латук, майонез, сыр, помидор.

На ломтики хлеба положить по листику салата-латука, майонез, ломтик сыра и дольку помидора.

Канапе с сыром и помидором

50 г белого формового хлеба, 20 г сливочного масла, 40 г сырного масла или заправленной сырной смеси, 4 ломтика помидора.

Хлеб намазать сливочным маслом, покрыть толстым слоем сырного масла или заправленной сырной смеси, не приглаживая их. Ломоть формового хлеба разрезать на 4 части. Каждый бутерброд украсить свежим или консервированным помидором.

Канапе с сыром и помидором или огурцом

50 г белого хлеба, 10 г сливочного масла, 30—40 г сыра, листья зеленого салата, помидор или огурец.

Намазать маслом ломоть белого хлеба и покрыть его листом салата так, чтобы он немного свешивался через край. На салат уложить кусочки твердого сыра или слой плавленого сыра, сверху — маленький ломтик помидора или кусочек неочищенного огурца.

Канапе с сыром и грецкими орехами

100 г белого хлеба, 20—30 г сливочного масла, 80—100 г сыра, грецкие орехи, редис, темный виноград или свежие вишни.

Ломти хлеба покрыть маслом и сыром или плавленым сыром. Нарезать квадратные бутерброды, на каждый из них уложить толченые грецкие орехи и рядом небольшой целый редис, ягоду винограда или вишню. Ягоду можно прикрепить вилочкой.

Бутерброды с сыром и фруктами

50 г белого хлеба, 15 г сливочного масла или сырного масла, 10—15 г тертого сыра, толченые орехи, сырые или консервированные фрукты (яблоки, груши, персики, айва и т. п.).

Намазанный сливочным или сырным маслом ломоть хлеба посыпать смесью тертого сыра с толчеными орехами, сверху уложить фруктовую дольку.

Канапе с сыром и виноградом

100 г белого хлеба, 20—30 г сливочного или сырного масла, 80—100 г сыра, маринованный виноград или сливы.

Намазанный маслом белый хлеб нарезать равными кусками. На каждый кусочек поставить треугольный кусок сыра, рядом положить виноград или половинку сливы, которые можно прикрепить вилочкой.

Канапе с яйцом и розовым маслом

100 г белого хлеба или хрустящих хлебцев, 40—50 г розового сырного масла, 1 яйцо, помидор или стручковый перец, соль.

На белый хлеб или на хрустящий хлебец положить толстый слой розового сырного масла, сверху — ломтик яйца. Украсить небольшим ломтиком помидора или полоской стручкового перца. Посолить.

Канапе с сыром, украшенные розовой точкой

50 г белого или черного хлеба, 10 г сливочного масла, 40 г сыра, томатная паста, сметана.

Намазанный маслом ломтик хлеба покрыть толстым ломтем сыра, посередине его положить горкой томатную пасту, смешанную со взбитым маслом или сметаной.

Канапе с сыром и редькой

50 г белого хлеба, 20 г сливочного масла, 40—80 г сыра, редька, сметана, помидор или красный стручковый перец.

Намазанный маслом ломтик хлеба разрезать пополам, покрыть ломтиком сыра, на него или рядом поместить немного тертой редьки, смешанной со сметаной. Украсить небольшим ломтиком помидора или полоской стручкового перца.

Канапе с грибами и яйцом

Ломтики хлеба, яйцо, майонез, петрушка, отваренные грибы.

На круглые ломтики хлеба положить мелко нарезанное яйцо, смешанное с майонезом, рубленой петрушкой. Украсить кусочками отвареных грибов.

Канапе с помидором и яйцом

100 г черного или белого хлеба, 30—40 г килечного или селедочного масла, 1 помидор, 1 яйцо, 30—40 г кильки или сельди, укроп или зеленый лук.

Черный или белый хлеб намазать килечным или селедочным маслом, уложить сверху кружок помидора, на него — дольку яйца. Для разнообразия на некоторых бутербродах можно снизу положить яйца, а сверху — помидор. При желании сверху можно положить кусочек кильки или сельди. Украсить укропом или зеленым луком.

Канапе с майонезом и овощами

Нарезать белый хлеб ломтиками толщиной 1 см, обрезать корочку и придать ломтикам круглую форму. На каждый ломтик положить горкой салат из овощей. Поместить бутерброды на тарелку и залить густым майонезным соусом. Вокруг уложить кружочки крутых яиц, редис, вареную красную свеклу или морковь и веточки петрушки, а на верхушку каждого канапе положить по 1 маслине.

Канапе с языком и сыром

Ломтики хлеба, сыра, отварного языка и маринованный огурец.

На ломтики хлеба прямоугольной формы положить по ломтику сыра, языка и полоске огурца.

Канапе с паштетом и фруктами

100 г белого или черного хлеба, 20—30 г сливочного или зеленого масла, масла с хреном или с красным перцем, 60—80 г паштета, маринованные фрукты или чернослив.

Хлеб покрыть маслом и разрезать на маленькие бутербродики. Положить толстый слой паштета или ливерной колбасы, сверху — кусочек маринованных фруктов или половину вареного чернослива.

Канапе с паштетом

50 г белого хлеба, 10 г сливочного масла, 50 г печеночного паштета, коньяк, $^1/_2$ яичного желтка, перец, дольки лимона (или соленый огурец, или сливы), соль.

Булку намазать маслом. Печеночный паштет растереть деревянной ложкой, добавляя коньяк и желток, заправить. Хорошо взбитый паштет при помощи шприца нанести на бутерброд, украсить ломтиками лимона, соленого огурца или сливами (целыми или половинками).

Канапе с колбасой и сыром

50 г черного или белого хлеба, 15 г сырного масла, 20 г плавленого сыра (копченый сыр или «Новый сыр» и т. п.), 25 г вареной нежирной колбасы.

Хлеб намазать маслом. Сыр и колбасу нарезать полосками толщиной 1—1 $^1/_2$ см, уложить на бутерброд, который затем разрезать на куски нужной величины.

Канапе-пирамида

Черный или белый хлеб, сливочное, ветчинное, яичное или зеленое масло, ветчина, помидоры, сыр, редиска, зелень.

Круглый кусочек белого или черного хлеба намазать маслом, сверху положить ломтик ветчины, помидора потолще, кусочек сыра и редиску так, чтобы бутерброд сужался кверху. При желании можно украсить листиком зелени. Скрепить палочкой.

При еде бутерброд берут руками, другие продукты едят с палочки.

Канапе с ветчиной и сыром

50 г белого или черного хлеба, 15 г сливочного, зеленого, горчичного или хренного масла, 40 г ветчины, 10 г сыра, помидор (при желании).

Разрезать хлеб на 4 ломтика, намазать маслом и покрыть ломтиком ветчины такого же размера. Сверху положить кусочек сыра поменьше или горкой немного плавленого сыра. Украсить ломтиком помидора.

Канапе с ветчиной и огурцом

50 г черного или белого хлеба, 15 г сливочного, горчичного, томатного или хренного масла, 30—40 г ветчины, 10 свежих или соленых огурцов, помидор или стручковый перец, хрен.

Черный или белый хлеб (или хрустящие хлебцы) намазать маслом, сверху положить слой рубленой ветчины или ветчинного паштета, один толстый или несколько тонких ломтиков огурца, украсить полоской помидора или стручкового перца или горкой тертого хрена.

Канапе с ветчиной и хреном

50 г хлеба, 10 г сливочного масла или масляной смеси с ветчиной или яйцом, 40—50 г копченого карбоната или балыка, хрен, сметана, огурец.

Ломоть хлеба намазать маслом и разрезать на 4 части. На каждую сверху положить ломтик огурца.

Тертый хрен смешать со сметаной, положить на тонкий ломтик ветчины, свернуть ветчину трубочкой и положить ее поверх ломтика огурца. Чтобы трубочка лучше держалась, ее можно прикрепить бутербродной вилочкой (шпажкой).

К этим бутербродам подают нож и вилку.

Канапе с ветчиной и зеленым маслом

50 г черного или белого хлеба, 10 г сливочного масла, 40—50 г ветчины, 10 г зеленого масла, зелень петрушки.

Ломти черного или белого хлеба намазать маслом, покрыть тонким ломтиком нежирной ветчины (особенно хорошо подходит копченая говядина), в середину положить горку зеленого масла и украсить зеленью петрушки.

Канапе с ветчиной и майонезом

Нарезать черствый белый хлеб ломтиками круглой формы. Мелко нарубить ветчину и соленые огурцы, хорошо размешать и добавить немного черного перца. Смесь нанести на каждый ломтик и придать ему форму половинки яблока. Положить на тарелку листья зеленого салата, на них поместить канапе, залить их майонезным соусом и украсить помидорами, вареной морковью, веточками петрушки и маслинами.

Канапе с ветчиной или лососиной

50 г черного хлеба, 25 г розового сырного масла, 2—4 небольших салатных листа, 2—4 редиса, 30—40 г ветчины или соленой лососины, помидор.

Хлеб намазать розовым сырным маслом. Подовый хлеб разрезать на три части. На каждый бутербродик положить по салатному листу и на него — красиво разрезанный редис, кусочек ветчины или соленой лососины. Мясо и рыбу можно заменить помидором.

Канапе с ветчиной и анчоусами

Ломтики хлеба и ветчины, кусочки очищенного от костей анчоуса, яйцо, сливочное масло, пикули, оливки, майонез, перец, соль.

На хлеб положить ломтики ветчины, анчоусы, чередуя их с дольками оливок. Деревянной ложкой в миске перемешать сливочное масло, пикули и анчоус, протертые через сито, мелко нарезанное яйцо, майонез, соль и перец. Приготовленным кремом намазать ломтики хлеба, закрыть другими ломтиками, завернуть в фольгу и положить в холодильник.

Канапе с анчоусами

350 г белого хлеба, 50 г сливочного масла, 100 г анчоусов, 20 г каперсов, 100 г майонеза, 5 маслин.

Из белого хлеба вырезать фигурки в виде сердца и нанести на них слой анчоусного масла. Мелко нарубленные анчоусы перемешать с каперсами, полученную смесь уложить в середину смазанных маслом бутербродов. Вокруг украсить густым майонезом. Поверх всего уложить половинку маслины.

Канапе с анчоусами и яйцами

Несколько ломтиков пшеничного хлеба без корочки (по желанию нарезанные кружочками, треугольниками, цветочками, квадратиками и т. д.), сливочное масло, 2 сваренных вкрутую яйца, 6 кусочков очищенных и мелко нарезанных анчоусов, 2 ст. ложки майонеза, оливки.

Яйца нарезать, смешать с анчоусами, майонезом, сливочным маслом. Полученной массой намазать хлеб, украсить дольками оливок.

Канапе с сельдью и хренным маслом

100 г черного хлеба, 50 г хренного масла, 60—80 г сельди, зеленый лук.

Хлеб покрыть толстым слоем хренного масла, сверху уложить ломтик сельди и несколько полосок зеленого лука.

Канапе с сельдью и яблоками

100 г черного хлеба, 20—30 г масла (горчичное масло, масло с хреном или яйцом), 40—50 г сельди, консервированные яблоки.

Хлеб намазать маслом, сверху уложить рубленую сельдь и украсить кусочком яблока.

Чтобы получить более сочный бутерброд, можно на хлеб положить ломтик яблока побольше, а сверху — рубленую сельдь или пару тонких ломтиков сельди.

Канапе с рубленой килькой и яйцом

100 г белого хлеба или 6—8 шт. соленого печенья, 35 г килечного или 25 г сливочного масла и 3—4 рубленые кильки, 1 яйцо, 1 помидор или красный стручковый перец.

Хлеб или печенье намазать толстым слоем килечного масла или на намазанный маслом хлеб положить рубленую кильку. Сверху положить ломтик яйца или немного яичницы, украсить полоской стручкового перца или кусочком помидора.

Канапе с килькой и яйцом

50 г черного или белого формового хлеба, 10 г сливочного масла, 2—4 кильки, 1 яйцо, рубленый зеленый лук.

На намазанный маслом ломоть хлеба положить слой рубленых килек. Сваренное вкрутую яйцо (варить 10 мин) разрезать на 4 кружочка и уложить их на хлеб так, чтобы они не касались друг друга. Вокруг кружков яиц насыпать рубленый лук, затем разрезать большой бутерброд на 4 маленьких.

Канапе с килькой и сыром

100 г белого хлеба или 6—8 шт. соленого печенья, 30 г сливочного масла или 20—30 г килечного масла, 3—4 кильки, 80 г сыра, редис.

Ломтики хлеба намазать маслом, сверху положить рубленую кильку, на нее толстый ломтик сыра и тонкие кружочки редиса.

Канапе со шпротами или сардинами

50 г черного или белого формового хлеба, 10 г сливочного масла или майонеза, листья зеленого салата, 2—4 сардины или шпроты, дольки лимона.

Хлеб покрыть маслом или майонезом. На каждый угол положить по листу салата, на него — поперек хлеба — сардину или шпроту, а на каждую рыбку — кружочек лимона (целый или часть его).

Большие бутерброды разрезать на четыре части так, чтобы на каждой осталось по одной рыбке.

Канапе с копченой рыбой и творогом

50 г белого или черного формового хлеба, 50 г смеси творога с копченой рыбой или 50 г мягкого творога и 30 г очищенной копченой рыбы.

Для украшения: *помидор, редис, стручковый перец или зелень.*

Ломти хлеба намазать маслом, покрыть смесью творога и копченой рыбы или положить на кусочки копченой рыбы горки творога. Большие бутерброды разрезать на четыре части, каждую из них украсить.

Канапе с копченой рыбой

100 г белого или черного хлеба, 10—20 г масла (масла с хреном или с копченой рыбой), 60—80 г копченой рыбы, 1 ст. ложка майонеза, укроп или помидоры.

Хлеб покрыть маслом, разрезать на маленькие бутербродики. На каждый бутербродик положить кусочек очищенной рыбы, сверху — майонез.

Вкусны подливы из майонеза, заправленные укропом или помидорами.

Украсить бутерброды укропом или помидорами.

Канапе с балыком или лососем

100 г белого хлеба, 20—30 г майонеза, зеленый салат, 50—60 г балыка или лосося, укроп.

Подсушенный белый хлеб покрыть майонезом, сверху положить лист салата, немного больший, чем бутерброд. Уложить волнистый или свернутый в трубочку кусочек балыка или лосося, украсить зеленью укропа.

Канапе с угрем или лососем

100 г белого хлеба, 20—30 г сливочного масла, 60—80 г угря или лосося, укроп.

Подсушенный белый хлеб покрыть тонким слоем масла, сверху положить кусочек угря или волнистый тонкий кусочек лосося. Бутерброды украсить укропом.

Канапе с икорным маслом

200 г хлеба, 50 г икорного масла, 50 г голландского сыра, зелень петрушки.

На ломтики хлеба намазать икорное масло, на него положить небольшой фунтик из голландского сыра и украсить веточкой петрушки.

Канапе с икрой

50 г белого хлеба, 15 г сливочного масла, лимонный сок, 30 г икры, 1 небольшая луковица или зеленый лук, соль.

Для этих бутербродов использовать свежий белый хлеб. Масло заправить лимонным соком и немного посолить, намазать на хлеб. Ломти хлеба разрезать пополам, покрыть икрой, украсить тонкими кольцами лука или нарезанным острым ножом зеленым луком.

КАНАПЕ НА КУСОЧКАХ РОГАЛИКОВ
(КАНАПЕ ПО-КАНАДСКИ)

Основой всех видов являются кусочки рогаликов, намазанных каким-нибудь из творожных, масляных или сырных паштетов, дополненные другими продуктами и, как правило, украшенные фруктами.

Рогалики разрезают поперек. Из 1 рогалика делают обычно 10 маленьких круглых ломтиков.

Канапе с творожно-кремовым паштетом и орехами

2 рогалика (20 маленьких кругляшков), 2 кремовых сырка, 10 г тертого хрена, 1 ложка сметаны, 10 г сахарной пудры, 10 шт. грецких орехов.

Кремовые сырки размешать со сметаной, добавить сахар и тертый хрен. Кусочки рогалика смазать кремом и украсить половинками грецкого ореха.

Канапе с творожно-ветчинным паштетом

2 рогалика (20 маленьких ломтиков), 100 г творожного паштета с ветчиной, 20 виноградин (свежих или из компота).

Ломтики рогаликов намазать паштетом и каждый украсить виноградиной.

Канапе с овощным паштетом

2 рогалика (20 маленьких ломтиков), 100 г овощного паштета, 20 половинок ядер грецких орехов.

Ломтики рогаликов густо намазать овощным паштетом и положить сверху на каждый по половинке грецкого ореха.

Канапе с сыром и бананом

2 рогалика (20 маленьких ломтиков), 50 г сливочного масла с зеленым луком (см. раздел «Масляные смеси»), 100 г сыра, 1 банан.

Кусочки рогаликов намазать зеленым маслом, положить кусочек сыра такой же формы, а сверху — тонкий кружок банана.

Канапе с голландским сыром

2 рогалика (20 ломтиков), 80 г сливочного масла, 50 г голландского сыра, зелень петрушки.

Ломтики рогаликов намазать маслом, украсить кружочком из голландского сыра и веточкой петрушки.

Канапе швейцарские с хреном

2 рогалика (20 ломтиков), 50 г масла с хреном, 100 г швейцарского сыра, 5 редисок.

Ломтики рогалика намазать маслом с хреном, на него положить по кубику сыра и украсить ломтиками нарезанной и очищенной редиски.

Канапе с колбасным сыром и ветчиной

2 рогалика (20 ломтиков), 50 г масла с хреном (см. раздел «Масляные смеси»), 50 г копченого колбасного сыра, 50 г ветчины, черешня из компота.

Намазать ломтики рогалика маслом с хреном, накрыть ломтиком сыра такой же формы, сверху положить маленький кружок ветчины и украсить черешенкой.

Канапе с голландским сыром и ветчиной

2 рогалика (20 ломтиков), 50 г сливочного масла, 50 г голландского сыра, 50 г ветчины, 1 апельсин.

Намазать ломтики рогаликов маслом, положить кусочек сыра такой же формы, накрыть кружочком ветчины. Украсить половиной дольки апельсина.

Канапе-ассорти

4 рогалика, 100 г сливочного масла, 300 г творога, 1 луковица, 100 г ветчины, несколько сардин, 1 ст. ложка томата-пасты, 1 яйцо, сваренное вкрутую, 1 ч. ложка горчицы, 1 соленый огурец, маслины, маринованные грибы, сливы, сладкий маринованный перец, зеленый лук, зелень петрушки, сахар, соль.

Масло растереть с творогом и натертым на мелкой терке луком. Добавить по вкусу сахар, соль, горчицу. Все хорошо перемешать, можно добавить сметану или майонез. Готовую массу разделить на четыре части: к одной добавить рубленую ветчину, другую растереть с сардинами, в третью добавить томат-пасту, а в четвертую — желтки.

Рогалики разрезать и намазать различными начинками (можно укладывать начинку с помощью кондитерского шприца). Бутерброды украсить маслинами, грибами, соленым огурцом, сливами, перцем, яичным белком, зеленью и луком.

Подать на овальных стеклянных тарелках, украсив листьями петрушки.

Канапе с сыром и лососем

2 рогалика (20 ломтиков), 50 г сливочного масла, 60 г твердого сыра, 50 г копченого лосося.

Ломтики рогаликов намазать маслом, на них выложить небольшой кусочек сыра и красного лосося в масле.

Тосты

Лучшими закусочными бутербродами считаются тосты — маленькие бутерброды с использованием слегка поджаренного или подсушенного хлеба.

Для этих бутербродов пшеничный или ржаной хлеб нарезают ломтиками толщиной около 1 см и поджаривают или подсушивают (на сковороде, в духовке, тостере). Из поджаренного мякиша вырезают различные фигурки размером не более 6 см: звездочки, ромбики, полумесяцы, овалы, квадраты.

Кусочки хлеба намазывают сливочным маслом и гарнируют различными продуктами.

Тосты подают на блюде, устланном льняной салфеткой, или на маленьком подносе, их берут руками или лопаткой для общего пользования.

В тосты также вкалывают деревянную, пластмассовую или мельхиоровую шпажку. Нож и вилку к таким бутербродам не подают.

Классические тосты

Очищенный от корок батон нарезать тонкими ломтиками. Каждый ломтик обжарить на масле и охладить. Затем намазать маслом, смешанным с горчицей, а сверху положить кусочки колбасы, ветчины, соленой рыбы, рыбных консервов в собственном соку. Сверху можно добавить тонко нарезанные ломтики соленых или свежих огурцов, помидоров, колечки репчатого лука.

ПРОСТЫЕ МАЛЕНЬКИЕ ГРЕНКИ

Простые сухарики

Пшеничный или ржаной хлеб нарезать тонкими ломтиками толщиной 2—4 мм или квадратиками размером 15 × 15 мм, поместить на противень или сковороду и подсушить до золотистой окраски.

Квадратные сухарики подавать к супам, ломтики — к чаю и кофе.

Соленые сухарики

Нарезать куски хлеба (ржаного или из пшеничной муки) маленькими кубиками, посыпать мелкой солью и подсушить в нагретой духовке.

Подавать к пиву.

Соленые гренки в масле

200 г пшеничного хлеба, 2 ст. ложки сливочного масла или маргарина, $^3/_4$ стакана молока, соль.

Пшеничный хлеб нарезать кубиками, смочить в подсоленной воде или молоке и обжарить со всех сторон на сливочном масле или маргарине до образования румяной хрустящей корочки.

Гренки к пиву или бульону

200 г пшеничного хлеба, 2 ст. ложки сливочного масла, 2 ст. ложки тертого сыра, зелень петрушки.

Нарезать хлеб ломтиками толщиной 1 см. Ломтики разрезать на кусочки различной формы. Поджарить на масле до золотистого цвета. Разложить на тарелки, посыпать тертым сыром, нарезанной зеленью петрушки.

ТОСТЫ С ОВОЩАМИ

Тосты с укропом или петрушкой

50 г белого хлеба, 4 ч. ложки красного или зеленого майонеза, 1 ч. ложка рубленой зелени укропа или петрушки.

Приготовить гренки (2—4 шт.) из белого хлеба, намазать майонезом и посыпать толстым слоем рубленой зелени.

Тосты с помидорами

50 г белого хлеба, 25 г килечного масла, 1 небольшой помидор, зелень петрушки.

Приготовить гренки (2—4 шт.), намазать килечным маслом. На каждый бутерброд положить ломтик помидора, украсить зеленью петрушки.

Тосты с помидорами и огурцами

На круглый кусочек поджаренного хлеба (белого или черного) положить полукруглый ломтик помидора и такой же ломтик свежего огурца. Помидор и огурец должны составить полный круг. Середину кружка украсить майонезом и кружочком красной редиски.

Тосты с сырым репчатым луком

500 г ржаного хлеба, 120 г репчатого лука, 40 г топленого сала или сливочного масла, соль по вкусу.

На ломтики обжаренного на жире с обеих сторон хлеба положить нарезанный кружочками сырой лук и посолить.

Тосты с поджаренным репчатым луком

200 г ржаного хлеба, по 40 г сливочного масла (или сала) и репчатого лука, соль по вкусу.

Ломтики хлеба поджарить с обеих сторон на масле или сале. На гренки положить нарезанный кольцами и поджаренный лук, посолить.

Тосты с чесноком

200 г ржаного хлеба, 40 г растительного масла, 3 зубчика чеснока, соль по вкусу.

Ломтики хлеба обжарить в масле и смазать смесью тертого чеснока с солью.

Тосты с протертым горохом

200 г пшеничного хлеба, 80 г сливочного масла, 400 г вареного гороха, 40 г репчатого лука, соль по вкусу.

Сваренный горох протереть. Ломтики хлеба обжарить и на каждый намазать гороховую массу, положить обжаренный кольцами лук.

ТОСТЫ С СЫРОМ И ЯЙЦАМИ

Тосты с сыром и томатным маслом

350 г хлеба, 100 г сливочного масла, 210 г сыра, 20 г томатной пасты.

На хрустящую звездочку или кружок из поджаренного хлеба положить ломтик сыра такой же формы и размера. В центр ломтика сыра из трубочки выпустить небольшую горку сливочного масла розового цвета (смешанного с томатной пастой) и посыпать тертым сыром.

Тосты с сыром и пивом

350 г хлеба, 4 ст. ложки пива, 1 ч. ложка горчицы, красный перец.

В кастрюле на слабом огне распустить сыр, все время помешивая, добавить пиво, готовую горчицу. Ломтики хлеба поджарить, залить смесью сыра с пивом и посыпать красным перцем.

Тосты с пастой «Океан», сыром и пивом

45 г пшеничного хлеба, 20 г сыра, 30 г пасты «Океан», 30 мл пива, зелень, горчица, красный перец.

В кастрюле на слабом огне распустить тертый сыр, размороженную пасту «Океан», все время помешивая, рубленую зелень, пиво и готовую горчицу. Ломтики хлеба поджарить, как обычно, залить их подготовленной смесью и посыпать красным перцем.

Тосты с плавленым сыром, чесноком и хреном

6 ломтиков черного хлеба, 40 г растительного масла, 4 зубчика чеснока, 200 г плавленого сыра, хрен, соль.

Тонкие ломтики хлеба обжарить без масла или на растительном масле и натереть чесноком. На чеснок положить по ломтику плавленого сыра, размазать и окунуть гренок в тертый хрен. Подать тотчас же.

Тосты «Лето»

150 г черствого пшеничного хлеба, 10 г сливочного масла, 20 г растительного масла, 20 г плавленого сыра, 75 г моркови, 30 г зеленого лука.

Хлеб нарезать ломтиками толщиной 2 см, подсушить в тостере или духовке. Теплые ломтики намазать маслом и сыром. Морковь натереть на терке, лук нашинковать, посолить и обжарить на растительном масле. Овощи охладить и положить на гренки.

Тосты с десертом из сыра по-французски

200 г пшеничного хлеба, 2 ст. ложки сливочного масла, 50 г сыра, 2 яблока, 1 ст. ложка толченого миндаля или орехов.

Пшеничный хлеб нарезать ломтиками, придать им желаемую форму и обжарить в масле. Сыр и очищенные яблоки мелко нарезать, добавить толченый миндаль или орехи, все перемешать и нанести эту массу на гренки.

Тосты с сыром и арахисом

100 г белого хлеба, 20—30 г сливочного масла, 80—100 г сыра, арахис или лесной орех, зелень петрушки.

Подсушенные ломтики хлеба покрыть маслом. В плавленый сыр или сырное масло добавить толченые орехи, при помощи чайной ложки сделать из смеси шарики, обвалять их в рубленой зелени петрушки или толченых орехах. Сырные шарики прикрепить к гренкам вилочкой, сырную смесь можно просто нанести толстым слоем.

Тосты с сыром и яйцом

50 г белого хлеба или хрустящих хлебцев, 20 г сливочного или сырного масла, 20—30 г плавленого сыра, 1 яйцо, томатное пюре или грибы, соль.

Гренки из белого хлеба (2—4 шт.) или хлебцы намазать сливочным или сырным маслом. Сварить вкрутую яйцо. Желток размельчить вилкой, смешать с плавленым сыром, заправить солью и томатным пюре или мелко нарубленными грибами. Смесь толстым слоем положить на хлеб, украсить яичным белком.

Тосты с яичным сырным салатом

8 ломтиков хлеба, растительное масло для обжаривания, 300 г яичного салата с сыром, зелень петрушки.

Ломтики хлеба обжарить на масле, нанести яичный салат с сыром и украсить веточкой петрушки.

Тосты с яйцом и чесноком

2 сваренных вкрутую яйца, 100 г майонеза, головка чеснока.

Поджарить с одной стороны ломтики хлеба, натереть поджаренную сторону чесноком, посыпать мелко нарубленными яйцами и полить майонезом.

Тосты с яичной пастой

200 г пшеничного хлеба, 2 ст. ложки растительного масла или маргарина, яичная паста.
Для яичной пасты: *2 сваренных вкрутую яйца, 2 ст. ложки майонеза, 1 маленький помидор, 2 ст. ложки мелко нарезанной зелени петрушки (пастернака, сельдерея, укропа, лука), лимонный сок и соль по вкусу.*

Из пшеничного или ржаного хлеба сделать гренки на растительном масле или маргарине.

Для приготовления яичной пасты смешать в миксере в течение 40 секунд вареные яйца, майонез, помидор, лимонный сок, зелень петрушки (или пастернака, сельдерея, лука, укропа).

Тосты из белого хлеба с томатом

1 батон, 1 ст. ложка топленого масла, 100 г сливочного масла, 3 вареных яйца, 2 ст. ложки рубленого зеленого лука, 2 луковицы, 5—6 помидоров, перец и соль по вкусу.

Поджарить хлеб, нарезать маленькими прямоугольниками.

Лук натереть на терке, помидоры мелко нарезать, сложить все в кастрюльку, добавить топленое масло, накрыть крышкой и тушить 10 мин. Горячую массу протереть через дуршлаг, добавить соль и перец по вкусу. Остудить.

Поджаренные гренки намазать сливочным маслом. Сверху положить ровным слоем томатное пюре, посередине, желтком кверху,— четвертинку крутого яйца. Уголки тостов украсить рубленым зеленым луком.

Тосты с яйцом и грибами

100 г белого или черного хлеба, 20—30 г сливочного масла, 1 яйцо, 1—2 ст. ложки грибов, лимонный сок, оливковое масло, горчица, зелень петрушки или зеленый лук, соль.

Остывший гренок из белого или черного хлеба намазать маслом. Сваренное вкрутую яйцо нарезать ломтиками, желток вынуть, размельчить вилкой. Маринованные грибы размельчить, смешать с яичным желтком, заправить солью и горчицей.

Разложить на подготовленные гренки кружочки белка, в середину — горкой — грибную массу. Украсить небольшими грибками, листьями петрушки или зеленым луком.

Тосты с тушеными грибами и яйцом

150 г хлеба, 25 г сливочного масла, 150 г грибов, 2 яйца, 25 г зеленого лука, соль по вкусу.

Свежие грибы поварить в подсоленной воде 5 мин, отцедить, мелко нарезать и стушить в масле до готовности.

На слегка смазанной жиром сковороде поджарить с обеих сторон ломтики хлеба, охладить и на каждый положить ровным слоем остывшие грибы. Украсить половинками или дольками сваренных вкрутую яиц и посыпать мелко нарезанным зеленым луком.

ТОСТЫ С МЯСНЫМИ ПРОДУКТАМИ

Тосты с печенкой или ливерной колбасой и луком

200 г пшеничного хлеба, 4 ст. ложки растительного масла или сала, 200 г печени или ливерной колбасы, 3 луковицы, соль по вкусу.

Нарезать ломтиками говяжью печень или ливерную колбасу, смешать с нарезанным кольцами репчатым луком, обжарить на растительном масле или сале, а затем посолить.

Ломтики пшеничного хлеба сбрызнуть водой и поджарить на растительном масле или сале. Разложить гренки на блюде, на каждый гренок положить по ломтику печени или ливерной колбасы, а сверху — поджаренный репчатый лук и (по желанию) дольки помидоров, лимона, веточки петрушки.

Тосты с ветчиной и помидорами

45 г пшеничного хлеба, 10 г сливочного масла, 10 г готовой горчицы, 40 г ветчины, 40 г помидоров, 2 ст. ложки укропа.

На жареный хлеб с ветчиной положить нарезанные кружочками и обжаренные с двух сторон помидоры и посыпать мелко нашинкованным укропом.

Тосты с ветчиной и омлетом

100 г белого или черного хлеба, 40—50 г ветчинного масла или масла с ветчиной, омлет из 1 яйца, помидор, зелень петрушки или укропа.

Остывшие гренки из хлеба намазать ветчинным маслом или покрыть ломтиком ветчины, сверху положить кусочек омлета. Украсить ломтиком помидора, зеленью петрушки или укропа.

Тосты из черного хлеба с ветчиной и рублеными яйцами

1 буханка хлеба, 2 ст. ложки топленого масла, 100 г сливочного масла, 200 г ветчины без жира, 5 вареных яиц, 1 ч. ложка горчицы.

С буханки черного хлеба срезать корки, из мякоти нарезать острым ножом палочки шириной 1 см и длиной

6—7 см. Обжарить палочки хлеба в масле, остудить, намазать сливочным маслом, растертым с горчицей. Яйца протереть через дуршлаг. Ветчину пропустить через мясорубку.

Палочки обвалять с двух противоположных сторон в рубленых яйцах, а другие две стороны обвалять в размельченной ветчине. Всю начинку хорошо прижать рукой.

Пирамидальные тосты

Черный или белый хлеб, сливочное, ветчинное или зеленое масло, ветчина, помидоры, сыр, редиска, зелень.

Круглый кусочек белого или черного хлеба намазать маслом, сверху положить кусочки ветчины, на них — ломтики помидора, потом кусочки сыра и редиски — так, чтобы бутерброд сужался кверху. При желании можно украсить листочком зелени. Скрепить палочкой.

Тосты со свининой, колбасой, овощами

40 г пшеничного хлеба, 10 г растительного масла, 10 г сливочного масла, 110 г свиной корейки, 40 г вареной колбасы, 10 г копченой колбасы, 50 г мелких помидоров, 10 г лимона, 40 г огурцов.

Корейку нарезать тонкими ломтиками, смазать растительным маслом и обжарить с обеих сторон в течение 1—2 мин, затем посолить и посыпать перцем.

Подготовленные ломтики хлеба намазать сливочным маслом и обжарить. На каждый гренок уложить обжаренную свинину и сверху проколоть шпажкой, на которую нанизать ломтик колбасы, огурца, лимона и на самом верху помидор.

Тосты с мясом и хреном

100 г черного хлеба или хрустящих хлебцев, 30—40 г хренного масла, 60—80 г жаркого, ветчины или колбасы, зелень петрушки или помидор.

Большой ломоть хлеба намазать хренным маслом и разрезать на квадратные куски. К каждому кусочку хлеба прикрепить с помощью бутербродной вилочки свернутый в трубочку кусочек жаркого, колбасы или ветчины, в который воткнуть листик салата или кусочек помидора.

Тосты с отварным языком

1 буханка черного хлеба, 1 вареный язык, 100 г сливочного масла, 1 ст. ложка тертого хрена, 2 яйца, 2 огурца или свежих помидора, $^1/_2$ банки майонеза, 2 ст. ложки рубленой зелени, соль по вкусу.

Кружки обжаренного хлеба намазать маслом с хреном, на масло положить такой же кружок языка, поверх него нанести майонез и положить кружочек помидора или огурца, сверху посыпать зеленью, смешанной с рублеными яйцами.

Тосты с языком и тыквой

100 г хлеба, 20—35 г сливочного масла, 40—50 г тыквы или яблок, 6—8 небольших ломтиков языка.

Большой кусок булки или хлеба покрыть маслом, нарезать на куски. Дать стечь тыквенному (или яблочному) маринаду, затем овощи нашинковать и положить на хлеб, сверху уложить свернутый в трубочку ломтик языка и закрепить спичкой.

ТОСТЫ С РЫБНЫМИ ПРОДУКТАМИ

Тосты с креветочным маслом

200 г пшеничного хлеба, 100—150 г креветочного масла, маслины и зелень по вкусу.

Для креветочного масла: *40 г пасты «Океан», 60 г сливочного масла или маргарина.*

Ломти пшеничного или ржаного хлеба сбрызнуть водой и слегка подрумянить в духовке или на сковороде с закрытой крышкой без масла. Полученные гренки остудить и намазать креветочным маслом.

Положить гренки на блюдо, украсить маслинами и листочками петрушки, сельдерея, пастернака или зеленым луком и сразу подать к столу.

Тосты с сельдью и яичным маслом

100 г черного или белого хлеба, 25 г яичного масла, 50 г сельди или кильки, укроп.

Подрумяненный без масла ломоть черного или белого хлеба, когда остынет, намазать толстым слоем яичного масла, разрезать на треугольные куски, на каждый из них уложить небольшой кусочек сельди или $^1/_4$ кильки, украсить листиком укропа.

Тосты с консервами из рыбы в собственном соку

200 г пшеничного хлеба, 2 ст. ложки сливочного масла или маргарина, 150—200 г рыбных консервов (1 банка), 3 ст. ложки майонеза, вареная морковь, зеленый горошек и зелень по вкусу.

Пшеничный хлеб сбрызнуть водой и слегка обжарить на маргарине или сливочном масле. На охлажденные гренки положить кусочки рыбных консервов, края гренков смазать майонезом и посыпать консервированным зеленым горошком или вареной рубленой морковью.

Выложить тосты на блюдо, вокруг разложить эти же овощи и зелень.

Тосты с рыбными консервами в томате

200 г хлеба, 2 ст. ложки растительного масла, 1 банка рыбных консервов (150—200 г), зелень петрушки или укропа.

Ржаной или пшеничный хлеб нарезать ломтиками, сбрызнуть водой и поджарить на растительном масле. Размять вилкой консервы из любой рыбы в томатном соусе, намазать на гренки, посыпать зеленым луком или любой другой зеленью.

Тосты с анчоусным паштетом

12 ломтиков батона, 60 г сливочного масла, 12 анчоусов, 4 помидора, 250 г анчоусного паштета, 2 плавленых сырка, молотый сладкий перец.

Ломтики батона обжарить на масле и остудить, вилкой нанести на них паштет. На каждый бутерброд положить в середине анчоус, треугольничек плавленого сыра (сыр разрезать от угла до угла и потом на ломтики). Края сыра обмакнуть в молотый сладкий перец и положить на нижнюю половину бутерброда под анчоус. На другую половину положить четвертинки помидоров.

Тосты с творожным анчоусным паштетом

12 ломтиков батона, 60 г сливочного масла, 120 г творожного анчоусного паштета, 3 яйца, 12 анчоусов, 1 консервированный огурец, 2 небольших помидора.

Ломтики батона намазать маслом и на противне запечь в горячей духовке. Гренки остудить, вилкой нанести на них паштет. Украсить тосты кусочками сваренных вкрутую яиц, анчоусом, веером из огурцов и ломтиками помидоров.

Тосты с анчоусами или кильками с яйцом

Ломтики белого хлеба, 50 г сливочного масла, 100 г анчоусов или килек, 2 яйца, сваренных вкрутую.

Тонкие ломтики белого хлеба без корки нарезать небольшими кусочками треугольной или ромбической формы и намазать их сверху слоем массы из анчоусов или килек.

Для приготовления массы анчоусы (или кильку, предварительно очищенную от костей) пропустить через мясорубку или протереть с вареными желтками, добавив небольшое количество сливочного масла.

При подаче в тосты воткнуть деревянные или пластмассовые шпажки, чтобы было удобнее их брать.

Тосты с кильками, яйцом и зеленью

100 г черного или белого хлеба, 30 г сливочного или килечного масла, 1 яйцо, 4—5 килек, укроп или зеленый лук.

Большой гренок из черного или белого хлеба намазать тонким слоем масла, сверху уложить ломти сваренного вкрутую яйца. Формочкой нарезать круглые бутерброды величиной с ломтик яйца, сверху положить свернутую колечком кильку и украсить укропом или зеленым луком.

Тосты с кильками, майонезом и овощами

200 г хлеба, 2 ст. ложки растительного масла, 3 ст. ложки майонеза, 100 г килек, овощи по вкусу.

Хлеб нарезать ломтиками, сбрызнуть водой, растительным маслом, разогреть в духовке, дать остыть, на середину каждого ломтика положить 1—2 очищенные кильки, а по краям смазать майонезом.

Положить тосты на середину блюда, вокруг разложить кусочки вареной свеклы, моркови, редиса, лука или других овощей.

Тосты с кильками и горчичным маслом

1 буханка черного, орловского, обдирного или столового хлеба, 100 г сливочного масла, 5 вареных яиц, 3—4 свежих огурца, 1 ч. ложка горчицы, 1 маленькая банка килек, 1 ст. ложка рубленой зелени.

Приготовить пласты хлеба, поджарить их, вырезать из них кружочки размером с ломтик яйца. Каждый кружок хлеба намазать маслом, растертым с горчицей, сверху положить кружочек яйца, на яйцо положить ломтик огурца, а сверху — свернутое в рулетик очищенное филе кильки.

Из тонкого отверстия бумажного фунтика на бока хлеба и на кружочек огурца выдавить тонким узором оставшееся горчичное масло. Украсить маленькими букетиками рубленой зелени.

Тосты с кильками, анчоусами или сельдью

На кружочек поджаренного ржаного хлеба положить кружок помидора, на него — кружок крутого яйца, а сверху — анчоус, или кильку без костей, или ломтик сельди. Вокруг кильки сделать ободок из майонеза, выложить на кильку также «пуговку» майонеза и украсить листиками зелени или кусочком помидора и каперсами.

Если тосты делают с сельдью, покрыть ее майонезом в виде решетки.

Тосты с сельдью

300 г ржаного хлеба, 30 г растительного масла, 50 г сливочного масла, 20 г столовой горчицы, 1 яйцо, 100 г сельди (филе), 50 г свежих огурцов, зелень петрушки или укропа.

Ломтики хлеба обжарить на растительном масле. Сливочное масло тщательно размешать с горчицей. Каждый гренок намазать подготовленным маслом, положить кружочек сваренного вкрутую яйца, сверху — кусочек филе сельди. Украсить огурцом и зеленью.

Пикантные тосты

150 г черствого пшеничного хлеба, 30 г селедочного масла, по 20 г сливочного масла и сельди, 4 яйца, 70 г сыра, горчица, зелень петрушки или укропа.

Обжаренные ломтики хлеба намазать селедочным маслом и горчицей, положить кружочки сваренных вкрутую яиц, затем ломтики сыра. Украсить зеленью.

Тосты со шпротами или сардинами

200 г пшеничного хлеба, 100 г шпрот или сардин, 2 ст. ложки мелко нарезанной зелени, оливки по вкусу.

Пшеничный хлеб нарезать ломтиками, обмакнуть в воду, полить маслом от шпрот или сардин и разогреть в духовке. Положить на каждый ломтик шпроты или сардины. Выложить тосты на блюдо, украсить мелко нарезанной зеленью и (при желании) оливками.

Тосты с сардинами и овощами

Подрумянить в духовке ломоть белого хлеба. Когда он остынет, намазать его сливочным маслом и нарезать небольшими прямоугольниками: длиной 6 см, шириной 2 см. Посередине каждого кусочка положить половину разделанной вдоль сардинки. Вдоль сардинки по бокам уложить с одной стороны полоски свежего огурца, с другой — полоски помидоров. Украсить зеленью петрушки, на середину каждого тоста положить кружок белка, а в кружок белка — маслину.

Тосты с яйцами и лососиной

4 ломтика белого или черного хлеба, 1 ст. ложка сливочного масла, 8 яиц, 100 г сметаны, 4 ломтика копченой или соленой лососины, 1 лимон, перец и соль по вкусу.

Взбить яйца, как для омлета, посолив и поперчив. В сковороде с толстым дном разогреть сливочное масло, вылить взбитые яйца, поставить на средний огонь, продолжая взбивать. Снять с огня и охладить, влив в омлет сметану. Разрезать омлет и разложить на предварительно поджаренный хлеб. Сверху каждый тост накрыть ломтиком лососины и кружочком лимона.

Тосты с копченой семгой

1 буханка черного хлеба, 100 г сливочного масла, 100 г семги, 5 вареных яиц, 1 ст. ложка рубленой зелени, перец и соль по вкусу.

Из поджаренных пластов черного хлеба (без корок) вырезать маленькие квадратики, намазать их маслом, на них положить такие же квадратики из семги. Яйца разрезать вдоль на половинки, вынуть желтки, а половинки белков оставить для закусочных фаршированных яиц. Желтки растереть с небольшим количеством сливочного масла (только для связи), добавить по вкусу соль и перец, сделать из них маленькие шарики величиной с крупную смородину и разложить по диагонали на семгу, прикрепив их размягченным маслом. На противоположные углы тостов положить крошечные букетики рубленой зелени.

Праздничные тосты

300 г батона, 80 г сливочного масла, 20 г томатной пасты, 2 яйца, красная или черная икра, зеленый лук.

Ломтики батона без корки обжарить с обеих сторон. Масло тщательно размешать с томатной пастой. Сваренные вкрутую яйца нарезать кружочками. Каждый гренок намазать маслом с томатом, сверху положить кружочки яйца, на середине желтка разместить икру и украсить зеленым луком.

Тосты с раками

1 батон, 15 раков, 5—6 крепких помидоров, 2—3 ст. ложки майонеза, 5 яичных белков, 2 ст. ложки зелени петрушки.

Срезать с батона корки, нарезать его продольными ломтями и поджарить на сливочном масле.

Из поджаренных ломтей батона нарезать круглой выемкой гренки, смазать их слегка майонезом.

Приготовить фарш: мясо шеек и клешней вареных раков нарезать кубиками, оставив целыми несколько очищенных раковых шеек; помидоры нарезать мелкими кубиками и положить на 20—25 мин в дуршлаг, чтобы стек лишний сок; белки крутых яиц мелко порубить; перемешать приготовленные раки, белки и помидоры, добавить майонез.

Полученную смесь разложить горкой на приготовленные гренки. Украсить половинками разрезанных вдоль раковых шеек. По краям каждого тоста сделать ободок из рубленой зелени.

Тосты с крабами

1 батон, 1 банка крабов, 5—6 соленых корнишонов, 2—3 ст. ложки майонеза, 1 ¹/₂ стакана бульона, 1 ч. ложка желатина, 2 ст. ложки зелени петрушки.

Приготовить гренки, как указано в предыдущем рецепте.

В горячий бульон влить растворенный в ¹/₄ стакана холодной воды желатин и остудить до консистенции сырого белка. Корнишоны и мясо крабов порубить мелкими кубиками, добавить майонез, перемешать и положить горкой на гренки. Поставить на холод, хорошо остудить и холодные тосты залить полузастывшим желе. У основания сделать ободок из зелени петрушки.

Тосты с омаром по-американски

350 г белого хлеба (без корок), 50 г сливочного масла, 150 г омара, 50 г каперсов, 50 г рыбного желе, 100 г густого майонезного соуса, 50 г соленых огурцов, зелень петрушки.

Мясо омара мелко нарубить, смешать с мелко нарубленными каперсами и майонезом, все хорошо перемешать.

Хлеб нарезать кружочками или квадратиками, обжарить и уложить на него горкой полученную смесь. По краям сделать ободок из мелко нашинкованных соленых огурцов и петрушки, после чего слегка полить рыбным желе.

Можно обойтись и без желе.

Этой же смесью можно наполнять и маленькие буше из пресного слоеного теста.

Крутоны

Это закусочные бутерброды на небольших ломтиках белого хлеба (без корки) круглой или овальной формы, обжаренные в масле.

Крутоны с яичницей-глазуньей

Нарезать круглыми или овальными ломтиками черствый белый хлеб (без корок), быстро смочить их в молоке или воде, затем в яйце и поджарить. Положить на блюдо и на каждый ломтик поместить яичницу глазунью (1 яйцо). Сверху полить разогретым маслом, добавив в него немного молотого красного сладкого перца.

Вокруг крутонов налить томатный соус.

Крутоны с яйцами в мешочек без скорлупы

Черствый белый хлеб, сливочное масло, яйца (на каждый крутон по 1 яйцу).

Для соуса: 1 стакан нарезанных грибов, 2 ст. ложки (без верха) пшеничной муки, 4 ст. ложки жира, $^1/_2$ стакана белого вина, соль по вкусу.

С черствого белого хлеба срезать корку и нарезать его круглыми или овальными ломтиками. Быстро смочить их в молоке, затем в яйце и поджарить до образования золотистого цвета.

В подсоленную кипящую воду влить 1—2 ст. ложки уксуса и выпустить яйца (по количеству крутонов), отбив их низко над посудой. Готовые яйца вынуть при помощи шумовки, отцедить и поместить на хлеб. Положить крутоны на блюдо и залить соусом.

Приготовление соуса: сварить в подсоленной воде грибы, нарезанные соломкой. Спассеровать муку с жиром. Прибавить отцеженные грибы, поперчить и обжарить. Затем влить грибной отвар и вино. При необходимости добавить соль и кипятить в течение 5—6 мин. Соус должен быть средней густоты.

На каждое яйцо, залитое соусом, можно положить по шляпке гриба, сваренного одновременно с нарезанными грибами.

Крутоны с жареными цыплятами

1 городская булка, 2 ст. ложки оливкового или кукурузного масла, 1 жареный цыпленок, 4 желтка, перец и соль по вкусу.

Жареного цыпленка, разделенного на 4 части, освободить от костей.

Срезать корку с булки и нарезать из нее 4 толстых ломтика, придать им круглую форму и в каждом ножом сделать в середине углубление. Каждый ломтик обмакнуть в масло, в углубление выпустить сырой желток, посолить, посыпать перцем и поставить в духовку. Подрумяненные крутоны вынуть и положить на них горкой мясо жареного цыпленка.

Крутоны с жареными куропатками

1 батон белого хлеба, 1 ст. ложка топленого масла, 50 г шпика, 1/2 стакана бульона или воды, соль.

Выпотрошенные куропатки посолить, обернуть тонкими ломтиками шпика, обвязать нитками и поджарить на сковороде в разогретом масле. Когда куропатки будут совсем готовы, снять с них нитки и шпик и зарумянить в духовке.

Шпик положить на сковороду, в которой жарились куропатки, и поджарить на нем внутренности куропаток, а затем пропустить их через мясорубку.

В оставшийся на сковороде жир влить $1/2$ стакана бульона или воды, добавить 1 ч. ложку муки, соль и приготовить соус.

Полученный соус растереть вместе с поджаренными внутренностями куропаток. Этой смесью намазать поджаренные хрустящие ломтики белого хлеба (с батона срезать корки, нарезать ломтями толщиной 1 см, придать им круглую форму). Сверху уложить разделанные на части жареные куропатки.

Новогодняя закуска на крутонах

Нарезать прямоугольными ломтиками черствый белый хлеб, смочить их в холодной воде или молоке, а затем в яйце и обжарить до образования золотистого цвета в сильно разогретом жире. На каждый крутон положить тонкий ломтик ветчины (или колбасы), вырезанный по размеру крутона, а сверху поместить половинку крутого яйца, разрезанного по длине, выпуклой частью вверх.

Крутоны залить майонезом, смешанным с мелко нарезанной ветчиной и солеными огурцами, и украсить маслинами, нарезанными полосками, или красным стручковым перцем (соленье). По бокам положить соленые огурцы, морковь, кружочки крутых яиц, сладкий красный стручковый перец, нарезанный полосками, веточки петрушки.

Вместо майонеза можно использовать соус, приготовленный следующим способом. Слегка спассеровать 2 ст. ложки пшеничной муки (без верха) с 3—4 ст. ложками сливочного масла. Пассеровку развести 2 стаканами молока, посолить и кипятить в течение 5—6 мин, после чего прибавить 2—3 ст. ложки тертого сыра, $1/2$ ч. ложки черного перца, немного лимонного сока или винной кислоты и $1/2$ ст. ложки томата-пюре. Соус снова довести до кипения, затем снять с огня и дать остыть.

Крутоны с сардинами или семгой

На ломтик поджаренного хлеба овальной формы положить кусочек сардины без костей, покрыть майонезом, в который можно добавить $1/2$ ст. ложки вареного протертого шпината или томатной пасты. Сверху положить половину ломтика лимона без кожи и зерен.

Бутерброд с семгой сделать следующим образом. На овальный ломтик хлеба положить кусок семги, один конец ее подогнуть, украсить маслом, черной икрой, листиками зелени петрушки и кусочком огурца.

Крутоны с яйцом и икрой

100 г белого хлеба, 20—30 г сливочного масла, 1 яйцо, 50—60 г черной или красной икры.

Круглые гренки из белого хлеба намазать маслом. Сверху положить ломтик сваренного вкрутую яйца, в середину его — немного икры.

Для приготовления этих бутербродов из яиц можно удалить желток, размельчить его вилкой и смешать с маслом. Хлеб густо намазать полученным желтым маслом, сверху уложить кольцо яичного белка и внутри него выложить маленькой горкой икру (зернистую, паюсную или кетовую).

Небольшие полосатые бутерброды
(открытые бутерброды на хлебе)

Для приготовления небольших полосатых бутербродов черный или белый хлеб нарезают тонкими ломтиками в длину.

Белый хлеб можно предварительно подсушить в духовке, так, чтобы он внутри оставался мягким. Это достигается при более высокой температуре, так как в прохладной духовке хлеб высыхает полностью.

Хлеб намазывают маслом и укладывают на него длинными полосами размельченные (рубленые или натертые) продукты. Затем хлеб разрезают на четырехугольные или треугольные кусочки. Каждый из этих бутербродов можно украсить листиком зелени, кусочком помидора или редиса. Часто полосатые бутерброды уже сами по себе настолько красочны, что не нуждаются в украшении.

Из одного длинного ломтя можно получить 7—10 небольших бутербродов. Если они очень сильно покрыты продуктами, к ним можно подать нож и вилку.

Полосатые овощные бутерброды

1 большой ломоть черного хлеба, 35 г заправленного масла, 1 морковь, 1 небольшая свекла, 30 г зеленого лука, 1 картофелина, 1 ст. ложка гороха, 1—1 ¹/₂ ст. ложки сметаны или майонеза, помидор или стручковый перец, соль.

Ломоть хлеба покрыть любой масляной смесью. Свеклу, картофель и горох отварить, морковь может быть вареная или сырая. Вареные овощи нарубить или нарезать мелкими кубиками, сырые натереть. Все овощи в отдельности смешать со сметаной или майонезом, посолить. Уложить на бутерброд полосами, причем свеклу рекомендуется класть рядом с зеленым луком, чтобы не окрасились другие овощи. Хорошо использовать помидоры и стручковый перец.

Готовый бутерброд разрезать на небольшие поперечные куски, а каждый из них можно разрезать еще и по диагонали, чтобы получился треугольничек.

Полосатые бутерброды с салатом

1 большой ломоть любого хлеба, 15—20 г томатного масла, 80—100 г различных салатов (например, 25 г грибного салата, 30 г ветчинно-колбасного салата, 25 г овощного салата), зелень укропа или петрушки.

На намазанный маслом ломоть хлеба продольными рядами положить салаты, подчеркивая их различную расцветку. Между полосами можно положить немного томатного масла. Готовый бутерброд разрезать на более мелкие куски, каждый из них украсить листиком зелени.

Полосатые бутерброды с сыром

1 большой ломоть белого или черного хлеба, 15—20 г зеленого масла, 30—100 г различных сырных смесей (30 г томатной и 35 г сливочной смеси, 35 г сырно-орехового крема). Можно брать и имеющиеся в продаже различные плавленые сыры.

На намазанный зеленым маслом хлеб выжать из тюбика или шприца полоски сыра так, чтобы между ними осталась видной полоса зеленого масла.

Готовый бутерброд разрезать на более мелкие.

Полосатые бутерброды с сыром и колбасой

1 большой ломоть хлеба, 30 г сырного, розового или зеленого масла, 50 г докторской колбасы, 50 г сыра, 1 помидор или зелень петрушки.

Хлеб намазать маслом, сверху уложить вперемежку длинные полосы колбасы и сыра, чтобы получились бутерброды в розово-белую полоску. Сыр можно положить кусками или натереть.

Большой бутерброд разрезать на маленькие. Каждый бутербродик украсить помидором или зеленью.

Полосатые бутерброды с ветчиной и яйцом

1 большой ломоть черного хлеба, 30 г горчичного, томатного или зеленого масла, 50 г ветчины, 1—2 яйца, 1 соленый огурец, 1 ст. ложка тертого хрена со сметаной.

Ломоть хлеба покрыть толстым слоем масла. Продукты — яичный белок и желток — изрубить по отдельности. Мелко изрубленные продукты уложить на хлеб полосами: хрен рядом с ветчиной, остальные — произвольно.

Полностью покрытый бутерброд разрезать на ромбы или треугольники.

Полосатые бутерброды с майонезом

1 большой ломоть белого хлеба, 3—4 ст. ложки разноцветного майонеза (обычный, красный, зеленый), вареная или жареная рыба.

Из шприца или тюбика выжать на хлеб разноцветные полосы майонеза. При желании одну полоску можно составить из кусочков вареной или жареной рыбы. Большой бутерброд разрезать на мелкие.

Полосатые бутерброды с сельдью и яйцом

1 большой ломоть черного хлеба, 30 г горчичного, томатного или хренного масла, $1/2$ сельди, 1—2 яйца, 1 помидор или небольшой огурец, 1 ст. ложка густой сметаны, 1 ст. ложка рубленого зеленого лука.

Хлеб намазать маслом, сельдь очистить и нарезать длинными полосками. Желток и белок изрубить отдельно. Помидор или огурец и зеленый лук размельчить острым ножом. Продукты уложить длинными разноцветными полосами, причем полоску сметаны рекомендуется положить по соседству с сельдью. Полностью покрытый бутерброд разрезать на четырехугольные или треугольные куски.

ХОЛОДНЫЕ ЗАКУСКИ НА СПИЧКЕ

Это несложные, быстро приготовляемые добавки к напиткам или бутербродам. В качестве «спичечных» закусок можно подавать к столу различные комбинации сыра со свежими или консервированными овощами, фруктами, мясными продуктами и т. д. Для этой цели годятся рассыпчатые продукты, такие как жареная или горячего копчения рыба, вареный картофель и т. п. Можно приготовить холодные или горячие закуски.

Для холодных закусок, не подогревая, протыкают палочкой готовые продукты: сыр, ветчину, колбасу, помидоры, свежие или соленые огурцы, свернутую в трубочку салаку, кусочки сельди, холодное жаркое, яблоки и т. д. Тоненькой палочкой из дерева, пластмассы или металла протыкают один или два сорта продуктов, на более длинную палочку можно нанизать целый ряд различных, подходящих друг другу по вкусу продуктов. Едят их прямо с палочки, без вилки и ножа. Подавать их на стол можно на отдельном блюде, хотя можно и прикрепить закуски палочкой к буханкам черного или белого хлеба.

Сыр с ягодами или фруктами

100 г сыра, ¼ стакана целых ягод (крыжовник, малина, вишня, клубника, смородина и т. д.) или фруктов (яблоки, груши, сливы, персики, абрикосы и др.)

Сыр нарезать на кубики или продолговатые брусочки (10—15 шт.). К каждому кусочку сыра спичкой или пластмассовой вилочкой прикрепить целую ягоду или фруктовую дольку.

Ягоды и фрукты должны быть целыми, но не очень крепкими (из яблок и груш выбрать самые мягкие). Можно использовать фрукты и ягоды из компотов и маринованные.

Сырные кубики

250 г твердого сыра, 100 г сыра, 10 половинок грецких орехов, 50 г колбасы.

Для украшения: *1 консервированный огурец, красный перец.*

Сыр (большой ломтик) нарезать кубиками. На половину положить половинки грецких орехов, на вторую половину — кружочки колбасы. Украсить огурцами и квадратиками красного перца. Закрепить шпажками.

Сыр с редиской, огурцами или помидорами

100 г сыра, 4—5 редисок (или $^1/_2$ огурца, или 1—2 помидора, маленьких помидоров нужно больше), перец, соль.

Сыр нарезать на кубики или продолговатые брусочки. К каждому кусочку сыра прикрепить спичкой или пластмассовой вилочкой один или несколько видов овощей, разрезанных на тоненькие ломтики или дольки. Маленькие редиски и помидоры можно прикреплять к сыру и целиком (как ягоды). Овощи посыпать солью, при использовании неострых сыров — и перцем.

Сыр с ветчиной или колбасой

100 г сыра, 50—75 г нежирной ветчины или колбасы, 1—2 редиски или $^1/_2$ маленького огурца, зелень петрушки или укропа.

Сыр нарезать на кубики или продолговатые брусочки, ветчину или колбасу — на маленькие ломтики. Продукты скрепить спичкой. Между сыром и мясом или сверху можно поместить ломтик огурца или редиски. Украсить закуску укропом или листиком петрушки.

Закуска из котлет и свежих овощей

300 г фарша, 3 ст. ложки молотых сухарей, $^1/_2$ стакана сметаны, 1 яйцо, 1—2 соленых огурца, 3—4 помидора, 2 стручка перца, жир или растительное масло, перец, соль.

Фарш, сухари, сметану и взбитое яйцо смешать и заправить солью и перцем. Из хорошо взбитой массы разделать 16 маленьких круглых котлет и поджарить в растительном масле или в жире так, чтобы обе стороны слегка подрумянились. Остывшие котлеты нанизать на палочку вперемежку с толстыми ломтиками соленого огурца, разрезанного пополам или на четыре части, помидора и кусками стручкового перца.

Сервировать с белым хлебом, хрустящими хлебцами. Можно подать также соус из майонеза с томатным пюре и вареный рис.

Закуска из ветчины или колбасы, редиски и огурцов

40 г нежирной ветчины или колбасы, 8—10 редисок, 1—2 огурца, горчица, зелень петрушки.

Ветчину или колбасу намазать тонким слоем горчицы и нарезать на кубики размером 2—2 ¹/₂ см. Большие редиски разрезать пополам, маленькие оставить целыми. Огурец (свежий или соленый) нарезать толстыми ломтиками.

Продукты проткнуть спичкой так, чтобы внизу было мясо, над ним огурец, а сверху редиска. Украсить листиком петрушки. Подать с черным хлебом.

Закуска из жаркого, колбасы и овощей

300 г жаркого, 100 г копченой колбасы или ветчины, 1 вареный сельдерей, 1 луковица, 1 соленый огурец, 1—2 помидора, перец, соль.

Жаркое, сельдерей и колбасу разрезать на кубики средней величины, остальные продукты по возможности на кружочки. Продукты поочередно нанизать на спичку. Сверху посыпать солью и перцем, подать с хлебом.

Закуска из сельди с картошкой

1—2 картофелины, 1 сельдь, 1 помидор, 1 маленькая луковица, 1 яйцо, 2 ст. ложки сметаны, зелень.

Очистить вареный картофель и нарезать кружочками. Кусочки селедочного филе положить на ломтики картофеля. Сверху полить несколькими капельками сметаны или майонеза, положить ломтики помидора, лука и яиц. Украсить укропом или петрушкой. Проткнуть спичкой.

Закуска из сельди со свежими овощами

1 сельдь, 4—5 редисок, 1 помидор, 1 луковица, горчица.

Сельдь очистить и разрезать на квадратные куски величиной 2—3 см, намазать тонким слоем горчицы. Редиску оставить целой, огурец разрезать на толстые ломти, помидор и луковицу на 4—5 секторов. Проткнуть продукты длинной палочкой так, чтобы после каждого второго куска овощей был кусок селедки. Подать с хлебом и сметаной.

Селедочные трубочки с помидорами

4 небольших ломтя черного хлеба, сливочное масло, 2 маленькие селедки, горчица, 1 луковица, 1—2 помидора, укроп или петрушка.

Селедку очистить, отделить от кожи и костей. На внутреннюю сторону селедочного филе намазать горчицу, положить нашинкованный лук и свернуть в трубочку. На каждую трубочку положить ломтик помидора и листочек зелени, проткнуть спичкой. Подавать к столу на блюде с хлебом (намазанным маслом) или без него.

СЛАДКИЕ БУТЕРБРОДЫ

Сладкие бутерброды подают к чаю или кофе, а также к молочным напиткам, к сокам и смешанным напиткам.

Для изготовления сладких бутербродов можно пользоваться всеми сортами хлеба, а кроме того, слегка сладким и не слишком жирным печеньем, кексом и бисквитом. Очень сухое печенье можно размягчить, окунув его в сладкое молоко или сок. На сухое печенье кладут более мягкие и сочные продукты, такие бутерброды готовятся за несколько часов до подачи их к столу, чтобы печенье успело пропитаться соком продуктов.

На 100 г хлеба или печенья должно приходиться примерно 75—100 г продуктов.

Сладкие бутерброды на необжаренном хлебе (пшеничном и ржаном)

Бутерброды со сливочным, шоколадным, медовым или фруктовым маслом

Белый хлеб, по 15 г сливочного, шоколадного, фруктового, медового масла.

Охлажденное масло нарезать ножом с гофрированной или гладкой поверхностью кусочками разной формы так, чтобы оно покрывало большую часть ломтика хлеба.

Бутерброды с лимонным маслом

Ломтики сладкой булки, 100 г сливочного масла, $^1/_2$ лимона, половинки орехов, ягоды из варенья, чернослив, сахар, соль.

Размягченное сливочное масло растереть с соком и цедрой лимона, посолить по вкусу. Тонко нарезанные ломтики сладкой булки намазать приготовленной массой, на каждый положить половинку ореха, ягоды из варенья, чернослив и подать к столу.

Бутерброды с шоколадным маслом и орехами

4 ломтика белого хлеба, 100 г шоколадного масла, горсть толченых орехов, изюм.

Намазать хлеб шоколадным маслом, сверху посыпать толчеными орехами и изюмом.

Бутерброды с шоколадным маслом и ягодами

100 г ржаного хлеба или печенья, 50 г шоколадного масла, 1—2 ч. ложки молока, крыжовник, виноград, земляника или малина.

Шоколадное масло растереть, добавить немного теплого молока. Хлеб или печенье покрыть толстым слоем масла, в середину положить целую ягоду.

Бутерброды с фруктовым ассорти

Ломтики белого хлеба намазать сливочным или шоколадным маслом, сверху положить различные нарезанные (если надо) фрукты и ягоды.

В зависимости от возможности и фантазии можно комбинировать яблоки, груши, сливы, абрикосы, персики, бананы, землянику и др.

Бутерброды с медом и орехами

100 г белого хлеба или печенья, 20 г сливочного масла, 2 ст. ложки засахарившегося меда, 1 ст. ложка орехов.

Первый способ
Масло растереть, добавить мед и часть орехов, изрубив и растерев их предварительно. Смесь нанести толстым слоем на основу. Бутерброды украсить оставшимися орехами.

Второй способ
Печенье, подсушенный белый хлеб намазать маслом, сверху положить засахарившийся мед (жидкий мед растечется) и украсить орехами.

Бутерброды с медом и ягодами

100 г белого хлеба или печенья, 20 г сливочного масла, 1—2 ст. ложки засахарившегося меда, 1/2 стакана ягод (земляника, малина, смородина, крыжовник, виноград).

Белый хлеб или печенье покрыть маслом и медом. На каждый бутерброд положить ягоды одного или нескольких сортов.

Зимой ягоды можно заменить фруктами из компота.

Бутерброды с творогом и морковью

4 ломтика пшеничного хлеба, 100 г жирного творога, 1 морковь, 1 ст. ложка меда, ванилин, 1 ст. ложка изюма.

Промытый изюм залить кипятком и оставить на 5 мин для набухания. Творог протереть через сито, добавить натертую на мелкой терке сырую морковь, ванилин, мед и изюм. Выложить массу при помощи кондитерского мешка на ломтики хлеба, нанося определенный рисунок.

Бутерброды с творогом со сметаной и корицей

Ломтики батона, 450 г творога, ¹/₂ стакана сметаны, 2 ст. ложки сахара, молотая корица.

Протертый творог смешать со сметаной, разложить на ломтики батона, сверху посыпать сахарным песком и молотой корицей.

Бутерброды с творожно-шоколадной массой

Сладкие рогалики, 150 г сливочного масла, 450 г нежирного творога, 6 желтков, ³/₄ стакана сахара, 50 г измельченного шоколада, ¹/₂ стакана молока или сливок, ванилин по вкусу.

Желтки яиц растереть с сахарным песком, добавить измельченный на терке шоколад, ванилин по вкусу, развести горячим молоком или сливками и, помешивая, нагреть эту смесь на водяной бане до 75—80° С, после чего охладить. Затем взбить размягченное сливочное масло, как для крема, добавляя в него при непрерывном помешивании небольшими порциями полученную шоколадную массу и протертый нежирный творог. Выложить на ломтики рогаликов.

В жирный творог масла не добавлять.

Бутерброды с творожно-яблочной массой

4 ломтика белого хлеба, 4 ст. ложки творога, 1 яблоко, 1 ч. ложка изюма, сахар по вкусу, ваниль.

Творог смешать с изюмом, сахаром, ванилью и мелко нашинкованными яблоками. Покрыть полученной массой ломтики белого хлеба.

Бутерброды с творогом и апельсином

4 ломтика пшеничного хлеба, 100 г жирного творога, 1 ст. ложка изюма, 1 ст. ложка меда, ванилин, апельсин.

Изюм перебрать, промыть, залить кипящей водой, через 5 мин воду слить. Изюм обсушить, смешать с творогом, медом, ванилином. На кусочки хлеба уложить эту творожную массу, сверху украсить дольками апельсина.

Творожно-ягодные бутерброды

Тонко нарезанные ломтики белого хлеба намазать сливочным маслом, на края положить слой творога, растертого с молоком или сливками и сахарным песком. В середину насыпать горкой ягоды.

Очень красиво выглядят бутерброды из разноцветных ягод, лучше мелких. Так, один бутерброд можно сделать с черникой, другой — с земляникой, третий — со смородиной, четвертый — с малиной.

Ягоды посыпать сахарным песком и измельченными орехами.

Бутерброды с фруктами и творогом

100 г белого хлеба, 30 г сливочного масла, 60—70 г творога, 1—2 ч. ложки варенья или сока, $\frac{1}{2}$ стакана свежих фруктов или фруктов из компота.

Хлеб покрыть маслом. Творог взбить, добавив в него варенье или сок, чтобы цвет его стал розовым. При необходимости добавить сахар. Бутерброды покрыть творогом, сверху уложить сваренные в сахарном сиропе фрукты. Каждую дольку украсить горкой творога и джема или орехами.

Бутерброды с сыром и соком

4 ломтика белого хлеба, 100 г костромского или голландского сыра, 1—2 ст. ложки ягодного или фруктового сока или вина, лимонная или апельсиновая цедра.

К тертому сыру добавить вино или сок, взбить до получения однородной массы. Покрытые таким сыром бутерброды можно украсить лимонной или апельсиновой цедрой, а также фруктами или ягодами.

Бутерброды с сыром и фруктами

100 г белого хлеба, 20 г сливочного масла, 50—60 г тертого или плавленого сыра, 100 г фруктов (яблоко, груша, слива, персик), 1 ч. ложка очищенных орехов.

Первый способ
Хлеб покрыть маслом, положить на него острый тертый сыр. Сверху уложить сваренные в сахарной воде фрукты и орехи.

Второй способ
Хлеб покрыть плавленым сыром или сырным маслом, смешанным с орехами. Сверху уложить ломтики фруктов, сваренных в сахарной воде.

Бутерброды с яблоками

Белый или черный хлеб нарезать ломтиками не толще 1 см и намазать яблочной массой слоем в 1 см. Ломтики наложить друг на друга в 3—4 ряда и оставить на 1—2 часа. Затем, наложив на них дощечку, подровнять края, нарезать узкими полосками и украсить бутерброды кусочками яблок.

Бутерброды с апельсинами и изюмом

100 г булки, 20 г сливочного масла, 25 г зеленого салата, 1 апельсин, 1 яблоко, 1 ст. ложка изюма.

Белый хлеб покрыть маслом. На один край положить листик салата, на него — дольки апельсина и ломтики яблока. Можно использовать яблочный компот. Рядом положить горку остывшего, предварительно замоченного в горячей воде изюма.

Бутерброды с повидлом

4 ломтика белого хлеба, 100 г густого яблочного повидла, 1—2 ст. ложки изюма, сахар и корица.

Ломтики хлеба густо намазать повидлом, сверху посыпать изюмом, сахаром и корицей.

Бутерброды с фаршем из сушеных фруктов

Белый хлеб, по 50 г урюка, чернослива, груш (или яблок), горсть орехов, сахар по вкусу.

Сушеные фрукты перебрать, промыть, замочить в холодной воде в течение 1—2 часов, сварить до размягчения в небольшом количестве воды. После охлаждения удалить косточки и протереть через сито. К фруктовому пюре добавить сахар и толченые поджаренные орехи. Намазать на ломтики белого хлеба.

Сандвичи с желе-вареньем или повидлом

Нарезать хлеб ломтиками одинаковой величины, смазать их тонким слоем сливочного масла, а затем нанести тонкий слой желе-варенья или повидла, смешать с мелко рубленными грецкими орехами, миндалем или

лесными орехами. Подготовленные ломтики склеить попарно.

Таким же способом можно приготовить сандвичи с
медом.

Сладкий бутербродный торт

*1 кг свежей сладкой булки (чайный хлеб, хлеб с изюмом
и т. п.), 250 г яблочного пюре, 150 г фиников, 150 г ягод
(свежих или консервированных).*

Булку (без корок) нарезать на ломти толщиной
1—2 см. Намазать их смесью из нарезанных фиников и
яблочного пюре, положить один на другой. (В начинку
по желанию можно добавить рубленые орехи, инжир.)
Верхний ломоть украсить свежими ягодами (малиной,
клубникой) или ягодами из варенья или компота. Поставить торт в холодильник. При подаче посыпать сахарной пудрой.

При отсутствии фиников смешать яблочное пюре с
корицей или приготовить начинку из яблочного повидла
и мелко нарубленного распаренного чернослива.

Сладкие бутерброды на рогаликах,
печенье, кексе

БУТЕРБРОДЫ НА РОГАЛИКАХ

Десертные бутерброды

*3 рогалика, 50 г сливочного масла, 200 г творожного
сырка, фрукты из компота или варенья, орехи, сахар.*

Рогалики нарезать, намазать маслом, положить на
них толстый слой сырка или свежего творога, растертого
с 2—3 ст. ложками сметаны и щепоткой сахара. Сверху
положить половинки абрикосов, слив, орехи, вишни,
клубнику и др.

Бутерброды с творогом и изюмом

Сладкие рогалики, 350 г творога, $^1/_2$ стакана молока, 2 ст. ложки сахара, $^1/_2$ ст. ложки изюма.

Творог протереть через сито, развести молоком и смешать с сахаром и изюмом (без косточек), промытым холодной кипяченой водой. Намазать на ломтики сладких рогаликов, выложить на тарелку.

Бутерброды с творожной массой из нежирного творога и орехами

Рогалики, 150 г сливочного масла, 450 г нежирного творога, 4 ст. ложки сахара, 2 $^1/_2$ ст. ложки сметаны, 1 ст. ложка рубленых орехов.

Грецкие орехи очистить от скорлупы, ошпарить кипятком, освободить от кожицы и порубить, но не очень мелко. Творожную массу смешать с маслом, сметаной и рублеными орехами, намазать на рогалики.

Бутерброды с творожной массой из жирного творога и орехами

Рогалики, 450 г жирного творога, $^1/_2$ ст. ложки сахара, 1 $^1/_2$ стакана измельченных орехов, ванилин по вкусу.

Жирный творог тщательно перемешать с сахаром, хорошо измельченными орехами и ванилином. Намазать на рогалики.

БУТЕРБРОДЫ НА ПЕЧЕНЬЕ

Бутерброды с творогом и вареньем

100 г печенья, 75—100 г сладкого творога, 1 ст. ложка варенья.

Уложить творог так, чтобы в середине осталось углубление для жидкого варенья с ягодами. Более густое варенье или джем можно уложить горкой на творог.

Бутерброды с творогом и орехами

100 г печенья, 200 г сладкого творога, 1 ст. ложка очищенных орехов.

Печенье покрыть толстым слоем творога (не приглаживать) и посыпать сверху толчеными орехами. Грецкие орехи класть целиком.

Бутерброды с орехами и вареньем

100 г печенья, 100 г творожных сырков, 50 г очищенных орехов, варенье.

Намазать печенье творожной массой, растертой с вареньем, сверху положить половинку грецкого ореха.

Двойные бутерброды из печенья с творогом

100 г печенья, 50—75 г сладкого творога, 1 ч. ложка мармелада.

На одно печенье положить сладкий творог и придавить сверху другим, которое, в свою очередь, украсить кусочком мармелада или творогом.

Двойные бутерброды из печенья с джемом

100 г печенья, 2 ст. ложки джема, 1 ст. ложка очищенных орехов, 1 ст. ложка взбитых сливок или творога.

Между печеньем положить толстый слой джема. В джем можно добавить толченые орехи или крошки разных сортов печенья. Уложенное на блюде печенье можно украсить взбитыми сливками или растертым творогом.

Двойные бутерброды из печенья с шоколадным маслом

100 г печенья, 60—70 г шоколадного масла, 1 ч. ложка кофе или молока, вишни или виноград.

Между печеньем положить взбитое масло, в которое добавлено немного кофе или молока. Уложенное на блюде печенье украсить вареньем или кусочками шоколадного масла, сверху положить целые вишни или виноградины.

Бутерброды к напиткам

Мелко нарезать засахаренные персики, абрикосы, черешни. Прибавить немного малинового или вишневого сиропа и размешать смесь. Тонкое печенье намазать сливочным маслом и нанести слой фруктовой смеси.

Подавать бутерброды к сладким напиткам: сиропу, лимонаду, оранжаду.

БУТЕРБРОДЫ НА КЕКСЕ

Бутерброды с яблоками и взбитыми сливками или творогом

4 куска кекса (без изюма) или 8 шт. печенья, 25—40 г шоколадного масла, 4 яблока, 1/2 стакана 35%-ных сливок или 50 г творога, 1—2 ч. ложки сахара, тертая лимонная цедра или орехи, шоколад.

Кекс разрезать пополам, шоколадное масло растереть и намазать на кекс или печенье. Яблоки очистить, разрезать на четыре части. Мягкие яблоки могут быть сырыми, более твердые и кислые сварить в подслащенной воде. Сливки или творог взбить, добавить сахар и лимонную цедру. В творог добавить немного молока, сока или сливок. На края ломтиков кекса или в противоположные углы кусков печенья положить ломтики яблока, между ними уложить взбитые сливки или творог. Сверху посыпать толчеными орехами или шоколадом.

Бутерброды со сливами и взбитыми сливками

4 куска кекса (без изюма) или 16 шт. круглого печенья, 8 слив, чуть меньше половины стакана сливок или 100 г творога и сока, 2—3 ч. ложки сахара (мармелада или ягодного желе).

Куски кекса разрезать на четыре или сделать круглые ломтики. Сливы разломить пополам, косточки вынуть. Сливки или творог взбить с сахаром, в творог при этом добавить сок. На каждое печенье или ломтик кекса положить толстый слой сливок или творога, сверху — половинку сливы (разрезанной стороной вниз) и придавить. Вокруг сливы сделать узор из ягодного желе или мармелада.

Сливы можно заменить консервированными абрикосами или вишнями (по 3—6 шт. на бутерброд).

Сладкие гренки

Для сладких гренок хорошо использовать черствый хлеб: его легче нарезать, чем свежий, потому что он меньше крошится и мнется, лучше сохраняет желаемую форму. Ломтики хлеба нарезают в виде прямоугольников, треугольников, вырезают из них разные фигуры выемками для печенья, а затем обжаривают в масле до золотистого цвета. Остывшие гренки гарнируют джемом, ломтиками фруктов или ягод и др.

Сладкие гренки подают на десертных тарелках с молоком, чаем, кофе.

ГРЕНКИ-СУХАРИКИ

Сладкие сухарики

200 г пшеничного хлеба, 1 ст. ложка сахара.

Пшеничный хлеб нарезать кубиками, обсыпать сахарным песком или пудрой и подсушить в духовке до легкого подрумянивания.

Такие гренки хороши к чаю.

Сдобные сухарики «Александрина»

200 г сдобного пшеничного хлеба, 3 ст. ложки сливочного масла или сливочного маргарина, сахарная пудра по вкусу.

Сдобный пшеничный хлеб нарезать кубиками, пропитать растопленным на сковороде сливочным маслом или сливочным маргарином, подсушить на этой же сковороде, переложить в сухарницу и при желании слегка посыпать сахарной пудрой.

Подавать к чаю, кофе, какао.

Сухарики с вареньем

3 сухаря, 150 мл молока, абрикосовое повидло, яйца и панировочные сухари для обваливания.

Сухари нарезать дольками, смочить в молоке, намазать повидлом и соединить по два. Затем эти дольки-сухари обвалять в панировочных сухарях, смешанных со взбитыми яйцами, и погрузить в кипящий маргарин или жир.

Готовые обжаренные сухарики посыпать сахарной пудрой.

МЯГКИЕ ГРЕНКИ

Мягкие гренки с медом

500 г черствого пшеничного хлеба, 250 мл молока, 2 яйца, 50 г сливочного масла, 50 г меда, 60 г панировочных сухарей, ванилин, соль по вкусу.

Взбить яйца с молоком и солью. Хлеб нарезать ломтиками толщиной 1 $^1/_2$ см, смочить их полученной смесью, обвалять в сухарях, после чего поджарить с обеих сторон на масле.

Подавать гренки к столу, намазав медом с ванилином и посыпав сахарной пудрой.

Мягкие гренки с сахаром и медом

200 г пшеничного хлеба, 2 ст. ложки растительного или сливочного масла, $^1/_4$ стакана воды или молока, 1 ст. ложка сахара, мед по вкусу.

Пшеничный хлеб нарезать ломтиками, смочить их в подслащенной теплой воде или подслащенном молоке и обжарить в закрытой сковороде без жира или на масле (растительном или сливочном). По желанию гренки намазать медом.

Подавать к чаю, молоку, простокваше, сокам.

Эти гренки можно ароматизировать ванилином или лимонной цедрой.

Мягкие гренки с сырковой массой

200 г пшеничного хлеба, 1 ст. ложка сливочного или растительного масла или маргарина, 200 г сырковой массы, $^1/_2$ стакана воды или молока, 1 ст. ложка сахара.

Пшеничный хлеб нарезать ломтиками, обмакнуть в подслащенную воду или молоко и разогреть до мягкости в духовке или на сковороде под крышкой. Разогреть хлеб можно как на масле (маргарине), так и без него. На теплый хлеб положить сырковую массу.

Подавать к чаю, кофе или какао.

Сочные гренки с джемом

8 ломтиков черствого белого хлеба, растительное масло, 2 ст. ложки сливового или яблочного джема, 2 яйца, сахар, молотая корица.

С хлеба срезать корочку, сложить по два ломтика вместе, промазав их джемом, погрузить во взбитое яйцо, положить на сковороду с разогретым растительным маслом, обжарить до золотистого цвета.

Переложить на блюдо, посыпать смесью сахара с корицей или толчеными орехами.

Подавать с молоком.

Панированные мягкие гренки с джемом

8 ломтиков черствого белого хлеба, 2 яйца, панировочные сухари или пшеничная мука, повидло или джем, сахарная пудра, ванилин или корица.

Нарезать ломтиками толщиной 1 см черствую булку. Обмакнуть эти ломтики во взбитые яйца, обвалять в сухарях или муке и затем снова обмакнуть в яйца. Подготовленные ломтики поджарить до золотистого цвета.

После охлаждения намазать повидлом или джемом и, соединив попарно, уложить на блюдо и посыпать сахарной пудрой, смешанной с ванилином или корицей.

Панированные мягкие гренки с повидлом и фруктами

300 г черствого белого хлеба, 50 мл молока, 1 яйцо, 100 г повидла или фруктового пюре, 50 г фруктов или ягод.

Черствый пшеничный хлеб нарезать тонкими ломтиками, смочить в молоке с яйцом, обвалять в протертом черством хлебе, слегка обжарить с обеих сторон.

Одну сторону намазать повидлом или фруктовым пюре, сверху оформить консервированными или свежими фруктами, ягодами.

Сочные гренки, панированные в ореховой крошке

8 ломтиков черствого белого хлеба, 2 ст. ложки джема, 1 стакан подслащенных сливок или молока, 1—2 белка, рубленый миндаль или орехи.

Ломтики белого хлеба без корочки склеить по два густым джемом. Приготовленный хлеб окунуть в подслащенные сливки или молоко и, когда хлеб немного подсохнет, обмакнуть во взбитые белки, обвалять в мелко нарубленном миндале или орехах и поджарить до золотистого цвета (лучше всего — во фритюре).

Гренки с клубникой или другими свежими ягодами

200 г пшеничного хлеба, ¹/₂ стакана воды или молока, 1 стакан клубники или других ягод, 1—2 ст. ложки сахара, 1 ст. ложка сливок или сметаны.

Пшеничный хлеб нарезать ломтиками, сбрызнуть водой или молоком, разогреть без масла до мягкости в духовке или на сковороде под крышкой. Клубнику или любые другие свежие ягоды размять или очистить от косточек, смешать с сахарным песком и положить на гренки вместе с образовавшимся соком, который должен впитаться в разогретый хлеб. При желании к ягодному пюре можно добавить сливки или сметану.

Можно ягодную массу запечь вместе с гренками.

Сочные гренки с клубникой

8 ломтиков черствого белого хлеба, 2 яйца, около 1 стакана молока, клубника, сахарная пудра.

Нарезать черствый хлеб ломтиками толщиной 1 см. Обмакнуть ломтики в молоко, затем во взбитые яйца и жарить до образования золотистого цвета.

Перед подачей положить на каждый ломтик по 2 ст. ложки мелких ягод клубники (крупные ягоды разрезать на части) или малины и посыпать сахарной пудрой.

Мягкие гренки с консервированными фруктами

200 г пшеничного хлеба, 400 г консервированных фруктов.

Пшеничный хлеб нарезать тонкими ломтиками, пропитать их сиропом от консервированных фруктов и прогреть в духовке до мягкости. Гренки уложить на блюдо, положить на них кусочки консервированных фруктов, вокруг гренков разложить те же фрукты.

Сочные гренки с фруктами под соусом

250 г черствого белого хлеба, 1 стакан молока, 1 яйцо, 50 г сахара, 150 г консервированных фруктов.
Для соуса: 50 г кураги, 125 мл воды, 50 г сахара.

Пшеничный хлеб без корки нарезать тонкими ломтиками, пропитать их смесью из яиц, молока и сахара и обжарить.

Курагу сварить, протереть через сито, соединить с сахаром, растворенным в воде, и нагреть до кипения. В полученный сироп положить нарезанные консервированные фрукты.

Гренки, уложенные на овальное блюдо или тарелку, украсить прогретыми в сиропе фруктами и полить абрикосовым соусом или сиропом от фруктов, в который добавить 1 ст. ложку вина.

Сочные гренки с фруктами

160 г пшеничного хлеба, 10 г сливочного масла, 1 яйцо, 125 мл молока, 50 г сахара, 100 г консервированных фруктов.

Ломтики хлеба смочить в яично-молочной смеси (льезоне) и обжарить с обеих сторон. Сверху уложить подогретые консервированные фрукты и полить сиропом и вареньем.

Для приготовления яично-молочной смеси смешать молоко, яйца, сахар и слегка взбить.

Гренки в сиропе

Черствый белый хлеб, 1—2 яйца, 1—2 стакана молока.
Для сиропа: *1 стакан сахара, $^3/_4$ стакана воды.*

Нарезать ломтиками (любой формы и величины) черствый белый хлеб. Обмакнуть эти ломтики в молоко, обвалять в муке, затем обмакнуть во взбитые яйца и поджарить до золотистого цвета.

Готовые горячие гренки окунуть в сироп, приготовленный из стакана сахара и воды.

Подавать с малиновым сиропом, ванильным соусом, взбитыми сливками с добавлением сахара или взбитыми с сахаром в крутую пену белками.

Винные гренки

$^1/_4$ черствого белого хлеба, $^1/_2$ стакана красного вина, 2 ст. ложки сахарной пудры, 2 белка, 1 ч. ложка корицы.

В красном вине растворить сахарную пудру и добавить корицу. Мякиш хлеба нарезать тонкими ломтиками и обмакнуть каждый сначала в подслащенное и ароматизированное вино, а затем во взбитые в крутую пену белки. Поджарить во фритюре.

Подавать, посыпав сахарной пудрой.

Арме-риттер

Черствый белый хлеб, ореховое или горчичное масло, 200 г сладкого миндаля, 1—2 ядра горького миндаля, $^1/_2$ стакана сахара, $^1/_2$ л воды.

Сладкий и горький миндаль обварить кипятком, очистить, истолочь в ступке, подбавляя понемногу сахар и воду. Готовое миндальное молоко процедить сквозь салфетку.

Нарезать ломтиками в палец толщиной хлеб, размочить его в миндальном молоке, обжарить на сковороде в ореховом или горчичном масле, уложить на блюдо и облить жидким клюквенным киселем или положить на каждый кусочек по ложке варенья и тогда подавать с миндальным молоком.

Мягкие гренки с ванильным кремом

Черствый белый хлеб, 1—2 яйца, 1—2 стакана молока, малиновый или вишневый сироп.

Для крема: *1 ¹/₂ стакана молока, 1 ст. ложка пшеничной муки, 2 желтка, 2 ст. ложки сахара, 1 порошок ванилина.*

Нарезать тонкими ломтиками черствый белый хлеб. Обмакнуть эти ломтики сначала в молоко, затем во взбитые яйца и поджарить до золотистого цвета.

Уложить половину обжаренных ломтиков на большое блюдо, смазать густым ванильным кремом, покрыть оставшейся половиной и залить малиновым или вишневым сиропом.

Для приготовления крема муку развести 2—3 ст. ложками холодного молока, добавить желтки и взбить. Влить остальное молоко, подслащенное сахаром. Смесь варить на небольшом огне до загустения, не кипятить. Снять с огня, ароматизировать ванилином.

Мягкие гренки со сливочным кремом

200 г пшеничного хлеба, 2 ст. ложки сливочного маргарина, ¹/₂ стакана молока, 1 яйцо, ¹/₂ стакана крема, 1 ст. ложка сахарной пудры.

Для крема: *3 ст. ложки охлажденного сливочного масла, 3 ст. ложки сладкого сгущенного молока или сгущенного какао.*

Нарезать тонкими ломтиками пшеничный хлеб, обмакнуть их сначала в молоко, затем в хорошо размешанное яйцо и обжарить на сливочном маргарине до золотистой окраски. Уложить половину ломтиков на большое блюдо, намазать кремом, покрыть оставшимися ломтиками и сверху посыпать сахарной пудрой.

Для получения крема охлажденное сливочное масло тщательно растереть на холоде со сгущенным молоком или какао до получения однородной кремовой массы.

Мягкие гренки со сливочно-медовым кремом

200 г хлеба, 4 ч. ложки сливочного масла, $^1/_2$ стакана воды, 4 ч. ложки меда.

Ломтики пшеничного хлеба сбрызнуть или обмакнуть в воду и разогреть до мягкости в духовке или на сковороде под крышкой. Мед перемешать ложкой с мягким сливочным маслом до получения однородной массы (растирать не требуется) и намазать кремом охлажденные гренки.

Мягкие гренки с заварным кремом

200 г пшеничного хлеба, 2 ст. ложки сливочного маргарина, $^1/_2$ стакана молока, белки 2 яиц, 2 стакана заварного крема.

Для заварного крема: *1 $^1/_2$ стакана молока, 2 желтка, $^1/_2$ стакана сахара, 1 ч. ложка пшеничной муки, $^1/_2$ порошка ванильного сахара, 1 ст. ложка сливочного масла.*

Пшеничный хлеб нарезать ломтиками, обмакнуть их в молоко, затем во взбитые яичные белки и обжарить на сливочном маргарине до золотистого цвета. Готовые гренки залить заварным кремом и подать к столу.

Для получения заварного крема яичные желтки хорошо растереть с сахаром и мукой, развести смесь горячим молоком и, непрерывно помешивая, варить до загустения. Снять с огня, добавить сливочное масло и ванильный сахар и хорошо размешать.

ОБЫКНОВЕННЫЕ СЛАДКИЕ ГРЕНКИ

Гренки с клубникой и сливками

8 ломтиков белого или черного хлеба 100 г взбитых сливок или сладкой творожной массы, 200 г клубники, сахар.

Куски хлеба обрезать в виде треугольников или кружков, обжарить до золотистого цвета. Сливки взбить, добавить сахарную пудру.

Из бумажного корнетика по краям сделать декоративное обрамление из взбитых сливок или сладкой творожной массы, в середину положить клубнику.

Гренки с яблоками

1 черствый батон, 200 г сметаны, свежие яблоки или яблочный конфитюр.

Срезав с батона корку, нарезать его на тонкие ломтики, которые обжарить на сливочном масле на сковороде с одной стороны. Перевернув гренки, смазать их сметаной, положить сверху яблочный конфитюр или тушеные яблоки, а затем — ложку сметаны. Закрыть сковороду крышкой и жарить гренки 5 мин. Погасив огонь, выдержать гренки под крышкой несколько минут.

Если вы хотите, чтобы гренки хрустели, готовьте их без сметаны.

Гренки с фруктами

100 г белого хлеба, 30 г сливочного масла, $^1/_2$ стакана свежих фруктов или фруктов из компота, 2 ч. ложки варенья или мармелада, орехи, взбитые сливки или творог.

Белый хлеб подсушить, покрыть маслом. На каждый ломоть положить дольки сваренных в сахарном сиропе яблок, груш или персиков. Украсить горкой варенья или мармелада и целыми или толчеными орехами. Можно положить немного взбитых сливок или творога.

Гренки с шоколадно-сметанным или шоколадно-сливочным кремом

200 г пшеничного хлеба.

Для шоколадно-сметанного крема: *100 г сметаны, 2—3 ч. ложки какао-порошка, 1—2 ст. ложки сахара.*

Для шоколадно-сливочного крема: *75 г сливочного масла, 2—3 ч. ложки какао-порошка, 1—2 ст. ложки сахара.*

Пшеничный хлеб нарезать ломтиками толщиной 1 см, хорошо разогреть в духовке, горячие гренки намазать шоколадной массой.

Для приготовления массы сметану или сливочное масло смешать с какао-порошком и сахарным песком до однородного состояния. Тщательно растирать массу для этих быстро приготовляемых кремов не требуется.

Сладкие тартинки

Тартинки — ломтики хлеба, гарнированные различными продуктами, а потом запеченные в духовке вместе с гарниром.

Для тартинок, как и для гренков, тоже удобно использовать черствый хлеб.

Тартинки подают на десертных тарелках с молоком, чаем, кофе.

Тартинки с абрикосами

Ломтики черствого белого хлеба намазать тонким слоем масла. На каждый ломтик положить половинки абрикоса разрезом вверх. В углубление положить по маленькому кусочку масла и немного сахара.

Положить ломтики на смазанный жиром противень и запекать в духовке 20—30 мин, пока хлеб не подрумянится, а абрикосы не пустят сок.

Тартинки-сандвичи с яблоками

400 г пшеничного хлеба, 250 г яблок, 2 яйца, 250 мл молока, 100 г сахара или сахарной пудры.

Сухой пшеничный хлеб (без корок) нарезать небольшими ломтиками. Смешать яйца с молоком и сахарным песком. Ломтики хлеба обмакнуть в эту массу и уложить на противень, предварительно смазанный маслом и обсыпанный молотыми сухарями. Яблоки очистить, удалить сердцевину, нарезать ломтиками, прокипятить в сахарном сиропе 3—4 мин, откинуть на дуршлаг и остудить. Некислые яблоки можно использовать сырыми, посыпав сахарным песком. Яблоки выложить на хлеб и накрыть сверху такими же ломтиками хлеба. Запечь в духовке.

Тартинки со сливами

4 ломтика хлеба, 8 слив (свежих), горсть орехов, 2 ч. ложки сахара, 50 г сливочного масла.

Намазать сливочным маслом ломтики белого хлеба. Сливы перебрать, промыть, разрезать на половинки (косточку выбросить). Положить половинки слив разрезом кверху на хлеб, всыпать в них сахар, рядом насыпать орехи и поставить в горячую духовку на несколько минут.

ДЕТСКИЕ БУТЕРБРОДЫ

Бутерброды, приготовленные для детей, должны быть вкусными и возбуждающими аппетит. На красивом бутерброде ребенок съест и такие продукты, которые обычно не любит: лук, морковь, шпинат, рыбу и т. д. Для того чтобы бутерброды, предназначенные для ребенка, были разнообразнее по своему составу, при изготовлении их пользуются различными маслами, свежими и смешанными салатами, творожными и сырными массами. В то же время бутерброд с такими продуктами удобно есть. Для украшения желательно на каждый бутерброд положить кусочек яркого вкусного продукта: на соленые бутерброды — помидор, стручковый перец, зеленый лук, зелень петрушки и т. п., на сладкие — варенье или орехи. Украшение может также что-нибудь изображать: гриб, корабль, машину, яйцо, зверя и т. д.

Продукты на бутерброде должны быть нарезаны и уложены так, чтобы ребенок мог есть его без вилки и ножа. Детям подходят маленькие простые бутерброды и спичечные закуски. В их приготовлении могли бы принять участие и сами дети.

Готовить из расчета 50—70 г хлеба, 10—15 г масла и 50—60 г других продуктов или их смесей на одного ребенка. Из этого получится 2—4 небольших бутербродика.

Несладкие бутерброды для детей

Бутерброды «Ежик»

4 ломтика хлеба, сливочное масло, 2 крутых яйца, 2 картофелины, зелень петрушки.

Ломтики хлеба намазать маслом, украсить фигуркой ежика, сделанного из половинки яйца, в которую воткнуть жареный соломкой картофель. Посолить, посыпать зеленью.

Бутерброды «Дед Мороз»

160 г хлеба, 40 г сливочного масла, 1 яйцо, по 40 г майонеза, моркови, красных помидоров или сладкого красного маринованного перца, 10 г зеленого лука, 4 листика петрушки.

Ломтики хлеба намазать маслом и положить на них половинки сваренных вкрутую яиц желтками вниз. Глаза сделать из зеленого лука, нос и рот — из вареной моркови, бороду — из майонеза или натертого на мелкой терке твердого сыра, шапочку — из помидоров или перца.

Подавать бутерброды на блюде, на бумажной салфетке, украсив петрушкой.

Яичные бутерброды «Солнышко»

60 г хлеба (2 круглых или квадратных ломтя), 40 г килечного, селедочного или ветчинного масла, яйцо, укроп, томатное пюре.

Хлеб покрыть толстым слоем масла, сверху положить листочки укропа. В серединку бутерброда выложить ломтик яйца, из которого тянутся лучи из рубленого яичного белка. Для того чтобы усилить контраст, можно подкрасить масло, добавив в него томатное пюре.

Корзиночки

4—6 ломтей белого или черного хлеба, 100 г плавленого сыра, 50 г твердого сыра, 1 пучок мелкой редиски, сливы или крыжовник, небольшие помидоры, мелкие листья зеленого салата, укроп или зелень петрушки, ветчина.

Хлеб нарезать при помощи формочки кружочками и намазать плавленым сыром так, чтобы слой его по краям был тоньше, чем в середине. Из этого кружка вырезать при помощи формочки немного меньшего диаметра, чем основание, «дно» корзиночки. Оставшееся кольцо прикрепить сыром к основанию как ручку корзинки. Редиску нарезать цветочками и воткнуть в мягкий сыр. Между редисками и рядом с ними разложить небольшие ягоды и сливы, целые или разрезанные дольками помидоры, сыр, нарезанный брусочками или треугольничками, зеленые листики салата, укропа и петрушки.

Продукты, служащие начинкой для корзиночки, есть пальцами — сначала с хлебом, образующим ручку, а затем с хлебом-донышком.

Корзиночки подать к столу на отдельном блюде и затем положить каждому ребенку отдельно на тарелку по корзиночке. На столе должны быть бумажные салфетки.

Корзиночки с овощами

60 г белого или черного хлеба (2 ломтя), 25 г килечного или селедочного масла, мелкие редиски, помидоры, вареная цветная капуста, огурцы, ягоды, зелень укропа и петрушки, маленькие грибы.

Круглые или четырехугольные ломти хлеба намазать килечным или селедочным маслом так, чтобы его слой по краям был толще, чем в середине. В это углубление положить вымытые овощи — целые или красиво разрезанные. Редиску можно нарезать цветочками, маленькие огурцы — размельчить. Из высокой горки овощи можно вынимать и есть отдельно. Если горка низкая, то овощи можно вдавить в масло и есть вместе с бутербродом. Для украшения воткнуть между овощами зелень укропа или петрушки.

Высокий край корзиночки можно покрыть маленькими грибами. В этом случае килечное или селедочное масло заменить томатным или луковым. Лучше использовать грибы в легком маринаде или сваренные в собственном соку, а также в меру соленые грибы.

Бутерброды «Башня»

Белый хлеб, сливочное масло, сыр, свежий огурец, сваренное вкрутую яйцо, отварная морковь или красный помидор.

Взять четыре ломтика хлеба разного диаметра (самый большой 3—4 см). Большой ломтик намазать с одной стороны маслом и на него положить круглый кусочек сыра, остальные ломтики намазать маслом с двух сторон. На большой ломтик хлеба, поверх сыра, положить ломтик поменьше, на него — кружочек неочищенного свежего огурца, на огурец положить следующий ломтик хлеба с кружочком яйца, отварной моркови или помидора. Сверху поместить самый маленький ломтик, украшенный цветком из редиса или ягодой (земляникой, малиной, вишней). Скрепить шпажкой. В результате образуется конус.

Такие бутерброды ярки, красивы, они очень нравятся детям.

Сырные бутерброды «Домино»

60 г хлеба (2 удлиненных четырехугольных ломтя), 15 г сырного масла, 2 ломтя сыра или колбасы, зеленый лук или ягоды, чернослив.

На ломти хлеба, намазанные сырным маслом, положить такой же величины ломти сыра или колбасы, сверху — кусочки зеленого лука или ягод (очень подходит чернослив), так, чтобы бутерброд походил на домино. Чернослив нужно предварительно вымочить и проварить.

Бутерброды со шпинатом и яйцами («Цыплята»)

60 г хлеба (2 ломтя), 25 г сливочного масла, 2 ч. ложки пюре из шпината, 1 крутое яйцо, несколько зернышек икры или кусочек темной соленой рыбы, укроп, петрушка, соль.

Хлеб намазать тонким слоем масла (5—10 г). Оставшуюся часть масла растереть, добавить пюре из шпината и хорошо размельченную зелень, заправить. Хлеб намазать толстым слоем зеленой смеси, не приглаживая ее. Сверху положить нарезанный тонкими ломтиками яичный желток так, чтобы больший кружочек изображал тело «цыпленка», меньший — голову. Из кусочков желтка или белка сделать хвост и ноги, из икринок или кусочков соленой рыбы — глаза.

Бутерброды «Парус»

160 г батона, по 80 г сливочного масла и твердого сыра, зелень петрушки.

Ломтики батона, нарезанные наискось, намазать маслом, ножом-пилой на слое масла сделать волнистый рисунок. Шпажкой закрепить треугольный ломтик сыра — парус — и зеленый листик петрушки.

Бутерброды «Парусники»

60—70 г формового хлеба (1 ломоть, отрезанный вдоль буханки, из этого получится 4 бутерброда), 10 г сливочного масла, 40—50 г нежирной ветчины или 2 стручка красного перца (или какого-нибудь темного масла, салата, майонеза и т. п.), 4 тонких ломтика сыра, 4 деревянные или пластмассовые вилочки.

Целые ломти хлеба намазать маслом и покрыть ветчиной, красным перцем или каким-нибудь другим темным продуктом, затем разрезать на продолговатые треугольные куски. К каждому бутерброду прикрепить спичкой вертикально парус из сыра.

Бутерброды «Кораблик»

200 г хлеба, 100 г сельди, 90 г яблок, 180 г вареного картофеля, 100 г свежих огурцов, 65 г лимона, 40 г сметаны, 20 г майонеза, 125 мл молока, соль.

С выпотрошенной и вымоченной в молоке сельди снять кожу, удалить кости, филе мелко порубить. Яблоки натереть на терке, картофель и огурец нарезать мелкими кубиками. Продукты перемешать, посолить, заправить сметаной и майонезом. Салат выложить на ломтики хлеба, вырезанные в форме лодки. Кружочки лимона вертикально вставить в салат. Для паруса вместо лимона можно вставить тонкие кружочки огурца, закрепленные на спичке.

Бутерброды с паштетом и яблоками

60 г белого или черного хлеба (2 ломтя), 10 г сливочного масла, 40 г печеночного или ветчинного паштета, 2 ч. ложки сметаны или сырного масла, ¹/₄ яблока или персика из компота.

Продолговатые четырехугольные ломти хлеба намазать маслом, сверху положить неровный слой печеночного или ветчинного паштета. В уголки бутерброда разложить чайной ложкой маленькие горки сметаны или сырного масла. Можно использовать и какой-нибудь плавленый сыр. В середину бутерброда положить ряд тоненьких ломтиков яблока или персика. На поверхности бутерброда можно изобразить из продуктов любую картинку и, исходя из этого, дать бутерброду название.

Паштетные бутерброды «Грибы»

80—90 г хлеба (из этого получится 2 грибоподобных бутерброда), 10 г сливочного масла, 30—40 г светлого масла (с копченой рыбой, ветчиной, сыром и т. п.), 30—40 г темной массы (печеночный паштет, томатный сыр, масло со стручковым красным перцем и т. п.), зелень.

Черный хлеб нарезать ломтями в форме гриба, покрыть маслом. На «ножку» намазать светлое масло, на «шляпку» — темное. На нижнюю часть «ножки» прикрепить зелень, вдавив ее в масло.

Бутерброды с помидорами

60 г черного или белого хлеба (2 ломтя), 50 г ветчинного масла или масла с копченой рыбой, 5 долек помидора, 4 изюмины или мелкие ягоды.

Хлеб намазать маслом, на него положить разной величины дольки помидора так, чтобы получилось изображение головы и туловища зверя, усы — листочки укропа, изюм или ягодки — глаза. Из маленьких кусочков помидора можно сделать уши и хвост.

Бутерброды с луком и колбасой («Автомобили»)

60 г черного или белого хлеба (2 ломтя), 25 г сливочного масла, 2 ч. ложки рубленого зеленого лука, 1 маленькая луковица, 2 ломтя колбасы, помидор или стручковый перец.

Четырехугольные ломти хлеба намазать тонким слоем масла. Оставшуюся часть масла растереть, смешать с мелко нарезанным зеленым луком и заправить солью и сахаром. Ломти покрыть толстым слоем зеленой смеси. Сверху положить «автомобильчик», вырезанный из тонкого ломтя колбасы или мясного хлеба. Вместо колес положить маленькие кольца лука, вместо фар и окон — кусочки помидора или стручкового перца. Колеса можно сделать и из маленьких ломтиков помидора, сливы или райского яблока.

Бутерброды «Огуречное дерево»

60 г черного или белого хлеба (2 ломтя), 10 г сливочного масла, 50 г салата из ветчины и колбасы, 5—6 тонких ломтиков огурца, листья петрушки.

Хлеб намазать маслом, сверху уложить салат, на него — ломтики неочищенного огурца, разрезанные на три-четыре части так, чтобы получилось изображение дерева или куста. Подчеркнуть эту фигурку можно листочками петрушки.

Бутерброды «Колбасное дерево»

60—70 г хлеба (2 удлиненных ломтя), 25 г сырного масла, 2 ломтя колбасы, зеленый лук или 1 стручок паприки.

На хлеб, намазанный сырным маслом, положить ломтики колбасы, разрезанные на три или четыре части так, чтобы получилось изображение елки. Вместо ствола положить стрелку зеленого лука или полоску паприки.

Бутерброд-сюрприз «Как тебя зовут?»

Чтобы приготовить эти бутерброды, надо заранее узнать имена всех гостей. Батон нарезать на кусочки, смазать маслом, положить ломтики вареного мяса, колбасы, огурца. Сверху украсить буквами, вырезанными из сладкого перца (красного или зеленого), вареной моркови, сыра. Это должны быть первые буквы имен всех гостей. Каждый получит свой бутерброд.

Надо так подобрать продукты, чтобы они были контрастными по цвету: на баклажанной икре буквы из сыра, на плавленом сыре — из сладкого красного перца и т. п.

Сладкие бутерброды для детей

Творожные бутерброды «Снежная баба»

60 г хлеба (2 ломтя), 10 г сливочного масла, 50 г творога, 1—2 ч. ложки сливок или молока, сахар, изюм или орехи, ваниль или лимонная корка.

Намазанный маслом ломоть формового хлеба разрезать на два длинных ломтя. Творог растереть с сахаром, в сухой творог добавить сливки или молоко, заправить. На каждый бутерброд положить ложкой творожные шарики так, чтобы получилось изображение человека. Изюминками или орешками обозначить глаза, рот и пуговицы.

Бутерброды с лимонным кремом

Белый хлеб, 50 г сливочного масла, 2 лимона, 150 г сахара, 2 яйца.

В кастрюлю натереть цедру лимонов, выжать сок, добавить сахар, поставить на легкий огонь и сбивать, добавить яйца и сливочное масло.

Мешать, пока на получится однородная масса. Снять с огня до закипания и вылить в фарфоровую миску. Охладить и намазать на ломтики хлеба.

Бутерброды-крошки

Нарезать рогалики на поперечные круглые ломтики, положить на каждый кусочек начинку. Для начинки годятся творог, джем. На джем положить ягодку.

Для каждого ребенка положить на тарелку 5—10 бутербродиков, самых разных.

Бутерброды «Цветочки» и «Звездочки»

80—100 г хлеба, 25 г заправленного масла, 2 ч. ложки тертой моркови, 2 виноградины или ягоды крыжовника.

Из хлеба вырезать зигзагами кусочки в форме звездочек, цветов или листочков. Намазать заправленным маслом, сверху положить ложкой круглую кучку моркови, на морковь — ягоду.

Бутерброды с сыром и джемом

160 г черствого хлеба, по 80 г твердого сыра и сливочного масла, 120 г джема.

Из хлеба и сыра выемками для печенья вырезать цветочки, сердечки и пр. Хлеб намазать маслом, покрыть ломтиками сыра, нанести рисунок из джема.

Ягодные бутерброды

2 ломтя белого хлеба или сухое печенье, 10 г сливочного масла, 1 ст. ложка творога, сливки или молоко, сахар, 2 ст. ложки ягод (земляники, малины, смородины, черники, вишни и др.), мед, орехи.

Белый хлеб или печенье намазать маслом, на края (со всех сторон) нанести слой творога, растертого с молоком или сливками и заправленного сахаром. В середину положить горкой ягоды.

Бутерброд особенно красив с разноцветными маленькими ягодами. Можно также один бутерброд приготовить с земляникой, другой — с черникой, третий — со смородиной и т. д. Кислые ягоды можно посыпать сахаром или положить под ягоды немного меду.

Орехи — толченые или целыми ядрами — придают бутербродам приятный вкус и одновременно служат украшением.

Шоколадные бутерброды

2 ломтя белого хлеба или сухое печенье, 40 г шоколадного масла (или 35 г сливочного масла, 1 ч. ложка сахарной пудры, 1 ч. ложка какао), 1—2 ч. ложки молока, 2 ломтя консервированных яблок, 1 ч. ложка сладкого творога или взбитых сливок, 2 ягоды рябины или клюквы.

Шоколадное масло (или обычное масло с сахаром и какао) растереть, добавить теплое молоко и толстым слоем намазать на белый хлеб или печенье, сверху положить тоненький ломтик вареного яблока, на него — половину чайной ложки творога или взбитых сливок, а поверх — целую ягоду.

Красивее, если продукты лежат на бутерброде свободно, горкой, поэтому не нужно их приминать или приглаживать.

Такой бутерброд едят десертной вилочкой или чайной ложкой.

БУТЕРБРОДЫ В ВЫПЕЧНЫХ КОРЗИНОЧКАХ (ТАРТАЛЕТКИ)

Тарталетки — праздничная закуска. Корзиночки для них выпекают из различных видов теста. Остывшие корзиночки наполняют любым салатом или самыми разнообразными продуктами. Готовые тарталетки украшают зеленью, ломтиками овощей, яйцами, фруктами и подают на плоском блюде, покрытом бумажной салфеткой.

Иногда формочки с тестом наполняют готовой начинкой и вместе с ней запекают в духовке.

Тарталетки из песочного теста

Корзиночки из песочного теста

Для теста: *3 стакана пшеничной муки, 200 г сливочного масла или маргарина, 200 г сметаны, соль по вкусу.*

Вместо сметаны можно можно взять 180 г воды, 1 сырое яйцо, 1 ч. ложку уксуса (все перемешать, добавить соль).

Порубить муку с маслом или маргарином, чтобы получилась крошка, влить смешанную с солью сметану, быстро замесить тесто, скатать его в шар, накрыв салфеткой, поставить в холод на час. Раскатать в тонкий пласт, вырезать стаканом кружки и выложить в смазанные жиром формочки, чтобы тесто покрывало дно и бока формочки. Выпекать 18—20 мин при температуре 200° С. Остудить.

Можно заполнить тарталетки любым салатом или закуской. Выложить на плоское блюдо и оформить зеленью, фигурками из овощей, яйцами, фруктами.

Корзиночки из песочного теста с тмином

Для теста: *300 г пшеничной муки, 200 г сливочного масла, 3 желтка, 200 г тертого сыра, 1 ч. ложка тмина для обсыпки, 1 яйцо для смазывания, 1—2 ст. ложки сметаны, соль по вкусу.*

Масло порубить с мукой, добавить тертый сыр, хорошо перемешать и посолить по вкусу, добавить желтки и быстро замесить тесто. Если тесто будет очень крутое, добавить 1—2 ст. ложки сметаны. Поставить тесто на 10 мин в холодильник, затем вынуть, раскатать в пласт толщиной в палец, смазать взболтанным яйцом, посыпать тмином. Круглой выемкой (диаметром 2 $^1/_2$ см) нарезать маленькие лепешки. Испечь их на листе, смоченном водой, в хорошо нагретой духовке, не давая сильно подрумяниться (лепешки должны быть светло-желтого цвета, если они зарумянятся до более темного цвета, то будут горькими).

Из этого же теста можно нарезать палочки шириной и длиной в палец, смазать их яйцом, посыпать крупной солью.

Кроме того, из этого же теста можно скатать валик толщиной в палец, нарезать его на кусочки длиной 5—6 см, обвалять каждый в яйце, а затем в тертом сыре. Печь так же, сильно не зарумянивать.

Тарталетки из песочного теста с куриным мясом и помидорами

Для теста: *300 г пшеничной муки, 200 г сливочного масла, 3 желтка, соль по вкусу.*

Для начинки: *250 г мяса вареной курицы, 5—6 помидоров, 4 яйца, 1 ч. ложка рубленого укропа, перец и соль по вкусу.*

Приготовить песочное тесто (см. предыдущий рецепт) и распределить его по формочкам. Каждую формочку с тестом на $^3/_4$ заполнить начинкой и поставить в хорошо нагретую духовку. Когда края теста начнут подрумяниваться, убавить огонь и допекать на слабом огне.

Приготовление начинки: куриное мясо нарезать мелкими кубиками; так же нарезать помидоры, очищенные от кожи и семян, обсушить их в дуршлаге. Растереть желтки с солью, перцем и укропом, перемешать с мясом и помидорами, соединить со взбитыми белками.

Тарталетки из песочного теста с фаршем из гусиной печенки

Для теста: *300 г пшеничной муки, 200 г сливочного масла, 3 желтка, соль по вкусу.*

Для фарша: *150 г вареной гусиной печенки, ³/₄ стакана сливок, ³/₄ стакана грибного бульона, 4 яйца, 50 г сухих грибов, соль по вкусу.*

Сварить гусиную печень до полуготовности (она должна быть в середине розовой). Протереть через дуршлаг. Развести сливками и грибным бульоном. Яйца хорошо взбить, добавить в пюре. Полученную массу поставить на паровую баню и мешать до тех пор, пока она не начнет густеть, затем снять с огня, добавить мелко нарубленные вареные грибы и заполнить этой смесью приготовленные формочки с тестом на ³/₄. Все их поместить на лист, накрыть крышкой и печь на среднем огне, пока не затвердеет фарш. Вынимать из формочек совершенно остывшими, чтобы фарш хорошо окреп.

Тарталетки из песочного теста с мозгами

Для теста: *3 стакана пшеничной муки, 200 г сливочного масла, 200 г сметаны, 1 ч. ложка соли.*
Для начинки: *500 г мозгового фарша.*

Порубить муку с маслом до получения как бы маслянистой крупы, влить сметану, смешанную с солью, быстро замесить тесто и поставить в холодильник на 10—15 мин. Раскатать тесто в тонкий пласт, вырезать из него выемкой кружки, разложить их в смазанные маслом формочки-корзиночки, на тесто положить фарш так, чтобы он не доходил до краев на ¹/₄. Поставить в хорошо нагретую духовку на 15 мин.

Приготовление фарша: 1 л воды вскипятить с 3 ст. ложками уксуса и в кипящую воду положить хорошо промытые и очищенные от пленок мозги. Варить 5 мин. Вынуть шумовкой, охладить, нарезать крупными кубиками. Луковицу мелко порубить, посолить и обжарить в 2 ст. ложках сливочного масла до светло-золотистого цвета. Смешать с мозгами, затем с 2 сырыми желтками, посолить, поперчить и соединить со взбитыми 2 белками.

Вынимать тарталетки из формочек после полного остывания.

При подаче посыпать рубленой зеленью петрушки.

Тарталетки из песочного теста со шпротами и томатом

Для теста: *300 г пшеничной муки, 200 г сливочного масла, 3 желтка, соль по вкусу.*

Для фарша: *1 банка шпрот, 1 ст. ложка томата, 3 яйца, 100 г сыра, соль и перец по вкусу.*

Приготовить тесто (см. рецепт «Корзиночки из песочного теста с тмином»), раскатать в пласт толщиной в полпальца и, раскатывая со скалки, уложить в формочки-корзиночки, смазанные маслом, посыпанные мукой и составленные рядом друг с другом. По тесту, покрывающему формочки, прокатать скалкой, чтобы выдавились кружки. Каждый кружок пальцами вдавить в формочки так, чтобы тесто покрывало их дно и бока доверху. Поместить формочки на лист и поставить в хорошо нагретую духовку. Когда тесто начнет румяниться сверху у краев, вынуть из духовки, начинить фаршем и снова поставить в духовку, но с легким жаром, чтобы на поверхности фарша появилась румяная корочка.

Приготовление фарша: шпроты выложить в мисочку вместе с маслом и растереть ложкой в однородную массу. Добавить натертый сыр, перемешать и уложить в тарталетки, заполнив их на только $1/3$. Желтки растереть с томатом, поперчить и посолить по вкусу, всыпать 1 ст. ложку муки и осторожно перемешать с белками, взбитыми в крутую пену. Этой массой покрыть фарш из шпрот, наполнив формочки на $3/4$. Допекать на слабом огне.

Тарталетки из сметанного теста

Корзиночки из сметанного теста

Для теста: *1 $1/2$ стакана пшеничной муки, 50 г сливочного масла, 150 г сметаны, 1 яйцо, соль по вкусу.*

Муку соединить со сметаной и яйцом, положить соль, перец и нарезанный кусочками маргарин. Тесто тщательно вымешать и поставить на холод на 30 мин. Затем его раскатать в пласт толщиной 2 мм, нарезать квадраты и уложить в смазанные жиром формочки. Выпекать, как указано выше.

Тарталетки с французским салатом

Для теста: *500 г пшеничной муки, 250 г сливочного масла или маргарина, 200 г сметаны.*

Для начинки: *2 отваренные картофелины, 1 морковь, 2 яблока, 2 ст. ложки зеленого консервированного горошка, 1 маринованный огурец, 2 сваренных вкрутую яйца, 1 корешок сельдерея, 25 г сливочного масла, майонез с добавлением сметаны, горчица, 1 ст. ложка вина.*

Выпечь из сметанного соуса корзиночки (см. предыдущий рецепт).

Картофель нарезать мелкими кубиками. Морковь, сельдерей очистить, нарезать кубиками и тушить на сливочном масле вместе с зеленым горошком. Сваренные вкрутую яйца, маринованный огурец, очищенные яблоки нарезать мелкими кубиками. Все перемешать и заправить майонезом с добавлением сметаны, горчицы и вина.

Салат разложить в готовые корзиночки и украсить веточкой петрушки.

Тарталетки с салатом из яблок и хрена

Тесто, как в предыдущем рецепте.

Для начинки: *130 г яблок, 25 г хрена, 25 г сметаны, сахар и соль по вкусу.*

Выпечь корзиночки из сметанного теста и наполнить их салатом, для чего яблоки натереть на крупной терке, хрен — на мелкой, смешать со сметаной, заправить сахаром и солью.

Тарталетки со свеклой

Для теста: *500 пшеничной муки, 250 г сливочного масла или маргарина, 200 г сметаны.*
Для начинки: *2 свеклы, 100 г майонеза, 3—4 зубчика чеснока, перец, соль.*

Выпечь корзиночки из сметанного теста и наполнить их салатом: отварную свеклу натереть на терке, хорошо посолить, посыпать перцем, добавить растертый чеснок, залить майонезом и перемешать.

Тарталетки с морковью

Тесто, как в предыдущем рецепте.
Для начинки: *400 г моркови, 150 г майонеза или сметаны, 3—4 зубчика чеснока, молотый перец, соль по вкусу.*

Выпеченные корзиночки наполнить салатом из моркови: сырую морковь натереть на крупной терке, посолить, посыпать перцем, добавить растертый чеснок, залить майонезом или сметаной.

Тарталетки с цветной капустой

Для теста: *500 г пшеничной муки, 250 г сливочного масла, 200 г сметаны.*
Для начинки: *500 г цветной капусты, 1 луковица, 1 зубчик чеснока, 1/2 чашки белого вина, 2 ст. ложки тертого сыра, перец, мускатный орех, соль по вкусу.*

Выпечь корзиночки из сметанного теста.
Цветную капусту разделить на соцветия. Лук и чеснок нарезать мелкими кубиками. Цветную капусту с луком и чесноком, вином и пряностями, солью и тертым сыром поместить в соответствующей посуде с крышкой в духовку или микроволновую печь. Когда капуста будет готова, дать ей немного остыть и наполнить корзиночки.

Тарталетки с баклажанами

Для теста: *500 г пшеничной муки, 250 г сливочного масла, 200 г сметаны.*

Для начинки: *3 баклажана, 50 г майонеза, несколько зубчиков чеснока, 1 ст. ложка лимонного сока, зелень петрушки или укропа, соль по вкусу.*

Выпечь корзиночку из сметанного теста.

Запечь баклажаны в горячей духовке, пока не сморщится кожица. Вынуть, дать постоять в закрытой кастрюле, снять кожицу, взбить миксером или веничком, заправить толченым чесноком, смешать с майонезом. Можно добавить немного лимонного сока.

Тарталетки с кабачками и картофелем

Для теста: *500 г пшеничной муки, 250 г сливочного масла или маргарина, 200 г сметаны.*

Для начинки: *1 кабачок (среднего размера), 5 картофелин, 1 яйцо, $1/2$ ст. ложки топленого масла, 1 ст. ложка тертого сыра, 1 ч. ложка рубленой зелени, $1/2$ стакана молока, 25 г сливочного масла, соль по вкусу.*

Выпечь корзиночки из сметанного теста.

Очистить и мелко нарезать кабачки; очистить сырой картофель, нарезать тонкими ломтиками. Отварить яйцо вкрутую. Смазать маслом посуду (лучше всего глиняную), уложить туда кабачки, картофель и рубленое яйцо, посыпать тертым сыром, положить сверху рубленую зелень. Полить слегка подсоленным молоком, положить кусочек сливочного масла и запечь в духовке.

Когда суфле остынет, наполнить им готовые корзиночки.

Тарталетки с рисом и черносливом

Для теста: *500 г пшеничной муки, 250 г маргарина, 200 г сметаны.*

Для начинки: *250 г чернослива, 3 ст. ложки сахара, ¹/₂ стакана риса, 1 ст. ложка сливочного масла, соль по вкусу.*

Испечь корзиночки из сметанного теста.

Для начинки поставить варить тщательно промытый чернослив. Расплавить в маленькой кастрюльке 3 ст. ложки сахара, следя, чтобы он не подгорел, так как это может дать горький привкус. Развести сахар отваром чернослива. Перебранный и промытый рис поджарить в 1 ст. ложке сахара, положить туда же чернослив и поставить запекать в духовке. Держать, пока рис не станет мягким. Остудить и наполнить корзиночки.

Тарталетки с шампиньонами

Для теста: *2 ¹/₂ стакана пшеничной муки (500 г), 250 г сливочного масла или маргарина, 1 стакан сметаны (200 г).*

Для начинки: *50 г шампиньонов, 1 яйцо, 5 ст. ложек нарезанного лука, зелень петрушки, 50 г сыра, 50 г сливочного масла, перец и соль по вкусу.*

Приготовить сметанное тесто, испечь корзиночки.

Шампиньоны очистить, промыть, обсушить, мелко нарезать. Прибавить к ним нарезанный лук, яйцо, все хорошо размешать. Разложить их на противень, посыпать тертым сыром, перемешанным с сухарями, положить сливочное масло и запечь в духовке. Когда грибы зарумянятся, дать им остыть, наполнить корзиночки и подать к столу.

Тарталетки по-болгарски

Для теста: *2 ¹/₂ стакана (500 г) пшеничной муки, 250 г сливочного масла или маргарина, 1 стакан сметаны (200 г).*

Для начинки: *300 г творога, 100 г сметаны, 1 свежий или малосольный огурец, несколько зубчиков чеснока, 1 ст. ложка растительного масла, перец, укроп, соль по вкусу.*

Замесить сметанное тесто, выпечь корзиночки (как указывалось выше).

Для начинки хорошо взбить творог с небольшим количеством сметаны, добавить толченый с солью чеснок, черный перец, укроп, ложку растительного масла, нарезанный кубиками свежий или малосольный огурец. Наполнить корзиночки.

Тарталетки с неманским салатом

Для теста: *500 г пшеничной муки, 250 г сливочного масла или маргарина, 200 г сметаны.*

Для салата: *половина утки, 2 моркови, 2 соленых огурца, 2 картофелины, 1 луковица, 1 ч. ложка аджики, $^1/_2$ стакана майонеза.*

Выпечь корзиночки. Приготовить неманский салат: мякоть вареной утки (без кожи), вареные картофель и морковь, соленые огурцы нарезать тонкими ломтиками, лук нашинковать. Подготовленные продукты заправить частью майонеза, добавив в него аджику, размешать, разложить по корзиночкам, полить сверху оставшимся майонезом.

Тарталетки с сыром

Для теста: *3 стакана пшеничной муки, 200 г сливочного масла, 200 г сметаны.*

Для фарша: *300 г свежего творога, 250 г острого тертого сыра, 3 яйца, 1 ст. ложка манной крупы.*

Приготовить тесто и наполнить им формочки-корзиночки. Положить в них сырный фарш, заполнив формочки на $^3/_4$ (так как начинка при выпечке поднимается), поставить на лист и испечь в духовке на среднем огне до золотистого цвета.

Приготовление фарша: растереть желтки с творогом и сыром, добавить манную крупу и взбитые белки, осторожно вымешать и, если надо, посолить.

Тарталетки из слоеного теста

Для выпечки корзиночек можно использовать любое слоеное тесто — как пресное, так и сдобное.

Корзиночки из слоеного теста быстрого приготовления

Для теста: *500 г пшеничной муки (2 $^1/_2$ стакана), 250—300 г сливочного масла или маргарина, 1 неполный граненый стакан воды, 1 яйцо, 1 ч. ложка уксуса, $^1/_2$ ч. ложки соли.*

Просеять на доску муку, мелко изрубить ее с маслом или маргарином, сделать в массе углубление и влить в него неполный граненый стакан воды с солью и уксусом и сырое яйцо. Замесить тесто, скатать его в шар и, накрыв салфеткой, поставить его на час в прохладное место.

Тем временем приготовить маленькие металлические формочки в виде корзиночек. Тщательно вымыв каждую, смазать их внутри маслом или маргарином. Тесто тонко раскатать и вырезать кружочки несколько большего размера, чем диаметр формочки. Наложить кружок на форму и обмять по ее краям, обровнять сверху, насыпать в корзиночку из теста горсть сухого гороха, чтобы корзиночка сохранила форму. Запечь на противне.

Готовые корзиночки вынуть из формочек, высыпать горох, охладить и наполнить тем, чем подскажет фантазия. Для таких корзиночек подойдет мясной салат; отварное мясо, пропущенное через мясорубку и заправленное обжаренным луком и майонезом; нашинкованный репчатый лук, обжаренный до золотистого цвета, с рублеными крутыми яйцами, перцем и солью; отварной протертый картофель, заправленный обжаренным на масле репчатым луком, маслом, сырыми яйцами, зеленью укропа или петрушки...

Готовые тарталетки выложить на красивое блюдо и посыпать сверху рубленой зеленью.

Тарталетки с салатом из перца

Для теста: *500 г пшеничной муки, 250 г сливочного масла или маргарина, неполный стакан воды, 1 яйцо, 1 ч. ложка уксуса, $^1/_2$ ч. ложки соли.*

Для начинки: *4—5 сладких стручковых перцев, 1 ст. ложка измельченного чеснока с солью, 2—3 ст. ложки растительного масла с уксусом, зелень петрушки или укропа.*

Из слоеного теста выпечь корзиночки (см. предыдущий рецепт).

Приготовить салат из перца: перец запечь со всех сторон на сковороде, переложить в кастрюлю с крышкой, дать постоять 15 мин. Затем удалить кожицу, черенки и сердцевину, промыть холодной кипяченой водой. Измельчить. Залить растительным маслом с уксусом, поставить на полчаса в холодильник.

Затем разложить салат по корзиночкам и сверху посыпать зеленью.

Тарталетки с соленым миндалем

Для теста: *2 стакана пшеничной муки, 200 г маргарина, $^3/_4$ стакана молока.*

Для начинки: *200 г миндаля, 2—3 ст. ложки растительного масла, соль по вкусу.*

Замесить слоеное тесто, поставить на 1 час в холодильник для вылежки, затем испечь корзиночки.

Миндаль ошпарить подсоленной кипящей водой и освободить от кожуры. Очищенные миндалины хорошо просушить и поджарить в растопленном масле при непрерывном помешивании, пока они не приобретут светло-коричневый цвет. Затем миндаль следует расположить на пергаментной бумаге, посыпать солью и высушить. Наполнить корзиночки и подавать к пиву.

Тарталетки с сырным суфле

Для теста: *2 стакана (400 г) пшеничной муки, 200 г маргарина или сливочного масла, $^1/_2$ стакана молока, 1 яйцо, 1 ч. ложка уксуса, $^1/_2$ ч. ложки соли.*

Для начинки: *400 г молока, 100 г сливочного масла, 130 г пшеничной муки, 100 г тертого сыра, 5 яиц, перец, мускатный орех, соль по вкусу.*

Замесить слоеное тесто и испечь (не до полной готовности) корзиночки. Муку обжарить с маслом и залить кипящим молоком. Добавить немного соли, перца, щепотку мускатного ореха, все перемешать и довести до кипения. Снять с огня, положить тертый сыр, желтки, все перемешать и в последний момент очень осторожно выложить белки, взбитые в густую пену. Снова все перемешать и разложить в недопеченные корзиночки. Выпекать в духовке при 200—250° С в течение 10—15 мин.

Следует помнить: суфле — блюдо очень капризное. Подниматься оно будет только при очень умеренной температуре. Если недодержать суфле в духовке, оно осядет; если передержать — тоже.

Суфле — украшение изысканного стола с рыбой, сыром, курицей и т. д. А с добавлением ванилина, шоколада, различных ликеров и фруктов оно становится десертом, способным угодить вкусу самого утонченного гурмана.

Тарталетки с гусем или уткой

4 корзиночки (по 20—25 г), 120 г мяса (без костей) гуся или утки, 20 г шампиньонов, 60 г соуса, зелень.

Филе жареного гуся или утки нарезать крупной соломкой, добавить нарезанные и припущенные шампиньоны или белые грибы, влить соус с мадерой. Остывшей массой наполнить выпеченные заранее корзиночки из слоеного или сдобного теста.

При подаче на каждую корзиночку положить шляпку шампиньона и посыпать мелко нарубленной зеленью.

Тарталетки с суфле из домашней птицы

4 корзиночки (по 20—25 г), 50 г вареной курицы, 50 г молочного соуса, 20 г яйца, 8 г сыра, 10 г сливочного масла, перец.

Обработанную домашнюю птицу сварить, удалить кости, пропустить через мясорубку, а затем протереть или второй раз пропустить через мясорубку, добавить молочный соус средней густоты, яичный желток, перец и тщательно размешать. Затем добавить взбитый яичный белок, аккуратно перемешать, уложить в формочки, выложенные слоеным тестом, обровнять, посыпать тертым сыром, сбрызнуть растопленным сливочным маслом и запечь в нагретой духовке.

Тарталетки с печеночным паштетом

2 корзиночки (по 20—25 г), 90 г печенки (телячьей, говяжьей или домашней птицы), 20 г сливочного масла, 15 г моркови, петрушки, сельдерея, 10 г репчатого лука, 10 мл вина (мадеры), немного мускатного ореха, лаврового листа, перца.

Выпечь корзиночки из слоеного теста.

Тонко нарезанные морковь, петрушку, сельдерей и лук спассеровать со сливочным маслом, затем положить печенку, нарезанную маленькими кусочками (говяжью печенку предварительно ошпарить кипящей водой), лавровый лист, соль, перец и обжарить ее, не зарумянивая. После этого удалить лавровый лист, печенку с овощами пропустить через мясорубку, а затем протереть или второй раз пропустить через мясорубку, положить в посуду с размягченным сливочным маслом и взбить, добавить мускатный орех в порошке; можно влить вино.

Готовый паштет положить в корзиночки. Сверху можно украсить сеткой из желе.

Тарталетки с печеночным паштетом и сыром

4 корзиночки из слоеного теста (по 20—25 г), 100—120 г готового паштета, 8 г сыра, 8 г сливочного масла.

Формочки выложить тонким слоем слоеного теста, заполнить паштетом из печенки (см. предыдущий рецепт), выровнять, посыпать тертым сыром, сбрызнуть растопленным сливочным маслом.

Запекать корзиночки с паштетом в духовке непосредственно перед подачей.

Готовые тарталетки вынуть из формочек и уложить на десертную тарелку, покрытую бумажной салфеткой.

Тарталетки с мозгами под молочным соусом

4 корзиночки (по 20—25 г), 85 г мозгов, 6 г пшеничной муки, 8 г сливочного масла, 60 г молочного соуса, 6 г сыра.

Металлические формочки выложить тонким слоем слоеного или сдобного теста. Подготовленные телячьи или говяжьи мозги запанировать в муке, обжарить на масле, положить в корзиночки, залить молочным соусом и поставить в горячую духовку. Через некоторое время огонь убавить.

Подать, как описано в предыдущем рецепте.

Тарталетки с мозгами и яйцом

4 корзиночки (по 20—25 г), 85 г мозгов, 6 г пшеничной муки, 8 г животного маргарина, 20 г томатного соуса, 4 яйца, перец, зелень.

Вареные говяжьи мозги нарезать на 4 куска, посолить, посыпать перцем, запанировать в муке и обжарить на жире с обеих сторон.

Подготовленные мозги положить в формочки, выложенные слоеным тестом или сдобным тестом, подлить томатный соус с вином, выпустить в них яйцо, посолить, посыпать перцем и поставить в нагретую духовку. Выпечь до готовности.

При подаче тарталетки посыпать мелко нарезанной зеленью, положить на десертную тарелку, покрытую бумажной салфеткой.

Тарталетки с ветчиной и яйцом

4 корзиночки (по 20—25 г), 4 яйца, 20 г репчатого лука, 60 г ветчины, 20 г шампиньонов, 15 г свиного топленого сала, 60 г томатного соуса, 10 г соуса «Южный», зелень.

Ветчину нарезать соломкой и слегка обжарить, добавить поджаренный лук, соус «Южный» и уложить в заранее выпеченные корзиночки из слоеного или сдобного теста.

На ветчину с луком положить яйцо, сваренное без скорлупы.

При подаче на каждое яйцо уложить по обжаренной шляпке шампиньона, полить томатным соусом с вином и посыпать зеленью петрушки.

Тарталетки с овощами и яйцом

2 корзиночки (по 20—25 г), 60 г готовых овощей, 2 яйца, 125 г соуса, 10 г сыра, 15 г сливочного масла.

Блюдо можно готовить со спаржей, стручками фасоли, зеленым горошком, цветной или брюссельской капустой.

Овощи опустить в кипящую подсоленную воду, отварить до готовности, откинуть на сито и заправить сливочным маслом.

Формочки, выложенные слоеным тестом, наполнить любым из перечисленных видов готовых овощей, а на них поместить по яйцу, сваренному в мешочек. После этого яйца залить горячим молочным соусом, посыпать тертым сыром, сбрызнуть маслом и запечь в духовке до образования на поверхности соуса поджаристой корочки.

Тарталетки с овощной смесью

2 корзиночки (по 20—25 г), 50 г овощной смеси, 2 яйца, 30 г молочного соуса, 40 г голландского соуса, зелень.

Морковь нарезать мелкими кубиками (5 мм) и припустить со сливочным маслом. Зеленые стручки фасоли и спаржу нарезать кусочками длиной по 1 см и отварить в подсоленной воде. Консервированный зеленый горошек прогреть до кипения в отваре. Отваренные овощи и горошек откинуть на дуршлаг и дать стечь отвару. Затем смешать их с морковью, смесь заправить молочным соусом.

Корзиночки, выпеченные заранее из слоеного теста, наполнить овощной смесью, поместить сверху по яйцу, сваренному в мешочек. Полить яйца густым яично-масляным соусом с лимонным соком.

Поставить тарталетки на овальное блюдо, покрытое бумажной салфеткой. Рядом с тарталетками положить листики зеленого салата или зеленые веточки петрушки, сельдерея.

Тарталетки с ветчиной и дичью

2 корзиночки (по 20—25 г), 25 г ветчины, 25 г жареной дичи (мякоти), 2 яйца, 25 г шампиньонов, 30 г красного соуса с мадерой, 125 г молочного соуса, 10 г сыра, 15 г сливочного масла.

Жареного или вареного рябчика, куропатку или фазана и нежирную вареную ветчину, припущенные или консервированные шампиньоны нарезать в виде лапши, обжарить на масле и заправить красным соусом с мадерой.

Этой смесью наполнить формочки, выложенные слоеным тестом, положить на них по одному яйцу, сваренному в мешочек без скорлупы, залить яйца горячим молочным соусом, посыпать сыром, сбрызнуть маслом и запечь в нагретой духовке.

Тарталетки с ветчиной и грибами

2 корзиночки (по 20—25 г), 35 г ветчины, 80 г грибов, 2 яйца, 25 г соуса, 15 г сливочного масла.

Шампиньоны или свежие белые грибы нарезать кубиками, поджарить с маслом, добавить нарезанную тоже кубиками вареную ветчину, красный соус с мадерой и дать прокипеть. Этим фаршем наполнить корзиночки, заранее выпеченные из слоеного теста. В каждую корзиночку с фаршем выпустить по одному сырому яйцу, поместить в горячую духовку и держать там, пока яйцо не сварится всмятку.

Тарталетки выложить на блюдо, покрытое бумажной салфеткой.

Тарталетки с грибами

2 корзиночки (по 20—25 г), 90 г грибов, 2 яйца, 30 г сметаны, 75 г соуса, 5 г сливочного масла, зелень.

Свежие белые грибы или шампиньоны нашинковать тонкими ломтиками, поджарить на сливочном масле, добавить сметану и прокипятить.

Выпечь корзиночки из слоеного теста, положить в них грибную начинку, сверху поместить по одному яйцу, сваренному в мешочек без скорлупы, полить сметанным соусом и посыпать зеленью петрушки или укропа.

Тарталетки со спаржей и яйцом

2 корзиночки (по 20—25 г), 2 яйца, 70 г спаржи, 50 г сливок, 75 г соуса.

Корзиночки, выпеченные из пресного слоеного теста, наполнить до половины их высоты спаржей, отваренной в воде и заправленной выпаренными до половины объема сливками. Сверху поместить по шесть стеблей спаржи, расположив их в направлении радиусов так, чтобы головки спаржи немного выступали за пределы бортов корзиночки. На каждую корзиночку положить по яйцу, сваренному в мешочек, и полить густым яично-масляным соусом с лимонным соком.

Тарталетки с рыбой и яйцом

2 корзиночки (по 20—25 г), 2 яйца, 60 г рыбы, 50 г соуса.

В корзиночки круглой или овальной формы, выпеченные из пресного слоеного теста, положить кусочки вареной рыбы (лососина, сиг, судак, кефаль и др.) без кожи и костей, а на них — по яйцу, сваренному в мешочек.

Если яйца подаются горячими, то их полить красным соусом с вином, томатным или раковым на белом соусе, а если холодными, то майонезом.

Вместо рыбы корзиночки из теста можно наполнить крабами или печенью трески.

Тарталетки с судаком в томатном соусе

4 корзиночки из слоеного теста (по 20—25 г), 100 г судака, 12 г крабов или 4 шт. раковых шеек, 20 г шампиньонов, 60 г томатного соуса.

Филе судака нарезать мелкими кусочками и припустить, добавить шампиньоны, нарезанные тонкими ломтиками, прогреть. Затем бульон слить, влить томатный соус, проварить. Остывшей массой наполнить заранее выпеченные корзиночки из слоеного теста.

При подаче на каждую корзиночку положить по кусочку краба или по раковой шейке.

Тарталетки с печенью трески

4 корзиночки из слоеного теста (по 20—25 г), 60 г печени трески, 20 г шампиньонов, 60 г томатного соуса, 16 г крабов.

В консервированную печень трески, нарезанную на кусочки, положить шампиньоны, нарезанные ломтиками, размешать и прогреть в бульоне. Затем бульон слить, добавить томатный соус, снова прогреть и наполнить выпеченные заранее корзиночки из слоеного теста.

При подаче положить на корзиночку кусочек краба.

Корзиночки из сырного теста

Для теста: *1 ¹/₂ стакана пшеничной муки, 75 г сливочного масла, 1 ст. ложка коньяка, 100 г сыра, 1 яйцо, перец, соль по вкусу.*

Сыр натереть на мелкой терке, смешать с остальными компонентами и замесить плотное тесто. Готовое тесто поставить на 30 мин в холодильник, затем раскатать пласт толщиной 3 мм, нарезать квадраты, уложить их в смазанные маслом формочки и равномерно распределить тесто, прижимая ко дну формочек. Формочки поставить на противень и выпечь корзиночки в духовке при температуре 230−240° С до готовности.

Когда они остынут, вынуть их из формочек и наполнить начинкой. Можно украсить зеленью, майонезом и разнообразными фигурками, вырезанными из огурцов, редиса, моркови.

Часть III

ГОРЯЧИЕ БУТЕРБРОДЫ
И БУТЕРБРОДНЫЕ ЗАКУСКИ

ГОРЯЧИЕ БУТЕРБРОДЫ

Поджаренные горячие бутерброды

К этой группе отнесены бутерброды, приготовленные следующим образом: ломтики нарезанного хлеба (белого или черного) гарнируют желаемым продуктом, потом жарят на сковороде или на решетке и сразу же подают к столу. Гарнир можно наносить не только на свеженарезанный хлеб, но и на заранее поджаренный (на гренки), но после этого гренки с нанесенным гарниром снова обжаривают на сковороде или на решетке.

Сочные гренки с творогом

200 г пшеничного хлеба, 1 ст. ложка сливочного масла или маргарина, 1—2 стакана молока (в зависимости от черствости хлеба и влажности творога), 200 г творога, мелко нарезанная зелень или сахарный песок, варенье, мед по желанию.

Ломтики пшеничного хлеба залить молоком и дать им полностью пропитаться. Оставшееся молоко слегка размешать с творогом и распределить творог по ломтикам хлеба и между ними на сковороде. По краям сковороды положить несколько маленьких кусочков сливочного маргарина или масла, закрыть сковороду крышкой и слегка поджарить хлеб на среднем огне с обеих сторон.

Подавать в горячем виде на сковороде (при желании посыпать либо зеленью, либо сахарным песком, смазать вареньем или медом).

Сочные гренки с яйцом по-венгерски

200 г пшеничного хлеба, 2 ст. ложки сала, $^1/_2$ стакана молока, 1 яйцо, перец и соль по вкусу.

Пшеничный хлеб нарезать ломтиками, смочить в молоке и во взбитом яйце, поджарить в горячем сале до образования хрустящей румяной корочки, посыпать молотым красным перцем и сразу подавать на стол.

Эти гренки хороши к шпинату или другим овощным блюдам.

Гренки с плавленым сыром

4—6 ломтей белого хлеба, растительное масло или жир, 50 г плавленого сыра, 1 ст. ложка картофельного крахмала, 2 ст. ложки вина, 1 яйцо, перец мелкого помола, соль по вкусу.

Плавленый сыр смешать с крахмалом, взбитым яйцом и вином, заправить солью и перцем, затем намазать на хлеб. Обжарить в большом количестве жира с обеих сторон до приобретения светло-желтого цвета.

В первую очередь обжаривать сторону, намазанную сыром.

Панированные гренки с плавленым сыром

150 г черствого пшеничного хлеба, 6 яиц, 125 мл молока, 75 г пшеничной муки, 250 г плавленого сыра, черный молотый перец, соль по вкусу.

Хлеб нарезать тонкими ломтиками. Яйца взбить с молоком, всыпать муку, тертый сыр, специи, размешать. Кусочки хлеба запанировать в смеси и поджарить до золотистого цвета.

Подать с кислым молоком.

Гренки с тертым сыром

Соленый рогалик или булка, 20 г жира, 2 ст. ложки молока, 1 яйцо, 20 г твердого сыра, соль по вкусу.

Рогалик нарезать тонкими ломтиками, замочить в подсоленном молоке, размешанном с яйцом. Каждый ломтик окунуть одной стороной в тертый сыр и положить на смазанную жиром сковороду сыром вверх. Сбрызнуть маслом и жарить до тех пор, пока сыр не расплавится.

Гренки с тертым сыром или брынзой и яйцом

200 г пшеничного хлеба, 2 ст. ложки маргарина, $^1/_2$ стакана молока, 1 яйцо, 2 ст. ложки тертого сыра или брынзы.

Пшеничный или ржаной хлеб нарезать кубиками или ломтиками, смочить в молоке, взбитом с яйцами, посыпать тертым сыром или брынзой и поджарить на маргарине до подрумянивания.

Подавать к прозрачному бульону или овощному пюре.

Поджаренные бутерброды с сыром

Нарезать батон ломтиками толщиной 1 см, намазать ломтики с двух сторон сливочным маслом или маргарином, положить на обе стороны сыр и маленькие кусочки масла. На горячую сковороду без жира положить бутерброды и, когда нижний сыр расплавится, отставить сковороду на 2—3 мин в сторону. Затем лопаточкой перевернуть бутерброды и вновь поставить сковороду на плиту на 2—5 мин.

Такие бутерброды едят горячими.

Поджаренные бутерброды с сыром, луком и яйцами

8 тонких ломтиков хлеба, растительное масло для обжаривания, 3 яйца, 150 г твердого сыра, 1 небольшая головка лука, консервированный огурец и красный помидор, соль по вкусу.

Сыр натереть и перемешать с мелко нарезанным луком и сваренными вкрутую яйцами. Ломтики хлеба намазать этой смесью, смазанной поверхностью положить в разогретое масло и обжарить.

Горячие бутерброды украсить консервированным огурцом, красным перцем и тотчас подать.

Сырные сандвичи из гренков

1 пшеничный батон, 100 г сливочного масла, 200 г растительного масла, 100 г голландского сыра, 4 яйца, 50 г пшеничной муки, 1 шт. кочанного салата, соль по вкусу.

Батон нарезать наискось на 24 ломтика, смазать их маслом и запечь в горячей духовке. Между двумя ломтиками положить кусочек сыра. Яйцо с мукой и солью размешать, обмакнуть гренки в приготовленное тесто и быстро обжарить на разогретом масле.

Готовые сырные сандвичи выложить на кочанный салат.

Перед обжариванием соединить гренки деревянной шпилькой, чтобы не расклеивались.

Поджаренные сырные хлебцы

300 г пшеничного хлеба, 80 г сливочного масла или маргарина, 100 г сыра.

Черствый пшеничный хлеб нарезать ломтиками, обжарить с одной стороны в масле или маргарине, перевернуть, положить на поджаренную сторону по кусочку сыра и жарить далее под крышкой.

Можно готовить иначе: ломтики хлеба смазать маслом с обеих сторон, сверху посыпать тертым сыром или положить по кусочку копченого колбасного сыра и запечь в духовке.

Поджаренные бутерброды с сосисками

40 г пшеничного хлеба, 20 г шпика, 100 г сосисок, 10 г растительного масла, 20 г мелких помидоров, 10 г салата латука.

На ломтик хлеба положить ломтик шпика, сверху — сосиску, крестообразно надрезанную с каждой стороны на ¹/₃ длины. Закрепить деревянной шпилькой. Шпик и сосиску предварительно смазать растительным маслом.

Обжарить на решетке, украсить листиком салата, сверху положить помидор.

Бутерброды «Гнездышко»

160 г пшеничного хлеба, 40 г сливочного масла, 100 г ливерной колбасы, 40 г панировочных сухарей, 2 яйца, 80 г томатного соуса.

Ломтики хлеба намазать сливочным маслом и ливерной колбасой, посыпать тонким слоем панировочных сухарей. Яичный белок отделить от желтка, добавить в него соль и несколько капель томатного соуса, взбить в устойчивую пену. На хлеб осторожно уложить желток и из кондитерского мешка вокруг желтка выпустить взбитый яичный белок, образуя кольцо.

Поджарить на решетке до готовности яйца. Подавать в горячем виде с томатным соусом.

Горячие сандвичи с ветчиной в яично-молочной смеси

200 г пшеничного хлеба, 1 ст. ложка сливочного масла или маргарина, 100 г ветчины, ¹/₂ стакана молока, 2 яйца, 2 ст. ложки пшеничной муки.

Нарезать черствый белый хлеб одинаковыми ломтиками толщиной 1 см. Затем соединить их попарно, положив в середину кусок ветчины. Подготовленные сандвичи перевязать крест-накрест тонкой ниткой, обмакнуть в густую смесь из яиц, молока и муки и поджарить.

Подать горячими с салатом или соленьями.

Горячие сандвичи по-итальянски

200 г пшеничного хлеба, 75 г сливочного масла, 100 г колбасы или ветчины, 50 г острого твердого сыра, 90 г помидоров, горчица столовая, соль по вкусу.

Булку нарезать тонкими ломтиками и слегка намазать их сливочным маслом с обеих сторон. Сложить ломтики попарно, положив между ними кусочки колбасы, смазанный горчицей ломтик сыра, кружочек помидора, и обжарить с обеих сторон на сковороде под крышкой, придавив грузом.

Подать горячими с салатом.

Бутерброды со строганиной по-татарски

4 куска серого или белого хлеба, сливочное масло, 4 ч. ложки горчицы, 200 г строганной говядины, 1 маленькая луковица, жир для жаренья, соль.

Намазать хлеб маслом с горчицей. Приправить мясо мелко нарезанным луком, солью, по желанию паприкой и распределить по кускам хлеба. Положить этой стороной в растопленный жир и слегка поджарить. Снабдить аппетитным гарниром.

Бутерброды с мясным фаршем

4—6 ломтей черного хлеба, 20 г маргарина, 150—200 г фарша, 1 ч. ложка картофельного крахмала, 3 ст. ложки сметаны, 3 ст. ложки воды, 2 ст. ложки вареной свеклы, 1 луковица, $1/4$ соленого огурца, жир или растительное масло, 4—6 яиц, хрен, грибы, перец, соль.

Ломти черного формового хлеба обжарить на маргарине с одной стороны. В фарш добавить крахмал, смета-

13*

ну, воду, тертую свеклу, мелко изрубленный лук или огурец, заправить солью и перцем, взбить. Покрыть поджаренную сторону хлеба получившейся массой, затем в большом количестве жира прожарить бутерброд: сначала со стороны, покрытой мясом, затем — с другой.

При сервировке на каждый бутерброд можно положить жареное яйцо (глазунью) или тертый хрен.

Свеклу и соленый огурец можно заменить маринованными или солеными грибами.

Бутерброды на горячих гренках с отдельно приготовленным горячим гарниром

Сюда отнесены бутерброды, приготовленные следующим образом: отдельно поджаривают хлеб и отдельно готовят горячий гарнир. Готовый горячий гарнир наносят на горячие гренки и сразу подают к столу.

Гренки с брынзой и молочным соусом

200 г пшеничного хлеба, 1 ст. ложка сливочного масла, 2 ст. ложки тертой брынзы, 1 стакан соуса.

Для соуса: *1 ст. ложка пшеничной муки, 1 ст. ложка сливочного масла, 1 стакан молока, соль по вкусу.*

Нарезать пшеничный хлеб ломтиками толщиной 1 см, подсушить их до золотистого цвета. Полученные сухарики намазать сливочным маслом, посыпать тертой брынзой, сложить на блюдо, залить горячим соусом и сейчас же подать к столу.

Для приготовления соуса муку пассеровать с маслом, развести горячим молоком, посолить по вкусу и проварить на слабом огне до получения соуса средней густоты.

Гренки с яйцами под соусом

200 г пшеничного хлеба, 30 г сливочного масла, 2 яйца, по 50 г шпика и помидоров.

Для соуса: *30 мл сливок, 30 г сыра, 2 желтка, черный молотый перец, соль по вкусу.*

Ломтики хлеба слегка обжарить. Из яиц приготовить глазунью. Шпик и дольки помидоров обжарить и положить на хлеб, сверху — глазунью. Полить соусом и подать к столу.

Для приготовления соуса сливки, желтки и тертый сыр тщательно смешать и поставить на водяную баню. Варить до загустения, постоянно помешивая. Приправить специями.

Гренки по-швейцарски

20 кусочков рогаликов, растительное масло для обжаривания, 50 г сливочного масла, 4 яйца, молотый перец, 50 г твердого сыра, горчица, соль по вкусу.

Кусочки рогаликов обжарить в масле с обеих сторон до золотистого цвета. Приготовить яичницу, в которую добавить немного горчицы. На смазанные ломтики рогаликов выложить яичницу и посыпать тертым сыром.

Гренки с морковью

4—6 ломтей хлеба, 10 г сливочного масла, 20 г маргарина, 250 г моркови, немного воды, 2 ч. ложки пшеничной муки, 1/2 стакана молока или сливок, 50 г сыра, мускатный орех, яйца, помидоры, соль по вкусу.

Ломти белого хлеба обжарить с обеих сторон. Нарезанную полосками морковь протушить в масле и небольшом количестве воды, добавить муку и молоко, заправить солью и тертым мускатным орехом. Тушеную морковь уложить толстым слоем на хлеб, сверху — горку тертого сыра. Можно положить также целое или разрезанное пополам вареное горячее яйцо. Украсить дольками помидора.

Гренки с тушеным луком

4—6 ломтей черного хлеба, 20 г маргарина, 4—6 луковиц, 50 г грудинки или 30 г жира, 1 ч. ложка пшеничной муки, 2 ст. ложки сметаны, 2 сардельки или сосиски, 1 помидор, перец, соль по вкусу.

Хлеб обжарить с обеих сторон так, чтобы хрустел. Нарезанный лук потушить с мелко нарезанной грудинкой или с жиром, добавить муку и сметану, заправить. Лук положить горкой на хлеб, при желании туда же положить кусочки горячей сардельки или сосиски. Украсить ломтиками помидора.

Гренки с овощами

4—6 ломтей белого хлеба, 20 г маргарина или сливочного масла, 200—250 г овощей (морковь, фасоль, цветная капуста, горох и т. д.), 4—6 маленьких котлет (биточки) или 4—6 яиц, 1 помидор, укроп, соль.

Для соуса: *20 г сливочного масла, 2 ч. ложки пшеничной муки, $^{1}/_{2}$—1 стакан молока или сливок, соль.*

Хлеб обжарить до светло-желтого оттенка. Овощи сварить в небольшом количестве соленой воды. Использовать можно один или несколько видов овощей, но варить их желательно отдельно. Из масла, муки, молока или сливок сварить густой соус, смешать с овощами. На каждый бутерброд положить горку овощей, на нее горячую маленькую котлету или горячее вареное или жареное яйцо. Украсить ломтиками помидора и укропом.

Гренки со сметанно-грибным соусом

200 г пшеничного или ржаного хлеба, 40 г маргарина, 2 ст. ложки сливочного масла, 3—4 гриба, 2 ч. ложки пшеничной муки, $^{1}/_{2}$ стакана сметаны, перец, соль.

Ломтики хлеба обжарить на маргарине. Грибы поджарить в масле, добавить муку, еще пожарить, добавить сметану и тушить до готовности грибов. Заправить солью, перцем. Полученный соус с грибами уложить на горячие ломтики. Подавать сразу же.

Гренки с яично-грибным соусом

200 г пшеничного хлеба, 2 ст. ложки растительного или сливочного масла или маргарина, 2 стакана грибного соуса.

Для соуса: *300 г свежих грибов, 2 ст. ложки масла или маргарина, 2 желтка или 2 ст. ложки сметаны, 1 луковица, соль по вкусу.*

Нарезать пшеничный хлеб ломтиками толщиной 1 см. Слегка смочить их в воде и обжарить в хорошо разогретом сливочном или растительном масле.

Для приготовления соуса очистить свежие грибы, промыть, нарезать ломтиками, посолить и тушить до мягкости, добавив, если нужно, воды. Положить масло, по желанию сметану или желтки (при помешивании), лук. Варить на слабом огне до густоты, непрерывно помешивая во избежание подгорания грибов.

Готовый соус снять с огня и залить им поджаренные гренки. Подавать в горячем виде.

Гренки с острым грибным соусом

4—6 ломтей белого или черного хлеба, 20 г маргарина, 1 ст. ложка жира, 150—200 г грибов, 2 ч. ложки пшеничной муки, $1/2$ стакана молока или сметаны, $1/2$ луковицы, 1—2 ст. ложки тертого сыра, перец, соль.

Хлеб обжарить в маргарине. Из грибов приготовить густой соус: грибы прожарить в жире, добавить муку, еще прожарить, добавить молоко или сметану, потушить, заправить солью, перцем, протертым луком и сыром. Горячий грибной соус положить на горячие бутерброды. Подавать сразу же.

Гренки с жареными грибами

40 г пшеничного хлеба, 10 г растительного масла, 10 г сливочного масла, 30 г грибов, перец, соль по вкусу.

Грибы очистить, промыть, обсушить на полотенце. Разрезать на 2 части (крупные — на 4 части), обмакнуть в растительное масло, посолить, посыпать перцем и обжарить на решетке. Ломтики белого хлеба смазать сливочным маслом и также обжарить на решетке. На готовые гренки уложить обжаренные грибы.

Гренки с жареными шампиньонами

320 г хлеба, 20 г сливочного масла, 150 г грибов, 40 г репчатого лука, 40 г растительного масла или свиного жира (для обжаривания), 50 г зеленого салата, зелень петрушки, перец, соль по вкусу.

На разогретый жир выложить шляпки отваренных шампиньонов (большие разрезать пополам), посолить, поперчить и жарить с луком 5 мин. Ломтики хлеба поджарить с двух сторон, выложить на разогретое блюдо, положить на каждый по шампиньону, проколоть их пластмассовой вилочкой. Подать горячими, украсив листьями салата и зеленью.

Гренки с салом и чесноком

210 г пшеничного хлеба, 150 г соленого шпика, 2 зубчика чеснока.

Корку хлеба натереть чесноком. Хлеб и шпик нарезать ломтиками. На сковороду с поджаренным салом выложить ломтики хлеба и поджарить с двух сторон. Подать гренки с салом.

Гренки с сосиской, яйцом и хреном

4—6 кусков хлеба, 20—30 г сливочного масла, 4—6 сосисок, 4—6 яиц, хрен.

На один конец слегка поджаренного и смазанного маслом продолговатого куска хлеба положить листик салата так, чтобы он свешивался через край хлеба. Очистить сосиску или сардельку от кожи и надрезать так, чтобы при поджаривании не стягивалась. Колбасу разрезать в длину, поджарить на масле. Поджаренные половинки колбасы уложить вдоль на лист салата. На остальную часть хлеба уложить глазунью так, чтобы она частично покрыла колбасу. Рядом уложить горкой немного скобленого хрена.

Гренки с сардельками и квашеной капустой

200 г пшеничного хлеба из муки 2-го сорта, 100 г сливочного масла, 600 г сарделек, 400 г квашеной капусты, 90 г яблок, 40 г репчатого лука, 90 г сладкого перца, 20 г растительного масла, 40 г жира, 15 мл яблочного сока, тмин.

Хлеб поджарить и намазать маслом. Яблоки, лук и перец нарезать кубиками и потушить до золотистого цвета. Добавить квашеную капусту, влить сок и посыпать тмином. Накрыть крышкой и тушить еще 15 мин. На ломтики хлеба положить тушеную капусту, сверху — по 2 жареные сардельки.

Гренки с ливерной колбасой

4—6 ломтей белого или черного хлеба, 30 г жира или маргарина, 200—250 г ливерной колбасы, 4—6 яиц, 1 луковица, зеленый лук, 1—2 помидора, перец, соль.

Хлеб обжарить с обеих сторон до светло-желтого цвета. Покрыть большим, отрезанным вдоль куском ливерной колбасы и сверху или рядом с ним положить жареное яйцо (глазунью). На колбасу положить горку жареного или сырого лука, горку зеленого лука. Яйцо посыпать солью и перцем. **Украсить помидором.**

Гренки с вареной колбасой

320 г черствого хлеба без корки, 40 г растительного масла или свиного сала (для обжаривания), 160 г вареной колбасы.

Хлеб поджарить с обеих сторон до светло-золотистого цвета. Ломтики колбасы обжарить на другой сковороде. Горячие гренки выложить на блюдо и на каждый положить по кусочку колбасы. Сверху можно разместить поджаренные шампиньоны и скрепить пластмассовой вилочкой.

Острые гренки с колбасой

300 г ржаного хлеба, 100 г сливочного масла или маргарина, 100 г колбасы, 100 г репчатого пассерованного лука, 25 г столовой горчицы, 10 г зелени петрушки или укропа.

Черствый ржаной хлеб и колбасу нарезать одинаковыми ломтиками. Хлеб слегка смочить водой с чесноком, колбасу смазать столовой горчицей. То и другое обжарить с обеих сторон в масле или маргарине. На хлеб положить колбасу, сверху — пассерованный лук, кружочек огурца или помидора. Украсить зеленью.

Гренки с колбасой, луком и помидорами

200 г пшеничного хлеба, 3 ст. ложки сала, 100 г колбасы, 2 помидора, 2 луковицы, 1 ст. ложка мелко нарезанной зелени, соль по вкусу.

Пшеничный хлеб нарезать ломтиками и обжарить с обеих сторон. Сложить гренки в кастрюлю, накрыть крышкой и поставить на пар, чтобы они не остыли. Репчатый лук нарезать и обжарить до золотистой окраски. Колбасу нарезать ломтиками и слегка обжарить. На каждый гренок положить обжаренную колбасу и лук, кусочки помидоров, посыпать мелко нарезанной зеленью. Подавать горячими.

Гренки с колбасой и яичницей

200 г хлеба, 40 г сливочного масла, 150 г колбасы, 500 г помидоров, 50 г репчатого лука, 4 яйца, черный молотый перец, зелень петрушки и укропа.

Ломтики хлеба обжарить. На горячие гренки положить обжаренные ломтики помидоров, лук и колбасу. Из яиц приготовить глазунью, выложить на колбасу, поперчить и посыпать рубленой зеленью.

Гренки с ветчиной и горчицей

150 г черствого пшеничного хлеба, 45 г свиного жира, 75 г ветчины, столовая горчица, зеленый лук и укроп.

Нарезанные ломтики ветчины смазать с одной стороны горчицей, обжарить на свином жире и уложить на поджаренные ломтики хлеба. Посыпать рубленой зеленью.

Гренки с ветчиной и маслинами

90 г пшеничного хлеба (1-го или высшего сорта), 20 г сливочного маргарина, 80 г ветчины или вареного окорока, 20 г готовой горчицы, 5 маслин.

Из белого хлеба или булки нарезать полоски толщиной 1—2 см и шириной 4—5 см. Полоски разрезать в виде ромбов по 2—3 куска на порцию. Каждый кусочек намазать с обеих сторон горчицей и поджаривают на сливочном маргарине. Ветчину или вареный окорок нарезать по размеру полосок хлеба и поджарить. Жареную ветчину положить на кусочки жареного хлеба, сверху уложить маслины без косточек и подать на пирожковой тарелке.

Гренки с ветчиной и яйцом

4—6 ломтей черного или белого хлеба, 20 г сливочного масла или маргарина, 200—250 г ветчины (грудинки, бекона), помидоры или томатная паста, 4—6 яиц.

Ломти, отрезанные от формового черного или белого хлеба, обжарить на маргарине. На каждый из них положить 1—2 тонких ломтика горячей жареной ветчины и сверху жареное или вареное яйцо. Украсить кружочками помидора.

Томатную пасту можно намазать на ветчину.

Бутерброды подавать на стол сразу же после приготовления.

Гренки с ветчиной и яичницей

200 г ржаного черствого хлеба, 40 г свиного сала, 100 г ветчины, 4 яйца, зелень петрушки и укропа или зеленый лук.

Ломтики хлеба и ветчины обжарить. Из яиц приготовить глазунью. На гренки положить ветчину, затем глазунью и посыпать зеленью.

Гренки с ветчиной, жареными помидорами и яйцами

2 батона, 2 ст. ложки топленого масла, 10 помидоров, 100 г лука, 250 г ветчины или колбасы, 7 яиц, 1 ст. ложка рубленой зелени, перец.

Приготовить гренки, обжарив их с двух сторон, сложить в кастрюлю, накрыть крышкой и поставить на пар, чтобы они не остыли.

Помидоры очистить от кожи, разрезать пополам и слегка обжарить в масле так, чтобы половинки не развалились. Лук мелко нарезать и обжарить до золотистого цвета. Ветчину или колбасу нарезать ломтиками и слегка обжарить. Из яиц приготовить глазунью.

На каждый гренок положить поджаренные помидоры, посыпать жареным луком, на лук положить ломтик жареной ветчины или колбасы, сверху покрыть яичницей глазуньей. Поперчить и посыпать рубленой зеленью.

Подавать сразу, чтобы закуска не остыла. Сверху залить жиром, оставшимся от жаренья помидоров и ветчины.

Гренки с жареной ветчиной и помидорами

150 г пшеничного хлеба, 75 г свиного топленого сала, 100 г ветчины, 125 г помидоров, 15 г горчицы, зелень.

Пшеничный хлеб нарезать небольшими ломтиками, обжарить на сале с обеих сторон на сковороде или на решетке до образования румяной корочки. Хранить теплыми.

Вареную ветчину нарезать ломтиками (по величине хлеба), смазать столовой горчицей, обжарить с обеих сторон, положить на хлеб, сверху поместить кружочек или дольку обжаренного отдельно помидора и посыпать рубленой зеленью.

Гренки с ветчиной и луком

200 г хлеба, 40 г свиного сала, 100 г ветчины, 90 г репчатого лука, горчица, зелень петрушки и укропа.

Ломтики хлеба обжарить с обеих сторон. Ветчину нарезать ломтиками, смазать горчицей, обжарить на жире с обеих сторон и положить на хлеб. Украсить поджаренным луком и зеленью.

Гренки с ветчиной, яблоками и томатным соусом

Гренки из хлеба, растительное масло, 100 г вареной ветчины, сок лимонный, яблоки, 50 г томатного соуса, перец.

Ветчину нарезать ломтиками, сбрызнуть отжатым лимонным соком и посыпать перцем. Оставить ветчину на несколько минут для пропитывания. Яблоки очистить от кожицы, удалить сердцевину и нарезать кольцами, затем кольца и ветчину смазать растительным маслом и обжарить. Затем ветчину и яблоки уложить на обжаренные гренки и сверху полить томатным соусом.

Гренки с ветчиной, яблоками и помидорами

4—6 ломтей белого хлеба, 20 г маргарина, 200 г копченой грудинки (ветчины, бекона), 2 яблока, 1 помидор, хрен.

Большие ломти белого хлеба обжарить с двух сторон в маргарине. На жареный хлеб положить тоненькие жареные ломтики ветчины. Протертые на крупной терке яблоки обжарить в ветчинном жире и положить горкой на ветчину. Рядом положить ломтики помидора. Подавать сразу же.

Чтобы не испортить вкус бутерброда, нужно хлеб, ветчину и яблоки жарить отдельно.

Гренки с ветчинными колбасками по-швейцарски

Пшеничный хлеб, 20 г сливочного масла, 400 г вареной ветчины, 100 г сыра, по 10 г столовой горчицы и зелени, 20 г лимонного сока или красного столового вина, 40 г растительного масла.

Ветчину нарезать ломтиками, смазать горчицей, сверху уложить ломтики сыра, сбрызнуть соком лимона или вином. Свернуть ветчину с сыром в колбаски и закрепить деревянной шпилькой. Колбаски смазать растительным маслом и жарить до плавления сыра. Готовые колбаски уложить на поджаренные на сливочном масле ломтики хлеба и украсить зеленью петрушки.

Гренки с вареной свиной грудинкой

30 г ржаного хлеба, 30 г грудинки, 9 г горчицы, 5 г огурца.

Свиную копченую грудинку сварить и хранить в горячем бульоне, в котором она варилась. При подаче нарезать кусочками, положить на ржаной хлеб. На грудинку намазать столовую горчицу. Можно также положить тонкий ломтик огурца, разрезанного вдоль.

Гренки с готовой копченой грудинкой

200 г пшеничного хлеба, 100 г копченой грудинки, 3 помидора, зелень, сушеный укроп.

Копченую грудинку нарезать ломтиками, положить на хорошо разогретую сковороду и обжарить без жира. Затем снять со сковороды ломтики грудинки и на жире, вытопившемся из грудинки, обжарить ломтики хлеба, а затем нарезанные кружками свежие помидоры. На каждый гренок положить по ломтику грудинки и по кружку помидора, полить соусом, оставшимся от обжаривания помидоров, посыпать свежей зеленью или сушеным укропом. Подавать гренки горячими.

Гренки с жареной свининой и луком

180 г пшеничного хлеба, 160 г мяса свинины, 100 г соуса «Южный», по 60 г репчатого лука и свиного топленого сала, черный молотый перец, зелень петрушки, укропа или сельдерея, соль по вкусу.

Свинину нарезать на кусочки, слегка отбить, поперчить и поджарить с салом. Добавить соус, хорошо проварить. Готовое мясо положить на гренки, сверху — поджаренный лук, посыпать мелко нарезанной зеленью.

Гренки со свиным паштетом и жареной говядиной

2 больших ломтя белого хлеба, 2 куска говядины, 2 ломтика паштета из свиной печени, 2 помидора, 2 дольки лимона, 2 веточки петрушки, жареное сало, перец и соль по вкусу.

Говядину посолить и обжарить в масле с обеих сторон, поперчить и положить на ломти белого хлеба, обжаренного в масле. На каждый кусок говядины положить ломтик паштета из свиной печени. Украсить дольками помидоров, лимона и петрушки.

Гренки с мясом и рисом

4—6 ломтей черного хлеба, 20 г маргарина или жира, $3/_4$—1 стакан рассыпчатой рисовой каши, 10 г жира, 100 г мягкого мяса, 1—2 ч. ложки пшеничной муки, 1 луковица, $1/_2$ стакана бульона, 1 ст. ложка томатного пюре, 1 ст. ложка сметаны, 1 помидор или огурец, перец, зелень, соль по вкусу.

Хлеб обжарить до получения хрустящей корочки. Горячую рисовую кашу смешать с обжаренным мясом и соусом, приготовленным из жира, муки, бульона, лука, сметаны, томатного пюре. Можно проделать эту операцию в такой последовательности: потушить томатное пюре и мелко нарезанный лук в жире, затем добавить муку, слегка обжарить, добавить бульон, проварить 5—10 мин, заправить солью и перцем, добавить сметану. На каждый бутерброд положить горкой смесь риса и мяса, а сверху — кусочек помидора или неочищенного огурца и зелени.

Гренки с котлетами

4—6 ломтей черного хлеба, 20 г жира, 1 большая луковица, 4—6 котлет, 1 помидор или огурец, зелень петрушки и укропа, перец, соль по вкусу.

Хлеб слегка обжарить, сверху положить горячую котлету, на или под нее — кружочки жареного или сырого лука. Украсить ломтиками помидора или огурца, посыпать солью, перцем и зеленью. Сразу же подавать к столу.

Гренки с рубленым шницелем и луком

90 г пшеничного хлеба, 100 г мясного рубленого шницеля, 30 г репчатого лука, 30 г столового маргарина, зелень петрушки или укропа.

На поджаренный ломтик пшеничного хлеба уложить горячий мясной рубленый шницель, а сверху на него — поджаренный отдельно репчатый лук.

При подаче к столу посыпать мелко нарубленной зеленью.

Горячие бутерброды ассорти

4 больших ломтя белого хлеба (по 100 г), сливочное масло для обжаривания хлеба, 4 натуральные котлеты (из свинины, телятины или баранины), 2 сардельки, 40 г сыра, 4 мелких помидора, 2 ст. ложки растительного масла, 2 яйца, лимон, зелень петрушки и укропа, красный и черный молотый перец, соль по вкусу.

Подготовленную котлетную массу разделить на 4 котлеты, смазать их растительным маслом и обжарить с обеих сторон.

Из помидоров удалить мякоть, смешать ее с сырыми яйцами и рубленой зеленью, посолить. Этой массой нафаршировать помидоры и обжарить их до готовности на растительном масле.

Каждую сардельку разрезать вдоль на 2 части. Каждую часть в 4—5 местах косо надрезать, в надрезы положить кусочки сыра, смазать растительным маслом и обжарить до плавления сыра.

Обжарить с двух сторон ломти хлеба. На каждый ломоть положить котлету, на нее — ломтик лимона.

Рядом с котлетой разместить сардельку, сверху – фаршированный помидор. Все продукты должны быть горячими.

Гренки с печенкой и луком

Пшеничный хлеб, сливочный маргарин, 20 мл молока, 1/4 яйца, 60 г говяжьей печени, репчатый лук, растительное масло, перец, соль по вкусу.

Говяжью печень нарезать ломтиками, посыпать молотым перцем, обжарить в растительном масле, а затем посолить. Репчатый лук нарезать кольцами и поджарить на растительном масле. Пшеничный хлеб нарезать широкими ломтиками толщиной 1 см, замочить в молоке, а затем во взбитом яйце и поджарить на сливочном маргарине.

Гренки разложить на подогретом блюде, на них поместить по ломтику печени, а печень сверху покрыть поджаренным репчатым луком.

Гренки с жареными мозгами

90 г пшеничного хлеба (2 ломтика), 50 г сливочного масла, 100 г вареных мозгов, 20 г пшеничной муки, зелень петрушки.

Мозги отварить в подсоленной воде, нарезать тонкими продолговатыми кусочками, запанировать в муке и обжарить с обеих сторон, положить на кусочек подсушенного хлеба, полить маслом (4–5 г) и посыпать зеленью.

Ржаной хлеб с костным мозгом

85 г ржаного хлеба, 100 г костного говяжьего мозга, 10 г сливочного масла, 70 г соуса с красным вином, зелень.

Крупные куски костного мозга осторожно извлечь из костей, после чего залить холодной водой и посолить.

Посуду с мозгом поставить на огонь, довести до кипения и оставить мозг в воде на 10—15 мин.

Ржаной хлеб нарезать на куски прямоугольной формы размером 3 × 4 см, толщиной 1 см. Вырезать в них овальные углубления, затем обжарить на масле, положить на них кусочки вареного костного мозга, полить соусом с красным вином и посыпать мелко нарезанной зеленью петрушки.

Подать на десертной тарелке, покрытой бумажной салфеткой.

Гренки с жареной бараниной, луком и помидорами

90 г пшеничного хлеба, 50 г говяжьего жира, 100 г баранины, 50 г репчатого лука, 75—100 г помидоров, перец, зелень.

Отрезать кусочек баранины без костей, слегка отбить, замариновать и обжарить на сковороде.

Готовую баранину положить на хлеб, на нее поместить кусочек обжаренного помидора, мелко нарезанный репчатый лук и посыпать измельченной зеленью.

Маринование: разрезать мякоть баранины на куски весом по 30—40 г, посолить, посыпать перцем, мелко нарезанным или натертым на терке репчатым луком и зеленью петрушки, смочить винным уксусом или лимонным соком, перемешать, уложить плотно в неокисляющуюся посуду и оставить на 4—6 часов в холодном месте. Мясо молодой баранины можно мариновать без добавления уксуса.

Ломтики белого хлеба с фруктами

300 г белого хлеба, 2—3 ст. ложки сливочного масла, 2 яйца, ¹/₂ банки консервированных фруктов, ¹/₂ стакана сахара, 1 стакан молока.

Молоко, яйца и сахар смешать и слегка взбить веничком. С белого батона срезать корки и нарезать хлеб ровными ломтиками. Эти ломтики обмакнуть во взбитую яичную массу и с обеих сторон обжарить на сковороде с маслом. Поджаренные ломтики хлеба поместить на подогретую тарелку, сверху положить подогретые консервированные фрукты (яблоки, персики, абрикосы и др.), полить сиропом и подать к столу.

Горячие бутерброды на неподжаренном хлебе, запеченные вместе с продуктами-гарниром (тартинки)

Тартинки — горячие запеченные бутерброды, которые готовят следующим образом. На кусочки черного или белого хлеба намазывают масло и кладут основные продукты (овощи, колбасу, ветчину, консервы, рыбу, грибы и т. д.), сверху можно аккуратно посыпать тертым сыром и на противне поставить в горячую духовку на 5—10 мин. Тартинки готовы, когда сыр начинает плавиться. Подают горячими на пирожковых или десертных тарелках.

Если горячие бутерброды используют как самостоятельное блюдо, то к ним сервируют различные добавления: свежие или соленые огурцы, помидоры, салаты из фруктов, тыквы, свеклы или грибов (в холодном виде). Салаты можно подавать на одном блюде с бутербродами.

Большие по размерам горячие бутерброды едят вилкой и ножом.

ТАРТИНКИ С ТВОРОГОМ

Тартинки с творожной массой

Свежий творог слегка посолить и растереть с яйцами (2 яйца на $1/2$ кг творога). Полученной массой намазать приготовленные кусочки хлеба с маслом, смазать яичным льезоном и слегка запечь в горячей духовке.

Творожные тартинки с яйцом

200 г пшеничного хлеба, 100 г творога, 1 ст. ложка сметаны, 1 яйцо, тмин и соль по вкусу.

Творог протереть, добавить сметану, желток сырого яйца, тмин, соль и перемешать. Ломтики пшеничного хлеба намазать подготовленной массой, поместить на нее взбитые в пену яичные белки и запечь в духовке.

Тартинки с творогом и сыром

200 г пшеничного хлеба, 50 г сливочного масла, ²/₃ стакана творога, 1 яйцо, 40 г сыра.

Хлеб нарезать ломтиками, намазать маслом, сверху уложить творог, смешанный с яйцом, покрыть ломтиком сыра. Запечь в духовке так, чтобы сыр начал плавиться, но не стал коричневым.

Творожные тартинки с сыром

4—5 ломтей белого хлеба, 20 г маргарина или сливочного масла, 90 г творога, 1 яйцо, 30 г сыра, соль.

На хлеб намазать маргарин, положить творог, смешанный с яйцом, частично покрыть ломтем сыра. Запечь в горячей духовке так, чтобы сыр начал плавиться, но не стал коричневым. Готовить непосредственно перед едой.

Творожные тартинки с тмином (вариант 1)

Творог протереть через дуршлаг, добавить сметану, желтки яиц, тмин, соль и тщательно перемешать. Кусочек пшеничного хлеба намазать подготовленной массой и поместить на нее взбитые в пену яичные белки. Бутерброды поставить на 3—5 мин в духовку и запечь при температуре 250—270° С.

Творожные тартинки с тмином (вариант 2)

4—6 ломтей белого хлеба, 20 г маргарина или сливочного масла, 100 г творога, ¹/₂ яйца, тмин, соль.

Хлеб намазать маргарином, творог перемешать с сырым взбитым яйцом, заправить солью и тмином. Смесь положить толстым слоем на хлеб, сверху посыпать тмином. Запекать в горячей духовке до тех пор, пока бутерброды не подрумянятся.

ТАРТИНКИ С БРЫНЗОЙ, СЫРОМ И ЯЙЦАМИ

Тартинки с брынзой

45 г пшеничного хлеба, 20 г брынзы, 10 г сливочного масла.

Хлеб пшеничный нарезать широкими ломтиками толщиной около 1 см, намазать сливочным маслом, посыпать тертой брынзой. Распустить на сковороде или противне сливочное масло, нагреть его, затем положить тартинки и поставить примерно на 10 мин в горячую духовку. Подавать к супам или у чаю.

Тартинки с брынзой и яйцом

200 г пшеничного хлеба, 1 ст. ложка сливочного масла, 1 ст. ложка маргарина, 2 ст. ложки тертой брынзы, 5 яиц, черный перец.

Ломтики пшеничного хлеба посыпать измельченной на терке брынзой, сбрызнуть растопленным сливочным маслом, уложить на смазанный маргарином или сливочным маслом противень. Запечь в духовке. При подаче на каждый бутерброд положить поджаренное яйцо, посыпанное молотым черным перцем.

Отдельно подать салат или кислое молоко.

Тартинки с брынзой и овощами

Брынзу хорошо растереть, смешать со сливочным маслом, рубленым луком и натертым вареным картофелем. В полученную массу ввести сырое яйцо, соль, перец, все тщательно вымесить. Ломтики хлеба намазать массой, поставить в духовку и запечь до образования на поверхности поджаристой корочки.

Острые тартинки с сыром

200 г черствого пшеничного хлеба, 50 г сливочного масла, 50 г твердого острого сыра.

Натереть сыр на мелкой терке. С хлеба срезать корки, нарезать его ломтиками толщиной 1 см, с обеих сторон намазать сливочным маслом и выложить на противень. Посыпать сверху натертым сыром и поставить в духовку, нагретую до 180° С. Когда сыр подрумянится, тартинки готовы.

Тартинки с сыром и яблоками

200 г пшеничного хлеба, 50 г сливочного масла, 100 г сыра, 2 средних яблока, орехи или миндаль.

Ломтики хлеба намазать маслом, сверху положить очень тонко нарезанные дольки яблок, на них — ломтики сыра. Поставить в духовку и запекать до тех пор, пока сыр не начнет плавиться. Сверху посыпать толчеными орехами.

Тартинки с сыром и персиками

4 кусочка белого хлеба или хлеба для тостов, сливочное масло, 8 половинок персиков, 4 ломтика сыра.

Намазать хлеб маслом, положить на куски хлеба по две половинки персиков, прикрыть сверху сыром. Положить сверху по нескольку крупинок масла и запечь в горячей духовке до тех пор, пока не начнет плавиться сыр.

Тартинки с колбасным сыром

Нарезанные ломтики хлеба намазать тонким слоем сливочного масла, а сверху положить ломтик копченого колбасного сыра. Бутерброды запечь в средне нагретой духовке до образования золотистого цвета и подать горячими.

Тартинки с плавленым сыром

200 г хлеба, 100 г сырной массы (50 г плавленого сыра, 2 ст. ложки сливочного масла или маргарина).

Плавленый сыр растереть с маслом или маргарином до однородной массы. Ломтики пшеничного хлеба сбрызнуть водой, намазать сырной массой и запечь в духовке.

Тартинки с ломтиками сыра

6—8 ломтей белого хлеба, 50 г масла или 70 г сметаны, 100 г сыра, перец.

Хлеб намазать маслом или сметаной, сверху положить ломтик сыра. Запекать в духовке до тех пор, пока сыр не пожелтеет и слегка не расплавится.

Не давать сыру стать коричневым, так как тогда он приобретет неприятный вкус. Неострый сыр можно посыпать перцем, лучше красным.

Тартинки с тертым сыром

250 г пшеничного хлеба, 25 г сливочного масла, 1 стакан тертого острого сыра.

На мелкой терке натереть сыр. С хлеба удалить корочку и нарезать его ломтиками толщиной 1 см.

Нарезанные ломтики смазать с обеих сторон сливочным маслом, уложить на противень и сверху густо посыпать тертым сыром. Противень поместить в духовку на 5—10 мин. Когда сыр слегка зарумянится, противень вынуть, тартинки немедленно подать к столу.

Тартинки с сыром по-итальянски

200 г пшеничного хлеба, 2 ст. ложки сливочного масла, 2 ст. ложки тертого сыра.

Пшеничный хлеб нарезать ломтиками, слегка сбрызнуть водой, одну сторону намазать тонким слоем сливочного масла, посыпать тертым сыром любого вида, в том числе и колбасным сыром или брынзой, положить на противень и поставить в нагретую духовку, чтобы гренки слегка зарумянились.

Подавать в горячем виде к кофе, чаю, бульону, сокам и овощным пюре.

Тартинки с сыром и перцем по-венгерски

200 г пшеничного хлеба, 2 ст. ложки сливочного масла, маргарина или жира, 50 г сыра, красный перец по вкусу.

Ломтики пшеничного батона сбрызнуть водой, слегка намазать маслом, маргарином или салом. Положить на них тонкие полоски сыра. Посыпать красным перцем и запекать в горячей духовке до тех пор, пока сыр не начнет плавиться.

Тартинки «Новинка»

8 ломтиков пшеничного хлеба, 50 г сливочного масла, 50 г сыра, 3—4 каперса, перец и соль по вкусу.

Сливочное маслом смешать с тертым сыром, солью и красным сладким молотым перцем. Прибавить очень мелко нарезанные каперсы и хорошо перемешать. Этой массой намазать тонкие ломтики хлеба и запечь их в духовке.

Если каперсов нет, бутерброды можно приготовить и без них.

Сырные тартинки со сметаной

6—8 ломтей белого хлеба, 50 г сливочного масла или 70 г сметаны, 100 г сыра, перец.

Хлеб намазать маслом или сметаной, сверху уложить ломоть сыра или толстый слой тертого сыра. Запекать в духовке до тех пор, пока сыр не пожелтеет и слегка не расплавится.

Не давать сыру стать коричневым, иначе он приобретет неприятный привкус.

Пресный сыр можно посыпать перцем, лучше красным.

Тартинки с сыром и майонезом

200 г пшеничного хлеба, 2 ст. ложки майонеза, 50 г сыра.

Черствый пшеничный или ржаной хлеб нарезать на ломтики, намазать их майонезом, а сверху положить ломтики сыра и запечь в духовке.

Тартинки с сырным кремом и помидорами

12 ломтиков батона, 300 г сырного крема, 3 помидора.

На ломтики батона вилкой нанести сырный крем, бутерброды выложить на смазанный маслом лист и запечь. Украсить четвертинками помидоров.

Тартинки с сыром, луком и стручковым перцем по-испански

200 г пшеничного хлеба, 2 ст. ложки растительного масла, 2 луковицы, 2 стручка сладкого перца, сок 1/2 лимона,

¹/₂ ст. ложки томата, 100 г сыра, сахар, перец, соль по вкусу.

Лук и сладкий стручковый перец нарезать кольцами, слегка потушить в растительном масле с небольшим количеством воды, добавить немного сока лимона, томата, сахарного песка, соли, молотого перца. На ломтики хлеба положить тушеные овощи, сверху по ломтику сыра или брынзы, запечь в хорошо нагретой духовке. Как только сыр начнет плавиться, вынуть из духовки и сейчас же подать к столу.

Тартинки с сыром и луком

6—8 ломтей черного или белого хлеба, 70 г маргарина, 150 г сыра, 1 большая луковица.

Хлеб, намазанный толстым слоем масла, покрыть мелко изрубленным луком и толстым слоем сыра. Запекать в горячей духовке до тех пор, пока сыр не размягчится и не пожелтеет.

Тартинки быстрого приготовления

4 кусочка черного хлеба, 4 кусочка свиного сала, 2 ст. ложки томатной пасты, красные помидоры, 100 г тертого сыра.

Ломтики хлеба намазать томатной пастой. Затем положить сало и нарезанный кружочками помидор, посыпать тертым сыром и поставить в духовку. Запекать до тех пор, пока сыр не расплавится и не превратится в румяную корочку.

Тартинки с двумя сортами сыра

6—8 ломтей белого хлеба, 50 г сливочного масла или маргарина, 50 г рокфора, 50 г копченого сыра.

Хлеб покрыть тонким слоем маргарина, сверху положить рокфор, затем копченый сыр. Запекать в горячей духовке до тех пор, пока сыр немного не расплавится и не пожелтеет.

Тартинки с сырной массой

Ломтики пшеничного хлеба, 100 г сливочного масла, 3 желтка сырых яиц, 100 г острого сыра, 2 ст. ложки сметаны, красный молотый перец, зелень петрушки и укропа, соль по вкусу.

Желтки тщательно перетереть с натертым на мелкой терке сыром и сметаной, посолить. Хлеб нарезать тонкими ломтиками, намазать маслом, затем приготовленной массой, выложить на смазанный жиром противень и запекать в хорошо нагретой духовке 10—15 мин. Перед подачей посыпать красным перцем и нарезанной зеленью.

Тартинки с тертым сыром и взбитым белком

200 г пшеничного хлеба, 2 ст. ложки сливочного масла, 2 ст. ложки тертого сыра, 2 сырых белка.

Пшеничный хлеб нарезать ломтиками, придать им желаемую форму, намазать маслом или маргарином, посыпать тертым сыром, украсить взбитым белком и запечь в духовке до образования безе.

Тартинки с сыром, желтками и пивом

200 г пшеничного хлеба, 1 ст. ложка сливочного масла или маргарина, 2 ст. ложки тертого сыра, 3 ст. ложки пива, 1/2 ч. ложки горчицы, 1 яйцо, молотый красный перец по вкусу.

Пшеничный хлеб нарезать толстыми ломтями. Нагреть сливочное или растительное масло на слабом огне и, постоянно помешивая, добавить тертый сыр, пиво, молотый красный перец и горчицу. Желтки растереть и, помешивая, соединить с этой массой, которую еще раз разогреть на огне, но не доводить до кипения. Полученной массой намазать ломтики хлеба и запечь в духовке.

Тартинки с сыром и желтками

200 г пшеничного хлеба, 1 ст. ложка сливочного масла, ³/₄ стакана молока, 2 яичных желтка, 2 ст. ложки тертого сыра.

Хлеб нарезать тонкими ломтиками, размочить в молоке, смешанном с яичными желтками, тщательно размешать и выложить смесь на сковороду, смазанную маслом. Посыпать тертым сыром и запечь в духовке до золотистого цвета.

Тартинки в сырно-яичной смеси

200 г пшеничного хлеба, ¹/₂ стакана молока, 2 яйца, 2 ст. ложки пшеничной муки, ³/₄ стакана тертого твердого сыра, черный перец, соль.

Хлеб нарезать ломтиками. Взбить яйца с молоком, добавить муку, тертый сыр, соль, черный перец, снова взбить. Обмакнуть в полученную массу подготовленные ломтики и запечь в духовке до золотистого цвета.

Пикантные тартинки с сыром, яйцами и петрушкой

200 г булки, 3 яйца, ¹/₂ стакана молока, 2 ст. ложки пшеничной муки, ¹/₂ стакана тертого сыра, зелень петрушки, соль.

Яйца смешать с мукой и молоком, добавить тертый сыр, немного мелко нарубленной зелени петрушки, соль. Все тщательно перемешать. Нарезанную ломтиками булку смочить в жидком тесте и запечь в сильно разогретой духовке до золотистого цвета.

Пикантные тартинки с сыром, яйцами и томатной пастой

200 г пшеничного хлеба, 1 яйцо, ¹/₂ стакана молока, ¹/₂ ст. ложки пшеничной муки, 2 ст. ложки тертого сыра, томат-паста и перец по вкусу.

Яйцо смешать с мукой и молоком, добавить тертый сыр, томат-пасту. Ломтики пшеничного хлеба смочить в жидкой массе и запечь в сильно разогретой духовке до золотистой окраски. Для большей остроты готовые горячие тартинки можно посыпать молотым красным перцем.

Подавать на гарнир к мясу, бульону, овощному пюре.

Тартинки с яйцами и помидорами

4—5 больших ломтя пшеничного хлеба, 30 г сливочного масла или маргарина, 2 яйца, 1—2 ст. ложки томатной пасты, 1 луковица, 100 г сыра, 1 ст. ложка маслин, перец.

Хлеб намазать маргарином. Лук и крутые яйца размельчить, перемешать с тертым сыром, мелко нарезанными маслинами и томатной пастой. Смесь положить на бутерброды, запечь в духовке.

Смесь можно приготовить и из сырых яиц, но при наличии более густой томатной пасты и большего количества сыра.

Тартинки с яйцами и солеными огурцами

4 больших ломтя белого хлеба, 30 г масла или маргарина, 2 яйца, 2 маринованных или соленых огурца, 1 луковица, ¹/₂ банки майонеза, 2 ст. ложки тертого сыра, перец.

Хлеб намазать маслом. Сваренные вкрутую яйца, огурцы и луковицу изрубить и перемешать с майонезом, заправить. На каждый бутерброд уложить горкой получившуюся смесь, при желании посыпать сверху тертым сыром (для большей остроты можно использовать порошок зеленого сыра). Запечь в горячей духовке.

Тартинки с желтками

200 г пшеничного хлеба, 3 ст. ложки сливочного масла, 3 яичных желтка, перец, соль.

Срезать корку с батона, нарезать толстыми ломтями и вырезать из них стаканом кружочки, в середине каждого кружочка сделать углубление, надавив дном меньшего стакана. Кружочки обмакнуть в растопленное сливочное масло, в углубление выпустить сырые желтки, посолить, посыпать перцем и поставить в духовку. Подрумяненные тартинки с поджаренным желтком подать к столу горячими.

ТАРТИНКИ С ОВОЩАМИ И ГРИБАМИ

Тартинки с помидорами

200 г пшеничного хлеба, 2 ст. ложки растительного масла, 3 помидора, 1 ст. ложка тертого сыра.

Пшеничный хлеб нарезать мелкими квадратными кусочками, сбрызнуть растительным маслом, накрыть кружочками помидоров, посыпать тертым сыром и подрумянить в духовке.

При желании готовые тартинки можно посыпать мелко нарезанной зеленью.

Тартинки с капустой, тыквой и сыром

200 г пшеничного хлеба, 1 ст. ложка жира, ¹/₂ стакана молока, 1 яйцо, ¹/₄ небольшого кочана капусты, 100 г тыквы или кабачка, 1 яблоко, 1 морковь, 2 ст. ложки мелко нарезанной зелени (петрушки и укропа), 2 ст. ложки тертого сыра, 1 ч. ложка сахара, соль по вкусу.

Нашинковать цветную или белокочанную капусту, морковь, тыкву (или кабачки) и потушить их с молоком и маслом (или маргарином). Добавить мелко нашинкованные яблоки, зелень, яйцо, сахарный песок, слегка посолить и хорошо перемешать. Горкой положить овощи на толстые ломтики хлеба, сверху посыпать тертым сыром. Запечь в духовке.

Тартинки с горошком и овощной смесью

200 г пшеничного хлеба, 3 ст. ложки сливочного масла или маргарина, 1 морковь, $^1/_2$ кочана цветной капусты, 100 г кабачков, 3 ст. ложки зеленого горошка, 1 картофелина, 1 яйцо, 2 ст. ложки панировочных сухарей, 2 ст. ложки тертого сыра, соль по вкусу.

Овощи — морковь, цветную капусту, кабачки, картофель — очистить, отварить, слить воду, смесь тщательно размять, добавить зеленый горошек без сока, заправить сливочным маслом, яйцом, всыпать панировочные сухари, посолить по вкусу и все перемешать. Разложить овощную смесь горкой на нарезанные кусочки пшеничного хлеба, смазанные маслом или маргарином, посыпать тертым сыром и запечь в горячей духовке.

Тартинки с грибами и помидорами

4—6 ломтей белого или черного хлеба, 1 ст. ложка сливочного масла или маргарина, 150—200 г грибов, 1—2 ч. ложки пшеничной муки, $^1/_2$ стакана молока или сметаны, 1 помидор, 1—2 ст. ложки тертого сыра, 1 луковица, перец, соль по вкусу.

Грибы изрубить, потушить в маргарине, добавить муку и пассеровать. Затем смешать с молоком или сметаной и варить, пока соус не загустеет, заправить. На каждый ломоть нанести толстый слой грибов, сверху положить кружочки помидора и кольца лука, посыпать тертым сыром. Лук также можно порубить и потушить вместе с грибами.

Бутерброды запекать в горячей духовке (275° C) так, чтобы их поверхность подрумянилась.

Тартинки «Пестрые»

4 ломтика хлеба, сливочное масло, 100 г сыра, 50 г шампиньонов, стручок сладкого перца, 1 яблоко, 1 мандарин, горчица по вкусу.

Ломтики хлеба намазать маслом и горчицей. Положить сыр, затем тонкие дольки яблока, а сверху предварительно приготовленные тушеные грибы. Запечь в духовке. Украсить нарезанным кольцами сладким перцем и дольками мандаринов.

ТАРТИНКИ С КОЛБАСНЫМИ И МЯСНЫМИ ИЗДЕЛИЯМИ

Тартинки с сардельками

4—5 кусков черного хлеба, горчичное масло, 2—3 сардельки, 2 помидора или 2 ст. ложки томатной пасты, 100 г сыра, горчица.

Ломти хлеба покрыть горчичным маслом. Сардельки разрезать пополам и очистить от оболочки. На каждый ломоть хлеба положить половину сардельки, срезанной стороной вниз. Смазать горчицей. В изгиб колбасы поместить половинку помидора или томатную пасту, все это покрыть ломтем сыра.

Запекать в горячей духовке, пока сыр не станет плавиться и слегка не подрумянится.

Тартинки с сосисками или колбасой и овощами

200 г пшеничного хлеба, 2 ст. ложки жира, 2—3 сосиски или 100 г колбасы, 2 помидора или огурца, соль по вкусу.

Пшеничный хлеб нарезать ломтиками, смазать с обеих сторон салом, положить сверху сваренные и разрезанные вдоль сосиски или нарезанную колбасу, а также дольки помидоров или соленых огурцов. Запечь в духовке.

Тартинки с ливерной колбасой и помидором

4—6 ломтей ржаного хлеба, 1 ст. ложка маргарина, 200 г ливерной колбасы, 3—4 ст. ложки томатного пюре, 2 яйца, 1 ст. ложка панировочных сухарей.

Маргарин намазать на хлеб или растопить и смешать с другими продуктами. Ливерную колбасу размять вилкой и смешать с томатным пюре, сырыми яйцами и толчеными сухарями. Смесь намазать на хлеб, уложить бутерброды на противень и запечь в горячей духовке так, чтобы бутерброды слегка подрумянились, а яйца полностью свернулись.

Тартинки с ливерной колбасой и яйцами

4—6 ломтей ржаного хлеба, 30 г сливочного масла или маргарина, 200 г ливерной колбасы, 4—6 яиц, 1 луковица или зелень петрушки и укропа.

Хлеб намазать маслом, На каждый ломоть положить большой тонкий кусок ливерной колбасы, придавив ножом середину так, чтобы края колбасы остались выше. Бутерброды уложить на противень. На каждый бутерброд разбить одно сырое яйцо и посыпать солью и мелко нарезанным луком или зеленью.

Запекать в горячей духовке до тех пор, пока яйцо не испечется.

Перед подачей к столу посыпать зеленью или подать вместе с салатом.

Тартинки с колбасой

200 г пшеничного хлеба, 2 ст. ложки маргарина или жира, 100 г колбасы, ¹/₄ стакана молока или воды, 1 яйцо, соль по вкусу.

Ломтики пшеничного хлеба и колбасы смочить во взбитых с молоком и солью яйцах. Положить на каждый ломтик хлеба по кусочку колбасы и запечь в духовке.

Подать тартинки горячими к овощному супу, или салату, или соленьям.

Сырные тартинки с колбасой

¹/₂ батона, 40—60 г сливочного масла, 40—60 г голландского сыра, 50 г колбасы, зелень петрушки и укропа, соль по вкусу.

Из батона нарезать наискось ломтики. Одну сторону ломтиков смазать маслом, посолить и окунуть в тертый сыр. Сухой стороной положить на противень, на сыр положить нарезанную колбасу и запечь в хорошо нагретой духовке. Украсить зеленью петрушки и тотчас подать.

Тартинки с колбасой и сыром

Несколько ломтиков булки, 100 г сливочного масла, 200 г колбасы, 200 г сыра, красный молотый перец, горчица.

Ломтики булки толщиной 1 см намазать маслом, на каждый положить кружок колбасы, намазать ее сверху горчицей, покрыть тонким ломтиком сыра, сверху посыпать красным молотым перцем, положить на смазанный маргарином противень и поставить в горячую духовку на 10—15 мин. Когда бутерброды зарумянятся, а сыр оплавится, достать из духовки и подать к столу.

Тартинки с колбасой, сыром и яйцами

Хлеб, сливочное масло, твердый сыр, ветчина или колбаса, молотый (сладкий) красный перец, круто сваренные яйца, соль.

Ломтики хлеба намазать сливочным маслом, сверху положить по ломтику сыра толщиной 1—2 см, кружочки колбасы, разложить на противень и запечь в духовке.

На готовые бутерброды положить кружочки яиц и посыпать молотым красным сладким перцем.

Тартинки с колбасой, грудинкой или ветчиной, огурцами и майонезом

200 г пшеничного хлеба, 100 г ветчины, 2 соленых огурца, 100 г майонеза, зелень петрушки по вкусу.

Мелко нарубить колбасу, ветчину или грудинку и соленые огурцы, хорошо их перемешать и нанести на ломтики пшеничного или ржаного хлеба, положить их на противень, залить майонезом и поставить в горячую духовку на 10—15 мин.

Перед подачей к столу посыпать мелко нарезанной зеленью.

Тартинки с колбасным паштетом

Несколько ломтиков булки, 100 г сливочного масла, 200 г колбасы, 50 г твердого сыра, 2 яйца, сваренных вкрутую, 1—2 ст. ложки сметаны, 1 ст. ложка молотых сухарей, перец, соль по вкусу.

Ломтики булки намазать с обеих сторон маслом, сверху — паштетом, выложить на противень и запекать в духовке 10—15 мин.

Для паштета колбасу нарезать кубиками, яйцо порубить, сыр натереть, добавить сметану, всыпать сухари, соль, перец, перемешать.

Тартинки с ветчиной и творогом

4—6 ломтей белого или черного хлеба, 4—6 ломтей жирной ветчины (грудинки), 80 г творога, 1/2 яйца, перец.

На хлеб положить ломтик ветчины, сверху покрыть толстым слоем творога, смешанного со взбитым яйцом. Для остроты можно ветчину посыпать перцем. Запечь так, чтобы творог приобрел светло-желтый оттенок.

Тартинки с ветчиной и горчицей

Нарезанные кусочки хлеба намазать с обеих сторон маслом и уложить на противень. Сверху на хлеб уложить кусочками ветчину, смазанную горчицей, и слегка пропечь (до появления на хлебе бледно-розовой корочки).

Тартинки с ветчиной и плавленым сыром

Нарезанные ломтики пшеничного хлеба намазать сливочным маслом и по желанию слегка горчицей. На каждый ломтик положить по кусочку ветчины или колбасы, а сверху — тонкий ломтик острого плавленого сыра или копченого колбасного сыра.

Бутерброды поместить на противень и запечь в средне нагретой духовке до образования корочки.

Тартинки с ветчиной и тертым сыром

6—8 ломтей белого или черного хлеба, 40 г сливочного масла или маргарина, 6—8 тоненьких жирных ломтиков ветчины, 100 г сыра, перец.

Хлеб намазать тонким слоем масла или маргарина. На каждый кусок положить по тонкому ломтю жирной ветчины, сверху посыпать перцем и покрыть тертым сыром. Запекать в горячей духовке до тех пор, пока ветчина и сыр немного не расплавятся и у хлеба не появится хрустящая корочка.

Ветчину на бутерброд также можно класть мелко нарезанной и перемешанной с тертым сыром. Это придаст бутерброду иной вкус. Меняется вкус и от того, кладется сыр на или под ветчину.

Тартинки с ветчиной, сыром и горчицей

200 г пшеничного хлеба, 100 г ветчины, 50 г сыра, горчица или томат-пюре по вкусу.

Пшеничный хлеб нарезать ломтиками, сбрызнуть водой, слегка смазать горчицей или томатом-пюре, сверху положить по кусочку ветчины, а на нее ломтик сыра. Запекать в духовке до тех пор, пока сыр не расплавится и не появится поджаристая корочка.

Подавать тартинки сразу, горячими.

Тартинки по-берлински

350 г хлеба, 100 г сливочного масла, 100 г сыра, 200 г ветчины.

Ломтики хлеба намазать маслом, уложить ветчину, половинку персика, накрыть сыром. Запечь в духовке, пока сыр не расплавится.

Тартинки «Пикантные»

400 г батона, по 40 г вареной колбасы и ветчины, 30 г сыра, 1 яйцо, 12 горошин черного перца.

Колбасу и ветчину пропустить через мясорубку. Массу смешать со взбитым яйцом и толченым перцем. Намазать на ломтики батона, посыпать тертым сыром и запечь.

Тартинки с ветчиной и яйцами

200 г пшеничного хлеба, 2 ст. ложки растительного масла, 100 г ветчины, 1/4 стакана молока, 1 яйцо, 1 ст. ложка тертого сыра.

Пшеничный хлеб намазать ломтиками и слегка смочить в молоке. Вареную ветчину мелко нарубить и хорошо перемешать с яйцом. Этой массой намазать подготовленные ломтики хлеба, сверху посыпать их тертым сыром, положить на противень, смазанный маслом, и подрумянить в горячей духовке.

Тартинки подавать как горячую закуску или к бульонам и супам.

Тартинки с ветчиной, яйцами и перцем

200 г пшеничного хлеба, 50 г сливочного масла, 100 г ветчины, 60 мл молока, 4 яйца, 50 г сыра, черный молотый перец.

Пшеничный хлеб нарезать ломтиками толщиной 1 см и смочить в молоке. Вареную ветчину (нежирную) мелко нарезать или пропустить через мясорубку, добавить взбитый яичный белок, молотый перец и перемешать. Этой массой намазать подготовленные ломтики хлеба, сверху посыпать тертым сыром, положить на противень, смазанный маслом, и подрумянить в горячей духовке.

Тартинки подавать или как горячую закуску, или к бульонам и супам.

Тартинки с ветчиной и яйцами под соусом

Нарезанные ломтики пшеничного хлеба толщиной приблизительно 1 см поместить на противень, смазанный сливочным маслом. На каждый ломтик хлеба положить по ломтику ветчины и кружочку крутого яйца. Бутерброды залить густым соусом бешамель, посыпать тертым сыром и запечь в сильно нагретой духовке.

Тартинки подать горячими.

Тартинки-палочки с ветчиной и яйцами

200 г ржаного хлеба, 2 ст. ложки сливочного масла, 50 г ветчины, 1 круто сваренное яйцо, соль.

Ржаной хлеб нарезать полосками длиной 5—6 см, шириной 1 см. Намазать с обеих сторон сливочным маслом. Немного посолить, обвалять в мелко нарезанной или

протертой ветчине и в мелко нарубленных крутых яйцах
и подсушить в духовке.

Тартинки с ветчиной, яйцами и луком

4 ломтя белого хлеба, сливочное масло или маргарин,
4 ломтя жирной ветчины, 1 большая луковица, 4 яйца,
1 ст. ложка хрена, укроп.

На хлеб уложить куски ветчины. Если ветчина нежир-
ная, предварительно намазать хлеб тонким слоем масла
или маргарина. На ветчину положить кружочек лука.
Бутерброды запечь в горячей (250° C) духовке так,
чтобы лук стал мягким. Вынуть из духовки, положить на
каждый бутерброд очищенное вареное яйцо и рядом
горку хрена. В хрен воткнуть веточку укропа.

Тартинки с ветчиной и шпинатом

4—6 ломтей белого или черного хлеба, 20 г маргарина
или сливочного масла, 200 г шпината, 60 г копченого
шпика или жирной ветчины, 1 ч. ложка пшеничной муки,
1 яичный белок, 2 ст. ложки майонеза, мускатный орех,
перец, соль.

Хлеб покрыть тонким слоем маргарина. Ветчину нарезать на полоски и слегка обжарить, затем куски ветчины вынуть. В ветчинном жире потушить мелко изрубленный шпинат, добавить муку и тушить вместе 5—10 мин,
заправить. Белок взбить, смешать с майонезом.

На каждый бутерброд намазать тушеный шпинат, на
него положить жареные полоски ветчины, сверху выложить маленькой горкой смесь из майонеза и взбитого
белка. Запечь в горячей духовке (275° C) так, чтобы
верхний слой приобрел золотисто-желтый цвет.

Шпинат можно заменить щавелем или крапивой. Их
можно поварить в большом количестве воды, дать воде
стечь и мелко изрубить. Все остальное проделать так же,
как и со шпинатом.

Тартинки с ветчиной, сыром и шпинатом

4—6 кусков хлеба, 2—3 ст. ложки маргарина или сливочного масла, 4—6 тонких ломтика ветчины, 4—6 ст. ложек мелко нарезанного тушеного шпината, 4—6 толстых ломтей сыра.

Хлеб покрыть маслом, положить ложку тушеного шпината, затем ветчину и сверху — сыр. Запекать в духовке (250° С) до тех пор, пока сыр не начнет плавиться и не пожелтеет.

Тартинки с яичным паштетом

12 ломтиков батона, 30 г сливочного масла, 4 яйца, 100 г ветчины, 50 г сметаны, зеленый лук, 120 г голландского сыра, помидоры и зелень петрушки для украшения, растительное масло, соль по вкусу.

На масле обжарить яйца с мелко нарезанным луком и ветчиной и разбавить сметаной. Ломтики батона выложить на смазанный маслом лист и смазать жареными яйцами, прикрыть ломтиком сыра и запечь в духовке, пока сыр не размякнет.

Перед подачей украсить тартинки ломтиками помидоров и веточкой петрушки.

Тартинки-сандвичи

8 ломтиков пшеничного хлеба, сливочное масло комнатной температуры, 2 ломтика ветчины, 2 ломтика сыра, 2 сырых яйца, 2 ст. ложки тертого сыра, $^1/_4$ л молока, горчица по вкусу, соль.

Намазать ломтики хлеба сливочным маслом, смешанным с горчицей, соединить по два, положив между ними $^1/_2$ ломтика ветчины и $^1/_2$ ломтика сыра. Выложить на сковороду, залить яйцами, взбитыми с тертым сыром, молоком, солью, и поставить в горячую духовку на 3 мин.

Тартинки с копченостями и луком

6—8 ломтей черного хлеба, 150 г копченой грудинки или шпика, 2 луковицы, перец.

На каждый ломоть хлеба положить тонкий кусочек копченого или горку мелко нарезанного мяса, сверху — кружочки лука, поперчить. Бутерброды запекать в духовке до тех пор, пока мясо и лук полностью не прожарятся.

Тартинки с жареным мясом или ветчиной

4 ломтя черного или белого хлеба, 30 г сливочного масла или маргарина, 4 ломтика ливерной колбасы, жареного мяса или ветчины, 4 яйца, перец, соль.

Хлеб намазать маргарином, положить сверху ломоть мяса или ветчины так, чтобы хлеб был полностью покрыт. Белки взбить. На каждый бутерброд положить горку взбитого белка, в середине сделать углубление для желтка. Запечь в не слишком горячей духовке (200° С). Держать в духовке до тех пор, пока яйцо не приобретет желаемой твердости.

Тартинки с жарким

6—8 ломтей белого или черного хлеба, 50 г сыра, 2 ст. ложки соуса от жаркого, 250 г жаркого, 1 яйцо, перец, соль.

Хлеб пропитать соусом от жаркого, на каждый ломоть положить по тоненькому ломтику жаркого. Сыр натереть, смешать с сырым яйцом, заправить солью и перцем (особенно хорош красный молотый перец — паприка). Получившуюся массу уложить горкой на ломти жаркого. Запекать в горячей духовке, пока бутерброд не подрумянится.

Тартинки со свиным жарким и сметаной

4—6 ломтей ржаного хлеба, 300 г свиного жаркого или 1 банка свиных консервов (тушенка), 1 соленый огурец, 1—2 яйца, 1 ст. ложка томатного пюре, 1 ст. ложка сметаны, 2 ст. ложки тертого сыра, перец, соль.

Мясо и соленый огурец изрубить, смешать с сырыми яйцами и томатным пюре, заправить. Хлеб покрыть получившейся массой, положить на сковороду или крышку стеклянной миски, смазать сверху сметаной. При использовании мясных консервов налить на бутерброды немного жидкости из консервов. Сверху можно посыпать тертым сыром. Запекать в духовке при температуре 220° С, пока яйцо не свернется.

Тартинки с рубленым мясом, перцем и луком

200 г пшеничного хлеба или батона, 50 г сливочного маргарина, 200 г отварного мяса, 50 г сметаны, 100 г репчатого лука, 60 г сладкого перца, 50 г сыра, 50 г тертой булки, 2 яйца, соль по вкусу.

Отварное мясо мелко нарубить, посолить, добавить мелко нарезанные и обжаренные репчатый лук, сладкий перец, тертую булку, смешать и обжарить на сливочном масле или маргарине. Затем добавить яйцо, сметану. Полученной массой намазать одну сторону ломтиков хлеба, посыпать сверху тертым сыром, уложить их на противень и запечь в духовке.

Подавать в горячем виде.

Тартинки с отварным мясом или фаршем

200 г пшеничного хлеба, 3 ст. ложки жира, 100 г отварного мяса, 1 луковица, 1 ст. ложка панировочных сухарей, ¹/₂ яйца, 1 ст. ложка сметаны, петрушка, томат-паста по вкусу, соль или сыр.

Отварное мясо нарезать тонкими ломтиками или вместе с луком пропустить через мясорубку, добавить панировочные сухари и потушить на сале, масле или маргарине. Затем добавить яйцо, сметану и посолить по вкусу. Все тщательно перемешать. Этим фаршем намазать ломтики пшеничного или ржаного хлеба или положить на них нарезанное мясо. Хлеб предварительно намазать с обратной стороны жиром. По желанию фарш или мясо можно посыпать тертым сыром. Поместить ломтики на противень и поставить на 8—10 мин в горячую духовку.

Подавать тартинки горячими. Сверху на них можно положить по веточке петрушки или по $1/4$ ч. ложки томата-пасты.

Тартинки «Принцесса»

200 г пшеничного хлеба, 300 г фарша из вареного или тушеного мяса, по 40 г сыра и репчатого лука, 1 яйцо, зелень петрушки и укропа, мускатный орех, соль.

Все продукты перемешать. На ломтики хлеба разложить массу слоем до 2 см. Сверху посыпать тертым сыром и запечь в духовке.

Как только мясо будет готово, бутерброды выложить на подогретое блюдо, украсить зеленью.

Тартинки с фаршем из тушеного или вареного мяса

200 г пшеничного хлеба, 50 г маргарина, 200 г готового мясного фарша, 60 г репчатого лука, 4 яйца, 50 г сыра, зелень петрушки и укропа, соль по вкусу.

Для приготовления фарша тушеное или вареное мясо пропустить через мясорубку, добавить слегка пассерованный репчатый лук, яйцо, соль, перец и тщательно перемешать. Фарш намазать на широкие ломтики белого хлеба (толщиной 1 см) толстым слоем, посыпать сверху тертым сыром и запечь в духовке.

Готовые тартинки уложить на подогретое блюдо и украсить зеленью.

Тартинки с картофельно-мясным фаршем

200 г пшеничного или ржаного хлеба, 1 ст. ложка сала или растительного масла, 100 г мясного фарша, 1 луковица, 100 г отварного картофеля (или 200 г мясного салата), зелень и соленые или свежие огурцы по вкусу.

Фарш из отварного мяса и мелко нарезанный репчатый лук слегка обжарить на сале или растительном масле и смешать с отварным размятым картофелем. Кусочки хлеба сбрызнуть водой, намазать салом с одной стороны, а на другую положить фарш. Запечь в духовке.

При подаче к столу украсить зеленью и ломтиками соленого или свежего огурца.

Тартинки с котлеткой

На кусочки хлеба, намазанные с обеих сторон маслом, положить половинки разрезанных вдоль маленьких куриных или пожарских котлет. Полить сверху майонезом и зарумянить (слегка) в духовке.

Тартинки с рублеными котлетами

6—8 ломтей чёрного хлеба, 50 г маргарина или сливочного масла, 6—8 котлет, 100 г сыра, 1 луковица или 1 небольшой помидор, перец, соль.

Хлеб намазать тонким слоем масла. На середину хлебного ломтя положить ломтик помидора или горку тушенного в жире, мелко изрубленного лука, сверху — котлету. Толстые котлеты можно разрезать пополам и на каждый бутерброд положить по половинке. Сверху положить ломоть сыра. Запекать в горячей духовке до тех пор, пока сыр не расплавится и слегка не подрумянится.

Тартинки с котлетами и сыром

Ломтики белого хлеба, 100 г маргарина, котлеты, 2—3 луковицы, 100 г твердого сыра, 1 ч. ложка горчицы.

Ломтики белого хлеба намазать маргарином, котлеты разрезать пополам, смазать горчицей, положить срезом на хлеб, сверху выложить кольца обжаренного на маргарине лука. Посыпать сыром, натертым на мелкой терке, поместить на противень, смазанный жиром, и поставить в нагретую духовку на 15—20 мин. К тартинкам подать салат из яблок и моркови.

Тартинки с куриным филе

На хлеб, намазанный с обеих сторон маслом, уложить рубленое филе отваренной курицы, посолить, полить сверху майонезом (чайная ложка майонеза на бутерброд) и слегка зарумянить в духовке.

Эти горячие тартинки рекомендуется подавать абсолютно ко всем коктейлям, в том числе к десертным и детским безалкогольным. Их также хорошо предложить к бульону из курицы, подать с протертым и пюреобразным супом.

Тартинки с печеночным паштетом

200 г пшеничного хлеба, 1 $1/2$ ст. ложки сливочного масла или маргарина, 100 г паштета, зелень петрушки и укропа, тертый сыр по вкусу.

Ломтики пшеничного хлеба намазать тонким слоем сливочного масла или маргарина, сверху нанести слой паштета из печени или шпрот и запечь в духовке.

При желании бутерброды перед выпечкой можно посыпать тертым сыром.

Перед подачей к столу посыпать мелко нарезанной зеленью петрушки.

Тартинки с печеночным паштетом и грибами

6—8 ломтей белого хлеба, 40 г маргарина или сливочного масла, 100 г печеночного паштета, 100 г грибов, 10 г жира, 1 ч. ложка пшеничной муки, 1—2 ст. ложки сметаны, 2 ст. ложки тертого сыра, перец, соль.

Хлеб покрыть тонким слоем масла, сверху намазать печеночным паштетом. Грибы размельчить, потушить в жире, добавить муку, несколько минут подержать на огне, затем добавить сметану и варить в густом соусе. На каждый бутерброд уложить горкой приготовленные грибы, сверху посыпать тертым сыром и запекать в духовке, пока бутерброды не подрумянятся.

Тартинки с мозгами

6—8 ломтей белого хлеба, 50 г маргарина или сливочного масла, мозги, 1 яйцо, соль, перец, лимонный сок.

Хлеб намазать тонким слоем масла. Мозги сварить, изрубить и смешать с сырым яйцом, заправить солью, перцем, лимонным соком. Получившуюся массу положить толстым слоем на хлеб, затем запечь его в духовке так, чтобы яйцо полностью свернулось.

Тартинки с мозгами и жареным луком

200 г пшеничного хлеба, 1 ст. ложка жира, 200 г мозгов, 1 луковица, 1 яйцо, 1 ст. ложка панировочных сухарей, 1 ст. ложка тертого сыра, перец, соль по вкусу.

Очищенные от пленки мозги положить в подсоленный кипяток и варить 2 мин. Вынуть, остудить, мелко нарезать. Репчатый лук нашинковать, обжарить до золотистой окраски, добавить мозги и жарить 5 мин, помешивая. Слегка остудить, поперчить, посолить, добавить взбитое яйцо, перемешать. Этой массой намазать кусочки пшеничного хлеба, посыпать панировочными сухарями и сыром. Поставить в сильно нагретую духовку на 8—10 мин. Подавать горячими.

Тартинки с почками под соусом

200 г пшеничного хлеба, 2 ст. ложки сала, 200 г печени или почек, 1 стакан соуса.

Для соуса: *3 луковицы, 2 ст. ложки сала, 1 стакан мясного бульона, 1 ч. ложка пшеничной муки, соль по вкусу.*

Хорошо вымоченные в воде почки обжарить на сале (без соли) и закрыть крышкой, чтобы они не затвердели. Кусочки пшеничного хлеба намазать салом с нижней стороны, поверх каждого кусочка положить почки, залить соусом и поставить на 5 мин в горячую духовку.

Для приготовления соуса репчатый лук мелко нарезать и поджарить на сале, добавить болтушку из муки, соль; развести мясным бульоном и прокипятить в течение 5 мин.

ТАРТИНКИ С РЫБОЙ И РЫБНЫМИ ПРОДУКТАМИ

Тартинки с рыбой

200 г пшеничного или ржаного хлеба, 3 ст. ложки растительного масла, 200 г отварной рыбы, 2 луковицы, 4 ч. ложки майонеза, зелень и сушеный укроп по вкусу.

Отварную рыбу освободить от костей и нарезать кусочками. Репчатый лук мелко нарезать и поджарить на растительном масле. Кусочки рыбы выложить на ломтики пшеничного или ржаного хлеба, сбрызнутого водой и смазанного растительным маслом с обратной стороны, посыпать жареным луком, полить майонезом и поставить в горячую духовку на 10—12 мин.

Украсить готовые тартинки свежей зеленью или сушеным укропом.

Тартинки с рыбой, яйцом и сыром

6—8 ломтей белого хлеба, 50 г масла или маргарина, 100 г сыра, 200 г рыбы, 1—2 яйца, укроп, перец, соль.

Жареную или вареную рыбу изрубить и смешать с сырым яйцом, заправить мелко нарубленным укропом, солью и перцем. Уложить смесь толстым слоем с одной стороны покрытого жиром ломтя хлеба. Сверху положить сыр (можно тертый). Запекать в горячей духовке до тех пор, пока яйцо не свернется.

Тартинки со свежей сардиной или сардинеллой

200 г пшеничного хлеба, 100 мл растительного масла, 200 г филе сардины или сардинеллы, 50 г пшеничной муки, 2 яйца, 70 г сметаны, 50 г пасты «Океан», 50 г сыра, 50 г зеленого лука, зелень петрушки и укропа.

Филе свежей сардины или сардинеллы с кожей (без костей) нарезать мелкими кусочками, посолить, посыпать перцем, запанировать в муке и слегка обжарить на растительном масле. На подмазанный противень или сковороду уложить широкие ломтики хлеба, на них — кусочки рыбы, залить их смесью яйца, сметаны, пасты «Океан», тертого сыра и шинкованного зеленого лука и запечь в духовке.

Перед подачей посыпать зеленью.

Тартинки по-итальянски

1 ломтик белого хлеба, 1 кусочек сливочного масла, филе маринованной рыбы, 1 сырой яичный желток, 1 ст. ложка тертой брынзы, 1 ст. ложка крошек белого хлеба, 1 ч. ложка томата-пюре, 1 ст. ложка натертого сыра.

Ломтик хлеба (без корочки) намазать с одной стороны сливочным маслом и положить на сковороду. Яичный желток хорошо смешать с брынзой и крошками белого хлеба. Приготовленную смесь нанести на хлеб.

Сверху уложить филе рыбы и намазать томатом-пюре. Бутерброд запечь в сильно нагретой духовке в течение 5—6 мин, посыпать натертым сыром, положить зеленый салат и подать с охлажденным белым вином или вермутом с содовой водой.

Тартинки с копченой рыбой и яблоками

4—6 ломтей белого хлеба, 50 г маргарина, 250 г копченой рыбы, 1 ст. ложка пшеничной муки, $^1/_2$ стакана бульона или сметаны, 2—3 кислых яблока, 1 маленькая луковица, перец, соль.

Очищенную копченую рыбу измельчить, потушить в маргарине вместе с мелко изрубленным или натертым луком, тонкими ломтиками яблока, мукой и бульоном или сметаной. Смесь заправить, намазать на хлеб. Запечь в горячей духовке (270° С), чтобы поверхность бутербродов подрумянилась.

Тартинки с салатом из копченой рыбы и помидорами

8—12 тонких ломтей белого хлеба, 20 г сливочного масла или маргарина, 3 помидора, салат.
Для салата: *3 яйца, 1 большое яблоко, 1 луковица, 1 копченая сельдь или 4—6 рыбок крупной копченой салаки, 2—3 ст. ложки майонеза, укроп, перец, соль.*

Половину кусков белого хлеба покрыть маслом, сверху положить ломтики помидора, посолить и поперчить. Для салата мелко изрубить крутые яйца (варить 10 мин), яблоко, луковицу, копченую рыбу, перемешать с мелко нарезанным укропом, заправить солью и перцем и добавить майонез в таком количестве, чтобы салат оставался относительно сухим, но продукты склеились между собой. Салат уложить на помидоры и покрыть другим куском хлеба, маслом вниз. Запечь в духовке при температуре 260—270° С, чтобы бутерброды слегка подрумянились.

Тартинки с соленой рыбой и рисом

200 г пшеничного хлеба, 3 ст. ложки растительного масла, 100 г соленой рыбы, ¹/₄ стакана риса, 1 луковица, черный перец или порошок лаврового листа по вкусу.

Соленую рыбу очистить, нарезать кусками, вымочить, а затем отварить в воде. Отделить мякоть от костей и мелко нарезать. Промытый рис залить горячей водой и варить до мягкости. Репчатый лук мелко нарезать и слегка обжарить на растительном масле, смешать с рыбой и рисом. Фарш разложить на кусочки пшеничного хлеба, слегка смоченного в воде и растительном масле, посыпать перцем или порошком лаврового листа и запечь в духовке. Подавать тартинки горячими.

Тартинки с анчоусами по-французски

Белый хлеб, 3 ст. ложки оливкового (или другого растительного) масла, 250 г мелкой соленой рыбы, 5—6 зубчиков чеснока, сок 1 лимона (или 1 ст. ложка уксуса), молотый черный перец, щепотка соли.

Промыть мелкую соленую рыбу и разделать на филе, удалив хребтовую и реберные кости. Хорошо растолочь чеснок, прибавив щепотку соли. Затем ввести подготовленное филе и тоже хорошо растереть. К полученной гладкой массе, не прекращая размешивания пестиком, постепенно добавить оливковое (растительное) масло, а затем черный перец и сок лимона (или уксус).

Нарезать ломтиками белый хлеб, по возможности обрезав корочку. Нанести на них плотный слой рыбной пасты и запечь в духовке.

Бутерброды подать горячими.

Тартинки с килькой

6—8 ломтей хлеба, 60 г сливочного масла или маргарина, 6—8 килек, 1—2 помидора или луковицы.

На намазанные маслом ломти хлеба положить филе кильки. При желании можно положить на каждый бутерброд ломтик помидора или лука. Запекать в горячей духовке до тех пор, пока килька не станет мягкой, а хлеб хрустящим.

Тартинки с килькой и творогом

4—6 ломтей черного хлеба, 20 г сливочного масла или маргарина, 80—100 г творога, 4—6 килек, $1/4$ луковицы, 1 ч. ложка зеленого лука, $1/3$ яйца.

Хлеб намазать маслом (маргарином). Творог перемешать с мелко изрубленной килькой, луком и взбитым яйцом, покрыть смесью бутерброды. Запекать в горячей духовке так, чтобы творог пожелтел.

Тартинки с килькой и сыром

6—8 ломтей белого или черного хлеба, 50 г сливочного масла или сметаны, 3—4 кильки, 100 г сыра.

Хлеб покрыть маслом или сметаной. На каждый ломтик положить половину очищенной кильки и сверху тонкий ломоть сыра. Запекать в горячей духовке до тех пор, пока сыр не пожелтеет и немного не расплавится.

Тартинки с килькой и сыром под томатным соусом

Кусочки хлеба в виде ромбиков, квадратиков, кружочков, намазанные с обеих сторон маслом, уложить на противень, покрыть слоем тертого советского или голландского сыра толщиной $1/2$ см. Поперек положить половину очищенной кильки пряного посола, а вокруг нее полить кетчупом или другим томатным соусом (половина чайной ложки на бутерброд). Бутерброды слегка зарумянить в духовке.

Подавать горячими. Горячие бутерброды с сыром и килькой — одна из лучших закусок к пиву.

Тартинки с килькой, сыром и помидорами

6—8 ломтей белого хлеба, 50 г сливочного масла или маргарина, 1 большой помидор, 6—8 килек, 70 г сыра.

Хлеб намазать маслом. На каждый ломоть положить тонкий ломтик помидора, на него очищенное килечное филе и затем тонкий ломтик сыра или слой тертого сыра. Для остроты можно использовать порошок зеленого сыра. Запекать в горячей духовке до тех пор, пока продукты не станут мягкими, а края хлеба — хрустящими.

Тартинки с яично-килечной смесью

200 г белого хлеба (6—8 ломтей средней величины), 2 ст. ложки сливочного масла или маргарина (или 1 ст. ложка маргарина с 1 ст. ложкой сметаны), 2—3 яйца, 8—10 килек, 1 луковица, 2 ст. ложки тертого сыра.

Изрубленные крутые яйца, измельченную кильку и лук слегка потушить с маргарином и сметаной. Отрезать вдоль батона ломоть толщиной примерно 1 см, покрыть равномерно получившейся смесью, сверху посыпать тертым сыром. Запечь в горячей духовке.

Вынуть из духовки, разрезать на маленькие бутербродики.

Можно также приготовить маленькие кусочки хлеба, на которые уложить горкой продукты, а потом запечь.

Тартинки с сельдью и сыром

200 г пшеничного хлеба, 3 ст. ложки растительного масла, 100 г сельди или кильки, 2 ст. ложки тертого сыра, 1 морковь.

Пшеничный или ржаной хлеб нарезать ломтиками, слегка смочить в воде, обмакнуть с двух сторон в растительное масло, посыпать тертым сыром, перемешать с тертой вареной морковью, покрыть кусочками вымоченной сельди (или кильками) и снова посыпать тертым сыром с морковью. Поставить в горячую духовку на 5—7 мин.

Тартинки-сандвичи с селедочной массой

200 г хлеба, 150 г селедочной массы (100 г сельди и 2 ст. ложки сливочного масла).

Ржаной или пшеничный хлеб нарезать ломтиками толщиной 1 см. Намазать половину ломтиков селедочной массой слоем 1 см, закрыть другой половиной ломтиков хлеба и поставить на 5—7 мин в горячую духовку.

Тартинки с рыбными консервами

6—8 ломтей белого хлеба, 50 г маргарина или сливочного масла, 1 коробка рыбных консервов (рыба в томатном или масляном соусе), 1 маринованный огурец, 100 г сыра, зеленый сыр.

На намазанный маслом хлеб положить размятые вилкой рыбные консервы. Если консервы очень сочные, использовать только часть соуса. Огурец изрубить и положить на рыбу, сверху покрыть ломтиками сыра. Если сыр неострый, посыпать сверху порошком зеленого сыра. Запекать в горячей духовке до тех пор, пока сыр не размягчится и немного не пожелтеет.

Тартинки-сандвичи с консервированным тунцом или лососем

300 г пшеничного хлеба (12 кусков), 1 банка консервов тунца или лосося, 100 г сыра, 1 банка майонеза, 2 яйца, $^1/_2$ стакана молока, $^1/_2$ ч. ложки готовой (столовой) горчицы, 1 ст. ложка мелко нарезанного зеленого лука.

Мякиш пшеничного хлеба разрезать на 12 кусков, 6 кусков уложить в форму, покрыв их ломтиками сыра. Растереть вилкой рыбные консервы (тунец или лосось) с майонезом и покрыть этой массой ломтики сыра, сверху покрыть остальными кусочками хлеба. Яйцо взбить с молоком, посолить, добавить столовую горчицу, мелко нарезанный зеленый лук и этой смесью залить содержимое формы. Запечь в духовке на небольшом огне до светло-коричневой окраски.

Для приготовления селедочной массы сельдь очистить от кожицы и костей, мякоть порубить и смешать с размягченным сливочным маслом.

Тартинки с яично-сырной массой

4 ломтя белого хлеба, 30 г маргарина или сливочного масла, 50 г сыра, 1 яичный желток, 1 ч. ложка сметаны, 4 шпроты (сардины, жареные салаки).

Хлеб намазать маргарином. Сыр натереть и смешать с желтком и сметаной. Половину сырной смеси намазать на хлеб, на каждый ломтик положить по маленькой рыбке и сверху снова слой сыра. Запекать в горячей духовке, пока бутерброд не пожелтеет. Подавать к столу сразу, в горячем виде.

Тартинки со шпротами

200 г пшеничного хлеба, 100 г шпрот, 50 г томатного соуса, зелень петрушки и укропа.

Пшеничный хлеб нарезать широкими ломтиками толщиной 1 см, положить на каждый ломтик шпроты, смазать сверху томатным соусом и поставить на 5—6 мин в духовку.

Выложить тартинки на подогретое блюдо, украсить зеленью.

Тартинки с жареными сардинами и сыром

8 ломтиков черного хлеба, сливочное масло или маргарин, 1—2 головки репчатого лука, 2 ст. ложки томата-

пюре, 4 куска поджаренного филе сардины, 1 плавленый сырок.

Лук нарезать кружочками и спассеровать в сливочном масле, добавить томат-пюре. Смесь намазать на ломтики хлеба, покрыть жареными кусками филе сардины и кусочком плавленого сыра. Бутерброды уложить на противень и подержать в горячей духовке до тех пор, пока сыр не станет таять и подрумяниваться.

Тартинки с консервированными сардинами и сыром

6—8 ломтей белого хлеба, 40 г маргарина или сливочного масла, 1 банка сардин или шпрот, ¹/₂ лимона, 100 г сыра.

Хлеб намазать маргарином или пропитать небольшим количеством масла от консервов. Сыр натереть, часть посыпать на хлеб. На каждый ломоть положить целую сардину или 2—3 шпроты. Рыбу немного сбрызнуть лимонным соком и посыпать толстым слоем тертого сыра. Запекать в духовке до тех пор, пока сыр не начнет плавиться.

Тартинки с кальмаром, ветчиной, огурцами под майонезом

200 г пшеничного хлеба, 100 г ветчины, 80 г вареного кальмара, 120 г соленых огурцов, зелень петрушки или укропа, черный молотый перец.

Пшеничный хлеб нарезать ломтиками. Вареный кальмар и ветчину нарезать соломкой. Соленые огурцы очистить и нарезать соломкой. Все смешать с частью майонеза, посыпать молотым перцем, залить майонезом и уложить на ломтики хлеба. Поставить в горячую духовку на 6—8 мин. При подаче к столу посыпать мелко нарубленной зеленью петрушки.

Тартинки с пастой из рыбы

Ломтики хлеба, 1 банка сельди в масле, 2 яйца, 2 ст. ложки молотых сухарей, зелень, перец, соль.

Масло слить, сельдь растереть с желтками, смешать со взбитыми белками, сухарями, добавить соль, перец. Если масса получится жидкой, добавить сухарей. Выложить пасту горкой на ломтики хлеба и запекать в духовке 10—15 мин.

Подать горячими, посыпать нарезанной зеленью.

Тартинки с пастой «Океан»

200 г пшеничного хлеба, 50 г маргарина, 150 г пасты «Океан», 100 г репчатого лука, 4 яйца, 50 г сыра, зелень петрушки или укропа, соль по вкусу.

Широкие ломтики черствого хлеба намазать фаршем, приготовленным из пасты «Океан» с добавлением сырого яйца, обжаренного репчатого лука и зелени. Ломтики хлеба посыпать тертым сыром и запечь в духовке.

Готовые тартинки уложить на подогретое блюдо и украсить веточками зелени петрушки.

Тартинки с морским гребешком

200 г пшеничного хлеба, 50 г сливочного масла, 150 г вареного морского гребешка, 60 г пасты «Океан», 100 г сыра, 40 г горчицы, соль по вкусу.

Морской гребешок отварить с добавлением кореньев. После этого его нарезать крупными ломтиками. Белый пшеничный хлеб нарезать тонкими ломтиками, смазать смесью из сливочного масла, горчицы и пасты «Океан». Сверху положить ломтики морского гребешка, на них — ломтик сыра, посыпать красным перцем. Запекать в духовке до тех пор, пока сыр не начнет плавиться.

Подать горячими.

Вместо морского гребешка можно положить колбасу, ветчину, рыбный рулет и т. д.

СЛАДКИЕ ТАРТИНКИ

Тартинки с яблоками

Белый хлеб, 50—70 г сливочного масла или маргарина, 3—5 яблок, 2—3 ст. ложки сахара, 1—2 яйца, щепотка корицы.

Тонкими ломтиками нарезать белый хлеб и намазать с одной стороны маслом или маргарином. Очищенные яблоки натереть на терке, добавить сахар, корицу, сырое яйцо, все перемешать и уложить на ту сторону ломтика хлеба, где нет масла. Положить бутерброды на разогретую сковороду маслом вниз, накрыть крышкой и поставить в горячую духовку. Через 2—5 мин тартинки готовы.

Тартинки со сливами или абрикосами

10 ломтиков пшеничного хлеба, 2 ст. ложки сливочного масла, 30 слив или абрикосов, 1—1 $^1/_2$ ст. ложки сахара.

Ломтики пшеничного хлеба толщиной 1 см намазать с одной стороны сливочным маслом, поместить на каждый ломтик кожурой вниз по нескольку половинок слив или абрикосов без косточек. В ямки от косточек на каждую половинку слив или абрикосов положить по кусочку сливочного масла и $^1/_4$ ч. ложки сахара. Ломтики хлеба со сливами (абрикосами) уложить на противень, смазанный маслом, и поставить в нагретую духовку примерно на 10—15 мин. Ломтики хлеба должны подрумяниться, а сливы (абрикосы) стать мягкими и сочными.

Тартинки с ягодами

200 г пшеничного хлеба, 3—4 ст. ложки сливочного масла или маргарина, 1 стакан ягод, 2 ст. ложки сахара, 1 ст. ложка панировочных сухарей.

Хорошо вымытую клубнику или любые другие ягоды размять, смешать с сахарным песком и панировочными сухарями до получения густой массы. Намазать этой массой ломтики пшеничного хлеба, смазанного сливочным маслом или маргарином с нижней стороны. Приготовленные ломтики запечь в духовке до образования хрустящей румяной корочки.

Подавать к чаю, молоку, простокваше.

Тартинки с творогом и ягодами

200 г пшеничного хлеба, 2 ст. ложки сливочного масла или маргарина, 150 г творога, 1 яйцо, 2 ст. ложки сахара, 5 ст. ложек ягод (земляники, малины, черники, смородины и др.), мед по вкусу.

Пшеничный хлеб нарезать ломтиками, намазать маслом или сливочным маргарином, сверху нанести творог, растертый с яйцом и сахаром, а в середину положить горкой ягоды. Запечь в духовке.

Ягоды посыпать сахарным песком или положить под них немного меду.

Горячие запеченные бутерброды на гренках (поджаренном хлебе)

Горячие запеченные бутерброды на кусочках поджаренного или подсушенного хлеба (на гренках) тоже называют тартинками.

ГОРЯЧИЕ ЗАПЕЧЕННЫЕ БУТЕРБРОДЫ С БРЫНЗОЙ И СЫРОМ

Тартинки с брынзой и яйцом

200 г пшеничного хлеба, 40 г сливочного масла, 5 яиц, 50 г брынзы, черный перец.

Подсушенные ломтики хлеба посыпать тертой брынзой, запечь в духовке. Перед подачей на каждый гренок положить поджаренное яйцо, посыпать перцем.

Тартинки с брынзой и молочным соусом

200 г пшеничного хлеба, 1 ст. ложка сливочного масла, 2 ст. ложки тертой брынзы или сыра, 2 стакана соуса.
Для соуса: 2 ст. ложки пшеничной муки, 2 ст. ложки сливочного масла, 2 неполных стакана молока.

Нарезать хлеб ломтиками толщиной 1 см, поджарить до золотистого цвета. Ломтики намазать сливочным маслом, сложить в неглубокую кастрюлю, залить соусом и сверху посыпать тертой брынзой или сыром. Поставить на 10 мин в горячую духовку. Подавать горячими.

Для соуса муку спассеровать с маслом, посолить, развести молоком, поварить смесь 6—7 мин до получения соуса средней густоты.

Тартинки с сыром на сливочном масле

200 г пшеничного хлеба, 1 ст. ложка сливочного масла, 100 г сыра, красный перец.

Ломтики батона подсушить, слегка намазать сливочным маслом. Положить на них полоски сыра толщиной около $1/2$ см. Посыпать красным перцем и запекать в горячей духовке до тех пор, пока сыр не начнет плавиться.

Тартинки с сыром на растительном масле

12 ломтиков батона, растительное масло для обжаривания, 150 г твердого сыра, 100 г сливочного масла, молотый сладкий перец.

Ломтики батона слегка обжарить на растительном масле, выложить на противень, густо посыпать тертым сыром, сверху положить кусочек масла и посыпать молотым сладким перцем. Гренки запекать до тех пор, пока сыр с маслом не расплавятся. Подавать горячими к чаю.

Тартинки по-испански

200 г пшеничного хлеба, 50 г сливочного масла, 150 г репчатого лука, 100 г сладкого перца, ¹/₂ лимона, 50 г острого томатного соуса, 50 г растительного масла, 100 г сыра, сахар, перец, соль по вкусу.

Сладкий стручковый перец и лук нарезать кольцами и припустить до мягкости в небольшом количестве воды и растительного масла. Затем приготовить маринад из сока лимона, томатного соуса, сахарного песка, соли, перца и оставить в нем на ночь припущенные лук и перец.

Перед употреблением обжарить на сливочном масле ломтики пшеничного хлеба, положить на них выдержанные в маринаде лук и перец, а также ломтики твердого сыра. Бутерброды поставить в духовку и запечь. Когда сыр начнет плавиться, тартинки вынуть из духовки и подать к столу.

Тартинки с сыром под молочным соусом

150 г черствого пшеничного хлеба, 80 г сливочного масла, 30 г пшеничной муки, 125 мл молока, 100 г сыра или брынзы, соль по вкусу.

Муку спассеровать с маслом, посолить, развести молоком до средней густоты, варить 6 мин. Ломтики хлеба обжарить до золотистого цвета, намазать маслом, положить в неглубокую кастрюлю, залить приготовленным соусом и запечь. Посыпать тертым сыром или брынзой.

Тартинки с сыром под томатным соусом

200 г пшеничного хлеба или черствого батона, 50 г сливочного масла, 150 г твердого или плавленого сыра, 20 г томатного острого соуса.

Подсушенные ломтики хлеба намазать маслом, положить на них толстый слой плавленого сыра или обильно посыпать натертым твердым сыром. На середину каждого ломтика поместить соус. Гренки уложить на смазанный маслом противень и запечь в духовке.

Тартинки с сыром и яблоками

150 г черствого пшеничного хлеба, 200 г сливочного масла, по 100 г яблок и костромского сыра, 80 г орехов.

Ломтики хлеба обжарить с одной стороны, покрыть тонко нарезанными дольками яблок, сверху — ломтиками сыра. Посыпать ядрами орехов или миндалем и запечь в духовке до плавления сыра.

Тартинки с сыром и грушами по-швейцарски

Ломтики хлеба, 1 ч. ложка сладкой горчицы, 100 г твердого сыра, 1 груша, 1 ч. ложка конфитюра (любого).

Хлеб слегка подрумянить, смазать сладкой горчицей, грушу очистить от кожицы, нарезать ломтиками, положить на ломтики хлеба с сыром. Запечь (3 мин). Подать с конфитюром.

Тартинки по-голландски

200 г пшеничного хлеба, 50 г сливочного масла, 100 г вареного мяса, 100 г ананаса, 60 г сыра, 50 г томата-пасты.

Обжаренные ломтики белого хлеба намазать маслом, положить на каждый по кусочку вареного мяса, небольшому ломтику ананаса и ломтику сыра. Поставить в духовку и запекать до тех пор, пока сыр не начнет плавиться.

Каждый бутерброд украсить ломтиком ананаса, веточкой петрушки и маленькой горкой томатной пасты.

Тартинки по-испански

200 г пшеничного хлеба, 2 ст. ложки сливочного масла, 2 ст. ложки растительного масла, 2 средние луковицы, 2 средних сладких перца, 100 г сыра, зелень.

Для маринада: *1 ст. ложка острого томатного соуса, сок 1 лимона, 1 ст. ложка сахара, красный молотый перец, соль.*

Ломтики хлеба поджарить на сливочном масле. Лук и сладкий перец нарезать кольцами и потушить до мягкости в растительном масле с добавлением небольшого количества воды. Затем залить на 12 часов маринадом.

На подготовленный хлеб уложить маринованный лук и перец, сверху — ломтики сыра. Затем запечь в духовке до плавления сыра. Подавать горячими, посыпав зеленью.

Тартинки с сыром по-английски

300 г пшеничного хлеба, 5 ст. ложек сливочного масла, 100 г тертого сыра, $1/4$ стакана пива, 1 ч. ложка горчицы, 1 яичный желток, красный молотый перец.

Хлеб намазать ломтиками и обжарить с обеих сторон. Масло растопить на слабом огне и, постепенно помешивая, добавить тертый сыр, пиво и яичный желток. Заправить перцем и горчицей. Полученной массой намазать гренки и запечь в духовке.

Острые тартинки

200 г пшеничного хлеба, 2 ст. ложки сливочного масла, $3/4$ стакана тертого твердого сыра, 1 яйцо, 1 ст. ложка томатной пасты, молотый красный перец.

Пшеничный хлеб нарезать прямоугольными ломтиками и слегка обжарить на масле. Тертый сыр смешать с томатной пастой, яйцами и маслом, заправить молотым красным перцем. Полученной массой намазать ломтики хлеба с одной стороны, уложить на сковороду и запечь в духовке.

Подавать с бульоном.

Тартинки «Юбилейные»

150 г черствого пшеничного хлеба, 50 г сливочного масла, 100 г голландского сыра, 3 яйца, красный острый перец, соль по вкусу.

Подсушенные ломтики хлеба смазать маслом. На каждом кусочке сделать бортик из натертого сыра. Ломтики положить на смазанную маслом сковороду, выпустить на них сырые яйца, поперчить, посолить, сбрызнуть маслом и запечь в духовке.

Подавать горячими.

Тартинки с тертым сыром, желтками и перцем

200 г пшеничного хлеба, 100 г сыра, 2 яичных желтка, 50 г панировочных сухарей, 50 г томата-пасты, молотый красный перец, соль по вкусу.

Пшеничный хлеб нарезать тонкими ломтиками, слегка подсушить и намазать тертым сыром, смешанным со сваренными вкрутую яичными желтками, панировочными сухарями, томатом-пюре, небольшим количеством соли и молотого красного перца. Уложить ломтики на сковороду или противень, поставить в духовку и подсушить до золотистого цвета.

ГОРЯЧИЕ ЗАПЕЧЕННЫЕ БУТЕРБРОДЫ С ЯЙЦАМИ

Тартинки с яйцом и зеленым луком

200 г ржаного хлеба, 50 г сливочного масла или свиного жира, яйца, зеленый лук, соль по вкусу.

Ржаной хлеб нарезать ломтиками, поджарить с обеих сторон на свином жире или сливочном масле. Затем выпустить на каждый ломтик по одному яйцу, посолить и поставить в духовку, пока не свернется белок.

Подавать в горячем виде, посыпав мелко нарезанным зеленым луком.

Тартинки с яйцом и жареным луком

200 г пшеничного хлеба, 2 ст. ложки жира, 1 яйцо, 2 ст. ложки молока, 1 небольшая луковица, перец, соль по вкусу.

Мякиш ржаного или пшеничного хлеба нарезать мелкими кубиками, поджарить на маргарине, сале или сливочном масле. Яйцо размешать с молоком, добавить соль и по желанию перец. Этой массой залить поджаренный хлеб (гренки), посыпать жареным луком и запечь в духовке.

Тартинки из ржаного хлеба с яйцами

200 г ржаного хлеба, 2 ст. ложки сала или растительного масла, 2 яйца, зелень и соль по вкусу.

Тонкие ломтики ржаного хлеба сбрызнуть водой, бульоном или овощным соком, поджарить с обеих сторон на сковороде в масле или сале, залить размешанными яйцами, посолить, посыпать зеленью и запечь в духовке.

Подавать в горячем виде.

Тартинки с яичным омлетом

200 г пшеничного хлеба, 2 ст. ложки сливочного масла или маргарина, 1 стакан молока, 2 яйца, зелень или сахарный песок и варенье по вкусу, соль.

Пшеничный хлеб нарезать ломтиками, намочить в молоке и поджарить на масле или маргарине до золотистого цвета. Яйца перемешать с оставшимся молоком, добавить соль или сахарный песок и этой смесью залить гренки на сковороде. Запечь в духовке.

Горячие тартинки украсить зеленью петрушки, укропа. Тартинки с сахаром можно украсить вареньем.

Тартинки из пшеничного хлеба с безе по-кубински

Пшеничный хлеб нарезать ломтиками, обмакнуть в смесь из молока, растертых с сахарным песком желтков, фруктового сока, ванильного сахара или молотой корицы и обжарить с обеих сторон. На каждый гренок положить массу из взбитого с сахаром белка и запечь.

ГОРЯЧИЕ ЗАПЕЧЕНЫЕ БУТЕРБРОДЫ С ОВОЩАМИ И ГРИБАМИ

Тартинки с чесноком и огурцами

150 г ржаного хлеба, 30 г растительного масла, 20 г чеснока, по 50 г майонеза и свежих или консервированных огурцов.

Хлеб нарезать небольшими квадратиками и поджарить с обеих сторон на масле. Чеснок натереть на мелкой терке, добавить майонез. Ломтики хлеба намазать приготовленной массой, на каждый положить по кружочку огурца, полить майонезом и запечь.

Тартинки с помидорами по-украински

200 г пшеничного хлеба, 50 г сливочного масла, 50 г сыра, помидоры.

Пшеничный хлеб нарезать квадратными кусочками толщиной 1 см и обжарить на масле. Гренки накрыть кружочками помидоров, посыпать тертым сыром и подрумянить в духовке.

Тартинки с капустой и кабачками

200 г пшеничного хлеба, 60 г сливочного масла или сметаны, 250 мл молока, 1 яйцо, 120 г капусты, 230 г кабачков, 180 г яблок, 150 г моркови, зелень петрушки и укропа или зеленый лук.

Ломтики хлеба обмакнуть в льезон и обжарить с обеих сторон. Нарезанные овощи отдельно потушить в молоке, смешать с нашинкованными яблоками и зеленью. На гренки разложить приготовленный фарш, смазать маслом и запечь. Подать, полив маслом или сметаной.

Тартинки с капустой, кабачками и другими овощами

200 г пшеничного хлеба, 2 ст. ложки жира, $1/2$ стакана молока, 1 яйцо, $1/8$ кочана капусты, 1 морковь, $1/3$ кабачка, 1 яблоко, 2 ст. ложки салата, нарезанного из лиственной зелени и укропа, 2 ст. ложки сметаны, соль по вкусу.

Пшеничный или ржаной хлеб нарезать толстыми ломтиками, поджарить. Капусту, очищенные кабачки и морковь нашинковать и слегка потушить с молоком и маслом (или маргарином). Тушеные овощи смешать с нашинкованными яблоками, мелко нарезанными салатом, укропом и яйцом, посолить, разложить на гренки и запечь в духовке.

При подаче к столу тартинки полить сметаной.

Тартинки с овощами в молочном соусе

60 г пшеничного хлеба, 15 г сливочного масла, 25 г моркови, 40 г цветной капусты, 50 г кабачков, 40 г молочного соуса, 30 мл молока, 10 г сыра.

Морковь нашинковать соломкой и припустить с молоком до готовности. К моркови добавить мелко нашинкованные кабачки и потушить 8—10 мин. Цветную капусту отварить, разобрать на мелкие кочешки и соединить с морковью. Черствый белый хлеб нарезать тонкими ломтиками, замочить в молоке, смешанном с яйцом и сахаром, и обжарить на масле. На поджаренные ломтики хлеба уложить овощи, заправленные молочным соусом, сверху посыпать тертым сыром, полить маслом и запечь в духовке.

Тартинки с морковью и сыром

4 куска формового белого хлеба, 25 г маргарина или сливочного масла, 400 г моркови, 50 г сыра, 2 ст. ложки толченых сухарей, 4 листа зеленого салата, 1 помидор или огурец, зелень петрушки.

Хлеб подсушить или поджарить с одной стороны. На эту сторону положить в ряд целые или разрезанные вдоль на 4 части вареные морковки. Толченые сухари и тертый сыр разогреть в жидком масле или маргарине, затем положить на морковь. Поставить бутерброды на несколько минут в горячую духовку (250° С) так, чтобы их поверхность подрумянилась. Гарнировать салатом, помидором, перцем.

Морковь можно заменить цветной капустой или луком-пореем.

Тартинки с капустой, тыквой и сыром

200 г пшеничного хлеба, 1 ст. ложка сливочного масла, 1 стакан молока, 1 ст. ложка сахара, 2 яйца, $1/4$ маленького кочана цветной капусты, 120 г тыквы или кабачка, 2 небольших яблока, 2 средние моркови, 2 ст. ложки мелко нарезанной зелени (петрушки или укропа), 2 ст. ложки тертого сыра.

Нашинковать свежую цветную капусту, морковь, тыкву (или кабачки), яблоки, лиственную зелень. Морковь с добавлением масла и молока тушить до полуготовности. Затем добавить капусту, кабачки или тыкву и тушить до готовности. Добавить мелко нашинкованные яблоки, зелень, яичные белки, сахар, слегка подсолить и хорошо перемешать.

Ломтики хлеба намочить в смеси из молока, яиц и сахара и слегка обжарить. На обжаренные гренки горкой положить овощи, сверху посыпать тертым сыром. Запечь в духовке.

Тартинки с горошком и овощной смесью

200 г пшеничного хлеба, 1 ч. ложка сливочного масла, 3 средние моркови, $1/2$ маленького кочана цветной капусты, $1/3$ кабачка, 3 ст. ложки зеленого горошка, 3 средние картофелины, 2 яйца, 2 ст. ложки панировочных сухарей, 2 ст. ложки тертого сыра, соль.

Овощи — морковь, цветную капусту, кабачки, картофель — отварить по отдельности, процедить. Добавить горошек без сока, заправить сливочным маслом, растертым с желтками, всыпать панировочные сухари, посолить, все перемешать, добавить взбитые белки, мешая овощную массу сверху вниз.

Разложить овощи горкой на приготовленные из батона или булки гренки, посыпать тертым сыром и запечь в духовке.

Тартинки с сушеными грибами

Ломтики пшеничного хлеба, 150 г маргарина, 4—5 сушеных грибов, 1 луковица, 200 г сыра, перец, соль по вкусу.

Грибы промыть холодной водой, затем залить молоком и оставить на ночь. Лук мелко нарезать, обжарить на маргарине до золотистого цвета, добавить мелко нарезанные грибы, соль по вкусу, перец, влить молоко, в котором размокали грибы, и тушить до готовности.

Ломтики хлеба поджарить на маргарине с одной стороны, положить на нее грибную массу, посыпать тертым сыром. Выложить бутерброды на смазанный жиром противень и поставить в духовку на 15 мин.

Подавать горячими.

Тартинки с грибами по-киевски

150 г черствого пшеничного хлеба, 20 г маргарина, 60 г репчатого лука, 2 яйца, 40 г майонеза, по 20 г белых сушеных грибов и сыра, зелень петрушки и укропа.

Ломтики хлеба обжарить с одной стороны. Лук спассеровать, добавить сваренные рубленые грибы. Сваренные вкрутую яйца и зелень и мелко порубить и перемешать с грибами, половиной сыра и заправить майонезом.

На обжаренную сторону хлеба поместить фарш, посыпать тертым сыром, положить на противень и запечь в духовке.

Тартинки со свежими грибами

200 г пшеничного хлеба, 50 г сливочного масла, 2 яйца, 1 стакан молока, 5 свежих грибов, 1 средняя луковица, $^1/_2$ ст. ложки пшеничной муки, 2 ст. ложки сметаны, 1 ст. ложка панировочных сухарей, перец, соль.

Хлеб нарезать на ломтики толщиной 1 см. Яйца взбить, посолить, добавить молоко. В этой смеси смочить ломтики хлеба. Обжарить каждый ломтик с одной стороны, положить необжаренной стороной на противень, смазанный маслом. Очищенные свежие грибы промыть, нарезать, посыпать мукой и обжарить в масле. Добавить к ним обжаренный в масле репчатый лук, сметану, перец, соль. Тщательно все перемешать и тушить 30 мин.

Этой массой залить гренки, разровнять, обсыпать сверху панировочными сухарями и поставить в нагретую духовку на 8—10 мин.

Подавать в горячем виде.

Тартинки под грибным соусом

200 г пшеничного хлеба, 1 ст. ложка сливочного масла или маргарина, $^3/_4$ стакана молока, 2 яйца, 2 стакана грибного соуса.

Для соуса: *300 г свежих грибов, 5 ст. ложек сливочного масла, 3 яичных желтка, ¹/₂ стакана молока, перец, соль.*

Нарезать хлеб ломтиками толщиной 1 см. Ненадолго замочить их в смеси молока и яиц и обжарить на сильно разогретом масле или маргарине.

Для приготовления соуса очистить свежие грибы, промыть, нарезать ломтиками и тушить до мягкости, добавив немного подсоленной воды и масла. Взбить желтки с молоком и влить в грибы. Добавить соль и черный перец. Варить на слабом огне до густоты, непрерывно помешивая во избежание свертывания яиц.

Готовый соус снять с огня и залить им поджаренные гренки. Поставить в горячую духовку на 8—10 мин.

Тартинки с грибным паштетом

200 г пшеничного хлеба, 3 ст. ложки сливочного масла, 5 сушеных грибов, 1 средняя луковица, 2 ст. ложки сметаны, 1 ч. ложка муки, 1 яичный желток, ¹/₂ стакана молока, 2 ст. ложки тертого сыра, перец, соль.

Отварить промытые сушеные овощи, мелко нарезать, пропустить через мясорубку, обжарить с мелко нарезанным репчатым луком, добавить муку, сметану и тушить несколько минут. Затем добавить сырой яичный желток, соль, перец и перемешать.

Нарезать хлеб ломтиками, обмакнуть их в молоко и поджарить с обеих сторон. Затем намазать приготовленным грибным паштетом, посыпать тертым сыром, сверху положить по кусочку сливочного масла, поместить на противень и поставить в горячую духовку на 10—15 мин.

Тартинки с грибным паштетом и творогом

200 г пшеничного хлеба, 50 г сливочного масла или маргарина, 150 г творога, 60 г репчатого лука, яйцо, 50 г сыра, черный молотый перец, зелень петрушки и укропа, зеленый лук.

Свежие грибы (боровика или шампиньоны) ошпарить кипятком, мелко нарезать и тушить с маслом и нарезанным луком. Охладить, пропустить через мясорубку с мелкой решеткой, добавить сырое яйцо, творог, рубленую зелень, перец, соль и растереть.

Полученной массой намазать ломтики подсушенного пшеничного хлеба, сверху посыпать тертым сыром и запечь в духовке.

При подаче посыпать рубленым зеленым луком.

ГОРЯЧИЕ ЗАПЕЧЕННЫЕ БУТЕРБРОДЫ С КОЛБАСНЫМИ И МЯСНЫМИ ИЗДЕЛИЯМИ

Тартинки с сардельками и сыром

200 г батона или рогалика, 50 г сливочного масла, 200 г сарделек, 100 г твердого сыра, зелень петрушки.

Подсушенные ломтики батона намазать сливочным маслом, сверху положить тонкие ломтики очищенных сарделек. Посыпать тертым сыром и зеленью петрушки, уложить на обильно смазанный жиром противень и запечь в духовке.

Подавать горячими.

Тартинки с сосисками

150 г черствого пшеничного хлеба, 80 г шпика, 400 г сосисок, по 20 г растительного масла, салата или зелени петрушки и укропа.

На подсушенные ломтики хлеба положить ломтики шпика, сверху сосиску, крестообразно надрезанную с каждой стороны на треть длины, и закрепить деревянной шпилькой (шпик и сосиски предварительно смазать маслом). Гренки запечь в духовке или обжарить в гриле, украсить листьями салата или зеленью.

Тартинки с сосисками по-немецки

Небольшие тонкие ломтики белой булки поджарить на масле с одной стороны, с другой смазать майонезом. Разрезанные вдоль сосиски уложить на гренки (на майонез), покрыть сверху кружочками помидоров, посыпать тертым сыром и запечь в горячей духовке.

Горячие тартинки с сосисками подавать к аперитивам или пиву.

Тартинки с сосисками, сыром и помидорами

350 г хлеба, 11 сосисок, 2 помидора, 150 г сыра.

Ломтики хлеба поджарить с одной стороны, вдоль них уложить по три половинки сосисок, сверху украсить ломтиками помидоров и сыра. Запечь в духовке до расплавления сыра.

Такой же бутерброд готовят с жареной корейкой.

Тартинки с ливерной колбасой, сыром и яблоками

200 г пшеничного или ржаного хлеба, 80 г сливочного масла, 150 г ливерной колбасы, 100 г сыра, 180 г яблок, 100 г свежих огурцов, 40 г репчатого лука.

Хлеб с обеих сторон поджарить, намазать маслом, посыпать рубленым зеленым луком и сверху положить ломтик ливерной колбасы. Яблоки вымыть, натереть на крупной терке и разложить поверх колбасы. Посыпать тертым сыром и запекать в духовке, пока сыр не расплавится.

При подаче оформить кружочками свежего огурца.

Тартинки с плавленым сыром и колбасой

250 г черствого пшеничного хлеба, 40 г растительного масла или свиного жира (для обжаривания), 100 г плавленого сыра, 80 г колбасы, 250 г томатного сока или овощного салата.

Подсушенные ломтики хлеба намазать с одной стороны сыром, проложить горячими ломтиками обжаренной колбасы так, чтобы они склеились. Гренки запечь в духовке или поджарить с двух сторон до светло-золотистого цвета.

Подавать с томатным соком или салатом.

Тартинки с колбасной массой и сыром

400 г батона, по 100 г сливочного масла и сыра, 300 г колбасы, 1 яйцо, 90 г сметаны, столовая горчица.

Поджаренные ломтики булки намазать с обеих сторон маслом. Колбасу пропустить через мясорубку, добавить половину натертого сыра, сырое яйцо, горчицу, сметану, соль и перемешать. Ломтики хлеба покрыть толстым слоем подготовленной массы, посыпать оставшимся сыром и поставить на 10—15 мин в духовку.

Гастрономические тартинки

200 г пшеничного хлеба, 100 г вареной колбасы, 100 г ветчины или вареного мяса, 50 г сыра, 2 яйца, 80 г сладкого перца.

Кусочки вареной колбасы, мяса или ветчины пропустить через мясорубку, массу смешать со взбитыми яйцами, мелко нарезанным и слегка спассерованным сладким перцем и намазать на ломтики подсушенного белого хлеба или батона. Посыпать тертым сыром и запечь в духовке.

Тартинки с колбасой

150 г пшеничного хлеба, 30 г сливочного масла, 2 яйца, 150 г вареной колбасы, зелень петрушки и укропа, черный молотый перец, соль по вкусу.

Яйца взбить, добавить соль и перец. Ломтики хлеба смочить во взбитых яйцах, обжарить, накрыть кусочками колбасы, залить взбитыми яйцами и запечь в духовке. Подавать горячими, посыпав зеленью.

Тартинки с ветчиной и помидорами

200 г пшеничного хлеба, по 80 г сливочного масла и сыра, 40 г отварной ветчины, 700 г помидоров, черный молотый перец, зелень петрушки и укропа, соль по вкусу.

Ломтики хлеба слегка поджарить с обеих сторон, намазать маслом, положить на них ломтики ветчины и сыра. Запекать в духовке, пока сыр не расплавится.

Помидоры разрезать на 4 части, добавить специи, посолить, посыпать зеленью и подать на тарелке с горячими тартинками.

Тартинки с ветчиной, огурцами и майонезом

200 г пшеничного хлеба, 100 г ветчины, 2 средних соленых огурца, 200 г майонеза, молотый черный перец, зелень петрушки.

Нарезать пшеничный хлеб ломтиками и слегка подсушить. Мелко нарубить ветчину, соленые огурцы, хорошо перемешать и добавить немного черного перца. Смесь нанести на гренки, положить их на противень, залить майонезом и поставить в горячую духовку на 10—15 мин.

При подаче посыпать мелко нарубленной петрушкой.

Тартинки с ветчиной и спаржей

150 г пшеничного хлеба, 60 г сливочного масла, 150 г вареной ветчины, 500 г спаржи, 100 г сыра, 90 г помидоров, зеленый лук.

Спаржу отварить и откинуть на дуршлаг. Ломтики хлеба поджарить, намазать маслом, уложить на них нарезанную кубиками ветчину, кусочки спаржи и рубленый лук. Посыпать тертым сыром и запечь.

При подаче оформить помидорами.

Роттердамские ломтики

2 ломтика белого хлеб, масло, горчица, 2 тонких ломтика нежирной ветчины, 2 ломтика сыра «Гауда» (Костромской сыр), 1 помидор, красный перец, немного зелени петрушки, укроп, зеленый лук.

Обжарить ломтики белого хлеба, намазать их маслом и слегка горчицей, положить на каждый ломтик по кусочку ветчины, сыра и помидоров. Посыпать ломтики помидора перцем, все запечь в духовке. Как только сыр начнет плавиться, бутерброды готовы. Помидоры посыпать зеленью.

Тартинки с ветчиной и желтками

4—6 ломтей белого или черного хлеба, 200 г сливочного масла или маргарина, 4—6 яиц, 150 г нежирной ветчины или колбасы, томатное пюре или острый соус, перец, соль.

Хлеб обжарить с одной стороны, пока он слегка не подрумянится. Отделить желтки от белков. Белки взбить, смешать с мелко изрубленной ветчиной или колбасой и заправить солью, перцем и томатным пюре или острым соусом. Смесь горкой уложить на обжаренную сторону хлеба, в середине сделать углубление и поместить туда целый желток. Каждый желток посыпать солью и перцем. Запечь бутерброды в духовке при 230—240° С.

Ветчину или колбасу можно заменить копченой рыбой, холодным жарким, вареным мясом, жареной или вареной рыбой.

Тартинки с ветчиной и черносливом

150 г пшеничного хлеба, 30 г сливочного масла, 100 г ветчины, 40 г чернослива, зелень петрушки и укропа.

Ломтики хлеба обжарить с обеих сторон. Чернослив замочить, удалить косточки. Ветчину тонко нарезать. На середину ломтика ветчины положить чернослив, завернуть рулетиком и закрепить шпажкой на обжаренном хлебе. Запечь в духовке. Готовые тартинки украсить зеленью.

Тартинки со смесью мясных продуктов

200 г пшеничного хлеба, 2 ст. ложки сливочного масла, 100 г мясных продуктов (ветчины, колбасы, сосисок), 1 ст. ложка томатной пасты, 2 ст. ложки тертого сыра, молотый красный перец.

Мясные продукты мелко нарезать или пропустить через мясорубку, заправить томатной пастой и перцем. Хлеб нарезать ломтиками, слегка обжарить, покрыть приготовленной массой, посыпать тертым сыром и запечь в духовке.

Тартинки с мясными продуктами и огурцами

200 г пшеничного хлеба, 30 г сливочного масла, 100 г мясных продуктов (ветчины, колбасы, сосисок, окорока), 100 г соленых огурцов, 100 г майонеза, 50 г голландского сыра, зелень петрушки и укропа.

Хлеб нарезать ломтиками и обжарить с одной стороны. Мясные продукты мелко нарезать или пропустить через мясорубку. Огурцы также мелко нарезать, отжать и перемешать с мясными продуктами. Массу заправить майонезом и положить на обжаренную сторону гренок. Посыпать тертым сыром, уложить на смазанный маслом противень и подрумянить в духовке.

При подаче посыпать измельченной зеленью.

Тартинки с мясными продуктами и помидорами

200 г батона, 100 г колбасы (копченой грудинки, корейки, окорока), 150 г помидоров, 5 яиц, 60 г твердого сыра, черный молотый перец, соль по вкусу.

Ломтики батона подрумянить, на каждый положить ломтик колбасы, осторожно выпустить яйцо. Сверху поместить по 2 кружочка помидоров, слегка посолить, поперчить, посыпать натертым сыром. Запекать в горячей духовке 10 мин.

Тартинки с копченой грудинкой и помидорами

400 г батона, 100 г грудинки, 100 г помидоров, специи.

На приготовленные гренки положить нарезанную и предварительно обжаренную копченую грудинку без жира. На вытопившемся жире обжарить кружочки свежих помидоров и положить поверх грудинки. Залить соусом, посолить, поперчить и поставить в нагретую духовку.

Подавать в горячем виде.

Тартинки с грудинкой, сыром и помидорами

200 г пшеничного хлеба, 40 г сливочного масла, 200 г вареной копченой грудинки, 250 г сыра, 400 г помидоров, 90 г сладкого перца, 40 г репчатого лука, черный молотый перец, тмин.

Ломтики хлеба поджарить в тостере, охладить, намазать маслом, на каждый положить по ломтику грудинки и сыра, запечь.

Украсить кружочками помидоров и полосками перца. Посыпать перцем и тмином, сверху положить кольца репчатого лука.

Тартинки с грудинкой и сыром

Тонкие ломтики пшеничного хлеба намазать горчицей, положить на них ломтики отварной грудинки, сверху — ломтик сыра, и поставить на 15 мин в духовку.

Подать горячими, посыпав красным молотым перцем.

Тартинки с говядиной, плавленым сыром и орехами

200 г пшеничного хлеба, 60 г сливочного масла, 150 г говядины, 100 г плавленого сыра, 150 г орехов лещины, 40 г жира, 1 желток, черный молотый перец, 15 г светлого соуса, соль по вкусу.

Хлеб обжарить и намазать маслом. Говядину обжарить в жире, поперчить, посолить и положить на хлеб. Приготовить белый соус. Добавить плавленый сыр, желток, растереть и смешать с рублеными орехами. Этой массой залить гренки и запечь.

При подаче украсить орехами.

Тартинки с говядиной и сыром

200 г пшеничного хлеба, 50 г сливочного масла, 250 г говяжьего филе, 100 г сыра, лимонный сок, паприка, черный молотый перец, соль по вкусу.

Филе говядины нарезать ломтиками, посолить, поперчить, обжарить с обеих сторон на масле. Хлеб поджарить с одной стороны. На необжаренную сторону положить ломтик говядины и накрыть ломтиком сыра. Запекать, пока сыр не расплавится. Посыпать паприкой и сразу подать к столу.

Тартинки по-голландски

4 ломтика пшеничного хлеба, сливочное масло, 4 ломтика мяса, 3 ломтика ананаса, 4 ломтика твердого сыра.

Обжарить ломтики белого хлеба, намазать маслом, положить на каждый по куску мяса, $1/2$ ломтика ананаса и 1 ломтику сыра. Все поставить в духовку. Запекать до тех пор, пока сыр не станет плавиться.

Каждый бутерброд украсить маленьким кусочком ананасов, веточкой петрушки и маленькой горкой томатной пасты.

Тартинки с фаршем из отварного мяса

200 г пшеничного хлеба, 60 г сливочного масла, 300 г мяса, 50 г репчатого лука, 1 яйцо, 50 г сметаны, 30 г панировочных сухарей, соль по вкусу.

Отварное мясо с луком пропустить через мясорубку, всыпать панировочные сухари и поджарить на масле. Добавить яйцо, сметану и посолить. Все перемешать. Подготовленным фаршем намазать поджаренные ломтики хлеба, поместить на противень и поставить в горячую духовку. Подавать горячими.

Тартинки с котлетами и плавленым сыром

400 г батона, по 100 г сливочного масла и плавленого сыра, 4 котлеты, горчица, любой острый салат.

Булку нарезать ломтиками, подсушить их, смазать с обеих сторон маслом. Котлеты разрезать вдоль, намазать горчицей, положить намазанной стороной на ломтик булки, посыпать тертым сыром, положить на смазанный жиром противень и поставить в духовку на 15 мин. Подавать горячими с салатом.

Тартинки с печеночным паштетом и сыром

200 г пшеничного хлеба, 3 ст. ложки сливочного масла, 200 г печеночного паштета, 1 ст. ложка тертого сыра.

Куски поджаренного хлеба намазать паштетом и посыпать тертым сыром, смазать растопленным маслом и запечь в духовке.

Тартинки с паштетом из ветчины

200 г пшеничного хлеба, 150 г копчено-вареного окорока без кости или 150 г вареной колбасы, 50 г горчицы, 2 яйца, 50 г майонеза, 50 г сыра.

Ветчину или вареную колбасу вместе со сваренными вкрутую яйцами пропустить через мясорубку. К полученной массе добавить майонез, горчицу, перец, соль и тщательно перемешать.

Паштет намазать на подсушенные ломтики пшеничного хлеба, сверху посыпать тертым сыром и запечь в духовке.

При подаче посыпать рубленой зеленью.

Тартинки с паштетом из шкварок и пасты «Океан»

200 г ржаного хлеба, 120 г шкварок, 40 г пассерованного репчатого лука, 40 г сладкого пассерованного перца, 60 г пасты «Океан», 40 г сыра, чеснок, горчица, зелень петрушки и укропа, красный молотый перец.

Шкварки из свиного копченого, соленого или свежего сала вместе с размороженной пастой «Океан» и слегка спассерованным луком и сладким перцем пропустить через мясорубку, добавить тертый сыр, измельченные чеснок и зелень, горчицу, молотый красный перец. Все хорошо перемешать. Подготовленную массу намазать на подсушенные ломтики ржаного хлеба и запечь в духовке.

Тартинки с мозгами

200 г батона, 50 г сливочного масла, 200 г мозгов, 100 г сыра, 40 г репчатого лука, 15 г уксуса, зеленый салат. черный молотый перец, соль по вкусу.

Мозги промыть, очистить от пленок, вымочить в холодной воде, а затем отварить в воде с уксусом (варить 2 мин). Вынуть, остудить, нарезать мелкими кубиками.

На сковороде растопить жир и слегка поджарить с одной стороны ломтики батона. На этой же сковороде подрумянить мелко нарезанный лук, положить мозги и жарить 5 мин. Слегка остудить, посолить, поперчить. Добавить взбитые яйца, перемешать. Этой массой намазать поджаренную сторону гренок, посыпать натертым сыром. Гренки выложить на обильно смазанный жиром противень и поставить в сильно нагретую духовку на 8—10 мин. Подать горячими с зеленым салатом.

Тартинки с телячьими мозгами и яйцами

Ломтик черствого белого хлеба, 1 ст. ложка жира для жаренья, 1—2 ст. ложки сваренных и мелко нарезанных телячьих мозгов, 1 яйцо, черный перец, бульон (или подсоленная вода), 1 ст. ложка тертого сыра.

Ломтику хлеба придать форму кружочка, квадрата или треугольника, сбрызнуть бульоном и слегка обжарить только с одной (сухой) стороны в разогретом масле. Телячьи мозги смешать со взбитым яйцом, солью и черным перцем. Полученной смесью покрыть необжаренную сторону ломтика хлеба. Запечь в сильно нагретой духовке, чтобы яйцо приобрело плотную консистенцию.

Тартинки с телячьими почками

8 ломтиков хлеба толщиной 1 см, 20 г маргарина, 250 г телячьих почек, 20 г пшеничной муки, 30 г тертого сыра, 30 г жира, 1 ч. ложка измельченной зелени петрушки, соль.

Телячьи почки замочить на 1 час в холодной воде, тщательно ополоснуть, обсушить и нарезать косыми ломтями. Посыпать мукой, слегка посолить и поджарить на сильном огне так, чтобы сверху подрумянились.

Из батона приготовить 8 гренков, уложить на них почки, посыпать сыром и полить жиром, образовавшимся во время жаренья почек. Поставить на 15 мин в нагретую духовку,

Подавать горячими, посыпав измельченной зеленью петрушки.

ГОРЯЧИЕ ЗАПЕЧЕННЫЕ БУТЕРБРОДЫ С РЫБОЙ И РЫБОПРОДУКТАМИ

Тартинки с фаршем из свежей рыбы

45 г пшеничного хлеба, 15 г репчатого лука, 10 г маргарина, яйцо, зелень петрушки и укропа, 10 г сыра, 40 г рыбного фарша, специи, соль по вкусу.

Для приготовления фарша рыбу, разделанную на филе (без кожи и костей) разрезать на куски и припустить со специями и солью. Припущенные куски измельчить ножом, добавить слегка спассерованный лук, яйцо, перец, рубленую зелень петрушки и укропа и перемешать.

Фаршем намазать широкие ломтики подсушенного хлеба, посыпать сверху тертым сыром и запечь в духовке.

Готовые тартинки уложить на блюдо и украсить зеленью петрушки.

Вместо рыбного фарша можно готовить с фаршем из кальмаров, с луком, мидиями и т. д.

Тартинки с рыбным фаршем и сыром

45 г пшеничного хлеба, 10 г сливочного маргарина, 45 г консервов, 10 г сухарей, 10 г репчатого лука, 15 г сыра, 15 г свежих яблок, зелень петрушки и укропа, соль по вкусу.

Рыбные консервы — натуральные сельдь или скумбрию — растереть, добавить молотые сухари, шинкованный пассерованный лук, тертый сыр, яблоки, молотый перец, соль, рубленую зелень петрушки и укропа. Полученной массой намазать подсушенные ломтики пшеничного хлеба, сверху посыпать тертым сыром и запечь в духовке.

При подаче посыпать рубленой зеленью.

Тартинки с рыбным фаршем и растительным маслом

200 г пшеничного хлеба, 60 г растительного масла, 300 г отварной рыбы, 80 г репчатого лука.

Отварную рыбу с репчатым луком пропустить через мясорубку, тщательно перемешать и поджарить на растительном масле. Фарш выложить на обжаренные ломтики хлеба, смазать растительным маслом и поставить в духовку на 10 мин.

Тартинки с паштетом из рыбы и обезжиренного творога

45 г пшеничного хлеба, 10 г растительного масла, 35 г филе рыбы, 25 г творога, 15 г репчатого лука, 10 г сыра.

Филе путассу или минтая отварить, охладить и дважды пропустить через мясорубку вместе с обжаренным луком, добавить протертый творог, заправить растительным маслом и хорошо перемешать.

Полученную массу намазать на подсушенные гренки, сверху посыпать тертым сыром и запекать в духовке 4—5 мин.

Тартинки с рыбой, яйцом и сыром

6—8 ломтей белого хлеба, 50 г сливочного масла или маргарина, 200 г рыбы, 1—2 яйца, 100 г сыра, укроп, перец, соль.

Жареную или вареную рыбу размельчить и смешать с сырым взбитым яйцом, заправить мелко нарезанным укропом, солью и перцем. Уложить смесь толстым слоем с одной стороны подсушенного или покрытого жиром куска хлеба. Сверху положить сыр (можно тертый), рекомендуется швейцарский или зеленый сыр. Запекать в горячей духовке до тех пор, пока яйцо не свернется.

Тартинки с рыбой, сыром и помидорами

45 г пшеничного хлеба, 10 г сливочного масла, 40 г отварной рыбы (или филе соленой скумбрии, или 40 г ставриды, или 40 г рыбного рулета), 40 г свежих помидоров, 20 г сыра.

На поджаренные с одной стороны ломтики хлеба положить вдоль ломтиками нарезанную отварную или соленую рыбу или рыбный рулет, сверху украсить ломтиками помидоров и сыра. Запекать в духовке до тех пор, пока сыр не начнет плавиться.

Тартинки со свежей икрой

45 г пшеничного хлеба, 60 г свежей икры, 10 г репчатого лука, яйцо, 10 г майонеза, 10 г сметаны, зелень петрушки и укропа, черный молотый перец, соль по вкусу.

Икру свежей рыбы промыть, зачистить от пленок, размять, добавить рубленый лук, сырое яйцо, перец, соль, майонез и хорошо перемешать.

Подготовленную массу уложить на широкий ломтик подсушенного пшеничного хлеба, сверху смазать сметаной и запекать в духовке до готовности.

При подаче к столу посыпать рубленой зеленью.

Тартинки с рыбным паштетом и креветками

45 г пшеничного хлеба, 15 г сливочного маргарина, 30 г филе трески (путассу или минтая), 10 г отварных креветок, 12 г моркови, 10 г репчатого лука, яйцо, 10 г сыра.

Морковь и репчатый лук мелко нарезать и слегка обжарить. Затем добавить филе трески (путассу или минтая), специи и жарить до готовности. Подготовленные овощи, отварные креветки и рыбу пропустить через мясорубку, добавить сырое яйцо и перемешать.

Подготовленную массу намазать на поджаренные ломтики пшеничного хлеба, посыпать тертым сыром и запекать в духовке в течение 5—6 мин.

Тартинки с рыбой под майонезом и пастой «Океан»

45 г пшеничного хлеба, 30 г отварной или припущенной рыбы, 20 г майонеза, 15 г пасты «Океан», 10 г сыра, 10 г зеленого лука.

Подсушенный ломтик хлеба намазать майонезом, смешанным с пастой «Океан», сверху положить кусочек вареной или припущенной рыбы, которую покрыть майонезом, смешанным с пастой «Океан», сверху посыпать тертым сыром и запечь в духовке.

При подаче посыпать мелко нарезанным зеленым луком.

Тартинки с рыбой в беконе

45 г ржаного хлеба, 45 г филе путассу или минтая, 25 г копченого бекона, 40 г свежих помидоров, 10 г сыра, 10 г горчицы, 1 ст. ложка 3%-ного уксуса, зелень петруш-ки и укропа.

Филе рыбы без кожи и костей нарезать на кусочки, сбрызнуть уксусом, посолить. Завернуть 2—3 кусочка рыбы в тонкий ломтик бекона, смазанный горчицей, и защипнуть деревянной шпилькой. Полученные колбаски уложить на подсушенные широкие ломтики ржаного хлеба, по краям поместить дольки свежих помидоров, сверху посыпать тертым сыром и запекать в духовке до готовности рыбы.

При подаче посыпать рубленой зеленью.

Тартинки с копченой салакой

6—8 ломтей хлеба, 30 г сливочного масла или маргари-на, 10 копченых салак, 4 ст. ложки сметаны, 1 яичный желток, укроп, перец, соль.

Хлеб подсушить или обжарить с одной стороны в небольшом количестве маргарина. Обжаренную сторону смазать смесью, приготовленной из размельченной салаки, сырого желтка и сметаны. Смесь заправить мелко нарезанным укропом, солью, перцем. Сверху можно посыпать тертым сыром, тогда бутерброды ровнее подрумянятся. Запекать в горячей духовке 5—6 мин.

Тартинки с рыбным рулетом и окороком

45 г белого хлеба, 25 г рыбного филе или тельного из рыбы, 25 г окорока или ветчины, 10 г сыра, 20 г сладкого болгарского перца, соль по вкусу.

Рыбный рулет или тельное и окорок пропустить через мясорубку, смешать со взбитым яйцом, мелко нарезанным и слегка спассерованным сладким перцем и намазать на подсушенный широкий ломтик белого хлеба или батона. Посыпать тертым сыром и запечь в духовке.

Тартинки с соленой рыбой и рисом

Белый батон, 1 ч. ложка сливочного масла, 150 г соленой горбуши, кеты или другой рыбы, $^3/_4$ стакана риса, 1 средняя луковица, 3 ст. ложки растительного масла, $^1/_2$ ч. ложки черного перца, 1 яйцо, 1 ст. ложка муки, $^1/_2$ стакана молока, соль.

Нарезать ломтиками хлеб, подсушить в духовке. Промытый рис залить горячей водой, посолить и варить до получения вязкой каши. Репчатый лук мелко нарезать, обжарить в растительном масле до светло-золотистого цвета, туда же добавить, продолжая жарить, мелко нарезанную соленую рыбу, перец и жарить до тех пор, пока лук не станет темно-золотистым. Перемешать с отварным рисом. Когда масса совсем остынет, перемешать ее со взбитым яйцом.

Муку растереть с маслом и солью, залить, помешивая, горячим молоком и проварить соус до густоты. Остудить.

Фарш горкой разложить по гренкам, смазать густым молочным соусом и поставить в хорошо нагретую духовку. Как только бутерброды зарумянятся, немедленно вынуть и тотчас подать к столу.

Тартинки с килькой и цветной капустой

4 ломтя пшеничного хлеба, 20 г сливочного масла, 2 яйца, 1 ст. ложка рубленой петрушки, 8—10 килек, 1—2 ст. ложки томатной пасты, 1 головка цветной капусты, соль по вкусу.

Хлеб обжарить в масле до светло-золотистого цвета. Желток крутого яйца размельчить, смешать с мелко нарезанной зеленью петрушки, килькой и томатной пастой. Получившуюся массу уложить толстым слоем на хлеб. На каждый бутерброд положить половинку белка. Углубление в нем посыпать солью и положить туда кусочек маринованной или сваренной в соленой воде цветной капусты. Запечь в горячей духовке.

Тартинки с копченой сельдью и яблоками

4—6 ломтей белого или черного хлеба, 50 г сливочного масла или маргарина, 1 копченая сельдь, 1 ст. ложка пшеничной муки, $^1/_2$ стакана рыбного бульона или воды, 2—3 кислых яблока, 1 луковица, томатное пюре или стручковый перец, 1—2 яйца, 1 помидор или сельдерей, соль по вкусу.

Хлеб поджарить только с одной стороны. Сельдь очистить, удалить кожу и кости. Яблоки нарезать маленькими тонкими ломтиками, лук изрубить. Слегка прожарить кусочки сельди и лук в маргарине, добавить муку и жидкость, проварить, затем добавить ломтики яблок и еще немного подержать на огне. Когда все продукты размягчатся, заправить солью и томатным пюре или стручковым перцем. Смесь намазать на хлеб с хрустящей стороны и запечь в духовке (260° С) до приобретения светло-желтого оттенка. Украсить ломтиками крутых яиц и кружочками помидора или вареного сельдерея.

Тартинки с сельдью

200 г пшеничного хлеба, 2 ст. ложки растительного масла, 1 ст. ложка сливочного масла, 200 г сельди, 2 яичных желтка, 1 ст. ложка горчицы.

Вымочить сельдь в холодной воде, снять кожу, удалить кости, нарезать мякоть мелкими кусочками. Половину кусочков тщательно растереть с желтками сваренных вкрутую яиц, добавив растительное масло и горчицу.

Нарезать тонкими ломтиками хлеб, Намазать сливочным маслом и поджарить. Каждый гренок смазать смесью желтков с солью, сверху положить оставшиеся кусочки сельди. Запекать в духовке в течение 5 мин.

Подавать горячими.

Тартинки с сельдью, молоками и желтками

400 г пшеничного хлеба, 20 г растительного масла, 40 г сливочного масла, 300 г сельди, 100 г молок, 3 желтка, горчица.

Вымоченную и очищенную от костей сельдь нарезать некрупными кусками. Молоки сельди растереть с желтками сваренных вкрутую яиц, добавить растительное масло, горчицу.

Поджаренные ломтики батона смазать смесью яиц с молоками, а сверху положить кусочки сельди. Запечь в духовке.

Тартинки со шпротами

400 г батона или пшеничного хлеба, 200 г шпрот, 75 г томатного соуса, зелень петрушки и укропа.

Ломтики батона или хлеба без корки обжарить, положить на них по 3 шпроты, смазать и поставить в духовку.

Готовые тартинки украсить зеленью и подать горячими.

Тартинки с форшмаком из сардин, пасты «Океан» и говядины

45 г пшеничного хлеба, 15 г филе сардин, 30 г вареной говядины, 15 г пасты «Океан», 10 г репчатого лука, 10 г сыра, зелень петрушки и укропа, перец.

Соленые сардины вымочить, очистить от кожицы и косточек. Мякоть говядины отварить. Белый черствый хлеб замочить и отжать. Пасту «Океан» разморозить. Все смешать и пропустить через мясорубку. Добавить пассерованный лук, яйцо, сметану, перец и хорошо перемешать.

Подготовленную пасту намазать на подсушенные ломтики пшеничного хлеба, сверху посыпать тертым сыром и запечь в духовке.

При подаче к столу посыпать зеленью.

Тартинки с кальмаром, творогом и морковью

45 г пшеничного хлеба, 40 г консервированных кальмаров, 30 г обезжиренного творога, 20 г сметаны, 20 г припущенной моркови, 10 г сыра, зелень петрушки и укропа, соль по вкусу.

Мясо консервированного кальмара, припущенную морковь смешать с творогом и пропустить через мясорубку. К массе добавить измельченную зелень, сметану, соль и хорошо перемешать.

Подсушенные в духовке широкие ломтики пшеничного хлеба намазать подготовленной смесью, сверху посыпать тертым сыром и запечь в духовке.

Тартинки с кальмаром и морской капустой

50 г хлеба, 20 г растительного масла, 30 г вареного кальмара, 40 г морской капусты, 20 г репчатого лука, 10 г молотых сухарей, 30 г томатного соуса, 10 г сыра.

Вареную морскую капусту нарезать короткой соломкой или пропустить через мясорубку и обжарить на растительном масле. Добавить отдельно поджаренный репчатый лук, молотые сухари, вареный кальмар, нарезанный соломкой. Залить густым томатным соусом, уложить на широкие ломтики подсушенного хлеба, посыпать сверху тертым сыром и запечь в духовке.

Тартинки с креветками, корейкой и яйцом

50 г пшеничного хлеба, 15 г маргарина, 20 г мякоти вареных креветок, 20 г копченой корейки, 15 г репчатого лука, 15 г сладкого перца, яйцо, 10 г сухарей, красный перец, душистый перец, соль.

Корейку нарезать ломтиками и слегка обжарить. Отдельно обжарить до мягкости мелко нарезанный лук и зеленый перец, добавить молотые сухари и прогреть 2—3 мин. К овощам добавить мелко нарезанные вареные креветки, корейку, специи, взбитое яйцо и перемешать.

Подготовленную массу уложить на подсушенный широкий ломтик белого хлеба, посыпать тертым сыром и запечь в духовке.

Тартинки с мидиями, луком и перцем

45 г пшеничного хлеба, 40 г припущенных мидий, 20 г репчатого лука, 25 г сладкого перца, чеснок, 10 г сыра, зелень петрушки и укропа, соль по вкусу.

Мидии припустить и слегка обжарить. Сладкий перец очистить от семян и запечь в духовке. Мелкие головки лука очистить от шелухи и запечь до готовности. Все смешать и пропустить через мясорубку. Добавить измельченный чеснок или черемшу, соль и хорошо перемешать.

Подсушенные в духовке ломтики хлеба намазать подготовленной массой, сверху посыпать тертым сыром и запечь в духовке.

Тартинки с паштетом из мидий и клюквой

45 г пшеничного хлеба, 10 г растительного масла, 40 г вареных мидий, 15 г репчатого лука, 10 мл клюквенного сока, 10 г сыра, 10 г зеленого лука.

Мелко нарезанное вареное мясо мидий и пассерованный репчатый лук пропустить через мясорубку. Добавить клюквенный сок, молотый перец, соль. Массу тщательно перемешать.

Подготовленный паштет намазать на подсушенные ломтики пшеничного хлеба, посыпать сверху тертым сыром и запечь в духовке.

Готовые тартинки посыпать мелко нарезанным зеленым луком.

ГОРЯЧИЕ ЗАПЕЧЕННЫЕ БУТЕРБРОДЫ С ПАСТОЙ «ОКЕАН» ИЛИ ДРУГИМИ ПАСТАМИ ИЗ МОРСКИХ ПРОДУКТОВ

Бутерброды с пастой «Океан» и паштетом из брынзы

45 г пшеничного хлеба, 40 г брынзы, 30 г пасты «Океан», 1 яйцо, 15 г сметаны, чеснок, зелень петрушки или укропа, красный перец.

К брынзе, протертой через сито, добавить размороженную пасту «Океан», рубленые чеснок и зелень, яйцо, сметану, красный перец и все перемешать.

Полученным паштетом намазать тонко нарезанные и подсушенные ломтики пшеничного хлеба, сверху смазать сметаной и запечь в духовке.

При подаче к столу украсить зеленью.

Тартинки с пастой «Океан» и сыром

45 г пшеничного хлеба, 15 г сливочного масла, 15 г сыра, 30 г пасты «Океан», 10 г каперсов, перец.

Сливочное масло растереть, добавить тертый сыр, размятую пасту «Океан», соль и красный молотый перец. Добавить измельченные каперсы и хорошо перемешать. Этой массой намазать подсушенные ломтики хлеба и запечь их в духовке.

Горячие тартинки подавать к чаю и как закуску.

Тартинки с пастой «Океан» и творогом

45 г пшеничного хлеба, 30 г творога, 30 г пасты «Океан», 15 г сметаны, чеснок, перец, соль по вкусу.

Пасту «Океан» разморозить, смешать с размятым творогом, протереть или пропустить через мясорубку, добавить измельченный чеснок, сметану, соль, перец и хорошо перемешать.

Подсушенные в духовке ломтики белого хлеба намазать подготовленной массой, сверху посыпать тертым сыром и запечь в духовке.

При подаче посыпать рубленой зеленью.

Тартинки с пастой «Океан», луком и сыром

45 г пшеничного хлеба или батона, 10 г маргарина, 30 г пасты «Океан», 10 г твердого сыра, 10 г репчатого лука, яйцо, зелень петрушки и укропа, соль по вкусу.

Широкие ломтики подсушенного белого хлеба намазать фаршем, приготовленным из пасты «Океан», $2/3$ тертого сыра, сырого яйца, обжаренного лука и зелени. Посыпать оставшимся тертым сыром и запечь в духовке.

Готовые тартинки уложить на блюдо и украсить зеленью.

Тартинки с пастой «Океан» и овощами

60 г пшеничного хлеба, 10 г сливочного масла, 20 г моркови, 30 г цветной капусты, 40 г кабачков, 15 г зеленого горошка, 40 г молодого картофеля, 15 г белковой пасты «Океан», яйцо, 10 г молотых сухарей, 10 г сыра, соль по вкусу.

Все овощи отварить в отдельной посуде и отцедить. Добавить зеленый горошек, размороженную пасту

«Океан», заправить маслом, растертым с желтками, посыпать сухарями, посолить по вкусу, все перемешать, добавить взбитые белки, мешая овощную массу сверху вниз.

Разложить овощи горкой на поджаренные ломтики хлеба, посыпать тертым сыром и запечь в духовке со средним жаром.

Тартинки с запеченной сырной смесью

45 г пшеничного хлеба, 10 г сливочного масла, 15 г пасты «Океан», 25 г тертого сыра, $\frac{1}{4}$ яйца, 10 г маринованного болгарского перца, 15 г репчатого лука, 10 г пшеничной муки, 1 ст. ложка 3%-ного уксуса, 10 г сгущенного молока.

Сваренное вкрутую яйцо мелко порубить, добавить размороженную пасту «Океан», тертый сыр, маринованный болгарский перец, нашинкованный лук, соль по вкусу, разогретое сливочное масло или маргарин, сахар и муку. Все размешать, добавить уксус, сгущенное молоко без сахара и немного красного перца. Смесь хорошо взбить и варить на пару до загустения. Затем намазать на ломти слегка подсушенного хлеба и поставить на несколько минут в духовку.

Тартинки с пастой «Океан» и сардинами

45 г пшеничного или ржаного хлеба, 10 г растительного масла, 10 г сливочного масла, горчица, 25 г филе сардин, 10 г молок, 15 г пасты «Океан», желток, соль по вкусу.

Сардины вымочить в холодной воде, снять кожу, удалить кости, нарезать филе широкими ломтиками. Молоки сардин тщательно растереть с размороженной пастой «Океан» и вареными желтками, добавить растительное масло, горчицу, соль.

Широкими ломтиками нарезать пшеничный или ржаной хлеб, намазать сливочным маслом и поджарить.

Каждый гренок смазать смесью желтков, пасты «Океан» и молоками, сверху положить ломтики сардин. Запекать тартинки в духовке в течение 5 мин.

Подавать горячими.

Тартинки с пастой «Океан» и паштетом из мойвы

45 г пшеничного хлеба, 10 г сливочного масла, 40 г вареной мойвы без костей, 30 г пасты «Океан», 10 г репчатого лука, 10 г моркови, яйцо, 10 г сыра, зелень петрушки и укропа, перец, соль по вкусу.

Мойву выпотрошить, отделить голову и припустить с кореньями до готовности. Готовую рыбу освободить от косточек и вместе с размороженной пастой «Океан» и пассерованным репчатым луком и морковью пропустить через мясорубку. В массу добавить сырое яйцо, измельченную зелень, перец, соль и хорошо перемешать.

Приготовленным паштетом намазать подсушенные ломтики пшеничного хлеба, сверху посыпать тертым сыром и запечь в духовке.

При подаче к столу посыпать рубленой зеленью.

Горячие пицца-бутерброды

Сюда отнесены горячие бутерброды на разрезанных пополам булочках, с добавлением томатного соуса типа кетчупа и специй.

ЗАПЕЧЕННЫЕ БУЛОЧКИ

Булочки с сыром

3 свежие несладкие булочки (по 100—150 г), 100 г томата-пасты, 100 г плавленого сыра, 100 г твердого

*острого сыра, 30 г растительного масла, 2 бутона гвозди-
ки, корица по вкусу, перец.*

Булочки разрезать пополам, намазать их томатной
пастой, сверху положить ломтики плавленого сыра.
Гвоздику измельчить в ступке, смешать с корицей,
солью, перцем и тертым твердым сыром (можно добавить и другую пряную зелень: базилик, эстрагон и т. п.).
Этой зеленью посыпать бутерброды и запечь их в духовке при температуре 180° С.

Булочки с сосисками («Хот догз»)

*3 свежие несладкие булочки (по 100—150 г), 3 сосиски,
80 г кетчупа или любого томатного соуса, 30 г столовой
горчицы.*

Булочки разрезать вдоль (не до конца), удалить часть
мякиша, вложить в них вареные или жареные сосиски,
намазанные томатным соусом и горчицей, и запечь в
духовке при температуре 200° С. В разрезанные булочки
вместе с жареными и вареными сосисками можно положить ломтики твердого сыра.

Булочки с яйцом

*3 булочки, 3 яйца, 100 г окорока, 100 г сыра, 75 г
сливочного масла.*

Разрезать булочку (вдоль) на две половинки. На нижней части булочки удалить часть мякиша. На дно полу-
чившегося углубления положить ломтик окорока, на
него аккуратно вылить разбитое яйцо, проткнуть желток. Сверху на яйцо осторожно положить тонкий ломтик
сыра. Нижнюю половину булочки накрыть верхней.
Верхушку булочки смазать маслом. Запекать до загустения желтка.

Подавать горячими.

Бутерброды с хренным кремом (стр. 124)
Бутерброды с паштетом из маслин (стр. 139)
Бутерброды «Любимые» (стр. 110)

Бутерброды с копченым филе (стр. 153)

Гренки с рыбой и хреном (стр. 222)

Сандвичи с рыбой и хреном (стр. 238)

Многослойный бутерброд с ветчиной и колбасой (стр. 246)

Бутерброды-башни (стр. 277)

Канапе (стр. 284)

Пицца с колбасой и сыром (стр. 523)

Пицца «Каприччио» (стр. 512)

Зерновая пицца с кукурузой (стр. 518)

Пицца по-американски (стр. 555)

Пицца «Экзотика» (стр. 524)

Лапша, запеченная с колбасой, сыром и помидорами (стр. 568)

Булочки с салатом из сардин

3 булочки, 50 г сыра, 3 яйца, 60 г сардин, ¹/₂ ст. ложки нарезанного сладкого зеленого перца, 1 ст. ложка нарезанного репчатого лука, 1 ¹/₂ ст. ложки нарезанных фаршированных маслин, 1 ст. ложка нарезанных пикулей, 60 г майонеза.

Сыр нарезать мелкими кубиками. Размять вилкой сардины. Измельчить сваренные вкрутую яйца. Мелко нарезать сладкий перец, репчатый лук, маслины, пикули. Все смешать и заправить майонезом. Разрезанные пополам булочки наполнить вместо мякиша салатом. Запекать, пока не прогреются.

Подавать горячими.

Эти бутерброды можно приготовить заранее и хранить в холодильнике завернутыми в пергамент. Разогревать по мере надобности непосредственно перед едой.

Булочки с куриным салатом

2 булочки, 60 г отварной курятины, 30 г сыра, 15 г майонеза, 30 г лимонного сока, 45 г зелени сельдерея, немного соли.

Отварное мясо и сыр нарезать мелкими кубиками, смешать, заправить майонезом. Добавить зелень и лимонный сок. Посолить салат.

Булочки разрезать (вдоль) на две половинки. Удалить часть мякиша из нижней половинки и, наполнив ее салатом, прикрыть верхней половинкой. Запекать, пока как следует не прогреются.

Подавать горячими.

Вместо курицы можно использовать отварную рыбу.

ГАМБУРГЕРЫ

Гамбургеры — мягкие плоские булочки из пшеничной муки, разрезанные пополам, с горячим бифштексом или другим горячим мясом и приправами посередине.

Гамбургеры с сырым луком и пряностями

2 несладкие свежие булочки (по 100—150 г), 2 рубленых бифштекса (полуфабрикат), 2 ст. ложки нарезанного репчатого лука, 2 ст. ложки кетчупа, 2 ст. ложки майонеза, пряности по вкусу.

Разрезать булочку вдоль и вложить в нее горячий, поджаренный с двух сторон бифштекс. Посыпать его луком, полить смесью кетчупа и майонеза и посыпать пряностями по вкусу. Подавать теплым. Кетчуп можно заменить ломтиками помидоров и листьями зеленого салата.

Если вы хотите вместо полуфабриката использовать рубленый бифштекс домашнего приготовления, см. рецепты, приведенные ниже.

Гамбургеры с добавлением сыра (чизбургеры)

2 несладкие свежие булочки (по 100—150 г), 2 рубленых бифштекса (полуфабрикат), 2 ст. ложки тертого сыра.

Поджаренный до готовности бифштекс, не снимая с огня, посыпать сверху тертым сыром и дать сыру расплавиться, затем переложить бифштекс на половинку разрезанной вдоль булочки, полить кетчупом, закрыть второй половинкой.

Подавать сразу же с зеленым салатом, помидорами, свежими огурцами.

Гамбургеры с домашним рубленым бифштексом

2 несладкие свежие булочки (по 100—150 г), 300 г измельченной говядины, $^1/_2$ ч. ложки сливочного масла или маргарина, 2 ст. ложки мелко нарезанного репчатого лука, 30—40 г сыра (2 ломтика), 2 ч. ложки кетчупа, черный молотый перец по вкусу, немного соли, смешанной с сушеным измельченным сельдереем или семенами сельдерея.

Спассеровать лук в масле. Смешать мясо, пассерованный лук, соль со специями, перец. Полученную массу разделить на 4 части, и из каждой поджарить тонкую лепешку-бифштекс. Между двумя лепешками положить ломтик сыра, этот «сандвич» положить на нижнюю половинку булочки, полить кетчупом, закрыть верхней половинкой булочки.

Гамбургеры с быстрого приготовления с домашним бифштексом

2 несладкие свежие булочки (по 100—150 г), 300 г измельченной говядины, 2 ст. ложки мелко нарезанного репчатого лука, 2 ст. ложки хлебной крошки (молотых сухарей), ¹/₂ яйца, ¹/₄ ч. ложки сушеного сельдерея, 2 ч. ложки кетчупа, черный молотый перец, соль по вкусу, листья салата.

Смешать мясо, лук, перец, сухари (или хлебные крошки), яйцо и сельдерей. Полученную массу разделить на 2 части. Жарить их на сковороде на среднем огне, пока бифштексы не станут с обеих сторон коричневыми. Готовые бифштексы полить кетчупом. На нижнюю половину булочки уложить листья салата, на них — бифштекс, затем кусочек сыра. На сыр выложить кольца репчатого лука, поверх — ломтики помидоров, закрыть верхней половиной булочки.

Гамбургеры с цыпленком

300 г измельченной мякоти цыпленка, 2 ст. ложки мелко нарезанной зелени сельдерея, 1 ст. ложка мелко нарезанного репчатого лука, 3—4 зубчика мелко нарезанного чеснока, 2 ст. ложки кетчупа, 2 ломтика любого острого сыра.

Смешать измельченную мякоть цыпленка, зелень сельдерея, лук, чеснок. Полученную массу разделить на 2 части. Жарить плоские куриные котлетки обычным способом, часто поливая их кетчупом. За несколько минут до окончания жаренья положить сверху сыр, закрыть крышкой и продолжать жаренье, пока сыр не расплавится. Вложить в разрезанные булочки и сразу подать.

ГОРЯЧИЕ БУТЕРБРОДНЫЕ ЗАКУСКИ

Горячие закуски на спичке

Подсушенные или поджаренные закуски на спичке готовятся из сырого мяса, шпика, сыра, лука, сосисок и сарделек, кусков печенки и почек, рыбы и т. д.

Для подсушивания пользуются только металлическими палочками, жареные закуски можно готовить и на деревянных, пластмассовые не годятся. Обычно пользуются длинными палочками или спицами, на которые помещают несколько сортов продуктов. Чтобы продукты не сгорели и красиво подрумянились, нужно предварительно смазать их растительным маслом с приятным вкусом, посыпать солью, перцем и смазать горчицей.

Горячие закуски подают на стол на палочке (той самой, на которой они жарились) с бутербродом, белым хлебом или вареным рисом и острым соусом.

Горячая закуска из фарша и грибов

200 г фарша, 1 маленькая луковица, 1 яйцо, 1 ст. ложка сметаны, 1 ст. ложка томатного пюре, 1 ст. ложка панировочных сухарей, $1/2$ стакана мелких соленых или маринованных грибов, 1 помидор или 1—2 консервированных стручков перца, 1 маленький соленый огурец, растительное масло или жир, перец, соль.

Мясо смешать с нашинкованным или протертым луком, яйцом, сметаной, томатным пюре и панировочными сухарями, хорошо взбить, заправить солью и перцем. Из масла слепить маленькие шарики, нанизать вместе с грибами и разрезанными на 4 части помидорами или стручками перца, а также с ломтиками огурца на палочку, окунуть в растительное масло или растопленный жир и поджарить на сковороде или обжарить так, чтобы продукты подрумянились и хрустели.

К столу подавать на черном хлебе (4—6 кусков), с вареным рисом или жареным картофелем. Приправой может служить острый соус.

Вместе с названными выше продуктами можно нанизать на палочку и кружки яблока, ломти ветчины, лук и ломти вареного сельдерея.

Пикантные кусочки сыра

100 г черного хлеба типа «Бородинский», 100 г белого хлеба, 200 г сыра, 100 г томата-пюре.

На вертеле разместить кусочки белого и черного хлеба вперемежку с кубиками сыра и запечь в духовке, побрызгав томатом-пюре.

Горячая закуска из сосисок и сыра

Разрезать сосиски вдоль на четыре части, сыр и шпик — на тонкие ломтики, смазать горчицей и посыпать перцем. Проткнуть спичкой, смазать растительным маслом и обжарить в предварительно нагретой духовке.

Подавать с хлебом.

Горячая закуска из колбасы и сыра с томатным соусом

300 г колбасы, 100 г сыра, 100 г шпика, горчица, перец, 1 луковица, растительное масло.

Колбаски разрезать на 4 куска, сыр и шпик — на тонкие ломтики, смазать горчицей и посыпать перцем. Проткнуть поочередно палочкой, смазать растительным маслом и обжарить на углях или в духовке.

Подавать на стол на тонких ломтях хлеба (4—6 кусков) или с вареным рисом. Отдельно подать густой томатный или укропный соус.

Горячая закуска из колбасы и стручкового перца

400 г жареной или полукопченой колбасы, 2—3 стручка перца, горчица или томатное пюре, 1 луковица, растительное масло.

Колбасу очистить от шкурки. Стручки перца, луковицу и колбасу разрезать на кусочки, смазать томатным пюре или горчицей, проткнуть палочкой и сбрызнуть растительным маслом. Обжарить на углях или в духовке.

К столу подавать на тонких ломтях хлеба, с вареным рисом или цветной капустой. Приправа — соус или майонез.

Горячая закуска из ветчины и сыра

200 г белого хлеба, 200 г ветчины, копченого карбоната или грудинки, 200 г сыра, 2 ст. ложки томатного пюре, $^1/_2$ лимона, растительное масло, горчица.

На тонкие ломти ветчины намазать горчицу и плавленый сыр или уложить тонкие ломтики сыра на намазанные горчицей ломтики ветчины. На сыр положить немного томатного пюре и сбрызнуть лимонным соком. Ломтики свернуть в трубочки и нанизать вместе с кубиками белого хлеба на палочки, сбрызнуть растительным маслом и поджарить на углях или в духовке.

Подавать на белом хлебе или с вареным рисом.

Горячая пестрая закуска

400 г нежирной ветчины, 100 г мягкой свинины, 100 г копченой грудинки, 100 г сыра, 1 луковица, 1 соленый огурец, 1 яблоко, 4—6 маленьких помидоров, растительное масло, перец, соль.

Мясо и сыр нарезать кубиками, огурец и яблоко разрезать на 4—6 кусков, помидоры оставить целыми. Все продукты нанизать на палочки, сбрызнуть растительным маслом и немного посыпать солью и перцем. Обжарить на углях или в печке.

К столу подавать на хлебе (4—6 кусков).

Горячая закуска из мяса и сосисок

200 г мягкого мяса, 1 сосиска, 2 яблока, 1 луковица, томатное пюре, растительное масло, перец, соль.

Использовать говядину, свинину, баранину, телятину или курятину. Мясо разрезать на кубики толщиной 3—4 см и нанизать вместе с кусками сосиски, ломтями яблока и кусочками лука на палочку. Получится 4—6 палочек. Мясо посыпать солью и перцем и смазать густым томатным пюре. Все продукты сбрызнуть растительным маслом, затем обжарить на углях или в горячей духовке.

Подавать на белом или черном хлебе (4—6 ломтей).

Горячая закуска из мяса и хлеба

200 г мягкой говядины, 200 г соленого или копченого шпика, 200 г ржаного хлеба, 1 луковица, томатное пюре, растительное масло, перец, соль.

Филе говядины, шпик и ржаной хлеб разрезать на одинаковые кубики, луковицу — на 4—6 долек, нанизать поочередно на палочку так, чтобы с краев оказался хлеб, и сбрызнуть растительным маслом. Обжарить на углях или в духовке.

Подавать на стол на тонких ломтях черного хлеба (4—6 ломтей).

Горячая закуска из свинины и говядины

100 г нежирной свинины, 75 г бекона, 100 г говядины (спинная часть), 1—2 луковицы, 1/2 стакана маринованных или соленых грибов, растительное масло или жир, перец, соль.

Нежирное мясо и шпик разрезать на кусочки толщиной $1/2$—2 см и шириной 2—3 см (мясо — потолще, шпик — потоньше). Мясо сбрызнуть растительным маслом или растопленным жиром. Мясо, шпик, нарезанный лук и грибы нанизать поочередно на палочку, посыпать солью и перцем. Жарить на сковороде или в духовке до получения светло-коричневой окраски и хрустящей корочки. Чтобы закуска получилась сочнее, нужно духовку или сковороду хорошо раскалить: закуска должна быть готова за 6—7 мин.

Подавать к столу на черном хлебе (4—5 кусков). Приправа — горчичный соус.

Горячая закуска из печени и шпика

300 г печени, 2—3 луковицы, 200 г соленого или копченого шпика, 2—3 соленых огурца или яблока, укроп, листья петрушки, соль.

Печенку разрезать на брусочки длиной 4—5 см, лук нашинковать, шпик нарезать тоненькими ломтиками. На каждый ломтик шпика положить печенку и лук, посыпать солью и мелко нарезанной зеленью, свернуть в трубочку, проткнуть палочкой вместе с кусочками соленого огурца или яблока, обжарить на углях или в духовке, пока печень не прожарится.

Подавать на ломтиках черного хлеба, с вареными овощами или с рисом. В качестве приправы — луковый или майонезный соус.

Горячая закуска из печени и фруктов

400 г печени, 2—3 яблока, 6—8 сушеных слив, растительное масло, соль.

Печенку разрезать на куски толщиной 1 см, птичью печень — пополам или на четвертинки. Неочищенные яблоки нарезать ломтями, из слив удалить косточки. Продукты нанизать на палочку, сбрызнуть растительным маслом и обжарить на углях или в духовке.

Подавать на ломтиках белого хлеба, с вареными овощами или с рисом. В качестве приправы — майонезный соус с зеленью.

Горячая закуска из почек

300 г почек, 200 г сердца, 1 стакан красного вина, 1 соленый огурец, помидоры, растительное масло, перец, соль.

Очищенные, разрезанные пополам и ошпаренные кипятком почки нарезать кубиками, сердце — тоненькими ломтиками и держать $1/2-1$ час в красном вине. Затем нанизать продукты на палочку, посыпать перцем и солью, сбрызнуть растительным маслом и обжечь на углях или в духовке.

Подавать на тонких кусках хлеба или с вареными овощами. В качестве приправы — укропный, томатный или луковый соус.

Горячая закуска из рыбы и шпика

500 г рыбного филе, 100—150 г шпика, 3—4 помидора, половина выжатого лимона, 2 ст. ложки пшеничной муки, растительное масло, 2 ст. ложки томатного пюре, 1 луковица, перец, соль.

Рыбное филе, шпик и помидоры разрезать на куски и нанизать вместе с кружочками лука на палочку. Посыпать солью и перцем, сбрызнуть лимонным соком, обвалять в муке. Обжарить, предварительно сбрызнув растительным маслом, в духовке или на сковороде до светло-желтого цвета. После обжаривания смазать томатным пюре.

Подавать к столу на тонком ломте белого или черного хлеба, с вареным рисом или жареным картофелем. Приправа — салат из огурцов или смешанный салат.

Горячая закуска из трубочек салаки

*700 г салаки, лимонный сок или уксус, горчица, 2 лукови-
цы, укроп, 100 г шпика, 4—6 маленьких помидоров,
1—2 стручковых перца, растительное масло, соль.*

Салаку почистить, удалить кости так, чтобы спинка
рыбы осталась целой. С внутренней стороны посыпать
солью, рубленым луком и укропом, сбрызнуть лимонным соком или уксусом и смазать горчицей. Салаку
свернуть в трубочки, нанизать вместе с кусочками
шпика и помидора или стручкового перца на палочку и
сбрызнуть растительным маслом. Обжарить до светло-
желтого цвета.

Подавать на ломтике белого или черного хлеба, с
картофельным пюре или жареным картофелем. Приправой может служить острый соус и огуречный или смешанный салат.

Горячая закуска из сельди

*2 селедки, 2—3 луковицы, 100 г свиного шпика,
3—4 помидора, 2—3 яблока, 1—2 стручка перца, растительное масло.*

Сельдь вымочить, очистить и разрезать филе на
куски. Фрукты и овощи разрезать на 4 части, шпик —
ломтиками. Продукты нанизать на палочки так, чтобы
после каждого куска попадалась сельдь, сбрызнуть растительным маслом и обжарить.

Подавать к столу с хлебом или картофельным пюре,
в качестве приправы — соленые огурцы.

Горячие закуски, запеченные в тесте

Сосиски в слойке

*Слоеное тесто из 2 стаканов муки, 10 сосисок, соус из
красного перца или томатный соус, соль, тмин.*

Приготовить слоеное тесто по основному рецепту и раскатать его в тонкий пласт. Разрезать пласт на прямоугольники по длине сосиски. Каждую сосиску обмазать соусом из красного перца или томатным соусом и завернуть в тесто. Положить на смоченный холодной водой противень и смазать трубочки с сосисками соленой водой или яйцом. Посыпать сверху тмином и выпекать в горячей духовке на среднем огне (230—240° С) в течение 25—30 мин.

Можно также нарезать тесто на полоски шириной 3 см и этими полосками обмотать вымытые в теплой воде сосиски.

Слойка с колбасой

Слоеное тесто из 2 стаканов муки, 300 г вареной колбасы, желток для смазывания.

Нарезать вареную колбасу на прямоугольные кусочки длиной 8 см. Раскатать тесто в пласт толщиной 5 мм, нарезать на прямоугольники размерами 8 × 12 см.

Положить кусочек колбасы поверх каждого прямоугольника, накрыть тестом и скрепить верх с низом.

Поместить слойки на сбрызнутый водой противень, смазать желтком и выпекать 25—30 мин в горячей духовке (при 230—240° С).

Сардельки в слойке

Слоеное тесто из 2 стаканов муки, 10 мелких отваренных сарделек, желток для смазывания.

Вымыть сардельки в теплой воде, раскатать пласт теста, нарезать его на квадраты размерами 9 × 9 см.

Уложить на каждый квадрат по диагонали охлажденную сардельку, загнуть углы квадрата с двух сторон, смазать яйцом.

Положить на сбрызнутый водой противень и выпекать 25—30 мин в горячей духовке (при 230—240° С).

Слойка с яйцом

Слоеное тесто из 2 стаканов муки, 5 сваренных вкрутую яиц, желток для смазывания.

Приготовить из теста волованы. Нижнюю лепешку смазать яичным желтком, положить на нее половину сваренного вкрутую яйца и колечко из слоеного теста, смазать поверхность яйцом и выпекать в течение 25—30 мин в горячей духовке (при 230—240° С).

Фаршированные яйца в слойке

Слоеное тесто из 2 стаканов муки, 12 яиц, 100 г сливочного масла, 2 белые булочки, $^3/_4$ стакана молока, зелень петрушки, горчица, молотый перец, соль.

Сварить вкрутую яйца (варить не менее 10 мин), опустить их в холодную воду, очистить от скорлупы и разрезать поперек на две части. Вынуть желтки и протереть их через частое сито вместе с булочками, предварительно намоченными в молоке. Смешать полученную массу с маслом, солью, перцем, рубленой петрушкой и небольшим количеством горчицы. Наполнить ею пустые половинки яиц, приложить одну к другой, чтобы придать первоначальный вид целого яйца.

Осторожно раскатать слоеное тесто на доске, разрезать его на 12 одинаковых квадратов и намазать яичным желтком. На каждый из этих квадратов положить яйцо и соединить углы теста в центре таким образом, чтобы яйцо было совершенно покрыто тестом, и затем «запечатать» эти пакетики кружочком теста, обмазать яйцом и испечь в горячей духовке. Подавать с соусом «мадера».

Соус «мадера» — коричневый соус, приправленный красным вином (лучше мадерой). Его приготовляют из обжаренных в жире измельченных костей, лука и овощей, к которым прибавляют затем воду, процеживают и заправляют поджаренной в жире мукой с карамелизованным сахаром. Этот соус приправляют красным вином, помидорами, перцем, лавровым листом и солью.

Слойка с ветчиной

Слоеное тесто из 2 стаканов муки, 300 г ветчины, желток для смазывания.

Готовое тесто раскатать в пласт толщиной 4—5 мм. Разрезать пласт на прямоугольники размерами 8 × 12 см, положить на каждый из них тонкий ломтик вареной ветчины, свернуть в виде рулета, положить на сбрызнутый водой противень гладкой стороной кверху, смазать желтком и выпекать 25—30 мин в горячей духовке (при 230—240° С).

Биточки в слойке

Слоеное тесто из 2 стаканов муки, 10 жареных биточков, яйцо для смазывания.

Готовое тесто раскатать в пласт толщиной 4—5 мм, разрезать его на квадраты размерами 9 × 9 см, поверхность их смазать яйцом, положить мясные биточки, загнуть углы квадратов теста над биточками, смазать поверхность пирожка яйцом и положить на нее кружочек или другую фигурку из того же теста.

Уложить биточки в тесте на сбрызнутый водой противень и выпекать 25—30 мин в горячей духовке (при 230—240° С).

Рыба в слойке

Слоеное тесто из 2 стаканов муки, 300—400 г рыбного филе, 1—2 ст. ложки растительного масла, соль и перец, желток для смазывания.

Готовое тесто раскатать в пласт толщиной 3—4 мм. Рыбное филе промыть, нарезать плоскими кусочками не толще 10 мм, посолить, посыпать перцем, обвалять в муке и обжарить с обеих сторон на сковороде с растительным маслом. При желании на рыбу можно положить жареный лук. В зависимости от формы кусков рыбы нарезать тесто треугольниками, прямоугольниками или квадратами, завернуть в них рыбу.

Пирожки положить на сбрызнутый водой противень, сделать кончиком ножа на пирожке 2—3 прокола, смазать поверхность яйцом и выпекать 25—30 мин на среднем огне (при 210—220° С).

Сардины в слойке

2 банки сардин, слоеное тесто из 200 г масла и муки, 1 яйцо.

Приготовить слоеное тесто, раскатать его в пласт толщиной в полпальца, разрезать на одинаковые прямоугольники, смазать желтком. На середину каждого прямоугольника положить по половинке разделенной вдоль крупной сардины, поперчить ее. Нижние концы прямоугольника соединить, положив один на другой, верхние оставить открытыми. Разложить слойки на листе и поставить в хорошо нагретую духовку. Когда тесто хорошо поднимется и зарумянится, убавить огонь и допечь слойку до готовности.

Яблоки в слойке

500 г слоеного теста, 6—8 яблок, 3/4 стакана сахара, 2 ст. ложки сахарной пудры, 1 яйцо.

Приготовить слоеное тесто. На доске, посыпанной мукой, тесто раскатать толщиной $^1/_2$ см и нарезать на квадратики такой величины, чтобы в них можно было завернуть яблоко.

Яблоки вымыть, очистить от сердцевины, в образовавшееся углубление насыпать сахарный песок, разложить на квадратики теста, после чего края теста соединить, обсыпать сахаром и уложить на железный лист, смоченный водой. Для украшения на каждое яблоко положить тонкий кусочек теста, вырезанный в виде листика или звездочки, смазав его сверху яйцом, и поставить в жаркую духовку. Через 10—15 мин, когда тесто сверху зарумянится, жар надо убавить и продолжать выпечку еще 8—10 мин. Готовые яблоки осторожно снять с листа лезвием тонкого ножа и уложить на тарелку или блюдо, посыпать сверху сахарной пудрой.

Подавать яблоки можно в горячем и холодном виде.

Яблоки в тесте

500 г яблок, 2—3 ст. ложки топленого масла и 2 ст. ложки сливочного, $^1/_4$ стакана сахара, 1 ст. ложка сахарной пудры, $^1/_2$ стакана пшеничной муки, 4 яйца, $^1/_3$ стакана молока.

Приготовить тесто. Для этого растопленное сливочное масло смешать в кастрюле с яичными желтками, добавить 1 ст. ложку молока, всыпать муку, 1 ст. ложку сахара, $^1/_2$ ч. ложки соли, размешать и развести оставшимся молоком, положить взбитые в густую пену яичные белки и слегка перемешать снизу вверх, чтобы белки не осели.

Яблоки (лучше антоновские) очистить от кожуры и сердцевины, нарезать ровными кружочками толщиной $^1/_2$ см, пересыпать сахаром и дать полежать 25—30 мин. После этого каждый кружочек яблока взять вилкой, обмакнуть в приготовленное тесто и положить на сковороду с разогретым маслом. Поджаривать яблоки надо на слабом огне до тех пор, пока они не подрумянятся с обеих сторон. Сковороду с яблоками поставить на 5 мин в духовку со средним жаром.

Готовые яблоки уложить на тарелку или блюдо, посыпать сверху сахарной пудрой и подать к столу. Отдельно в соуснике можно подать ягодный сироп, или абрикосовый соус, или сметану.

Часть IV

ПИЦЦА ПО-ИТАЛЬЯНСКИ
И ПО-РУССКИ

Пицца — своеобразный пирог, любимое блюдо итальянской кухни, получившее под этим названием распространение во всем мире. Есть и исконно русский вариант этого блюда: открытые пироги со всевозможными начинками или блины с припеком.

Пиццу может испечь каждая хозяйка, нужен только определенный набор продуктов. Это блюдо обязательно должно быть красиво оформлено.

Выпекают пиццу из дрожжевого, слоеного, пресного теста. Для пиццы можно также использовать готовые лепешки, булочки, рогалики, корзиночки из теста, тогда это уже больше похоже на закусочный бутерброд.

Изготовление пиццы не требует больших затрат труда и времени. Ее любят и взрослые, и дети. Ее подают и к завтраку, и к обеду, и к ужину — к кофе или чаю.

Для начинок годятся колбаса (вареная и копченая), ветчина, сосиски, сардельки, сваренные вкрутую яйца, сыр, грибы, помидоры, сладкий болгарский перец, репчатый лук, лук-порей, молодые кабачки и баклажаны, стручки молодой зеленой фасоли, свежая морковь, маслины, оливки, зелень укропа, петрушки, сельдерея и многое другое.

Для пиццы используют разные приправы: майонезы, разные соусы (особенно томатный), заправки.

Сыр использовать для пиццы лучше очень сухой.

Выпекают пиццу в форме или глубокой сковороде, в духовке или в микроволновой печи.

Приготовляя пиццу, каждая хозяйка имеет возможность проявить максимум фантазии и изобретательности, учитывая вкусы своей семьи. В дело могут пойти обрезки колбасы, оставшиеся неиспользованными кусочки мяса или рыбы, имеющиеся в доме овощи и зелень. Приготовление пиццы — очень творческое занятие, а награда — хорошее настроение домочадцев.

Для тех, кто еще не чувствует себя уверенно в этом деле, можно, как пример, рекомендовать следующие сочетания продуктов для пиццы:

1) помидоры, сыр, сельдь, чеснок, масло, зелень петрушки;

2) рыба, помидоры, лук, сыр, зелень петрушки;

3) томат-паста, копченая колбаса, грибы, сладкий перец, сыр;

4) обжаренные с луком грибы, ветчина, помидоры, сладкий перец, сыр.

ТЕСТО ДЛЯ ПИЦЦЫ, ЗАКУСОЧНЫХ ПИРОГОВ И БУТЕРБРОДОВ

Дрожжевое кислое тесто

I. Обыкновенное безопарное дрожжевое тесто

Из этого теста выпекают обыкновенные булочки, пирожки, пончики и другие изделия с небольшим количеством сдобы. Для получения хорошо пропеченных изделий из дрожжевого теста нужно правильно разрыхлять тесто дрожжами и умело сочетать его с начинками. Так, соленые начинки из мяса, рыбы, грибов не подходят к сладкому тесту и тесту, ароматизированному шафраном, лимоном, кардамоном; для сладких начинок нельзя готовить соленое тесто.

4 стакана пшеничной муки, 0—2 ст. ложки сахара, 0—4 ст. ложки маргарина или растительного масла, 0—1 яйцо, 20 г дрожжей, $^{1}/_{2}$ ч. ложки соли, 1 стакан молока или воды. Выход выпеченных изделий 1000 г.

В кастрюлю влить теплое молоко или теплую воду (температура 30° С) и растворить дрожжи. Добавить соль, сахар, яйца, ароматические вещества, просеянную муку и замешивать в течение 5—8 мин, чтобы получилось однородное, без комков, не очень крутое тесто.

Если жидкости недостаточно для замеса теста, добавить немного молока или воды.

Муку до просеивания измерить стаканом, не утрамбовывая ее.

В конце замеса добавить подогретое масло, слегка перемешать, накрыть кастрюлю крышкой и поставить в теплое место для брожения.

Через 2—2 ½ часа после замеса, когда тесто сильно поднимется, следует обмять его. Примерно через 40—50 мин, когда после максимального подъема тесто начинает опускаться, надо сделать вторую обминку теста и выложить его на посыпанный мукой стол или доску для разделки.

Продолжительность брожения теста можно регулировать, изменяя дозировку дрожжей и температурные условия. Нормальной для брожения считается температура 28—30° С, при понижении температуры брожение замедляется, при повышении — ускоряется. При температуре ниже 10° С и выше 35° С брожение совсем прекращается.

Если в тесто положено слишком много соли или сахара, брожение замедлится или приостановится. В этом случае надо замесить новую порцию теста и перемешать его с пересоленным или переслащенным тестом.

Для теста следует брать дрожжи хорошего качества.

При замесе теста необходимо помнить следующее:

1) излишек воды — тесто плохо формируется, изделия получаются плоскими, расплывчатыми;

2) недостаток воды — тесто плохо бродит, готовые изделия будут жесткими;

3) замена воды молоком или сливками — готовые изделия имеют красивый внешний вид, улучшается их вкус;

4) увеличение количества жиров — изделия делаются более рассыпчатыми и вкусными и долго не черствеют;

5) избыток соли — тесто плохо бродит, изделия приобретают соленый вкус, цвет корки бледный;

6) недостаточное количество соли — изделия получаются расплывчатыми, невкусными;

7) большое количество сахара — поверхность изделия при выпечке быстро колеруется, а середина пропекается

медленно, кроме того, тесто плохо бродит; при добавлении больше 35% сахара брожение совсем прекращается;

8) недостаточное количество сахара — получаются бледные и малосладкие изделия;

9) увеличение количества яиц — изделия делаются более пышными и вкусными;

10) замена яиц яичными желтками — изделия получаются более рассыпчатыми, красивой желтой окраски;

11) увеличение количества дрожжей — брожение ускоряется; слишком большое количество дрожжей придает изделиям неприятный дрожжевой запах.

II. Сдобное опарное дрожжевое тесто

Опарный способ применяют, если в тесто кладут много сдобы. Из этого теста выпекают изделия с большим количеством сдобы (масла, сахара, яиц): различные плюшки, рулеты, крендели, пироги, лепешки, бабы, халы, куличи, печенье, сухарики и т. д. Для улучшения вкуса и аромата сладкого дрожжевого теста можно добавить ароматические вещества (натертую цедру апельсина или лимона, ванильный сахар, мелко растертый кардамон и др.).

4 стакана пшеничной муки, 4—8 ст. ложек сахара, 4—8 ст. ложек сливочного масла или маргарина, 2—8 яиц, 20 г дрожжей, $^1/_2$ ч. ложки соли, $^1/_2$ стакана молока или воды. Выход выпеченных изделий 1200 г.

При этом способе сначала замешивают ложкой жидкую болтушку, называемую опарой. На замес берут всю норму теплой жидкости и дрожжей и половину нормы муки (по рецептуре).

Опара должна бродить при температуре 28—30° С в течение 3—3 $^1/_2$ часа до максимального подъема. Во время брожения на поверхности опары появляются лопающиеся пузырьки с углекислым газом. Как только опара начнет оседать, можно начинать замешивать тесто.

В опару добавляют все остальные подогретые продукты (яйца в смеси с солью, сахар, ароматические вещества), постепенно всыпают оставшуюся муку и замешивают в течение 5—8 мин до получения однородной массы. В конце замеса добавляют масло, разогретое до консистенции густой сметаны; затем накрывают кастрюлю крышкой и ставят в теплое место для дальнейшего брожения. Когда тесто достигнет максимального подъема, делают обминку теста и выкладывают его на стол, посыпанный мукой.

Продолжительность брожения опары и теста можно регулировать изменением температурных условий во время брожения, помещая кастрюлю в более теплое или прохладное место.

Пресное (бездрожжевое) тесто

III. Обыкновенное пресное тесто

Из такого теста выпекают пресные пирожки и ватрушки.
Пресное тесто готовят преимущественно на сметане.

Вариант 1 (на сметане): *500 г пшеничной муки, 1 стакан сметаны, 2 ст. ложки сливочного масла или маргарина, 2 яйца, 1 ст. ложка сахара, ¹/₂ ч. ложки соли. Теста из этого количества продуктов достаточно для выпечки 20—25 пирожков или ватрушек.*
Вариант 2 (без сметаны): *500 г пшеничной муки, 200 г сливочного масла или маргарина, 1 ст. ложка сахара, 2 ст. ложки водки или коньяка, ¹/₂ ч. ложки соли.*

На доску или в миску просеять муку горкой, сделать в ней углубление, в которое положить сметану, размягченное масло, соль, сахар, влить яйца и быстро замесить тесто. Скатав тесто в шар, положить на тарелку и дать отлежаться 30—40 мин.

IV. Пресное несладкое тесто на соде

Из этого теста приготовляют пироги, пирожки, кулебяки и другие изделия с несладкими начинками.

4 стакана муки, 100—200 г сливочного масла или маргарина, 12 ст. ложек сметаны, 2 ст. ложки сахара, $1/2$ ч. ложки соды, $1/2$ ч. ложки соли. Выход выпеченных изделий 1000 г.

Муку просеять с содой. Сметану, яйца, сахар и соль перемешать до растворения соли и сахара. Размягченное масло или маргарин взбивать в посуде деревянной лопаточкой 5—8 мин, постепенно добавляя смесь сметаны и яиц, затем муку и быстро (в течение 20—30 сек) замесить тесто. Тесто нельзя долго вымешивать: углекислый газ, образующийся при соприкосновении сметаны и соды, улетучивается, и изделие получается плотным.

Сметану можно заменить простоквашей, кефиром и другими кисломолочными продуктами.

Слоеное тесто

Слоеное тесто бывает дрожжевым (кислым) и пресным. Пресное тесто используется чаще. Оно совсем не содержит сахара. Основными компонентами его являются мука, масло, яйца, вода, иногда кефир, уксус, коньяк или лимонная кислота, соль. Изделия из слоеного теста хрустящие, внутри — мягкие и нежные.

Чтобы тесто получилось с хорошей слоистой структурой, необходимо строго выполнять требования, предъявляемые к продуктам, из которых оно делается, а также к технологии его изготовления. Муку для теста следует брать только пшеничную высшего сорта, масло — сливочное или сливочный маргарин отличного вкуса и качества. Эластичность и упругость тесту придает кислота (лимонная, уксусная) или коньяк; если нет кислоты, воду можно заменить кислым кефиром. Кислая среда способствует повышению вязкости белковых веществ муки. Слоистость теста обеспечивается его многократной раскаткой. Готовить слоеное тесто следует в прохладном помещении и в холодной посуде.

Муку при раскатывании применяют умеренно, только для того, чтобы тесто не приставало к доске. Если муки много, то тесто будет слишком крутым, изделия из него плохо поднимаются и теряют вкус.

Готовое тесто хранят в холодильнике или другом холодном месте.

Поскольку приготовление слоеного теста дело довольно трудоемкое и занимает много времени, можно упростить эту работу и сделать рубленое слоеное тесто (быстрого приготовления). Изделия из рубленого слоеного теста получаются менее рассыпчатыми и нежными, чем из раскатанного.

V. Слоеное дрожжевое тесто

2 стакана пшеничной муки, 1 стакан молока или воды, 20 г дрожжей, 1 ст. ложка сахара, $^1/_2$ ч. ложки соли, 1 яйцо, 100—300 г сливочного масла.

Это тесто объединяет качества как дрожжевого, так и слоеного теста. Приготовить безопарное дрожжевое тесто. В миску вылить необходимое количество теплого молока, добавить отдельно разведенные в небольшом количестве молока или воды дрожжи, яйца, соль. Жидкость хорошо перемешать, всыпать просеянную муку и замесить тесто. В конце замеса можно добавить растопленное сливочное масло или растительное, продолжить замес до тех пор, пока масло не соединится с тестом. Хорошо вымешанное тесто слегка посыпать мукой, посуду накрыть салфеткой и поставить на 3—3 $^1/_2$ часа в теплое место для подъема.

Подошедшее тесто раскатать в прямоугольный пласт толщиной 1—1 $^1/_2$ см. На середину пласта положить размягченное сливочное масло или маргарин (половину всей нормы), закрыть его частью пласта, на который также положить масло, накрыть третьей частью пласта (таким образом, получится три слоя теста и два слоя масла). Затем пласт теста посыпать мукой и раскатать до толщины 2—3 см, смести с него лишнюю муку и сложить вчетверо. Снова раскатать и сложить.

В результате всех операций получится пласт с 32 слоями масла. При закатке 200—300 г масла тесто, приготовленное из 2 стаканов муки, должно иметь не менее 32 слоев масла, иначе оно при выпечке вытечет. При закатке 100—200 г масла следует делать 8—16 слоев, т. е. складывать пласт теста при раскатывании не вчетверо, а втрое, иначе слои не будут заметны. Разделку теста следует производить в прохладном помещении при температуре воздуха не выше 20° С. При более высокой температуре тесто надо время от времени охлаждать, следя за тем, чтобы сливочное масло не затвердело, иначе оно при раскатке будет разрывать слои теста и во время выпечки вытечет.

VI. Слоеное пресное тесто (вариант 1)

Из этого пышного несладкого слоеного теста можно приготовить изделия со сладкими и несладкими начинками. Но надо строго соблюдать правила приготовления слоеного пресного теста. Ни одно тесто не требует столько внимания при изготовлении, как пресная слойка. Малейшее отклонение от рекомендации приводит к тому, что изделия получаются малослоистыми и грубыми.

4 стакана пшеничной муки, 2 граненых стакана воды, 400—600 г сливочного масла или сливочного маргарина для прослойки, 4 ч. ложки муки для закатки масла, 16 капель лимонной кислоты, $^{1}/_{2}$ ч. ложки соли. Выход выпеченных изделий 1200 г.

При отсутствии лимонной кислоты ее можно заменить уксусом: 1 ч. ложка 30%-ного уксуса на 2 стакана муки. Соль и кислота улучшают не только вкус теста, но и эластичность его (при раскатке тесто лучше растягивается на тонкие слои). Излишнего количества соли и кислоты в тесте следует избегать, так как это отрицательно отражается на вкусе готовых изделий.

При добавлении в тесто яиц или яичных желтков, улучшающих качество изделий, яйцо или яичные желтки влить в стакан и добавить в него воду до установленного уровня. В этом случае яйцо заменяет часть воды, предусмотренной в рецептуре.

Изделия, приготовленные из более жирного теста, значительно нежнее и вкуснее.

Приготовление теста: налить в миску воду (столько, сколько предусмотрено в рецептуре) или воду вместе с яйцом, добавить кислоту, затем насыпать соль и, когда соль растворится, всыпать просеянную муку. Деревянной лопаточкой или рукой замесить тесто до получения однородной, достаточно плотной консистенции. Если мука поглощает много воды, надо добавить в тесто еще воды; если тесто получается жидким, следует прибавить муки. Тесто месить 5—8 мин — до тех пор, пока оно не станет хорошо отделяться от рук и миски, затем скатать в виде шара, положить на посыпанный мукой стол, накрыть салфеткой или миской, в которой месили тесто, и оставить лежать 20—30 мин, чтобы тесто стало более эластичным и при его раскатке лучше образовывались слои.

Если заменить $1/4$ часть воды водкой, ромом или коньяком, то изделие получится более пышным и вкусным.

В миске или на столе размять масло или маргарин до исчезновения комков, добавить предназначенную для закатки муку (см. рецептуру) и перемешать ее с маслом. Масло с добавлением муки способствует лучшей слоистости теста. Из масла сформовать плоскую четырехугольную лепешку.

Надрезать тесто ножом крестообразно, подсыпать муку и раскатать тесто скалкой так, чтобы середина пласта была толще, чем края. В центр пласта положить заготовленную лепешку масла, перемешанного с мукой, накрыть ее длинными краями пласта и защипнуть края лепешки.

Полученный «конверт» положить на стол, посыпанный мукой, опылить «конверт» мукой и толстой скалкой, начиная от середины, раскатать тесто в прямоугольный пласт толщиной около 1 см. Затем мягкой щеточкой смести с поверхности пласта излишнюю муку и сложить его вчетверо. Накрыть тесто салфеткой и оставить на 10 мин, после чего перевернуть закатку, посыпать сверху и снизу мукой и снова раскатать до толщины 1 см. Смести муку и опять сложить закатку вчетверо. Охладить тесто в течение 20 мин и снова раскатать его и сложить вчетверо.

После 30-минутного охлаждения опять раскатать тесто в пласт и сложить его вчетверо. Дальше раскатывать и складывать тесто не рекомендуется.

Наилучшая температура в помещении, где готовят тесто, 15—17° С. Для выстаивания тесто следует выносить на холод или ставить в холодильник.

Во избежание вздутий пласт теста перед выпечкой следует наколоть кончиком ножа, а края противня обрызгать водой.

Яйцом можно смазывать только верхнюю поверхность уложенного теста, но не боковую.

Пресную слойку выпекают 25—30 мин при температуре 210—230° С. При выпечке нельзя допускать сотрясений теста, иначе оно осядет.

Готовность штучного изделия определяют по упругости и цвету, готовность пласта — приподниманием угла ножом (у неиспеченного пласта угол легко загибается).

VII. Слоеное пресное тесто (вариант 2)

Из этого теста выпекают слоеные кулебяки и пирожки.

500 г пшеничной муки, ¹/₂ стакана воды, 400 г сливочного масла, ¹/₂ лимона, 1 ч. ложка соли.

Просеять муку, половину ее отделить, смешать на доске с маслом и, раскатав в виде квадрата толщиной 1 $\frac{1}{2}$—2 см, положить на тарелку и поставить в холодное место.

В оставшуюся муку влить $\frac{1}{2}$ стакана воды, отжать лимонный сок (или ввести разведенную лимонную кислоту), добавить соль и замесить тесто. Скатать его в шар, накрыть полотенцем и дать полежать 20—30 мин. Затем тесто раскатать так, чтобы получился слой вдвое шире и немного длиннее куска теста с маслом, положенного на тарелку.

Приготовленное тесто с маслом положить на середину раскатанного, завернуть и защипнуть края. Таким образом, тесто из муки с маслом окажется в «конверте».

Посыпав стол мукой, раскатать «конверт» ровной полосой шириной 20—25 см и толщиной около 1 см. Тесто аккуратно сложить вчетверо, поместить на противень и на 30—40 мин поставить в холодное место.

Охлажденное тесто опять раскатать, снова таким же образом сложить вчетверо и вновь выдержать в холодном месте.

Ту же операцию повторить в третий раз. После этого раскатать тесто и разделывать из него пироги, пирожки и пр.

Обрезки теста, оставшегося при разделке, смять в комок, но не месить, а, подержав немного в холодном месте, раскатать и сделать из него пирожки, корзиночки и т. п.

VIII. Слоеное пресное тесто (вариант 3)

Слоеное пресное тесто по этому рецепту замешивают из пшеничной муки на воде с добавлением яиц, соли, лимонной кислоты. Из него выпекают волованы, курники, другие изделия.

530 г пшеничной муки (в том числе 20 г для подготовки жиров), 215 г сливочного масла или маргарина, 2 яйца, 220 мл воды, 1 г лимонной кислоты, 10 г соли.

В посуду влить холодную воду, растворить лимонную кислоту, положить яйцо, соль, всыпать просеянную муку, замесить тесто до однородной массы. Сформовать тесто в виде шара. Сделать сверху неглубокий надрез. На стол насыпать немного муки, выложить тесто, накрыть полотенцем, чтобы предохранить от заветривания, и оставить на 30 мин.

Тесто можно замесить на разделочной доске. Муку насыпать горкой, в середине сделать углубление (лунку), влить воду, добавить раствор лимонной кислоты, яйцо, соль и, начиная с краев лунки, ложкой постепенно добавлять муку (так, чтобы вода не вылилась через край лунки). Когда вся мука соединится с водой, вымесить тесто (в течение 15—20 мин) и сформовать в виде колобка. Сделать на тесте сверху неглубокий крестообразный надрез, оставить на 30 мин, прикрыв полотенцем, чтобы не заветривалось.

Далее подготовить сливочное масло или маргарин. В масло добавить немного муки, перемешать, сформовать в виде прямоугольника толщиной 2 см, охладить в холодильнике. Маргарин без добавления муки скользит между слоями, и толщина слоев получается неодинаковой.

Для лучшей слоистости теста очень важно, чтобы подготовленное тесто и масло были одинаковой консистенции. Тесто раскатать в прямоугольный пласт толщиной 2—2 $\frac{1}{2}$ см, по краям — тоньше. На середину раскатанного теста положить подготовленное масло. Соединить тесто с боков в виде конверта. Оставить свободное место от краев. Если положить масло вплотную к краям, то при раскатывании края могут прорваться. Несколькими легкими нажимами скалки разровнять масло. Поставить тесто на холод на 15—20 мин. Затем переложить пласт теста на стол, осторожно раскатать в длину (катая от себя в одном направлении), наблюдая, чтобы тесто было одинаковой толщины и нигде не прорвалось. Тесто сложить в два слоя, охладить. Затем повторить раскатывание.

При раскатывании теста следует как можно меньше подсыпать муки, иначе слойка будет твердой.

Перед выпеканием изделий из слоеного теста противень слегка смочить водой. Выпекать в горячей духовке при температуре 250—260° С, очень осторожно, без сотрясений, иначе изделия осядут, образуется закал. Если тесто начало гореть сверху, надо покрыть его влажной бумагой.

IX. Слоеное тесто на кефире

500 г пшеничной муки высшего сорта, 360 г сливочного масла, 1 яйцо, 1 стакан кефира, $^1/_3$ ч. ложки соли (воду и кислоту не добавлять).

Из муки, кефира, яйца и соли замесить однородное упругое тесто, охладить.

Кусок масла слегка размять (не растирать) с небольшим количеством муки, чтобы смесь стала пластичной и податливой.

Раскатать тесто в форме квадрата, в центр положить размятое масло и завернуть его в тесто в виде конверта. Защипнуть края, чтобы в шов не попала мука. Раскатать тесто в прямоугольник, соединить противоположные концы прямоугольника в середине, защипнуть и еще раз сложить вдвое. Вынести на холод на 30 мин.

После этого раскатать тесто в прямоугольник (но уже в противоположном направлении), соединить концы на середине, смести муку, защипнуть шов и еще раз сложить так, чтобы шов оказался внутри на изгибе. Вынести на холод на 2 часа.

Всякий раз, раскатывая тесто после охлаждения, надо разворачивать его на 90°, тогда тесто не будет рваться от напряжения и получится слоистым. Затем пласт снова повернуть на 90°, опять раскатать и сложить вчетверо. После этого поместить тесто на холод на 20—30 мин, а затем формовать.

X. Рубленое слоеное тесто (быстрого приготовления)

500 г пшеничной муки (3 стакана), ³/₄ стакана воды, 300 г сливочного масла или маргарина, 1 яйцо, ¹/₂ ч. ложки соли, 1 ч. ложка сока лимона или уксуса (вместо яйца можно положить 1 ч. ложку сахара).

На пирожковую доску просеять муку, положить в нее охлажденное масло, предварительно нарезанное маленькими кусочками, и мелко изрубить ножом. После этого сделать в муке, смешанной с маслом, углубление. Влить в него подсоленную воду, добавить яйцо, лимонный сок или уксус и быстро замесить тесто. Из теста скатать шар, накрыть его салфеткой и поставить на несколько часов в холодное место.

Перед выпечкой рекомендуется 2—3 раза раскатать такое тесто и сложить его в 3—4 слоя.

XI. Рубленое слоеное тесто на сметане (быстрого приготовления)

2 стакана пшеничной муки, 200 г сливочного масла, 200 г сметаны, щепотка соли.

Технология приготовления теста такая же, как в предыдущем рецепте (см. «Рубленое слоеное тесто»).

При желании можно добавить немного соды, растворенной в 1 ст. ложке водки, тогда муки надо взять чуть больше.

ПИЦЦА ПО-ИТАЛЬЯНСКИ

Пицца из дрожжевого теста

Пицца «Маргарита»

Для теста: *150 г пшеничной муки, 1 ч. ложка сухих дрожжей, 100 мл воды, 1 ст. ложка оливкового масла, ¹/₂ ч. ложки сахара, 1 щепотка соли.*

Для начинки: *8 килек, 150 г сыра моцарелла, 4 ст. ложки тертого сыра пармезан, 400 г протертых консервированных помидоров, 3 ст. ложки оливкового масла, 1/2 пучка базилика.*

Сахар и дрожжи развести в теплой (36—37° С) воде и оставить на 10 мин для брожения.

В кастрюлю просеять муку, добавить оливковое масло, щепотку соли и дрожжевой раствор. Вымесить гладкое тесто и, накрыв полотенцем, оставить подниматься на 30 мин. Руками, обсыпанными мукой, хорошо вымесить тесто и разделить его на две части. Снова оставить подниматься на 10 мин, затем на обсыпанной мукой доске раскатать из него две высокие лепешки диаметром около 24 см.

Кильки разрезать вдоль пополам, сполоснуть и обсушить. Базилик вымыть, обсушить, листики крупно порубить. Сыр моцарелла обсушить и нарезать на 10—12 ломтиков.

Лепешки уложить в две круглые формы или глубокие сковороды диаметром 20 см. На лепешки уложить ломтики сыра, намазать протертыми помидорами, посолить и сбрызнуть половиной оливкового масла. Сверху уложить кильки, базилик, сбрызнуть оставшимся маслом. Посыпать тертым пармезанским сыром. Выпекать в средне нагретой духовке 25—30 мин.

В качестве начинки для пиццы используют самые разнообразные сочетания продуктов. Это могут быть кружочки свежего помидора, нарезанный сладкий перец, кольца репчатого лука, зелень, кусочки колбасы и ветчины, сосиски, ломтики сельди, кружки крутых яиц, грибы и т. п.

Неаполитанская пицца

Для теста: *200 г пшеничной муки, 15 г дрожжей, 1/2 стакана теплого молока, 2 ст. ложки растительного масла, щепотка соли.*

Для начинки: *200 г сыра, 500 г очищенных, нарезанных на ломтики помидоров, 5 сарделек, черный или красный молотый перец, 1—2 ст. ложки растительного масла, соль; 2—3 ст. ложки тертого сыра; 1 желток для смазывания.*

Из указанных компонентов замесить дрожжевое тесто, оставить на 1 час, чтобы тесто подошло, после чего подмесить (обмять) его и раскатать круглую лепешку. Положить ее на смазанный маслом противень, в форму или на сковороду. Форма должна быть достаточно высокой, так как дрожжевое тесто при расстойке поднимается. Поверхность теста смазать желтком, посыпать натертым сухим сыром, сверху положить слой помидоров, очищенных от кожицы и нарезанных кружочками или дольками. Сардельки разрезать вдоль и уложить в виде решетки сверху, посолить, поперчить, сбрызнуть маслом. Выпекать в духовке на среднем огне (около 200° C) 20—30 мин.

Подавать пиццу горячей.

Пицца «Каприччио»

Для теста: *¹/₂ стакана пшеничной муки, 3 г дрожжей, ¹/₄ стакана воды, соль по вкусу.*

Для начинки: *100 г томата-пасты, 15—20 маслин, ¹/₂ крутого яйца, 20 г ветчины, 70 г сыра, 20 г готовых грибов, 1 луковица средних размеров.*

Приготовить дрожжевое тесто, сделать лепешку, смазать ее томатом-пастой и поставить на 10—15 мин в духовку. Затем посыпать лепешку тертым сыром, сверху положить мелко нарубленное яйцо, маслины, мелко нарезанный лук, ветчину, грибы, выпекать до готовности (около 10 мин).

Пицца венецианская

Для теста: *200 г пшеничной муки, 15 г дрожжей, 200 мл воды, растительное масло, по щепотке сахара и соли.*

Для начинки: *1 большая луковица, 2—3 зубчика чеснока, 300 г помидоров, 3 ст. ложки растительного масла, 1 ч. ложка специй, 2—3 сосиски или 1 баночка консервов сардин, 150—200 г сыра, соль по вкусу.*

Дрожжевое тесто раскатать по размеру формы, сделать небольшой бортик из теста. Форму смазать растительным маслом, выложить лепешку, тоже смазанную маслом, а затем нарезанный колечками лук, поджаренный с растертым чесноком, нарезанные кольцами помидоры, сосиски (или сардины) и нарезанный кубиками сыр. Сверху посыпать специями. Выпекать в духовке 20—30 мин на среднем огне.

Пицца с плавлеными сырками

Для лепешки: *любое дрожжевое тесто.*
Для начинки: *какое-либо мясо или рыба, 200 г твердого сыра, 3 плавленых сырка, 200 г сметаны, 3 зубчика чеснока, соль по вкусу.*

Дрожжевое тесто раскатать и уложить на противень, предварительно смазанный растительным маслом и посыпанный панировочными сухарями. Края теста подогнуть. Мясную начинку — вареную или полукопченую колбасу, отварную курятину или говядину — пропустить через мясорубку. Если для начинки взять рыбу — отварную или консервы в масле,— ее измельчить. Плавленые сырки нарезать тонкими ломтиками. Сыр натереть на терке. Чеснок измельчить и добавить в сметану, перемешать.

На лепешку в первую очередь уложить ломтики плавленого сыра так, чтобы полностью ее покрыть. Следующий слой — мясная или рыбная начинка, которую смазать сметаной с чесноком и засыпать тертым сыром, чтобы он закрыл всю пиццу полностью.

Выпекать 35—40 мин в духовке на среднем жаре до получения румяной корочки золотистого оттенка.

Готовую пиццу украсить зеленью, оливками или маслинами.

Пицца «Гости на пороге»

Для теста (600—700 г): *320 г пшеничной муки, 20 г свежих дрожжей, 200 мл молока, 100 г сливочного маргарина, 1 ст. ложка сахара, $1/2$ ст. ложки растительного масла, соль на кончике ножа.*

Для начинки: *3—4 яйца, 5 помидоров (круглых, красных, мясистых) 2 копченые сосиски, 100 г колбасы, 30—50 г шпика, 50 г подсохшего сыра, 2 мелкие луковицы, 3—4 ст. ложки молока, 15 маслин, мускатный орех, зелень петрушки, черный молотый перец, соль по вкусу; 1 желток для смазывания.*

Приготовить опарное или безопарное дрожжевое тесто. Раскатать его по размеру противня в пласт толщиной около 0,8—0,9 см, перенести его на скалке на противень, разровнять, придать форму прямоугольника или овала, наколоть вилкой поверхность и смазать ее яйцом. Выложить на тесто кружки помидоров, 2 сваренных вкрутую яиц, копченых сосисок, брусочки колбасы. Между ними разместить очень мелкие кусочки шпика или ветчины, посыпать кольцами репчатого лука, посолить, поперчить, по желанию посыпать натертым мускатным орехом, залить взбитым яйцом (1 шт.), смешанным с молоком (цельным или концентрированным без сахара), посыпать тертым сыром. Все это время противень с пиццей должен стоять в тепле, тогда тесто за время оформления пиццы подойдет и будет готово к выпечке.

Выпекать пиццу при температуре 180—200° С до зарумянивания.

Готовую пиццу переложить с противня на деревянную доску, нарезать на части, уложить на блюдо, придав первоначальную форму.

Подавать пиццу горячей, можно сбрызнуть ее оливковым или растопленным сливочным маслом. Запивать сухим вином.

Дачная пицца

Для теста (600—700 г): *320 г пшеничной муки, 20 г свежих дрожжей, 200 мл молока, 100 г сливочного маргарина, 1 ст. ложка сахара, ¹/₂ ст. ложки растительного масла, соль на кончике ножа.*

Для начинки: *2 свежих помидора, 2 яйца, 200 г колбасы, 50 г шпика или ветчины, 2 луковицы, 2 ст. ложки тертого сыра, 15 маслин, черный молотый перец и соль по вкусу.*

Приготовить опарное или безопарное дрожжевое тесто. Раскатать пласт прямоугольной формы (по размеру противня) толщиной около 1 см, наколоть вилкой, смазать яйцом.

Равномерно по всей поверхности теста уложить кусочки сваренных вкрутую яиц, красного и желтого помидоров, мелкие кольца репчатого лука, маслины, брусочки колбасы, шпика или ветчины, посыпать солью, перцем, тертым сыром.

Выпекать пиццу в средне нагретой духовке (при температуре 180—200° С).

Подавать к бульону, чаю, кофе.

Пицца с грибами

Для теста (около 500 г): *250—300 г пшеничной муки, 10—15 г свежих дрожжей, 170 мл молока, 85 г сливочного маргарина, 1 ст. ложка сахара, ¹/₂ ст. ложки растительного масла, соль на кончике ножа.*

Для начинки: *200 г свежих грибов, 2—3 яйца, ¹/₂ стакана воды, 2 луковицы, 2 ст. ложки сливочного масла, 2 ст. ложки мелко нарезанной зелени петрушки.*

Приготовить опарное или безопарное дрожжевое тесто. Раскатать его в виде круглой лепешки, на нее положить нарезанные тонкими ломтиками шампиньоны или другие грибы, смешанные с обжаренным в масле луком, все залить взбитыми с водой яйцами, посолить, поперчить, посыпать мелко нарезанной зеленью петрушки.

Выпекать пиццу в духовке при температуре 180° С.

Пицца из пресного теста

ПИЦЦА ИЗ ПРЕСНОГО ТЕСТА НА ВОДЕ

Пицца «Лорен»

Для теста: *300 г просеянной пшеничной муки, 150 г сливочного масла, 20 мл воды, 1 яйцо, 10 г соли.*

Для начинки: *1—2 ст. ложки сливок или молока, 3 яйца (или 2 яйца и 4 желтка), 150 г копченого сала или ветчины, 60 г сыра, 2 щепотки молотого перца.*

Насыпать холмиком муку на столе или в большой миске. Сделать углубление, положить размягченное масло, соль, яйцо и влить 1 ст. ложку воды. Все перемешать. Тесто скатать в шар, посыпать мукой и оставить на несколько часов, накрыв салфеткой.

Затем раскатать тесто в пласт диаметром 30—35 см, выложить в смазанную форму или сковороду. По краям тесто сбрызнуть водой и загнуть внутрь формы, защипывая пальцем. На тесто положить тонкие обжаренные ломтики сала или ветчины, на сало положить тертый сыр. В миске взбить яйца с солью и перцем, добавить сливки и снова взбить. Этой массой залить пиццу и запекать в горячей духовке 15—20 мин.

Пицца с овощами

Для теста: *см. предыдущий рецепт «Пицца „Лорен"».*
Для начинки: *200 г сыра, 200 г копченого сала, 100 г репчатого лука, 150 г помидоров, 50 г спаржи (если есть),*

150 г лука-порея, 100 г моркови, 50 г сливочного масла, 1 стакан молока, 100 г сметаны, 3 яйца, зелень петрушки, перец, соль.

Приготовить тесто, как в предыдущем рецепте. Спаржу бланшировать 10 мин в кипящей соленой воде. Нарезать сыр на мелкие ломтики, помидоры спассеровать в небольшом количестве сливочного масла до выпаривания сока. Спассеровать в 10 г сливочного масла мелко нарезанный лук, сделать то же самое с морковью, луком-пореем, обжаривая их отдельно друг от друга.

Тесто раскатать, уложить в форму или сковороду, по дну разложить сало, сыр, помидоры, лук, морковь, спаржу. Яйца взбить с молоком, сметаной, солью, перцем и выложить на овощи. Сверху посыпать зеленью. Запекать 1 час 15 мин при средней температуре. Подавать к столу горячей.

Пицца с луком-пореем

Для теста: *500 г пшеничной муки, 200 г сливочного маргарина, 3 ст. ложки горячей воды, $1/2$ ч. ложки соли.*

Для начинки: *500 г лука-порея, 30 г сливочного маргарина, 1 ст. ложка пшеничной муки, 200 г сыра, 150 г колбасы, 4 яйца, 1 стакан сметаны, черный молотый перец и соль по вкусу; 1 желток для смазывания.*

Замесить пресное тесто, раскатать, положить в форму и поставить в холодильник.

Подготовленный лук-порей нашинковать и обжарить в растопленном жире с мукой, дать остыть. Вынуть из холодильника форму, тесто наколоть вилкой, посыпать 2 ст. ложками тертого сыра, положить кусочки колбасы и поставить на 20 мин в духовку, нагретую до 200° С. Затем взбитые яйца смешать со сметаной, луком-пореем и тертым сыром.

Положить эту массу в форму с тестом и продолжать выпекать при 200° С еще 30 мин.

Подавать пиццу горячей к пиву, вину.

Зерновая пицца

Для теста: *100 г пшеничной муки грубого помола, 75 г муки из зеленого зерна грубого помола, 1 ст. ложка оливкового масла, 2 ст. ложки йогурта, 75 мл газированной минеральной воды, соль.*

Для начинки: *1 маленькая луковица, $^1/_2$ стручка красного сладкого перца, 4 круглых помидора, 200 г протертых консервированных помидоров, 2 ст. ложки оливкового масла, 100 г тонко нарезанной салями, 150 г сыра моцарелла, $^1/_2$ ч. ложки семян тимьяна, $^1/_2$ ч. ложки семян майорана, белый молотый перец по вкусу, соль.*

Приготовить пресное тесто обычным способом, накрыть и поставить на 1 час на расстойку.

Затем раскатать две лепешки диаметром около 24 см и уложить в формы, смазанные оливковым маслом (1 ст. ложка).

Для начинки очистить луковицы и нарезать их тонкими кольцами. Из сладкого перца удалить сердцевину. Вымыть мякоть, обсушить и нарезать маленькими кубиками. Помидоры вымыть, обсушить и разрезать на 8 частей, при этом удалить плодоножки.

Коржи пиццы равномерно намазать протертыми помидорами, сбрызнуть оливковым маслом, посыпать солью, перцем, семенами тимьяна и майорана. Сверху уложить ломтики салями, кубики перца, кольца лука и дольки помидоров.

Сыр обсушить, нарезать тонкими ломтиками и уложить на пиццу. Запечь в духовке на среднем огне и сразу подать к столу.

Если вам не нравится тесто из муки грубого помола, приготовьте пиццу из ржаной муки с добавлением 1—2 ст. ложек пшеничной муки грубого помола.

Зерновая пицца с кукурузой

Для теста: *100 г пшеничной муки грубого помола, 75 г муки из зеленого зерна грубого помола, 1 ст. ложка олив-*

кового масла, 2 ст. ложки йогурта, 75 мл газированной
минеральной воды, соль по вкусу.

Для начинки: *6 ст. ложек консервированных зерен*
кукурузы, 1 стручок зеленого сладкого перца, 2 небольшие
луковицы, 2 зубчика чеснока, 200 г консервированного
тунца, 150 г крупно натертого сыра (честер или гауда),
200 г протертых консервированных помидоров, 1—2 ст.
ложки оливкового масла, черный молотый перец по вкусу.

Замесить, как обычно, пресное тесто и поставить на
расстойку на 1 час.

Овощи очистить. Перец нарезать кубиками, луковицы мелко нарезать, чеснок потолочь.

Тесто раскатать в две лепешки диаметром около 24 см,
уложить их в смазанные жиром формы. Лепешки равномерно намазать протертыми помидорами, сбрызнуть
маслом. На них положить кубики сладкого перца, нашинкованный лук, толченый чеснок, зерна кукурузы и
мясо тунца, посыпать молотым черным перцем, тертым
сыром и запечь в духовке сначала на сильном огне,
потом на среднем.

Протертые помидоры можно сбрызнуть не оливковым маслом, а маслом из-под консервированного тунца.

Зерновая пицца с брынзой

Для теста: *100 г пшеничной муки грубого помола, 75 г*
муки из зеленого зерна грубого помола, 2 ст. ложки олив-
кового масла, 2 ст. ложки йогурта, 75 мл газированной
минеральной воды, соль по вкусу.

Для начинки: *200 г брынзы, 200 г протертых консерви-*
рованных помидоров, 2 ст. ложки подсолнечного масла,
10 черных оливок, 1 пучок укропа, 2—3 веточки розмарина,
белый молотый перец по вкусу.

Приготовить лепешки для пиццы, как описано в
предыдущем рецепте.

Брынзу раскрошить вилкой.

Намазать лепешки протертыми помидорами. Сбрызнуть подсолнечным маслом, обильно посыпать мелко нарезанным укропом, а затем — свежемолотым белым перцем. Сверху выложить измельченную брынзу и оливки. Посыпать нарезанным розмарином и выпекать, как описано выше.

ПИЦЦА ИЗ ПРЕСНОГО ТЕСТА НА МОЛОКЕ ИЛИ ЯЙЦАХ

Пицца с грибами и сыром

Для теста: *250 г пшеничной муки, 150 г сливочного маргарина, 1 яйцо, 3 ст. ложки молока, 1 ч. ложка соли.*

Для начинки: *500 г свежих грибов, 30 г сливочного маргарина, 1 ст. ложка (с горкой) пшеничной муки, 1 стакан молока или сметаны, 3 яйца, черный молотый перец, мускатный орех; 200 г сыра.*

Растопить маргарин и из указанных компонентов замесить пресное тесто. Поставить его на 1 час в холодильник.

Подготовленные грибы отварить, дать остыть, положить поверх раскатанного и уложенного в форму (или на сковороду) теста, залить их взбитой массой из яиц, молока, сметаны, тертого сыра и пряностей.

По краю формы на поверхности теста положить, как бордюр, жгутик из теста и прижать его к лепешке.

Выпекать около 30—45 мин при температуре примерно 225° C.

Подавать в охлажденном виде как закуску к пиву или вину.

Пицца «Остатки сладки»

Для теста: *1 стакан пшеничной муки, 100 г сливочного масла, 1 яйцо и 1 желток.*

Для начинки: *все, что найдется в холодильнике...*

Из масла, яйца, желтка и муки замесить тесто. Раскатать его тонким слоем, уложить на небольшой противень, сделать бортики. На тесто положить остатки вареного мяса, рыбы, сосиски. Сверху все накрыть помидорами, нарезанными кружочками, и посыпать сыром, натертым на крупной терке. Запекать в духовке 15—20 мин.

ПИЦЦА ИЗ СМЕТАННОГО ТЕСТА

Пицца со свежими грибами

Для теста: *2 стакана пшеничной муки, 200 г сливочного масла или маргарина, 200 г сметаны, соль по вкусу.*

Для начинки: *500—600 г свежих грибов, 3—5 луковиц, 2—3 ст. ложки сливочного или растительного масла для жаренья грибов и лука, 2—3 яйца, $1/2$ стакана молока, столовая ложка лимонного сока, 2 ст. ложки мелко нарезанной зелени петрушки, молотый перец и соль по вкусу.*

Замесить пресное тесто из масла, сметаны и муки, оставить на 20 мин, раскатать ровным слоем толщиной 6—7 мм по размеру противня. Раскатать жгутик из этого же теста, уложить по бортику, смазать желтком.

На поверхности теста ровным слоем разложить начинку из отдельно обжаренных и смешанных грибов и лука. Взбить яйца, смешать с молоком, соком лимона, приправить солью, перцем, добавить мелко нарезанную зелень петрушки и полученной массой залить начинку. Выпекать при температуре 210—220° С.

Подавать пиццу горячей к грибному бульону, чаю, кофе.

Пицца с солеными грибами

Для теста: *300—400 г пшеничной муки, 200 г сливочного масла, 200 г сметаны, соль по вкусу; 1 желток для смазывания.*

Для начинки: *500—600 г соленых грибов, 40—60 г растительного масла, 2—3 яйца, 125 мл молока, 20 г сока лимона, 100 г лука, зелень петрушки, перец и соль по вкусу.*

Из муки, размягченного сливочного масла и сметаны приготовить тесто, оставить на 20 мин для расстойки, затем раскатать в пласт толщиной около 7 мм по размеру противня. Жгутиком из этого же теста выложить по краям противня бортик, смазать желтком.

Поверх теста равномерно выложить начинку из отдельно обжаренных рубленых соленых грибов и лука.

Взбитые яйца смешать с молоком, соком лимона, солью, перцем и рубленой зеленью петрушки. Полученной массой залить начинку. Сверху можно украсить очищенным арахисом и несколькими ломтиками отваренных шампиньонов. Выпекать в средне нагретой духовке.

Пицца с луком и сыром

Для теста: *2 тонких стакана пшеничной муки, 200 г сливочного масла, 200 г сметаны.*

Для начинки: *5—7 небольших головок репчатого лука овальной формы, 2—3 красных мясистых помидора сливовидной формы, 200 г сыра, зелень петрушки, соль и черный молотый перец по вкусу; 1 желток для смазывания.*

Из муки, масла и сметаны замесить пресное тесто, разделить его на 3 равные части, каждую часть раскатать в виде кружка. Положить кружки на противень, поверхность теста смазать желтком. В центре поместить красный кружок помидора, посолить, вокруг расположить в виде цветка овальные ломтики репчатого лука, слегка обжаренного с обеих сторон, затем ожерелье из красных кружков помидора и, наконец, по краю цепочку из кубиков сухого сыра. Часть сыра натереть на мелкой терке и посыпать пиццу.

Выпекать при температуре 230—240° С до готовности. При выпечке кубики сухого сыра слегка оплавляются и образуют красивую кружевную кромку пиццы.

Пиццу подавать горячей к кофе или чаю.

Пиццу можно приготовить и иначе: все тесто раскатать в виде прямоугольника по размеру противня, поверхность смазать желтком, положить начинку, испечь. При подаче нарезать на куски и положить их на блюдо.

Пицца с колбасой и сыром

Для теста: *2 стакана пшеничной муки, 200 г сливочного масла или маргарина, 200 г сметаны, соль по вкусу.*

Для начинки: *200 г сыра, 150 г колбасы, 5—6 помидоров, 2 луковицы, 2—3 ст. ложки растительного масла, молотый перец, соль по вкусу, зелень петрушки; 1 желток для смазывания.*

Приготовить пресное тесто, как обычно, оставить на 20 мин, прикрыв полотенцем. Раскатать тесто ровным слоем толщиной 6—7 мм, перенести на скалке на противень, расправить, по краю теста уложить жгутик, смазать его желтком.

Выложить на противень с тестом колбасу, нарезанную мелкими кубиками, обжаренный лук, ломтики помидоров, приправить солью и перцем, посыпать сыром и мелко нарезанной зеленью петрушки, сбрызнуть маслом.

Выпекать в духовке при температуре 210—220° С.

Подавать горячей к чаю или кофе, к вину или пиву.

Пицца с копчеными сосисками и помидорами

Для теста: *2 тонких стакана пшеничной муки, 200 г сливочного маргарина, 200 г сметаны, соль на кончике ножа.*

Для начинки: *70 г копченых сосисок, по 3 красных и желтых помидора, 2 сваренных вкрутую яйца, 10—12 маслин; 1 желток для смазывания.*

Маргарин размять, добавить сметану и растирать до получения однородной массы. Всыпать соль и муку и замесить пластичное гладкое тесто.

Раскатать круглую, овальную или прямоугольную (по размеру противня) лепешку толщиной 1−1,2 см, положить на смоченный водой противень. Поверхность теста наколоть вилкой, смазать желтком, сверху красиво уложить нарезанные кружками красные и желтые мясистые помидоры и вареные яйца. Посолить. Положить нарезанные кружочками или соломкой копченые сосиски или колбасу, на них − маслины. Все посыпать натертым на мелкой терке твердым сыром. Испечь в духовке при 210−220° С до зарумянивания.

Горячую пиццу нарезать, выложить на блюдо и немедленно подать к кофе или вину.

Пицца «Экзотика»

Для теста: *400 г пшеничной муки, 200 г сливочного масла, 250 г сметаны.*

Для начинки: *100 г колбасы, 100 г сосисок, 4−5 ст. ложек консервированной кукурузы, несколько долек ананаса, 2 помидора, 50 г сыра, перец, мускатный орех, соль по вкусу.*

Замесить тесто из масла, сметаны, муки, оставить на 20 мин в холодильнике, раскатать ровным слоем по размеру противня толщиной 6−7 мм. Раскатать жгутик из этого же теста, оформить бортик, смазать желтком. Положить начинку из мелко нарезанных кусочков колбасы и сосисок, кукурузы и ломтиков ананаса, более крупных ломтиков помидора. Посыпать тертым сыром. Выпечь до готовности, подать в горячем виде к чаю или кофе.

Пицца для гурманов

Для теста: *300−400 г пшеничной муки, 200 г сливочного масла, 200 г сметаны, соль.*

Для начинки: *300−400 г куриной печенки, 2 помидора, 200 г сыра, 1 яйцо, 2 ст. ложки майонеза, 3 ст. ложки сливок, сахар, мускатный орех, перец и зелень по вкусу, соль.*

Замесить тесто из масла, сметаны, муки и оставить на 20 мин в холодильнике. Раскатать ровным слоем толщиной около 6—7 мм по размеру противня. Жгутик из этого же теста уложить бортиком, смазать желтком. Уложить равномерно начинку из предварительно подготовленной куриной печенки (сварить и пропустить через мясорубку, добавить сливки), положить ломтики помидоров, посыпать тертым сыром, сбрызнуть маслом, посолить, поперчить, посыпать мускатным орехом и зеленью, сверху смазать майонезом, смешанным с яйцом. Выпекать до готовности.

ПИЦЦА ИЗ ПРЕСНОГО ТЕСТА С ДОБАВЛЕНИЕМ СОДЫ

Пицца с брюссельской и цветной капустой

Для теста: *300 г пшеничной муки, 200 г сливочного масла, 20 мл молока, 150 г творога, 10 г соды, соль по вкусу.*
Для начинки: *300 г брюссельской капусты, 300 г цветной капусты, 200 г шпика, 2 желтка, 250 г майонеза, 100 г сыра, 20 г миндаля.*

Из муки, масла, молока, творога, желтка, соли и соды замесить гладкое тесто. Раскатать, перенести на смазанный маслом противень, разместить на тесте мелко нарезанный шпик, сверху выложить отваренные в подсоленной воде овощи, полить томатным соусом или майонезом, посыпать тертым сыром и половинками миндаля, поставить в духовку с температурой 220° С и запекать до готовности.

Пицца с овощами

Для теста: *400—500 г пшеничной муки, $^1/_2$ л кефира, 2 яйца, $^1/_2$ ч. ложки соды, соль по вкусу.*

Для начинки: *300 г цветной капусты, 2 шт. моркови, 3 ст. ложки зеленого горошка, 2 луковицы, 3 помидора, зелень петрушки и укропа, кориандр, 100 г сыра, сахар, соль по вкусу.*

Замесить тесто из кефира, муки, яиц, соды и соли. Оставить его на 1—1 ½ часа для расстойки. Раскатать тонким слоем толщиной 6—7 мм. Положить начинку: кусочки моркови, лука, помидоров, зеленого горошка и цветной капусты, посыпать тертым сыром и зеленью. Выпекать до готовности.

Пицца с мясом или рыбой

Для теста: *2 стакана пшеничной муки, 1 стакан кефира, 2 яйца, 1 ч. ложка сахара, ½ ч. ложки соды, ½ ч. ложки соли.*
Для начинки: *какое-либо мясо или рыба, 2 луковицы средних размеров, 200 г помидоров, 200 г болгарского перца, 200 г твердого сыра, 3 ст. ложки майонеза, 2 ст. ложки сметаны, специи, соль по вкусу.*

В кефир добавить яйца, соль, соду, сахар, всыпать просеянную муку, замесить тесто, вылить в смазанную растительным маслом форму. Сверху уложить мясную или рыбную начинку (или колбаса, или отварная курица, или рыбные консервы в масле и т. д.), затем нарезанный кольцами репчатый лук, помидоры и болгарский перец. Посолить и поперчить по вкусу. Засыпать тертым сыром и залить смесью майонеза со сметаной. Выпекать в духовке на среднем огне 25—30 мин.

Пицца из слоеного теста

Пицца с шампиньонами

Для теста: *2 стакана пшеничной (муки с горкой), 1 стакан сметаны, 200 г сливочного масла.*

Для начинки: *200 г шампиньонов, 100–150 г репчатого лука, 150 г сыра, черный молотый перец, зелень петрушки, соль по вкусу.*

Приготовить рубленое слоеное тесто. Для этого на доску просеять муку, на муку положить нарезанное кусочками масло, все порубить ножом, посолить, соединить со сметаной, тщательно перемешать, охладить, затем раскатать в виде круглой лепешки толщиной примерно 1 см. Поверх теста ровным слоем нанести шампиньоны, нарезанные тонкими ломтиками и смешанные с обжаренным в масле луком, посолить, посыпать тертым сыром, поперчить и запечь в духовке до готовности.

Перед подачей к столу посыпать мелко нарубленной зеленью петрушки.

Подавать пиццу к столу горячей к чаю, кофе или пиву.

Пицца со шкварками

Для теста: *500 г слоеного теста на кефире (см. рецепт IX в разделе «Тесто»).*

Для начинки: *200 г шкварок, 200 г сыра, 4 яйца, 1 стакан сметаны, мускатный орех, черный молотый перец.*

Раскатать тесто в виде круглой лепешки и уложить в форму для выпечки пиццы. Поверхность теста посыпать шкварками, тертым сыром, залить взбитыми со сметаной яйцами с добавлением молотого мускатного ореха и перца.

Запечь в духовке.

Подавать как закуску к пиву, вину, а также к кофе или чаю.

Пицца с плавленым сыром

Для теста: *слоеное тесто по любому рецепту.*

Для начинки: *125 г плавленого сыра, 400 г помидоров, перец, соль по вкусу.*

Приготовить слоеное тесто по любому рецепту, раскатать в тонкий пласт и выложить на смоченный холодной водой лист (или сковороду).

Положить на тесто ломтики плавленого сыра и кружки помидоров, посыпать солью и перцем.

Выпекать пиццу на среднем огне до золотистого цвета.

Подавать к столу горячей.

ПИЦЦА ПО-РУССКИ
(ОТКРЫТЫЕ ЗАКУСОЧНЫЕ ПИРОГИ)

С глубокой древности славилась русская кухня выпечными изделиями. Никогда не переводились на Руси пироги. Пироги выпекали большие и маленькие, открытые и закрытые.

Широко известны расстегаи — пироги круглой формы, величиной с тарелку, с открытой серединой, выпекаемые из дрожжевого теста; волованы — открытые круглые пироги-коробочки из слоеного теста; беляши — небольшие сочные круглые пироги, обжаренные в масле на сковороде, и др. Для начинок используют мясо, всевозможную рыбу, мозги, яйца, творог, горох, морковь, соленые огурцы, лук, капусту, картофель, грибы и т. д.

Для открытого пирога раскатывают слой теста толщиной около 1 см, с помощью скалки переносят его на противень, края загибают на бортики противня. На тесто ровным слоем кладут начинку. Затем аккуратно заворачивают края теста и защипывают их в уголках. На слой начинки можно поместить украшения из теста: листики, цветы, веточки или сделать из тонких узких полосок теста сеточку. После расстойки края пирога смазывают желтком, разведенным молоком или водой. Пирог выпекают при температуре 200—210° С.

Испеченные пироги, дав им немного остыть, снимают с противня, иначе нижняя корочка почернеет. Если пирог не снимается, между ним и противнем можно протащить нитку.

Чтобы корочка испеченного пирога была мягкой и нежной, рекомендуется смазать ее сливочным маслом.

Готовый пирог следует накрыть листом пергамента и (поверх пергамента) полотенцем.

Расстегаи

Расстегаи — круглые пироги с открытой серединой, выпекаемые из дрожжевого теста. В прежние времена расстегаи выпекали с начинкой из рыбного фарша с визигой, теперь же для начинки используют также мясо и яйца, грибы, рис и даже брынзу.

Расстегаи — пироги закусочные. Их подают также к крепкому бульону (мясному или рыбному) и ухе.

Расстегаи делают большими и маленькими. Так называемые московские расстегаи, которыми издавна славилась Москва, — большие, во всю тарелку. Маленькие расстегаи выпекают как круглой формы, так и овальной (лодочки). У всех расстегаев середина открыта.

Дрожжевое кислое тесто разделывают на порционные куски (около 150 г для больших расстегаев, 50—70 г для маленьких), формуют из каждого куска шарик, дают ему расстояться, раскатывают в лепешку круглой или овальной формы толщиной около 1 см. На середину лепешки кладут фарш и защипывают края, оставляя середину открытой. Выкладывают на смазанный маслом лист и ставят в теплое место для расстойки. После этого смазывают сверху желтком и выпекают, как пирожки. Готовые расстегаи обязательно надо смазать растопленным сливочным маслом.

В соответствии с видом фарша в середину готового расстегая перед подачей можно положить ломтик вареной осетрины или малосольной рыбы (семги, лососины и др.), шляпки маринованных грибов или кружочки крутого яйца.

Московские расстегаи с грибами и рисом

Для теста (около 600 г): *300 г пшеничной муки, 180 мл молока, 20 г свежих дрожжей, 90 г сливочного маргарина, 1 ст. ложка сахара, $^1/_2$ ст. ложки растительного масла, соль на кончике ножа.*

Для начинки: *200 г сушеных грибов (или 500 г свежих, или 500 г соленых), 1 луковица, 2—3 ст. ложки сливочного масла или маргарина, 100 г риса (крупы), черный молотый перец и соль по вкусу; 1 желток для смазывания теста, 25 г сливочного масла для смазывания готового расстегая.*

Дрожжевое тесто, приготовленное опарным или безопарным способом, разделить на куски примерно по 150 г, скатать их в шары и дать расстояться 10—15 мин. Затем шары раскатать в виде круглых лепешек размером с большое чайное блюдце, перенести их на смазанный жиром противень. На середину лепешек положить грибную начинку, разровнять по всей поверхности, загнуть края, как у ватрушки, дать расстояться, смазать желтком и выпекать до готовности при температуре 200—210° С.

После выпечки смазать бортик пирога растопленным сливочным маслом.

Для приготовления начинки из сушеных грибов надо их отварить, откинуть на сито или дуршлаг, промыть, пропустить через мясорубку или мелко порубить сечкой. Мелко нарезать лук, слегка обжарить его, добавить к нему грибы и все вместе жарить еще 3—5 мин. Когда остынет, смешать с охлажденным рассыпчатым рисом.

Свежие грибы отварить, мелко нарезать или порубить, обжарить отдельно на сливочном масле, затем смешать с отдельно поджаренным луком и рассыпчатым рисом.

Соленые грибы сначала промыть, затем откинуть на сито, мелко нарезать, обжарить на растительном масле.

При желании до выпечки и бортик, и поверхность расстегая можно украсить элементами теста: листиками, колосьями, цветками, грибочками. Все эти элементы перед выпечкой смазать желтком, а после выпечки смазать сливочным маслом.

Размер лепешки для расстегая при желании можно увеличить.

Московские расстегаи с мясом и яйцом

Для теста (около 600 г): *300 г пшеничной муки, 180 мл молока, 20 г свежих дрожжей, 90 г сливочного маргарина, 1 ст. ложка сахара, $^1/_2$ ст. ложки растительного масла, соль на кончике ножа.*

Для начинки: *800 г говядины (мякоти), 5 сваренных вкрутую яиц, 70 г маргарина, черный молотый перец и соль по вкусу; 1 желток и 2 ст. ложки сливочного масла для смазывания.*

Для начинки сырое мясо нарезать небольшими кусками и пропустить через мясорубку или измельчить ножом. Измельченное мясо положить на противень и обжарить в духовке (или потушить на сковороде). Еще раз пропустить через мясорубку, добавить соль, перец, рубленые яйца.

Приготовить дрожжевое тесто (опарное или безопарное), сформовать шарики по 150 г, дать им расстояться 8—10 мин. Затем раскатать круглые лепешки, положить начинку (по 70—80 г), защипнуть края, как у ватрушек.

Сформованные расстегаи положить на противень (или металлические листы), оставить на 10—15 мин в теплом месте для расстойки, смазать желтком и выпекать до готовности при температуре 210—220° С.

После выпечки горячие расстегаи смазать сливочным маслом.

Подавать расстегаи горячими.

Московские расстегаи с рыбой и визигой

Для теста (около 600 г): *300 г пшеничной муки, 180 мл молока, 20 г свежих дрожжей, 90 г сливочного маргарина, 1 ст. ложка сахара, $^1/_2$ ст. ложки растительного масла, соль на кончике ножа.*

Для начинки: *500 г филе судака, налима, сома, морского окуня или рыб кетовых пород (без кожи и костей), 25 г риса (крупы), 60 г вяленой визиги (или 240 г сырой), 75 г маргарина, черный молотый перец и соль по вкусу.*

Московский расстегай с рыбой готовят так же, как московский расстегай с мясом.

Для начинки филе рыбы нарезать кусками, уложить в смазанный жиром сотейник, добавить немного воды или бульона, припустить до готовности. Готовую рыбу порубить, положить в посуду с растопленным жиром, добавить отварной рассыпчатый рис, немного белого соуса, приготовленного на бульоне, оставшемся при тушении рыбы, соль, перец, мелко нарезанную зелень укропа или петрушки, перемешать, дать остыть.

В начинку из морских рыб можно добавить пасссерованный лук.

Выпекать при температуре 210—220° С.

Подавать расстегаи горячими.

Рыбные расстегаи

Для теста: *7 стаканов пшеничной муки, 2 стакана молока, 40 г свежих дрожжей, 2 ст. ложки сливочного масла, 1 ст. ложка сахара, 2 яйца, 1 ч. ложка соли.*

Для начинки: *300 г рыбы без костей и кожи (осетрина, кета, судак, лососина, семга), рисовый фарш (или фарш из саго либо визиги).*

Приготовленное дрожжевое тесто раскатать на столе, подпыленном мукой, в большой пласт толщиной 5 мм. Выемкой или стаканом нарезать кружки, которые слегка раскатать скалкой, на каждый кружок положить фарш из риса. На середину, поверх фарша, положить кусочек рыбы. Края расстегая защипнуть, оставляя середину открытой. Приготовленные таким образом расстегаи уложить на лист, смазанный маслом, и поставить на расстойку на 15—20 мин. Смазанные яйцом расстегаи выпекать при температуре 220—230° С.

Готовые расстегаи смазать маслом, выложить с металлического листа и покрыть влажной салфеткой.

Закусочные расстегаи с мясом

Для теста: *6 стаканов пшеничной муки, 2 стакана воды, 45 г свежих дрожжей, 80 г столового маргарина, 175 г меланжа, 2 ст. ложки сахара, 1 ч. ложка соли.*

Для начинки: *750 г мясного фарша с яйцом; растительное масло для смазывания.*

Дрожжевое опарное тесто разделить на кусочки по 45 г, сформовать шарики, а через 5 мин раскатать из них круглые лепешки. На середину каждой лепешки положить фарш, соединить края теста так, чтобы середина пирожка осталась открытой, уложить на лист, смазанный маслом, и после полной расстойки смазать яйцами. Выпекать при температуре 230—240° С.

Для закусочных (маленьких круглых) расстегаев употребляют мясной фарш с яйцом или рыбный фарш.

После выпечки в отверстия мясных расстегаев положить рубленые крутые яйца, а в рыбные — ломтики рыбы.

Закусочные расстегаи с рыбой

Для теста: *600 г пшеничной муки, 250 г молока, 20 г свежих дрожжей, 2 яйца, 60 г сливочного масла, $^1/_2$ ст. ложки сахара, соль.*

Для фарша: *500—600 г рыбного филе, 2—3 ст. ложки растительного масла, 40 г сливочного масла, перец, соль.*

Для смазывания: *1 яйцо, 1 ст. ложка сливочного масла.*

Приготовить дрожжевое тесто, тонко его раскатать, вырезать стаканчиком кружки и на каждый уложить рыбный фарш, а поверх него — кусочек семги или кеты и снова фарш. Защипнуть расстегаи так, чтобы середина осталась открытой.

Приготовление фарша: любую рыбу отделить от костей и кожи, нарезать небольшими кусочками, поджарить на растительном масле, посолить, поперчить, пропустить через мясорубку, прибавить по вкусу сливочное масло, хорошо все перемешать.

Смазать расстегаи слегка взбитым яйцом, поставить в горячую духовку на сильный огонь, уменьшив его спустя 2—3 мин. Выпекать 15—20 мин до образования равномерной румяной корочки.

Вынутые из духовки расстегаи непременно смазать растопленным сливочным маслом и сразу подать к столу.

Закусочные расстегаи с рыбой и рисом

Для теста: *700 г пшеничной муки, 150 мл молока, 20 г дрожжей, 50 г сливочного масла, 2 яйца, 40 г сахара, соль.*

Для фарша: *750 г рыбного филе, 50 г сливочного масла, 1/2 стакана воды, 200 г вареного риса, перец, соль.*

Для смазывания: *1 яйцо, 1 ст. ложка сливочного масла.*

Слегка подогреть молоко, положить в него дрожжи и щепотку сахара, размешать. Всыпать 200 г муки, снова размешать. Опару поставить в теплое место и накрыть сверху полотенцем. Когда она подойдет, добавить соль по вкусу, яйца, 25 г маргарина или сливочного масла и 30 г сахара. Размешав все это, всыпать остальную муку (500 г), тесто хорошенько вымесить и влить в него 25 г растопленного сливочного масла.

Приготовить рыбный фарш из любого рыбного филе. Нарезать филе кусочками, положить в кастрюлю, добавить 25 г сливочного масла, влить немного воды или бульона, посолить и поперчить по вкусу и, закрыв кастрюлю крышкой, поставить на небольшой огонь. Время от времени перемешивать. Когда рыба будет готова, смешать ее с предварительно отваренным рассыпчатым рисом, добавив сливочное масло (25 г), зелень петрушки или укропа, соль, перец, дать фаршу остыть, а затем ложечкой класть его на середину раскатанных из теста (как это делается обычно для пирожков) небольших круглых лепешечек. Скрепляя края теста, оставить в середине небольшое отверстие.

Перед выпечкой смазать расстегаи яичным желтком, разведенным водой, и выпекать в духовке на смазанном противне в течение 20—25 мин. Температура в духовке должна быть не выше 200° С. Готовые расстегаи уложить на противень и подержать в теплом месте 15—20 мин.

Подавая горячие расстегаи к столу, в отверстие положить кусочек сливочного масла или икры.

Расстегаи-лодочки

Для теста (на 10 расстегаев): *дрожжевое тесто из 2 стаканов муки (см. раздел «Тесто»).*
Для начинки: *300—400 г рыбного или мясного фарша.*

В тесто положить половину нормы сахара, предусмотренного рецептом, и влить немного больше воды или молока. Тесто раскатать в жгут и разрезать на 10 кусков. Каждый кусок подкатать в шарик, положить на стол, посыпанный мукой. Через 5 мин раскатать каждый шарик в лепешку, на середину лепешки положить мясной или рыбный фарш и защипнуть края лепешки с двух сторон так, чтобы посередине продолговатого пирожка остался просвет, через который видна начинка.

Перед заделкой теста положить на начинку кусочек рыбы, мяса или кружочек яйца.

По обоим концам просвета закрутить края лепешки в виде двух бугорков, чтобы при выпечке лепешка не разворачивалась.

Положить расстегаи на противень, смазанный маслом, дать 20—30 мин на расстойку и выпекать в течение 10—15 мин при 230—240° С.

Ватрушки

Ватрушки с картофельным пюре (вариант 1)

Для теста (10 ватрушек): *400 г пшеничной муки, 200 мл молока, 10 г свежих дрожжей, 10 г сахара, 40 г столового маргарина, 10 г соли.*

Для начинки: *1 ¹/₂ кг картофеля (очищенного), 300 мл молока, 20 г соли.*

Для смазывания: *10 г животного жира для смазывания противня, 50 г сметаны для смазывания ватрушек.*

Приготовить дрожжевое кислое тесто, разделать его на 10 булочек, которые после небольшой расстойки на столе раскатать в круглые лепешки диаметром 10 см. Положить лепешки на смазанный жиром противень и через 10—15 мин широким пестиком (диаметром 9 см) сделать в тесте углубление, в которое выложить картофельное пюре. Дать полную расстойку, смазать сметаной и выпекать в духовке при 200—230° С.

Подавать в горячем виде с листьями зеленого салата, крупно нарезанными помидорами. Отдельно подать кетчуп.

Ватрушки с картофельным пюре (вариант 2)

Для теста: *3 стакана пшеничной муки, 1 стакан молока, 30 г свежих дрожжей, 1 ст. ложка сахара, 75 г растительного масла, маргарина или жира, ¹/₂ ч. ложки соли.*

Для начинки: *700—800 г очищенного картофеля, 3 ст. ложки растопленного сливочного масла, 2 яйца, 2 ч. ложки тмина, соль по вкусу.*

Для смазывания: *яйцо.*

Дрожжи растереть с сахаром, добавить теплое молоко с жиром, соль и муку, вымесить тесто и дать ему подойти. Сформовать большие булочки, после расстойки раскатать их в лепешки, положить начинку, защипнуть края, сверху смазать яйцом и выпечь в духовке с умеренным жаром.

Для начинки картофель отварить в подсоленной воде, слить воду, размять картофель, добавить масло, посолить. Теплое пюре смешать со взбитыми яйцами и тмином.

Ватрушки с картофелем и луком

Для теста (10 ватрушек): *2 стакана пшеничной муки, $1/2$ стакана воды или молока, 10 г свежих дрожжей, 1 ч. ложка сахара, 1 ст. ложка маргарина или растительного масла, $1/4$ ч. ложки соли.*

Для начинки: *300 г картофеля, 1 луковица, 20 г сливочного масла, 1 яйцо, соль по вкусу; 1 яйцо для смазывания.*

Приготовить безопарное дрожжевое тесто. Сформовать из теста 10 лепешек с утолщенными краями и уложить на смазанный маслом противень. После полной расстойки выпекать в течение 10—15 мин при температуре 200—220° С до полуготовности.

Картофель очистить, сварить, растереть на пюре, добавить масло, свежее яйцо, жареный лук и соль по вкусу. Эту начинку положить на полувыпеченные лепешки, смазать яйцом и допечь их до готовности. В результате предварительной выпечки под начинкой не будет сырого теста.

Ватрушки с морковью

Для теста (10 ватрушек): *500 г муки, 200 мл воды, 20 г свежих дрожжей, 50 г животного жира, 40 г сахара, 215 г меланжа (4 яйца).*

Для начинки: *360 г моркови (очищенной), 50 г сахара, 43 г меланжа (1 яйцо), 100 г сметаны, 30 г пшеничной муки, 2 г лимонной цедры.*

Приготовить опарное дрожжевое тесто, разделить на 10 частей, сформовать ватрушки, наполнить их приготовленной начинкой, смазать яйцом и выпечь в духовке.

Приготовление начинки: морковь измельчить, добавить сахар, лимонную цедру, соль, сырое яйцо, сметану, муку и все тщательно перемешать.

Большая ватрушка с грибами («Колобок»)

Для теста: *2 стакана пшеничной муки, $1/4$ стакана воды или молока, 10 г свежих дрожжей, 2 ст. ложки сахара, 2—3 ст. ложки сливочного масла или маргарина, 2 яйца, $1/4$ ч. ложки соли.*

Для начинки: *400 г свежих или 100 г сушеных грибов, 1 луковица, 2 ст. ложки жира, 1 ч. ложка пшеничной муки, перец, зелень и соль по вкусу; 3 сваренных вкрутую яйца.*

Для смазывания: *1 яйцо; $1/2$ стакана бульона для заливки.*

Приготовить дрожжевое тесто опарным способом. Из готового теста раскатать круглый пласт толщиной 5—6 мм. Посередине несколькими слоями расположить грибной фарш и сваренные вкрутую рубленые яйца так, чтобы из начинки образовалась круглая горка. Края теста защипнуть складочками над начинкой, оставив в середине маленькое отверстие. После расстойки смазать пирог яйцом и выпекать 40—50 мин при температуре 180—200° С. После выпечки в отверстие налить бульон и закрыть его «крышкой», выпеченной из того же теста.

Приготовление начинки: сваренные грибы пропустить через мясорубку или мелко изрубить ножом и обжарить с 1 ст. ложкой жира. Из остального жира, муки и лука приготовить соус. Смешать грибы и соус, добавить мелко нарубленную зелень, соль и перец по вкусу.

Можно приготовить начинку из половинной нормы грибов и 1 стакана квашеной капусты (капусту слегка обжарить на сковороде с жиром).

Беляши

Беляши — это ватрушки с мясом, поджаренные во фритюре. Перед жареньем с них надо мягкой щеточкой смести муку, иначе в кипящем жире она будет гореть, изделие приобретет непривлекательный вид и неприятный запах.

Беляши (вариант 1)

Для теста: *500 г пшеничной муки, 1 стакан молока или воды, 15 г свежих дрожжей, $^1/_2$ ч. ложки соли.*

Для фарша: *400 г мяса (мякоти), 2—3 средние головки лука, соль.*

Для жаренья: *100 г жира для жаренья (масла топленого, растительного или маргарина).*

Приготовить безопарное дрожжевое тесто, разделать его в виде шариков, оставить для расстойки на 10 мин, затем раскатать шарики в небольшие лепешки.

Одновременно приготовить мясной фарш. Для этого мясо нарезать небольшими кусочками, мелко порубить или пропустить через мясорубку и смешать с мелко нарезанным луком, добавив соль и перец.

На середину лепешек положить столовую ложку фарша и защипнуть края теста, придавая ему форму ватрушки.

Приготовленные беляши обжарить с обеих сторон на разогретой сковороде с маслом (сначала со стороны открытой), после чего переложить их на блюдо.

Беляши (вариант 2)

Для теста: *3 $^1/_2$ стакана пшеничной муки, 1 стакан молока или воды, 20 г свежих дрожжей, 50 г жира, $^1/_2$ ч. ложки соли.*

Для начинки: *500 г мякоти говядины, 2 луковицы, $^1/_2$ стакана воды, молотый перец, соль.*

Для жаренья: *300 г жира.*

Готовое дрожжевое тесто, приготовленное безопарным способом, хорошо вымесить и скатать в жгут, который нарезать на маленькие булочки. Булочки раскатать в небольшие лепешки (из этой порции теста выходит 20 беляшей). На лепешки положить мясной фарш. Края лепешки завернуть в фарш, как у ватрушки. Оставить на 20—30 мин для расстойки.

Готовые беляши жарить в большом количестве разогретого жира на сковороде, укладывая их мясом вниз. Когда верх хорошо подрумянится, повернуть донышком вниз и жарить до готовности. Продолжительность жаренья беляшей 8—10 мин.

Для приготовления фарша мясо очистить от пленок и сухожилий, вымыть и нарезать небольшими кусочками, пропустить с луком через мясорубку два раза. Фарш развести водой, добавить соль и перец.

В беляши фарш класть в сыром виде.

Беляши (вариант 3)

Для теста (10 беляшей): *2 стакана пшеничной муки, ¹/₂ стакана воды или молока, 10 г свежих дрожжей, 1 ст. ложка растительного масла или маргарина, ¹/₄ ч. ложки соли.*

Для начинки: *300 г мякоти говядины, 3 луковицы, ¹/₄ стакана воды, перец, ¹/₂ ч. ложки соли.*

Для жаренья: *200 г жира.*

Нарезать мясо на небольшие куски, добавить очищенный лук и пропустить через мясорубку; затем добавить соль, перец, воду, все хорошо перемешать и в сыром виде использовать для начинки.

Приготовить безопарное дрожжевое тесто нормальной или более густой консистенции, но без сахара. Раскатать из теста 10 круглых лепешек, положить на каждую из них приготовленный фарш и края лепешек защипнуть так, чтобы посередине пирожка часть фарша в виде кружочка осталась не покрытой тестом, как в ватрушках.

После 20—30-минутной расстойки обжарить пирожки на сковороде в большом количестве жира, сначала открытой стороной, затем закрытой.

Беляши (вариант 4)

Для теста (10 беляшей): *400 г пшеничной муки, 200 мл воды или молока, 10 г свежих дрожжей, 10 г сахара, 10 г соли.*

Для начинки: *550 г жирной говядины (мякоти), 100 г репчатого лука, 75 мл воды, перец.*

Для жаренья: *75—100 г топленого масла.*

Приготовить дрожжевое тесто. Для приготовления фарша мясо с луком провернуть через мясорубку, добавить соль, перец, воду и хорошо перемешать. Из теста раскатать лепешку, положить на середину ее фарш и края теста защипнуть, как для ватрушек. На сковороду с хорошо разогретым жиром положить изделия фаршем вниз, а после обжаривания перевернуть на другую сторону.

Открытые пироги из пресного теста, выпекаемые в форме

Для приготовления пресного (бездрожжевого) теста для этих пирогов на 500 г пшеничной муки берут 1 стакан сметаны (кефира и т. п.), 2 ст. ложки сливочного масла или маргарина, 2 яйца, 1 ст. ложку сахара и $^1/_2$ ч. ложки соли.

На пирожковую доску просеивают муку холмиком, делают в нем углубление, в которое кладут сметану, масло, соль, сахар, вливают яйца и быстро замешивают тесто. Скатав тесто в шар, накрывают его полотенцем и ставят в холодное место на 30—40 мин (иногда до 3 часов).

Если тесто готовят без сметаны, то на 500 г муки берут 200 г масла или маргарина, 1 ст. ложку сахара, 2 ст. ложки водки или коньяка, $^1/_2$ ч. ложки соли.

Сметану можно также заменить творогом.

Из несладкого пресного теста делают пироги и пирожки с различными несладкими начинками (из мяса, грибов, сыра, брынзы, лука).

Пирог с сыром (вариант 1)

Для теста: *1 стакан пшеничной муки, 125 г сливочного масла, 3 ст. ложки сметаны, $^1/_4$ ч. ложки соли.*

Для начинки: *2 стакана тертого сыра, 4 желтка, 2 стакана сливок, 1 ст. ложка пшеничной муки, $^1/_8$ ч. ложки красного молотого перца, $^1/_2$ ч. ложки соли.*

Муку всыпать в блюдо, добавить соль и сливочное масло и замесить тесто. Добавить сметану. Месить до тех пор, пока тесто не перестанет прилипать к стенкам блюда. Скатать тесто в комок и оставить на 3 часа в холодильнике.

Охлажденное тесто раскатать в крутую лепешку на доске. С помощью скалки переложить лепешку в смазанную маслом форму или сковороду.

Тертый сыр смешать с мукой и высыпать ровным слоем на тесто. Взбить яичные желтки со сливками, солью и красным перцем. Полить взбитыми яйцами сыр и поставить пирог в предварительно хорошо нагретую (до 200° С) духовку на 15 мин. После этого уменьшить нагрев в духовке до 150° С и печь пирог еще 25 мин или до тех пор, пока он не подрумянится.

Пирог с сыром (вариант 2)

Для теста: *500 г пшеничной муки, 1 стакан сметаны, 2 ст. ложки маргарина, 2 яйца, 1 ст. ложка сахара, $^1/_2$ ч. ложки питьевой соды, $^1/_2$ ч. ложки соли.*

Для начинки: *400 г сыра (осетинского, имеретинского, моцареллы), 40 г сливочного масла, 2 яичных желтка.*

Для смазывания: *2—3 ст. ложки растопленного сливочного масла, 1 яйцо.*

Приготовить пресное тесто, как описано выше, и выдержать около 1 часа на холоде.

Из теста раскатать две (одна должна быть вдвое тоньше другой) круглые лепешки.

Сыр растереть деревянной ложкой, смешать с яичными желтками и маслом в однородную массу.

В смазанную жиром форму или сковороду выложить толстую лепешку, смазать ее маслом и выложить на нее ровным слоем начинку. Тонкую лепешку тоже смазать маслом и смазанной стороной положить на начинку.

Защипнуть края. Верх пирога смазать яйцом. Выпекать около 15 мин в жаркой духовке, затем пирог проткнуть в нескольких местах и довести до готовности, уменьшив нагрев.

Подавать горячим со сливочным маслом.

Часть сыра (300 г) можно заменить картофельным пюре.

Луковый пирог

Для теста: *30 г обычной пшеничной муки, 180 г пшеничной муки грубого помола, 170 г нежирного творога, 1 яйцо, 1 щепотка тертого мускатного ореха.*

Для начинки: *600 г зеленого лука, 50 г копченого сала, 125 г сметаны, 5 яиц, 80 г тертого сыра, черный молотый перец по вкусу, соль.*

Приготовить пресное тесто, как описано выше, и выдержать в холодильнике примерно 1 час.

Для приготовления начинки лук нарезать кусочками длиной примерно 5 см, а затем еще разрезать вдоль. Бланшировать 2—3 мин в подсоленной кипящей воде, затем откинуть на дуршлаг.

Сало нарезать на маленькие кусочки и обжарить на обыкновенной плите в сковороде до образования хрустящей корочки.

Смешать сметану и яйца, приправить специями.

Тесто раскатать в лепешку диаметром около 25 см, положить в смазанную жиром форму или сковороду, сформовать бортики. Половину тертого сыра высыпать ровным слоем на тесто. Затем выложить слоями зеленый лук, сало и посыпать оставшимся сыром. Все залить яичной массой. Выпекать при 180° С 25—30 мин. Дать отстояться 5—10 мин в форме.

Так же готовят луковый пирог с арахисом. Только слои лука и сала сначала посыпают толчеными сухими грибами (20 г) и соленым арахисом (20 г), а потом — тертым сыром. Готовый пирог еще раз посыпают арахисом (20 г).

Грибной пирог

Для теста: *400 г пшеничной муки, 200 г маргарина, 200 мл кефира, 1 ч. ложка питьевой соды, $^1/_2$ ч. ложки соли.*

Для начинки: *125 г сухих грибов, 50 г репчатого лука, 2 ст. ложки нарезанного зеленого лука, черный молотый перец, соль по вкусу.*

Приготовить пресное тесто, как описано выше, и выдержать на холоде около 1 часа.

Сухие грибы замочить в теплой воде на 1 $^1/_2$ часа, потом мелко порубить и смешать с измельченным и обжаренным в масле репчатым луком. Посолить и поперчить по вкусу.

Смесь грибов и лука выложить в кастрюлю, добавить немного воды, в которой вымачивались грибы, потушить до готовности, охладить.

Тесто раскатать в круглую лепешку, положить в смазанную жиром форму или сковороду, сделать бортики. Выложить начинку тонким слоем и посыпать сверху зеленым луком. Выпекать в средне нагретой духовке 20—25 мин, а затем прибавить огонь и выпекать еще около 10 мин. Дать пирогу отстояться 10—15 мин.

Пирог с мясом по-татарски

Для теста: *2 стакана пшеничной муки, 6 ст. ложек густой сметаны, 50—100 г сливочного масла или маргарина, 1 ст. ложка сахара, $^1/_4$ ч. ложки соды, $^1/_4$ ч. ложки соли.*

Для начинки: *300 г мякоти говядины, 300 г картофеля, 50 г сливочного масла, 1 луковица, $^1/_2$ стакана мясного бульона, $^1/_4$ ч. ложки черного молотого перца, соль.*

Приготовить тесто на соде, отделить от него $^3/_4$ части и раскатать в пласт толщиной 5—6 мм. Положить пласт на смазанную маслом сковороду так, чтобы края свисали через борт сковороды.

Сырое мясо и очищенный сырой картофель мелко нарезать, добавить поджаренный лук, перец, соль и все перемешать и выложить горкой на пласт теста. Края теста загнуть над начинкой складочками. Из оставшегося теста сделать шарик величиной с грецкий орех и лепешку, которой закрыть отверстие. Защипнуть края верхней и нижней лепешек красивым фигурным швом. В верхней лепешке сделать маленькое отверстие, в которое вложить шарик из теста. Выпекать пирог в духовке 1—1 $^1/_2$ часа при температуре 160—180° С. Через час снять шарик, влить в отверстие бульон и допечь до готовности.

Так же готовят башкирский пирог «вак-балеш», только для начинки берут баранину и рис, сваренный до готовности.

Волованы

Волованы — высокие коробочки круглой или овальной формы, выпеченные из слоеного теста. Их можно наполнять как горячими, так и холодными начинками.

Волованы, наполненные мясными или рыбными продуктами, подают в качестве самостоятельных блюд и закусок к праздничному столу, они хороши и на завтрак.

Если волованы испечены заранее, то перед тем, как наполнить горячей начинкой, их надо несколько минут прогреть в горячей духовке.

В зависимости от назначения волованы делают различной величины. В качестве самостоятельного блюда (по 1 шт. на порцию) волованы приготовляют весом по 80 г, а на закуску (по 2 шт. на порцию) их делают меньшего веса.

Из слоеного теста раскатывают пласт толщиной 3—4 мм и гофрированной выемкой вырубают кружки-лепешки. Половину всего количества лепешек укладывают на лист, смоченный водой, и смазывают яйцами; из остальных лепешек маленькой выемкой вырезают середину. Полученное кольцо укладывают на нижний кружок и прижимают рукой.

Перед выпечкой поверхность волованов смазывают яйцами, которые ни в коем случае не должны попадать на бока изделия, иначе слои теста склеятся и готовые изделия получатся кривыми.

При изготовлении волованов для большого количества начинки верхнюю лепешку следует делать толще, чем нижнюю, и отверстие в ней вырезать большего диаметра.

Выпекают волованы в духовке при температуре 220—230° С.

Нормы продуктов на 100 волованов в условиях промышленного производства:

Масса 1 волована, г	25	50	40	80
Пшеничная мука, г	1416	2931	2265	4530
Сливочный маргарин, г	940	1882	1505	3010
Меланж, г	100	275	200	450
Уксус 80%-ный, мл	2,2	4,4	3,5	7,5
Соль, г	16	32	25	50
Вода, мл	625	1250	800	2000
Меланж для смазывания, г	88	100	100	150

Нормы продуктов при выпечке волованов в домашних условиях не столь строги, в каждом рецепте указаны оптимальные нормы для конкретных изделий.

В качестве горячей начинки для волованов рекомендуются куриное мясо, тушенное в небольшом количестве соуса, телятина, рыба, печень, почки, грибы и др.

Холодные волованы наполняют икрой, крабами, раками, сыром, паштетами. Подходят также сладкие фруктовые и ягодные начинки со взбитыми сливками или ванильным мороженым.

Порционные волованы, или гнезда

Для теста: *3 стакана пшеничной муки, 400 г сливочного масла, ³/₄ стакана воды, 2 яйца, 5—6 капель лимонной кислоты или уксуса, ¹/₃ ч. ложки соли.*

Для начинки: *любая начинка по усмотрению.*

Приготовить слоеное тесто (см. раздел «Тесто для пиццы, закусочных пирогов и бутербродов»), раскатать его в пласт толщиной около 5 мм и нарезать выемкой кружочки размером с большую чайную чашку. Половину нарезанных кружков уложить на лист, слегка смоченный водой, и смазать яйцом.

Из остальных кружков вырезать стаканом или рюмкой серединки, чтобы получились кольца. На смазанные яйцом кружки наложить вырезанные кольца, смазать их сверху яйцом и выпекать в духовке при 220—240° С (25—30 мин).

Вынутые серединки теста (маленькие кружочки) уложить на лист, смоченный водой, смазать сверху яйцом и выпечь при температуре 260—270° С.

Выпеченные кружки охладить. Большие кружки наполнить готовой начинкой и накрыть сверху маленькими кружочками, как крышкой.

Большие волованы

2 стакана пшеничной муки, ²/₃ стакана холодной воды, пол-яйца или 1 желток, 250 г сливочного масла, немного лимонной кислоты, щепотка соли.

Приготовить слоеное тесто по основной технологии. Раскатать его в пласт толщиной 1 см и вырезать острым ножом две круглые лепешки диаметром 18—20 см. Одну лепешку положить на облитый холодной водой лист и смазать яйцом, особенно края. У другой лепешки выемкой меньшей величины вырезать середину так, чтобы получилось кольцо шириной 2 см, и положить его на первую лепешку. Выложить на противень также вторую, меньшую лепешку или раскатать ее до размеров первой, вырезать второе кольцо и положить на противень. Оставшиеся обрезки соединить вместе, тонко раскатать, нарезать на полоски шириной 1,5 см и уложить в виде решетки посередине кольца так, чтобы концы полос оказались под кольцом. Сверху смазать яйцом.

Выпекать в горячей духовке до золотисто-коричневого цвета 12—15 мин. Кольцо или решетка выпекаются быстрее, чем лепешка, поэтому печь их надо отдельно. При выпекании края волована поднимаются высоко, и посередине остается углубление, которое затем нужно наполнить горячей начинкой и покрыть сверху выпеченными решеткой и кольцом.

Для начинки использовать куриное мясо, тушенное в небольшом количестве соуса, телятину, рыбу, печень, почки, грибы и др.

Волованы с шампиньонами или белыми грибами

4 волована (по 20—25 г), 60 г шампиньонов или свежих белых грибов, 10 г сливочного масла, 60 г сметанного соуса, зелень укропа.

Шампиньоны или белые грибы обжарить, добавить сметанный соус, проварить и уложить в волованы.

При подаче волован посыпать мелко нарезанным укропом.

Подавать волованы на тарелке, покрытой бумажной салфеткой.

Волованы с овощами и яйцом

2 волована, 70 г готовых овощей (или грибов), 60 г соуса, 2 яйца, сливочное масло, перец, соль.

Из пресного слоеного теста выпечь волованы высотой не более 30 мм, овальной или круглой формы.

Стручки фасоли, цветную капусту, спаржу, донышки артишоков нарезать небольшими кусочками, положить в подсоленную кипящую воду, сварить, после чего прокипятить со сливочным маслом и заправить молочным или яично-масляным (голландским) соусом.

Морковь мелко изрубить, припустить с маслом и сливками, после чего заправить солью и сахаром.

Свежие помидоры ошпарить кипятком, снять кожицу, удалить семена, разрезать на мелкие кусочки и прокипятить с маслом, заправить солью и перцем.

Свежие грибы (белые или шампиньоны) нарезать ломтиками, поджарить на масле и прокипятить со сметанным соусом.

Одной из перечисленных начинок наполнить волованы на половину их высоты. Поместить в каждый волован с овощным фаршем одно яйцо, сваренное в мешочек, и покрыть его достаточно густым горячим молочным или яично-масляным (голландским) соусом с томатом. В готовый молочный соус, чтобы придать ему розовый цвет, можно добавить томатную пасту (30 г на 100 г соуса), прокипяченную со сливочным маслом.

Подавать волованы по два или одному на порцию.

Можно также испечь волованы вдвое большего размера овальной формы и поместить в них по два яйца.

Волованы с мясными продуктами и яйцом

2 волована, 60 г мясного готового фарша, 30 г томатного соуса, 2 яйца, зелень, сливочное масло.

Вареную ветчину без жира или вареный соленый язык нарезать кубиками (5 мм), прокипятить с маслом. В этот фарш можно добавить нарезанные кубиками консервированные или свежие шампиньоны, поджаренные на масле, или рубленые белки вареных крутых яиц и немного мелко нарезанной зелени петрушки. Заправить фарш красным соусом с мадерой или томатным соусом.

Мякоть жареной или отварной домашней птицы, дичи без кожи, жареной телятины или кролика нарезать в форме короткой лапши, залить небольшим количеством бульона, прокипятить, добавить сливочное масло и снова прокипятить. Заправить белым соусом с яичными желтками.

В эти фарши также можно добавить свежие грибы.

Одним из описанных фаршей наполнить волованы, поместить в них сваренные в мешочек яйца, покрыть яйца густым томатным соусом. После этого на яйца положить немного зелени петрушки или укроп.

Волованы с судаком

4 волована (по 20—25 г), 80 г судака, 20 г шампиньонов, 60 г соуса на белом вине, 4 шт. раковых шеек.

Филе судака нарезать на кусочки по 7—10 г и припустить. В конце припускания добавить тонко нарезанные шампиньоны и соус на белом вине.

Приготовленную рыбу положить в волованы, выпеченные из слоеного теста, сверху поместить раковую шейку или кусочек краба и подать на тарелке, покрытой бумажной салфеткой.

Волованы с треской

2 волована по 80 г (по 1 шт. на порцию), 130 г филе трески, 30 г грибов, 20 г крабов, 100 г соуса, зелень.

Из слоеного теста выпечь волованы, по одному на порцию.

Филе рыбы, нарезанное на кусочки (по 4—5 на порцию), припустить, прибавить вареные нарезанные грибы, кусочки крабов, заправить соусом на белом вине. Наполнить волованы непосредственно перед подачей. Поставить волован на тарелку, покрытую бумажной салфеткой, а вокруг волована положить веточки зелени петрушки.

Так же можно приготовить волованы с осетровой рыбой.

Волованы с рыбой и яйцом

2 волована или 1 большой, 80 г рыбы, 50 г соуса, 10 мл вина, $^1/_{10}$ лимона, 5 г пшеничной муки, 10 г грибов, 50 г крабов или раковых шеек, 10 г сливочного масла, 2 яйца, перец, соль.

Осетрину, севрюгу, белугу без кожи и хрящей нарезать небольшими ломтиками (по 7—10 г), ошпарить в кипятке и припустить в закрытой посуде с рыбным бульоном и белым сухим вином. Готовую рыбу переложить в другую посуду, а оставшийся бульон выпарить наполовину, затем влить в него белый или томатный соус, прокипятить, заправить сливочным маслом, лимонным соком, солью, перцем. Положить в этот соус припущенную рыбу, отваренные, нарезанные тонкими ломтиками свежие шампиньоны или белые грибы и все прогреть до 80—85° С.

Свежую лососину, семгу, белорыбицу, сига, судака или какую-нибудь другую чешуйчатую рыбу нарезать без кожи и костей на кусочки в форме кубиков размером около 1 $^1/_2$ см, посолить, запанировать в муке и слегка обжарить на сливочном масле.

Обжаренную рыбу залить белым или томатным соусом, заправленным сливочным маслом, солью и перцем, прибавить отваренные, нарезанные тонкими ломтиками свежие шампиньоны или белые грибы. После этого довести рыбу при слабом кипении до полной готовности.

Подготовленные крабы или раковые шейки нарезать на небольшие кусочки, прогреть со сливочным маслом и заправить томатным соусом.

Той или иной рыбой или крабами, подготовленными, как описано, наполнить волованы из пресного слоеного теста, поместить на них по яйцу, сваренному в мешочек, полить густым томатным соусом, а если рыба заправлена белым соусом, то использовать голландский или раковый соус. Украсить блюдо раковыми шейками и ломтиками шампиньонов.

АНАЛОГИ ПИЦЦЫ
У НЕКОТОРЫХ НАРОДОВ

Пицца из дрожжевого теста

Пицца по-белорусски

Для теста: *3—4 стакана пшеничной муки, 1 стакан молока, 30 г дрожжей, 150 г маргарина, 2 ст. ложки сахара, 1 яйцо.*

Для начинки: *100 г вареного мяса, 50 г колбасы, 50 г грибов, 50 г сыра, 2 ст. ложки майонеза, 1 яйцо, зелень петрушки, перец и соль по вкусу.*

Дрожжи растворить в $^1/_2$ стакана теплой воды, долить стаканом холодного молока. Маргарин смешать с мукой, порубить ножом, посолить, добавить 2 ст. ложки сахара, 1 яйцо, замесить тесто (как для пирожков), поставить в холодильник на 2 часа для вылежки.

Тесто раскатать пластом, верх теста смазать томатным соусом, затем положить начинку из мелко нарезанных кусочков мяса, колбасы, грибов, обжаренных с луком, посыпать тертым сыром, смазать майонезом, смешанным с одним яйцом. Выпекать около 40 мин.

Пицца с грибами и салом по-украински

Для лепешки: *любое дрожжевое тесто.*

Для начинки: *200 г грибов, 100 г сала, 2—3 яйца, $^1/_2$ стакана воды, 1 ст. ложка лимонного сока, 2 ст. ложки зелени петрушки, перец, соль по вкусу.*

Отварить грибы, нарезать их небольшими кусочками, добавить нарезанное кубиками сало. Все смешать и выложить на лепешку. Затем взбить яйца, добавить воду, лимонный сок, нарезанную зелень петрушки, посолить и поперчить. Залить этой смесью грибы с салатом, поставить в духовку и выпекать до готовности.

Сырная пицца по-аджарски

Для теста: *2 стакана пшеничной муки, ¹/₂ стакана воды или молока, 10 г свежих дрожжей, 1 ч. ложка сахара, 2 ст. ложки маргарина или сливочного масла, ¹/₄ ч. ложки соли.*

Для начинки: *100 г сыра, 3 яйца.*

Для отделки: *3 яйца.*

Из дрожжевого безопарного теста раскатать пласт толщиной 1−1 ¹/₂ см и положить на смазанный маслом противень. Края пласта смазать яйцом и уложить бортик из теста диаметром 1 см, который также смазать яйцом. Сыр (имеретинский, осетинский, тушинский или брынзу) растереть на крупной терке или мелко порубить, перемешать с тремя вареными рублеными яйцами. Эту смесь равномерно распределить по тесту и после расстойки (20−30 мин) выпекать изделие в течение 10−15 мин до полуготовности при температуре 200−220° С. Затем поверхность залить тремя сырыми яйцами и продолжать выпечку до свертывания яиц.

Хачапури (грузинская кухня)

Для теста (10 хачапури): *5 стаканов пшеничной муки, 1 стакан воды, 30 г дрожжей, 50 г сливочного масла, 1 ст. ложка сахара, ¹/₂ ч. ложки соли.*

Для начинки: *500 г имеретинского сыра, 2 яйца.*

Для смазывания: *3 яйца.*

Приготовить дрожжевое опарное тесто. Для замешивания опары взять муку (40% нормы), воду (60% нормы) с температурой 30° С и дрожжи. Все перемешать до однородной консистенции и, накрыв салфеткой, поставить в теплое место на 2−3 часа. В готовую опару добавить оставшиеся по рецептуре продукты, вымесить и оставить для брожения на 1—2 часа. В процессе брожения тесто 2 раза обмять. Для начинки сыр пропустить через мясорубку и смешать с яйцом.

Готовое тесто раскатать на подпыленном мукой столе кружочками толщиной 7—8 мм, на середину положить начинку. Тесто защипнуть с четырех сторон таким образом, чтобы получилась форма квадрата, а в середине был виден сыр. Подготовленные изделия уложить на смазанный жиром лист, оставить на 10 мин для расстойки, смазать яйцом и выпекать при 260—280° С в течение 8—10 мин.

Пицца с сыром по-немецки

Для теста: *1 1/2 стакана пшеничной муки, 1/2 стакана молока, 15 г свежих дрожжей, 3 ст. ложки маргарина.*

Для начинки: *250 г сыра, 150 г колбасы салями, 375 г свежих помидоров, 1 маринованный огурец, 4 анчоуса, растительное масло, красный молотый перец.*

Замесить тесто на дрожжах, добавить муку, соль, размешать в теплом молоке и дать ему подойти в тепле. Вымесить тесто и выложить им хорошо смазанную жиром высокую форму. Сыр и колбасу, нарезанные кубиками, смешать, распределить по тесту; сверху разложить ломтики помидора и приправить пряностями. Сбрызнуть поверхность растительным маслом, дать тесту еще немного подойти, затем выпекать около 25 мин при средней температуре. Подавать сразу же в теплом виде.

Ломтики огурца и филе анчоуса использовать в качестве гарнира.

Пицца по-французски

Для лепешки: *400 г сдобного дрожжевого теста.*

Для начинки: *5 луковиц, 125 г творога, 125 г сметаны, 2 яйца, 3 ст. ложки растительного масла, зелень, перец, соль.*

В сковороде с растительным маслом спассеровать нарезанный лук. Взбить хорошо размятый творог со сметаной и яйцами. Посолить, поперчить, смешать с луком.

Раскатанное тесто разложить на противне и по краям защипнуть, сделав бортик. Быстро выложить приготовленную начинку, сверху посыпать зеленью. Выпекать в духовке на среднем огне в течение 40 мин. Подавать на стол горячей.

Пицца по-американски

Для теста: *пшеничная мука, ¹/₂ л воды, 50 г дрожжей, 1 яйцо, 1 ч. ложка соли.*

Для начинки: *300 г колбасы, 100 г томатного соуса или пасты, 2—3 головки репчатого лука, 100—150 г сыра, по 50 г черемши, острой моркови, маринованного перца, можно 50 г маринованных грибов, несколько ломтиков салями.*

Развести дрожжи в ¹/₂ л теплой воды, вбить туда яйцо и перемешать, добавив соль. Далее засыпать муку так, чтобы тесто было похоже на густую сметану. Поставить тесто в холодильник на 1—2 часа.

Противень намазать подсолнечным маслом, вылить на него тесто, подождать, пока оно растечется по противню. Поставить в духовку на 5—7 мин. Когда тесто чуть-чуть подрумянится, вынуть его из духовки и сразу выложить начинку: всю поверхность теста густо намазать томатным соусом или пастой, затем равномерно разложить мелко нарезанную колбасу, соленья и нарезанный кружочками лук, посыпать тертым сыром и — для аромата — молотыми специями. украсить несколькими ломтиками салями. Поставить пиццу в духовку.

Рыбная пицца по-кубински

Для теста: *200 г пшеничной муки, 1 стакан воды, 15 г свежих дрожжей, 1—2 ст. ложки растопленного сливочного масла, ¹/₂ лимона, 2 ч. ложки мелко нарубленного свежего розмарина.*

Для начинки: *200 г филе рыбы, 1 небольшая луковица.*
Для жаренья: *растительное масло.*

Муку просеять. Дрожжи развести в половине указанного количества теплой воды, смешать с мукой, добавить остальную воду. Замесить тесто и поставить на 1 час на расстойку.

Добавить в тесто яйца, растопленное сливочное масло, сок лимона и листья розмарина. Дать тесту расстояться еще 20 мин под крышкой.

Смешать сырое рыбное филе с нарубленным репчатым луком, массу приправить солью и перцем. Тесто брать чайной ложкой и опускать небольшие (величиной с грецкий орех) шарики в кипящее масло. Когда шарики зарумянятся, вынуть их шумовкой, обсушить на бумаге, а затем выложить на сковороду или в форму. Сверху на шарики выложить рыбный фарш и разровнять. Запечь все в духовке.

Пицца из другого
(не дрожжевого) теста

Пицца-пирожки из песочного теста по-скандинавски

Для теста: *120 г пшеничной муки, 2 ст. ложки сливок, 100 г сливочного масла или маргарина.*
Для начинки: *60 г вареной ветчины, 50 г эмментальского сыра или горсть шампиньонов, 2 яйца, 1 ч. ложка (полная) пшеничной муки, $^1/_2$ стакана сливок, перец на кончике ножа.*

Из данных продуктов быстро замесить песочное тесто и поставить на $^1/_2$ часа на холод. Маленькую форму смазать жиром и выстелить тонким пластом теста. Ветчину нарезать довольно крупными ломтиками, сыр, наоборот, нарезать мелко. Шампиньоны очистить, вымыть, потушить и добавить смесь из муки, яиц и сливок. Массу приправить перцем и вложить в форму.

Форму с пирогом поместить в нагретую духовку и выпекать при средней температуре 20—30 мин.

К пирожкам с ветчиной в Скандинавии подают кетбулар, а также копенгагенский рыбный салат.

Пирог со шпиком из песочного теста по-французски

Для теста: *300 г пшеничной муки, немного воды, 100 г масла, 2 яйца, щепотка соли.*

Для начинки: *200 г шпика, $^1\!/_2$ л сливок, 4—6 яиц, 50 г сливочного масла или маргарина, перец, соль.*

Замесить песочное тесто из муки, масла, яиц, щепотки соли, воды. Выставить тесто на холод минут на 40. Шпик нарезать кубиками и растопить. Сливки взбить, осторожно добавляя яйца, сильно посолить и поперчить. Затем раскатать тесто и выложить им небольшую форму (края приподнять повыше). Выложить в форму обжаренный шпик и залить сверху взбитыми сливками с яйцами. Форму поставить в предварительно нагретую духовку и выпекать 30 мин при средней температуре.

С эти блюдом хорошо сочетается зеленый салат.

Пирог со шпиком из пресного теста по-французски
(киш)

Для теста: *150 г пшеничной муки, 50 г сливочного масла, щепотка соли.*

Для начинки: *100 г шпика, $^1\!/_4$ л сливок, 2—3 яйца, 25 г сливочного масла или маргарина, молотый перец, соль.*

Замесить тесто из муки, масла, яиц, щепотки соли, воды. Выставить тесто на холод.

Шпик нарезать кубиками и обжарить. Сливки взбить, осторожно добавляя яйца, сильно посолить и поперчить.

Затем раскатать тесто и выложить в небольшую форму (края теста приподнять, чтобы получился бортик). Выложить на тесто обжаренный шпик и залить сверху сливками, взбитыми с яйцами. Форму поставить в предварительно разогретую духовку и выпекать 30 мин при средней температуре.

Подавать с зеленым салатом.

Пирог с картофелем из пресного теста по-немецки

Для теста: *1 ¹/₂ стакана пшеничной муки, 2 ст. ложки жира, 1 кофейная чашечка кефира, на кончике ножа соды и соли.*

Для начинки: *1 кг картофеля, 150 г ветчины, 100 г рассольного сыра, 4 крутых яйца, 2 ст. ложки сливочного масла, 2 ст. ложки тертой брынзы, тертый мускатный орех, черный молотый перец, соль.*

Сварить в подсоленной воде картофель в мундире, очистить его и размять вилкой. Полученное пюре заправить солью и черным перцем, маслом, небольшим количеством тертого мускатного ореха и тертой брынзой.

Отдельно нарезать мелкими кусочками ветчину, сыр и яйца. Хорошо перемешать эту смесь.

Замесить тесто из муки с содой и солью, жира и воды. Полученное тесто разделить пополам и раскатать в 2 пласта по размерам противня (один пласт должен быть больше).

На смазанный маслом противень поместить большой пласт теста и сбрызнуть его жиром. Сверху положить маленький пласт и также сбрызнуть жиром. На маленький пласт выложить половину картофельного пюре, разровнять, посыпать подготовленной смесью из ветчины, сыра и яиц, покрыть остальным пюре. Концы большого пласта теста слегка вытянуть и оформить бордюр. Подготовленный таким способом пирог поставить на 40 мин в горячую духовку для выпекания.

Готовый пирог подать к столу с солеными огурчиками.

Лотарингский пирог с салом из слоеного теста

Для теста: *200 г пшеничной муки, 150 г сливочного масла, 1 яичный желток, 1—2 ст. ложки ледяной воды, 1/8 ч. ложки соли.*

Для начинки: *250 г постного бекона, 250 г репчатого лука, 4 яйца, 125 мл сливок, 200 г тертого грейерзерского сыра, 1 пучок зеленого лука, черный молотый перец, тертый мускатный орех по вкусу.*

Приготовить рубленое слоеное тесто. Раскатать тесто в круглую лепешку. Охлажденными руками плотно уложить лепешку в форму, приподняв края теста. Многократно проколоть вилкой и выпечь до полуготовности.

Бекон нарезать маленькими кубиками и обжарить на сковороде под крышкой.

Репчатый лук нарезать небольшими кубиками, добавить к бекону и пассеровать до прозрачности.

Смешать яйца, сливки, сыр и мелко нарезанный зеленый лук, заправить солью, перцем и мускатным орехом.

Бекон и репчатый лук уложить на лепешку, полить яичной массой и запечь в духовке на среднем огне.

ПИЦЦА-ЗАПЕКАНКИ
(ЗАКУСОЧНЫЕ ЗАПЕКАНКИ)

Запеканка с мясом и помидорами

300 г отварного мяса, 300 г очищенных помидоров, 1 зубчик чеснока, сливочное масло или маргарин, зелень петрушки и сельдерея, черный молотый перец, соль.

Тщательно перемешать мелко нарезанные помидоры, чеснок, петрушку и сельдерей, добавить соль, перец. Смесь выложить в форму, чередуя со слоями провернутого через мясорубку мяса, положить хлопья сливочного масла или маргарина и поставить в духовку на 30 мин.

Запеканка с мясом и сыром

300 г отварного мяса, мякиш пшеничного хлеба, молоко, 2 ст. ложки тертого сыра, 200 г сыра в куске, 1—2 сырых яйца, 2 сваренных вкрутую яйца, сливочное масло или маргарин, зелень петрушки, черный молотый перец, соль.

В миске тщательно перемешать отварное мясо, провернутое через мясорубку, с мякишем хлеба, вымоченным в молоке и отжатым, тертым сыром, сырыми яйцами, мелко нарезанной зеленью петрушки, солью и перцем. Разделить смесь на две части: одну положить на сковороду, смазанную жиром, покрыть нарезанными ломтиками яиц, кусочками сыра, сливочного масла или маргарина, накрыть второй половиной смеси с кусочками сливочного масла или маргарина, поставить в духовку с умеренной температурой на 30 мин.

Запеканка с телятиной и баклажанами

750 г сырой телятины (без костей), 750 г баклажанов, 2 головки репчатого лука, $^1/_2$ стакана жира, спелые красные помидоры, зелень петрушки, черный молотый перец, соль по вкусу.
Для соуса: *2 ст. ложки (без верха) пшеничной муки, $^1/_2$ л молока, 3 ст. ложки жира, 2—3 сырых яйца, соль.*

Вымыть баклажаны, нарезать ломтиками, посолить и дать воде стечь. Обжарить нарезанные баклажаны до подрумянивания. Мелко нарезать лук и припустить в глубокой сковороде, слив туда весь жир ($^1/_2$ стакана). Затем прибавить молотую телятину, обжарить, посолить и посыпать мелко нарезанной зеленью петрушки и молотым черным перцем. На дно сотейника уложить тонкие ломтики красных помидоров, а поверх них половину обжаренных баклажанов. На баклажаны выложить мясной фарш и разровнять. Сверху уложить оставшиеся баклажаны и ряд ломтиков красных помидоров.

Поставить запеканку в духовку примерно на 20 мин и запечь верхний слой помидоров. Затем залить запеканку приготовленным соусом бешамель, поставить в горячую духовку и запечь до образования румяной корочки.

Запеканка из курятины

1 готовый цыпленок или курица, 1 маленькая луковица, 2 яйца, ¹/₄ л молока, 1 ст. ложка крахмала, жир для жаренья, мускатный орех, соль.

Отварного цыпленка освободить от костей, мясо мелко нарезать или измельчить руками и уложить в промазанную жиром сковороду. Посыпать тертым луком. Смешать яйца с молоком, крахмалом и специями и залить блюдо. Дать загустеть в горячей духовке.

Запеканка из сморчков (строчков)

800—400 г сморчков или строчков, 1—2 ст. ложки пшеничной муки, 1 стакан сметаны, 2 ст. ложки сливочного масла, зелень укропа, соль.

Сморчки (или строчки) перебрать, тщательно промыть, прокипятить в течение 10—15 мин, воду слить (отвар этих грибов использовать нельзя), грибы промыть холодной водой, нарезать кусочками, обжарить в масле, посолить. К грибам добавить муку, хорошо перемешать, положить в глиняный горшочек или на эмалированную сковороду, залить сметаной и запечь в духовке.

При подаче грибы посыпать зеленью укропа.

Картофель, запеченный с яйцом и помидорами

1 кг картофеля, 3—4 головки репчатого лука, 3—4 свежих помидора, 100 г сливочного масла, маргарина или растительного масла, 6—7 яиц, соль по вкусу.

Сырой нарезанный кубиками картофель или предварительно сваренный охлажденный картофель, нарезанный ломтиками, посолить и обжарить до готовности. Мелко нарезанный репчатый лук пассеровать до полуготовности, добавить очищенные от кожицы и нарезанные дольками свежие помидоры и продолжать пассеровать до готовности. Пассерованные лук и помидоры посолить, смешать с готовым картофелем, разложить все ровным слоем на смазанный жиром противень (можно на сковороду), залить взбитыми подсоленными яйцами и запечь в духовке. Запекать следует за 20—30 мин до подачи.

При подаче полить картофель маслом и посыпать мелко нарезанным зеленым луком или зеленью.

Яйца предварительно можно смешать с молоком (на 1 яйцо — 15 мл молока).

Запеканка из картофеля и грибов

750 г картофеля, 250—300 г грибов, 3 ст. ложки жира, 2—3 ст. ложки тертого сыра, 40 г сливочного масла, 2—3 яйца, 1 ¹/₂ стакана молока.

Сварить картофель, очистить и нарезать тонкими ломтиками. Очищенные и промытые грибы припустить до мягкости с жиром, затем заправить солью и черным перцем по вкусу, посыпать измельченной зеленью петрушки. В смазанный маслом противень (или сковороду) выложить последовательно половину картофеля, затем грибы и снова оставшийся картофель. Подготовленную запеканку посыпать тертым сыром, полить горячим жиром или положить в нескольких местах кусочки сливочного масла и запекать в средне нагретой духовке. Через 25—30 мин вынуть, залить взбитыми с молоком яйцами и запечь в сильно нагретой духовке до подрумянивания.

Картофельная запеканка с корейкой

500 г картофеля, 4 тонких ломтика копченой корейки, 300 г моркови, 1 стебель лука-порея, 3 яйца, 1 ст. ложка

пшеничной муки (с верхом), майоран, 2 помидора, ¹/₂ струч-
ка сладкого перца, 100 г сыра, 8 маслин, свежий розмарин,
соль по вкусу.

Морковь и порей вымыть и очистить. Порей очень
мелко порубить, картофель и морковь натереть на терке.
Смешать все с яйцами и мукой, посыпать майораном и
солью. Форму смазать жиром и положить на дно 2 ломтика корейки. Картофельную массу выложить в форму и
разровнять. Запекать в духовке при температуре 225° С
20 мин.

Помидоры вымыть и нарезать кружочками. Сладкий
перец нарезать кольцами, сыр — ломтиками. Помидоры,
перец, сыр, маслины и оставшиеся ломтики корейки
распределить на запеченной картофельной массе. Посыпать сверху розмарином и запекать еще 10 мин. Подать
сразу из духовки.

Картофельная запеканка с грудинкой

1,2—1,5 кг картофеля, 60—75 г шпика, по 120 г копче-
ной грудинки и вареной колбасы, 200 мл молока, 1 головка
репчатого лука, 1 ст. ложка молотых сухарей, 200—250 г
сметанного соуса, соль по вкусу.

Картофель очистить, промыть, натереть и отжать. В
отжатый картофель положить обжаренный шпик, предварительно нарезанный мелкими кубиками, мелко нарезанные репчатый лук, копченую грудинку, вареную
колбасу, соль, влить кипяченое молоко и перемешать.
Выложить ровным слоем на смазанный жиром и посыпанный сухарями противень (или сковороду) и запечь в
духовке.

При подаче полить сметанным соусом.

Картофельная запеканка с ветчиной и сыром

1 кг картофеля, 100 г ветчины, 300 г плавленого сыра,
300 г очищенных помидоров, 1 ч. ложка душицы, расти-

тельное масло, панировочные сухари, черный молотый
перец, соль по вкусу.

Картофель очистить и нарезать тонкими ломтиками, плавленый сыр и ветчину также нарезать тонкими ломтиками. Форму смазать растительным маслом, посыпать панировочными сухарями, на дно положить слой картофеля, на него — слой помидоров, нарезанных ломтиками, ветчину, посыпать душицей, посолить, поперчить, положить слой плавленого сыра и т. д. Закончить слоем картофеля, полить растительным маслом, посыпать панировочными сухарями, душицей, поместить в духовку с умеренной температурой.

Картофельная запеканка с рубленым мясом

700 г картофеля, 400 г отварного мяса, 1 корешок
сельдерея, 1 луковица, 1 морковь, 130 г сливочного масла
или маргарина, 2 ч. ложки томатного соуса, тертый сыр,
панировочные сухари, тертый мускатный орех, уксус,
черный молотый перец, соль по вкусу.

Обжарить мелко нарезанные сельдерей, лук, морковь, используя 100 г сливочного масла или маргарина, добавить томатный соус, разбавленный горячей водой, мясо, нарезанное ломтиками, соль, мускатный орех, все перемешать, оставить на огне, чтобы соус загустел. Отварить картофель в кожуре, очистить его, растолочь, заправить 30 г сливочного масла или маргарина, уксусом, солью и перцем. Мясо с соусом выложить на противень, смазанный жиром (или на сковороду), покрыть картофельным пюре, посыпать тертым сыром и панировочными сухарями. Поставить в духовку на 20 мин, до образования румяной корочки.

Картофельная запеканка с молотым мясом

800—1000 г картофеля, 300—375 г вареного мяса, 100—
150 г репчатого лука, 2—3 ст. ложки масла, 1 яйцо, 1 ст.

ложка сметаны, 1 ст. ложка молотых сухарей, молотый перец, соль по вкусу.

Отварной картофель и вареное мясо пропустить через мясорубку, добавить пассерованный до готовности мелко нарезанный репчатый лук, соль, молотый перец, измельченную зелень петрушки и хорошо перемешать. Массу выложить на смазанный жиром, посыпанный сухарями противень (сковороду), поверхность разровнять, смазать взбитым сырым яйцом. Запечь в духовке.

Готовую запеканку нарезать на порции, полить маслом или сметаной.

К запеканке можно отдельно подать соусы: красный, луковый, томатный, сметанный с томатом, майонезно-сметанный с томатом.

Запеченный форшмак из вареной или жареной говядины

500 г вареного мяса, ¹/₂ городской булки, 1 стакан молока, 1 стакан протертого вареного картофеля, 100 г сливочного масла, 3 яйца, 1 луковица, 1 стакан сметаны, тертый сыр и сухари для посыпки, перец и соль по вкусу.

Оставшееся от обеда вареное мясо пропустить через мясорубку и обжарить в масле с луком. Затем снова провернуть через мясорубку вместе с вымоченной в молоке булкой. Смешать с протертым вареным картофелем. В полученную массу добавить перец, соль, рубленую зелень, сметану, смешанную с желтками, перемешать и соединить со взбитыми белками. Выложить в смазанную маслом и посыпанную сухарями кастрюлю, посыпать сверху сыром, сбрызнуть растопленным маслом и запечь в духовке.

К форшмаку можно подать сметану и салат из свежих овощей.

Картофельная запеканка с сельдью

1—1,2 кг картофеля, 200—250 г сельди, 3—4 головки репчатого лука, 4—5 свежих помидоров, 2 яйца, 1—2 ст.

ложки сметаны, 3—4 ст. ложки масла, 1—2 ст. ложки молотых сухарей, соль по вкусу.

Сваренный до готовности картофель пропустить через мясорубку, хорошо перемешать со сметаной и яйцом. Репчатый лук пассеровать до мягкости, добавить очищенные от кожицы мелко нарезанные помидоры и продолжать пассеровать до загустения и окрашивания жира в оранжевый цвет.

Соленую сельдь, предварительно вымоченную в сменяемой холодной воде, освободить от внутренностей, костей (кожу оставить), мелко порубить, припустить в кастрюле с небольшим количеством масла и воды, соединить с луком, помидорами и перемешать.

Сковороду или противень смазать маслом, посыпать молотыми сухарями, положить половину подготовленного картофеля, разровнять, выложить на него подготовленную смесь из сельди, лука, помидоров, покрыть ровным слоем оставшегося картофеля, разровнять, посыпать сухарями, сбрызнуть жиром. Запечь в духовке.

При подаче полить маслом.

Картофель с рыбой, запеченные в сметанном соусе

800—1000 г картофеля, 400—500 г филе рыбы, 2 ст. ложки пшеничной муки, 2—3 головки репчатого лука, $^{1}/_{2}$ стакана растительного масла, 400—500 г сметанного соуса, 1 ст. ложка натертого сыра, $^{1}/_{2}$ ст. ложки молотых сухарей, соль по вкусу.

Картофель сварить в кожуре, охладить, очистить, нарезать кружочками и обжарить. Филе рыбы без реберных костей (трески, окуня, хека и др.) нарезать на порции, посолить, поперчить, запанировать в просеянной пшеничной муке, обжарить с обеих сторон. На смазанную жиром сковороду положить кружки вареного или обжаренного картофеля, на них — порции обжаренной рыбы, сверху положить пассерованный до готовности мелко нарезанный репчатый лук, обложить кружочками оставшегося картофеля, полить сметанным соусом, посыпать тертым сыром, смешанным с молотыми сухарями, сбрызнуть жиром и запечь в духовке.

Картофельная запеканка с фаршами

12 картофелин, 8 сырых яиц, 2 ст. ложки сливочного масла, соль по вкусу.

Для грибного фарша: *50 г сушеных грибов, 1 ст. ложка жира, 2 головки репчатого лука, ¹/₄ стакана грибного бульона, соль.*

Для мясного фарша: *400 г свинины, 2 головки репчатого лука, 1 ст. ложка масла, черный молотый перец, соль.*

Для рыбного фарша: *250 г рыбного филе, 15 г сушеных грибов, 2 головки репчатого лука, 1 сваренное вкрутую яйцо, 2 ст. ложки масла, соль.*

Для фарша из яиц: *4 яйца, 1 головка репчатого лука, 1 ст. ложка масла, соль.*

Картофель очистить, промыть, отварить, воду слить, картофель обсушить, потолочь, добавить яйца, масло, соль, все тщательно перемешать, почти взбить. Картофельную массу выложить на противень или сковороду, смазанную жиром, на нее ровным слоем положить фарш, поверхность его украсить орнаментом из картофельной массы с помощью резной трубочки и кондитерского мешка.

Приготовление грибного фарша. Грибы перебрать, тщательно промыть и замочить в холодной воде на 2—3 часа. Набухшие грибы еще раз промыть и варить в воде, в которой они набухали, в течение 1—1 ¹/₂ часа без добавления соли. Сваренные грибы вынуть из бульона, промыть теплой водой, нарезать, обжарить, добавить к ним пассерованный лук, немного грибного бульона, чтобы фарш стал сочным, посолить, все перемешать. Вместо сухих грибов можно использовать свежие.

Приготовление мясного фарша. Свинину пропустить через мясорубку, слегка обжарить, смешать с пассерованным луком, добавить соль и перец.

Приготовление рыбного фарша. Рыбное филе пропустить через мясорубку, обжарить. Репчатый лук нашинковать, спассеровать. Грибы отварить, мелко порубить, обжарить. Подготовленные продукты перемешать, добавив рубленое яйцо, соль, перец.

Приготовление фарша из яиц. Яйца сварить вкрутую, очистить, мелко порубить, перемешать с поджаренным репчатым луком, посолить.

Отдельно подать томатный соус типа кетчупа, нарезанные крупными ломтями помидоры или огурцы (огурцы разрезать вдоль), листья зеленого салата.

Запеченный форшмак из сельди с картофелем

2 сельди, 1 луковица, 1 стакан сметаны, 2 яйца, $^1/_2$ городской булки, 1 стакан протертого вареного картофеля, 1 ст. ложка панировочных сухарей, 1 ст. ложка топленого масла, перец и соль по вкусу.

Сельди замочить в воде на 3—4 часа, меняя воду, затем очистить от костей и кожи и пропустить через мясорубку. Пропустить через мясорубку обжаренный до золотистого цвета лук, размоченную в молоке и хорошо отжатую булку. Смешать все это с протертым вареным картофелем, добавить сметану, растертую с яйцами, перец и соль по вкусу. Хорошо вымешать, выложить в смазанную маслом и обсыпанную сухарями низкую кастрюлю и поставить запекать в духовку со средним жаром на 45 мин.

К форшмаку подать салат из свежих овощей или цельные помидоры и огурцы.

Лапша, запеченная с колбасой, сыром и помидорами

250 г отварной лапши, 250 г подсушенного острого твердого сыра, 400 г колбасы (желательно полукопченой), 500 г помидоров, 4 зубчика чеснока, 1 ч. ложка (без верха) красного сладкого перца, 2 ст. ложки сухарей, жир для смазывания формы, несколько тонких ломтиков сырой копченой корейки, 1 ст. ложка сливочного масла, зелень петрушки, перец и соль по вкусу.

Лапшу отварить в большом количестве воды до полуготовности, воду слить, лапшу промыть холодной водой. Помидоры ошпарить кипятком, снять кожуру, нарезать кружками. Тонкими кружками нарезать колбасу. Форму для выпечки (она должна иметь низкие края) смазать жиром, посыпать сухарями, выложить лапшой по всей поверхности, сбрызнуть лапшу сливочным маслом, выложить половину тертого твердого сыра, колбасы, помидоров, посыпать солью, перцем, чесноком, зеленью петрушки. Сверху положить оставшуюся половину колбасы, помидоры, посыпать приправой (соль, перец, чеснок, зелень петрушки), тертым твердым сыром, перемешанным с красным перцем. По верху полосками копченой корейки сделать клеточки.

Запекать в духовке 20—30 мин при температуре 200—220° С до получения румяной корочки. Обильно посыпать зеленью петрушки и подать к столу прямо в форме.

Макароны, запеченные с ветчиной и томатом

600 г макарон, 300 г ветчины, 100 г томата, 150 г тертого сыра, 100 г топленого масла, 2 стакана молока, 50 г копченой грудинки.

Отварить макароны, процедить, смешать с сыром, маслом, молоком, взбитым с яйцами, мелко нарезанной ветчиной. Грудинку мелко нарезать, поджарить, добавить томат и, помешивая, прожарить все вместе, после чего добавить в подготовленные макароны. Хорошо вымешанную массу сложить в смазанную маслом и обсыпанную сухарями кастрюлю, сверху полить растопленным маслом и посыпать тертым сыром. Поставить в духовку со средним жаром на 45 мин.

Подавать со сливочным маслом.

Закусочная запеканка на скорую руку

Приготовить необходимое количество отварной лапши. Имеющееся в наличии отварное мясо, колбасу, ветчину мелко нарезать, поджарить с мелко нарезанным репчатым луком, заправить солью, перцем. Сковороду смазать жиром и посыпать сухарями. Выложить половину отварной лапши. На нее — мясную или колбасную начинку, а сверху — другую половину лапши. Поверх настругать немного сливочного масла. Посыпать тертым сыром. Запекать 15—20 мин при температуре 180—200° С.

Литература

1. **Бутерброды** и пицца / Сост. Ф. Н. Лысенков. — Минск: ООО СЛК, 1996.

2. **Кенгис Р. П.** Домашнее приготовление тортов, пирожных, печенья, пряников и пирогов. — М.: Агропромиздат, 1987.

3. **Кулинария:** М.: Госторгиздат, 1955.

4. **Кулинарные** рецепты: из книги о вкусной и здоровой пище. — М.: «Пищевая пром-сть», 1964.

5. **Лемкуль Л. М.** Праздничный стол. — М.: «Пищевая пром-сть» 1974.

6. **Ляховская Л.** Секреты домашнего кондитера. — М.: МСП, 1996.

7. **Массо С., Рельве О.** Бутерброды / Пер. с эст. И. Абрамсон. — Таллин: «Валгус», 1977.

8. **Тысяча** рецептов вегетарианской кухни / Сост. В. М. Рошаль. — СПб.: «Диамант», 1997.

9. **Тысяча** рецептов домашней выпечки / Сост. Т. Г. Филатова. — СПб.: «Диамант», 1996.

СОДЕРЖАНИЕ

ТЫСЯЧА РЕЦЕПТОВ
БУТЕРБРОДОВ И ПИЦЦЫ

Художественный редактор *А. Г. Лютиков*
Корректор *В. М. Рошаль*
Художник *Е. В. Стрельцова*
Технический редактор *Ю. А. Жихарев*

ЛР № 063276 от 10.02.94 г.

Подписано к печати 11.08.97. Формат 84×108¹/₃₂.
Бумага типографская. Гарнитура тип «Таймс».
Усл. печ. л. 31,92. Тираж 15000 экз.
Заказ № 237.

Оригинал-макет и художественное оформление. подготовлены
ТОО Агентство «Сфинкс СПб».
195269, Санкт-Петербург, а/я 149.

ТОО «Диамант, 195213, Санкт-Петербург, ул. Гранитная, 54—87.

Отпечатано в ГП типография им. И. Е. Котлякова
Государственного Комитета Российской Федерации по печати.
195273, Санкт-Петербург, ул. Руставели, 13.

По вопросам реализации книг

ИЗДАТЕЛЬСТВА
«ДИАМАНТ»

Просьба обращаться:

Санкт-Петербург:	(812) 529-0940	*(Диамант)*
Москва:	(095) 440-7085	*(Астерион)*
Екатеринбург:	(3432) 53-87-54	*(Полибук)*
Новосибирск:	(3832) 24-53-63	*(Альфа)*